FEUERTAUFE AM MONTE CASSINO

ALLEN OPFERN DES KRIEGES

DEN LEBENDEN ZUR MAHNUNG

ERNST KAGELS

FEUERTAUFE AM MONTE CASSINO

EIN ZEITZEUGENBERICHT

MAI 1944 - MAI 1945

EINE KLEINE NIEDERSCHRIFT
ÜBER EINE GROSSE NIEDERTRACHT

Bibliografische Information der Deutschen Nationalbibliothek:
Die Deutsche Nationalbibliothek verzeichnet diese Publikation in der Deutschen Nationalbibliografie; detaillierte bibliografische Daten sind im Internet über
http://dnb.d-nb.de abrufbar.

© 2017 Ernst Kagels
Umschlaggestaltung, Herstellung und Verlag: BoD- Books on Demand
ISBN: 978-3-7431-2609-1

Inhaltsverzeichnis

I. Eine kleine Niederschrift über eine große Niedertracht
   - Ein Zeitzeugenbericht von Ernst Kagels -

Kapitel 01 – Vorwort	Seite 007
Kapitel 02	Seite 008
Kapitel 03	Seite 023
Kapitel 04	Seite 034
Kapitel 05	Seite 042
Kapitel 06	Seite 052
Kapitel 07	Seite 059
Kapitel 08	Seite 077
Kapitel 09	Seite 097
Kapitel 10	Seite 102
Kapitel 11	Seite 112
Kapitel 12	Seite 120
Kapitel 13	Seite 128
Kapitel 14 – Nachwort	Seite 135

II. Anstelle eines Vorworts (von Hein Mayer) — Seite 139

III. Erinnerungen an schwierige Zeiten – Gefangenschaft und Heimkehr (von Ernst Kagels) — Seite 141

IV. Menetekel Stalingrad – Hoffnung Stalingrad (von Hein Mayer) — Seite 207

V. Die Stalingrader Spätheimkehrer (von Hein Mayer) — Seite 218

VI. Vita Hein Mayer — Seite 220

VII. Vita Ernst Kagels — Seite 222

VIII. Mit einem tiefen Seufzer... / Prof. Dr. Stefan Karner — Seite 223

1 VORWORT

Der Autor Ernst Kagels wurde im Jahr 1925 in Dortmund geboren. Die Mutter war Westfälin, der Vater war ein Pommer und ging nach seiner Kriegsgefangenschaft in Sibirien von 1914 bis 1919 für zehn Jahre in den deutschen Bergbau. In der Zeit der Weltwirtschaftskrise 1929 bemühte sich der Vater um Arbeit in Vorpommern, da dies sein Heimat- und Geburtsland war. Nunmehr zogen die Eltern mit ihren vier Jungen, wovon Ernst der Drittgeborene war, in den Raum südlich von Stralsund. Hier wuchs er mit neun Geschwistern auf und lebt jetzt in Stralsund. Geprägt durch Land und Leute, aber auch durch seine Erinnerungen, die sich im Laufe seiner achtundachtzig Lebensjahre angesammelt haben, vermittelt Ernst Kagels hier eindrucksvoll sein Wissen. Dabei sind ihm, dem heute überzeugten Pazifisten, seine Kriegserlebnisse von besonderer Bedeutung.

Bild 1:
Der Autor Ernst Kagels, als Senior in Stralsund

Mit achtzehn Jahren traf er bei der Ableistung des Arbeitsdienstes in Stettin mit Gleichaltrigen zusammen. Am 23. Juli folgte er dem Stellungsbefehl zur Deutschen Luftwaffe. Nach einer Grund- und Fachausbildung war er beim fliegertechnischen Personal. Das erträgliche Wirken in der technischen Kompanie langweilte ihn. Nach einem viertel Jahr meldete er sich freiwillig zum Fronteinsatz. In so einem Fall wurde man bei der Fallschirmtruppe eingegliedert und dies für die restliche Dienstzeit von 15 Monaten. Ein Jahr davon leistete er bei der Fronttruppe in Italien und Österreich ab. Glücklicherweise überlebte er sowohl diese Tortur als auch die sich anschließende Kriegsgefangenschaft in Stalingrad.

Ernst Kagels brachte seine Erlebnisse aus dieser Zeit in den Jahren 2009 und 2010 auf Papier. Mit seinen ihm möglichen schriftstellerischen Mitteln schildert er sehr persönliche Eindrücke aus dem Blickwinkel eines jungen Soldaten im Deckungsloch. Er schont sich selbst dabei nicht und es wird deutlich, wie sich ein anfänglich vorhandener Enthusiasmus unter dem Eindruck von Zerstörung, Elend und Tod wandelt. Ernst Kagels hat keine Heldengeschichte vorgelegt.

Er hat Tagesabläufe, wie sie sich aus seinem Blickwinkel vollzogen haben, wiedergegeben. Er will mit seinem Buch ein Zeichen gegen den Krieg setzen, der nach seiner Überzeugung aus ethischen Gründen immer abzulehnen ist. Jede wie auch immer geartete politische oder diplomatische Lösung ist nach Meinung des Autors einem Krieg vorzuziehen! Mentale als auch sachliche Unterstützung bekam der Autor von dem guten Freund und Kameraden sowie leidgeprüften Stalingrader Spätheimkehrer Hein Mayer. Seine Worte: „Du hast Dir den Frust von der Seele geschrieben!" beschrieben trefflich meinen Gemütszustand.

2

Das Ende der Volksschulzeit war für mich zu Ostern 1939. Mein Arbeitsleben begann am 1. April desselben Jahres. Gerne hätte ich eine Lehrstelle im holzverarbeitenden Handwerk gehabt, aber das erste Vorstellungsgespräch in einer Möbeltischlerei ergab keine Ab- und keine Zusage. Mein Vater meinte: „Da brauchen wir nicht noch einmal vorzusprechen. Am besten ist es wohl, Du gehst erst ein Jahr in die Landwirtschaft und mit dem Landjahr schaffen wir es vielleicht, eine Lehrstelle im Handwerk zu finden."

Dieses Wort hat mein Vater in die Tat umgesetzt. Anfang März 1940 kam mein Vater zu dem Bauern, bei dem ich gemeinsam mit meinem drei Jahre älteren Bruder Bernhard im Dienst war. Das Erste, das unser Vater zu Gehör brachte, war: „Junge, hast Du noch Lust zum Lernen? Dann kannst Du das Malerhandwerk erlernen." Da stimmte ich zu. Das Malerhandwerk war der zweite von drei Berufswünschen, die ich auf meinem persönlichen Wunschzettel hatte. Neben den Holzberufen und dem Beruf des Malers interessierte ich mich noch für das Schuhmacherhandwerk. Der Bauernhof lag etwa acht Kilometer von meinem Elternhaus entfernt und alle vier Wochen gab es einen freien Sonntag.

Meine Malerlehre begann am 1. April 1940. Nach Abschluss meiner Lehrzeit wurde ich Ende März 1943 für Malerarbeiten zur Heeresversuchsanstalt nach Peenemünde verpflichtet (Versuchsanstalt für die deutsche Raketenentwicklung, u.a. Entwicklung der ersten funktionsfähigen Großrakete V2). Doch am 16. April 1943 begann meine Reichsarbeitsdienstpflichtzeit (RAD), die ich in der Nähe von Stettin ableistete und die bis zum 8. Juli 1943 währte. Meine Einberufung zur Luftwaffe erfolgte am 23. Juli 1943, ich musste nach Eger (Sudetenland) zur Einkleidung.

Die Grundausbildung beim RAD (gegründet 1931) war militärischer Drill aber mit dem Spaten statt Gewehr.

(Das war zu diesem Zeitpunkt nichts Ungewöhnliches mehr. Ursprünglich wurden eigentlich ganz andere Ziele verfolgt. So zum Beispiel der Abbau der Arbeitslosigkeit und die Verrichtung gemeinnütziger Arbeit. Unter Hitler wurde der RAD schnell zur vormilitärischen Ausbildung.

Während des Krieges wurde der RAD unter anderem zum Bau militärischer Anlagen eingeteilt. 1942 bis 1943 dann auch an der Ostfront. Ab Juli 1944 wurde der RAD offiziell zur Grundausbildung.)

Nach einer Gesundheitsprüfung wurden einige Kameraden in den Innendienst versetzt, unter anderem gehörte auch ich dazu. In den verschiedenen Arbeitsbereichen wurden uns leichtere Tätigkeiten übertragen. Im Jahr zuvor hatte ich eine Lungenentzündung und als Folge waren Schatten auf meiner Lunge. Meine neue Aufgabe war es nun, 25 Gänse zu betreuen und Putzdienste zu erledigen für den Heilgehilfen, einen Sanitäter im Dienstgrad Unterfeldmeister.

Ein Arbeitsmann wie ich hatte einen Tageslohn von 25 Pfennig, nach zehn Tagen gab es 2,50 Mark, damit waren auch meine Dienste für das Putzen bezahlt. Vom anstrengenden Dienst befreit, reichte nun die Verpflegung aus, um satt zu werden. Vorher habe ich als Nichtraucher die drei Zigaretten, die wir mit der Tagesration bekamen, gegen Brot getauscht. Wenn wir Ausgang hatten, durften wir bis Podejuch südlich von Stettin. Sonntagsurlaub, nach Grimmen, hatte ich nur zweimal. Meinen dritten Heimaturlaub habe ich bekommen wegen der Beerdigung meines Bruders Siegfried. Er war Jahrgang 1928, wir waren sieben Brüder und vier Schwestern. Nach dem Krieg waren wir nur noch fünf Brüder und vier Schwestern.

Bild 2: Reichsarbeitsdienst 16.04. - 08.07.1943 Kreis Greifenhagen

Bild 3: Nach Pfingsten 1943, RAD, Pommersche Wachabteilung

Bild 4: Ernst Kagels, Grundausbildung in Frankreich

Nachdem unsere Zivilkleidung zur Post gebracht worden war, dauerte es nicht mehr lange und es ging per Bahntransport nach Frankreich. Die Fahrt ging vorbei an Paris und Orléans, durch Blois und Romorantin - Lanthenay, bis auf einen französischen Militärflugplatz.

Die Unterkünfte waren Baracken. Das Küchen- und Verwaltungsgebäude bestand aus Backsteinmauerwerk und wies Schäden, hervorgerufen durch Bombensplitter auf. Eine der beiden Flugzeughallen war zerstört. Von Flugzeugen war nichts mehr zu sehen. Dieses Objekt war nun das Domizil einer Ausbildungskompanie des Fliegerregiments 71. Gemeinsam mit einem Kameraden, welchen ich aus der Arbeitsdienstzeit kannte, wurden wir einer Gruppe des 6. Zuges zugeteilt. Die Kompanie hatte insgesamt 8 Züge.

Die harte Grundausbildung endete für einen großen Teil der Kompanie nach vier Wochen. Der Bahntransport ging diesmal westlich an Paris vorbei, über Brüssel und Aachen und dann bis Fassberg in der Lüneburger Heide. Ab Fassberg ging dann mein nächster Transport zum Fliegerhorst nach Detmold.

In Detmold erhielt ich die Ausbildung zum Flugzeugmaler für das fliegertechnische Personal. Noch vor dem Ende des Lehrgangs wurde ich als einziger Maler mit einer Auswahl verschiedener Fachleute für die technische Kompanie der Fliegerkriegsschule III in Werder an der Havel abkommandiert. Die Malerei der technischen Kompanie bestand aus einem Unteroffizier aus Potsdam, einem Obergefreiten aus Magdeburg, einem Gefreiten, welcher Braunschweiger war und ich kam aus der Nähe von Stralsund, wo ich heute noch lebe. Bei unseren Tätigkeiten ging es eher kollegial als militärisch zu, wenn ich als Jüngster auch manchmal die Stiftrolle innehatte. Wenn beispielsweise die Pressluftflasche für Spritzarbeiten leer war, dann hatte der Jüngste für eine volle Flasche zu sorgen.

Damit konnte ich gut leben. Drill und Schikanen hatten Pause. Das schreibe ich mit dem Wissen, was alles möglich war und wirklich wurde.

Einmal im Monat hatten wir von der technischen Kompanie nächtliche Flugplatz-wache. Bekleidungsappelle und Sport kamen auch vor. Bei Fliegeralarm, meistens wegen der Luftangriffe auf Berlin, war man auch mal zur Brandwache eingeteilt. Es hat auch einmal einen einzelnen Bombentreffer auf eine Flugzeughalle gegeben, in der die Segelflugzeuge abgestellt waren. Von diesem Zeitpunkt an mussten, bei Fliegeralarm die Hallentore aufgeschoben werden. Dies sollte bei Bombendetonationen den Druck vermindern.

Am 27. Dezember 1943 erwachte ich mit starken Atembeschwerden. Ich meldete mich krank und musste in das Krankenrevier. Bronchitis war die erste Diagnose, leichte Rippenfellentzündung (Pleuritis) war die endgültige Diagnose vor der Entlassung Sylvester 1943.

Meine Rückmeldung vom Krankenrevier bei der technischen Kompanie war verbunden mit einer freiwilligen Meldung zur Fallschirmtruppe. Für die Fallschirmtruppe hatte ein Hauptfeldwebel vor einem Vierteljahr in Detmold geworben. Damals hatte ich mich nicht gemeldet, weil ich im Arbeitsdienst als „nicht voll dienstfähig" eingestuft worden war. Nun, so sage ich nachträglich selbst, hatte mich der Teufel geritten!

Nur handwerkliche Leistung war mir zu wenig. Aber das bisher Geleistete war als Arbeit doch ehrenvoller als spätere Ergebnisse im Kampf!
Der erstaunte Spieß (ein Vatertyp) sagte zu mir: „Kagels, was ist los mit Dir? Hier geht es Dir doch gut!" Der Spieß fand durchaus meine Zustimmung, aber ich wollte auch etwas erleben und etwas leisten und somit ließ ich mich auch nicht umstimmen. Der Hauptfeldwebel sagte zu mir, dass er demnächst für die Fallschirmjägertruppe werben sollte und ich nun der Erste sei. Bis Sylvester war meine Freiwilligenmeldung abgeschlossen und genehmigt.

Bei der Einheit blieb ich bis zum 10. Februar 1944. Gute Leistungen und keine Strafe brachten mir noch die Gunst für einen Kurzurlaub von vier Tagen. Am 30. Januar 1944 befand ich mich auf der Bahnrückfahrt und saß im Wartesaal des Stettiner Bahnhofs in Berlin. Mit der S-Bahn erreichte ich nach mehrmaligem Umsteigen Potsdam. Von dort aus sollte es in drei bis vier Stunden mit dem Zug nach Werder an der Havel zu meinem Standort gehen. Aber es gab Fliegeralarm und darauf folgend kam der Angriff. Die Leute aus dem Wartesaal sind in die U- oder S-Bahnstationen geschickt worden. Nach etwa anderthalb Stunden Getöse durch Bomben und Flak kam die Entwarnung. Der Betrieb der S-Bahn begann wieder, aber nach kurzer Zeit stoppte der Zug und die Insassen mussten umsteigen aufgrund zerstörter Gleise. Das war manchmal schon nach einer Station notwendig. In der Nacht des 31. Januar 1944 kam ich dann in der Kaserne an.

Den folgenden Tag erlebten wir im Kompanierahmen beim Katastropheneinsatz und den Aufräumarbeiten in Berlin. Einige Tage darauf mussten wir am Gleisanschluss des Flugplatzes Flugzeugtrümmer entladen. Es handelte sich um die Überreste einer zweimotorigen Maschine, abgeschossen durch die Flak. Dass ein Jäger ein Flugzeug vom Himmel holt, erlebten wir im April 1944 bei Halberstadt.

Am 11. Februar 1944 fuhren ein Obergefreiter und zwei Flieger, die nun als Dienstgrad „Jäger" genannt wurden, von Werder nach Gardelegen. Die Leistungsüberprüfungen dort habe ich mit Leichtigkeit bestanden, aber den 5000-Meter-Lauf habe ich nicht unter zwanzig Minuten geschafft. Wegen Milzstechens bin ich zu langsam geworden. Es gab noch etliche Kameraden, denen es genauso erging. Bei dem Massenlauf fiel keiner durch, die Teilnahme genügte.

Bild 5:   Jäger Ernst Kagels im Februar 1944

Nach der Vorstellung bei einem Stabsarzt wurde entschieden, ob man zuerst zur Sprungschule oder zum Infanteriedrill musste. Für mich ging es zur Sprungschule nach Wittstock / Dosse. Dort traf ich wieder mit dem Stargarder Kameraden, den ich aus dem Arbeitsdienst und der Grundausbildung kannte, zusammen. Der Kamerad Schwandt hatte sich schon in Eger, nach der Einberufung zur Fallschirmtruppe, gemeldet. Auch in Detmold Angeworbene sah man jetzt wieder. Außerdem waren einige Soldaten dort, die schon im Fronteinsatz waren und nun beschleunigt die Sprungausbildung nachholen sollten, später waren sie unsere Ausbilder in den Klusbergen bei Halberstadt.

Meinem neuem Ausbildungszug fehlte etwa eine halbe Zugstärke. Der Zug wurde mit einigen Kameraden und mit mir aufgefüllt. Die Bodenübungen einschließlich des Schirmpackens dauerten sechs Tage. An den folgenden drei Tagen sind wir täglich zweimal gesprungen. Der erste Sprung war der schönste, weil die Absprunghöhe bei den weiteren Sprüngen reduziert wurde. Als dann die ganze Ausbildungseinheit den Springerschein erworben hatte, wurden wir nach Halberstadt verlegt. Drill hob nun die Ruhe auf, aber ohne Schikane. Fallschirmjäger sind eine Nah- und Nachtkampftruppe. Das wurde uns von erfahrenen Soldaten eingedrillt.

An einem Vormittag befanden wir uns zug- und gruppenweise in der Geländeausbildung, als es Fliegeralarm gab. Liegen bleiben wo man sich gerade aufhielt wurde befohlen. Wir lagen einzeln auf der Fläche eines Scheinflugplatzes und konnten einen Pulk von zehn bis zwölf zweimotorigen Flugzeugen, der aus westlicher Richtung kam, erkennen. Es war ein Überflug und kein Angriff. Aber diesen Bombern folgte eine Messerschmitt Bf 109 (Me 109). Sie schoss einen Feuerstoß mit der 2 – cm – Bordkanone und drehte danach um. Etwa zur gleichen Zeit detonierte in 800 Meter Entfernung eine Serie von Splitterbomben, ausgeklinkt von dem Flugzeug, das, wie wir beobachten konnten, mit still stehendem Motor zu Boden trudelte. Zwei der Flieger schafften den Absprung mit dem Schirm, Glückspilze! Die anderen beiden fanden unser Bedauern, als wir beim Beseitigen der Trümmer sahen, was von ihnen übrig geblieben war. Dies war das Bedauern, das ein anständiger Mensch seinem Gegner respektvoll erweist.

Zum Mittag mussten wir in die Kaserne zurück. Als wir angekommen waren, wurden wir für eine Aufgabe in einer LKW – Halle gebraucht. Dort hatten wir die 32 toten Kameraden, die sich zu dicht beisammen im Bereich der Bombeneinschläge aufgehalten und dabei ihr Leben verloren hatten, zu entladen. Von den Ladeflächen der LKWs wurden die Toten in Reihe auf den Garagenboden gelegt. Wir haben einen schaurigen Eindruck von der Wirkung der Splitterbomben bekommen.

Später stellten wir fest, dass von den im Notwurf abgeworfenen Bomben mehr als die Hälfte gar nicht explodiert waren. Die von den Blindgängern aufgeworfenen Löcher maßen gerade mal 10cm im Durchmesser. Für den Rest unserer Ausbildung sind wir immer wieder nahe an den Blindgängern vorbei gekommen und wurden somit auch wieder an die schrecklichen Ereignisse erinnert.

Nach diesem Abschuss und dem Notabwurf der Bomben, die vom Gegner für gewöhnlich bei Tagesangriffen auf Flak – Stellungen eingesetzt wurden, konnten wir feststellen, dass unsere Ausbildung deutlich härter wurde. Vorher war es bei nächtlichem Fliegeralarm üblich, dass der Kasernenkeller aufgesucht wurde. Nach dem Ereignis ging es bei Alarm aus der Kaserne, egal ob bei Tag oder Nacht, in voller Montur etwa 1,5 bis 2km in das umliegende Gelände heraus. Am Waldrand musste jeder von uns ein Deckungsloch graben und in diesem die Entwarnung abwarten. Danach ging es, manchmal auch im Laufschritt, in die Kaserne zurück.

Der Ausbildungsverlauf mit zu wenig Schlaf war normal. Drei Sonntagnachmittage hatten wir Ausgang. Aber vorher bekam jeder von uns eine der drei Tetanusspritzen. Beim letzten Kompanieunterricht durch einen Stabsfeldwebel, der ursprünglich eine Pionierlaufbahn absolviert hatte, erfuhren wir, dass wir nach Monte Cassino kommen sollten. Am 1. Mai ging es mit Personenwagen zum Bahntransport. Die Schlacht um Monte Cassino dauerte schon seit dem 17. Januar 1944 und wir sollten mithelfen, dass sich niemand „den Stiefel durch die Sohle anzieht". Aber das war ja schon auf Sizilien passiert.

Am 3. Mai 1944 stand der Zug, mit dem wir transportiert wurden, am Brenner. Einen Aufenthalt hatten wir noch vor Verona, weil man uns berichtete, dass ein Fliegerangriff auf den Bahnhof von Bologna die Weiterfahrt behinderte. Danach kamen wir mit der Bahn bis etwa 40 Kilometer südlich von Florenz. Anschließend fuhren wir mit Armeebussen bis Frosinone. Wir waren mit verschiedenen Transportmitteln als Truppentransport von Halberstadt nach Frosinone gekommen. Die Artillerie war von dort pausenlos zu hören. Frosinone lag völlig in Trümmern. Die Überlebenden hielten sich, wie auch wir, in einem Tunnel auf.

Von dort wurden wir zu unseren neuen Einheiten gebracht. Die Transporte mit den LKW fanden fast immer in der Nacht statt.

Am nächsten Tag befanden wir uns in einer Bergregion, die höher als das zerstörte Kloster lag. Von einem Hauptfeldwebel wurden wir informiert, dass wir jetzt der 10. Kompanie des 3. Fallschirmjägerregiments (FJR) angehörten. Die Führung vorort hatte es wohl schwer, uns gleich nach vorne zu bringen und so war noch Zeit, unsere Kenntnisse in Angriff und Verteidigung zu vertiefen. Einmal haben wir inne gehalten und zugesehen, wie es auf dem Monte Cassino besonders hart zuging. Wir haben die Jagdbomber und was sie angerichtet haben von oben gesehen. Aus meiner jetzigen Kenntnis war es der 18.05.1944, der letzte Tag von den vier Monte Cassino - Schlachten. Aber, dass es danach genau so weiter ging, kann ich nachfolgend bestätigen.

Schon am nächsten Nachmittag standen wir in lockerer Haltung und der Hauptfeldwebel erklärte uns, dass wir, neun Mann, ein Oberjäger und acht Jäger (Gruppenrahmen), für den Einsatz ausgerüstet und am Abend mit dem LKW zum Regimentsgefechtsstand des 3. FJR gebracht werden.

Die Fahrt wurde von schweren Granaten begleitet nachdem wir den Trossbereich verlassen hatten. Wir sind aber schadlos beim Regimentsgefechtsstand angekommen. Oberst Heilmann und sein Stab kamen aus einem Bunker und hat vor den 30 - 35 Soldaten, die mit dem LKW angekommen waren, eine Ansprache gehalten, an die ich mich sinngemäß erinnere: „Die Aufgaben, die uns hier gestellt waren, haben wir größtenteils erfüllt. Aber unsere Verluste waren dermaßen hoch, dass wir uns zurückziehen müssen und es kann sein, dass der Rückzugsbefehl bereits in der Stellung ist, wenn wir dort angekommen sind."

Besonders ehrenvoll von Oberst Heilmann fand ich seinen Ausspruch, dass wir uns mit Bedacht einsetzen sollen und uns nicht, wie die „Jugend von Langemarck", opfern sollen. Danach sind wir in Reihe mit Abstand von vier bis fünf Metern von Mann zu Mann durch einen flachen, trockenen Graben neben der Straße den Weg zum Bataillonsgefechtsstand gegangen.

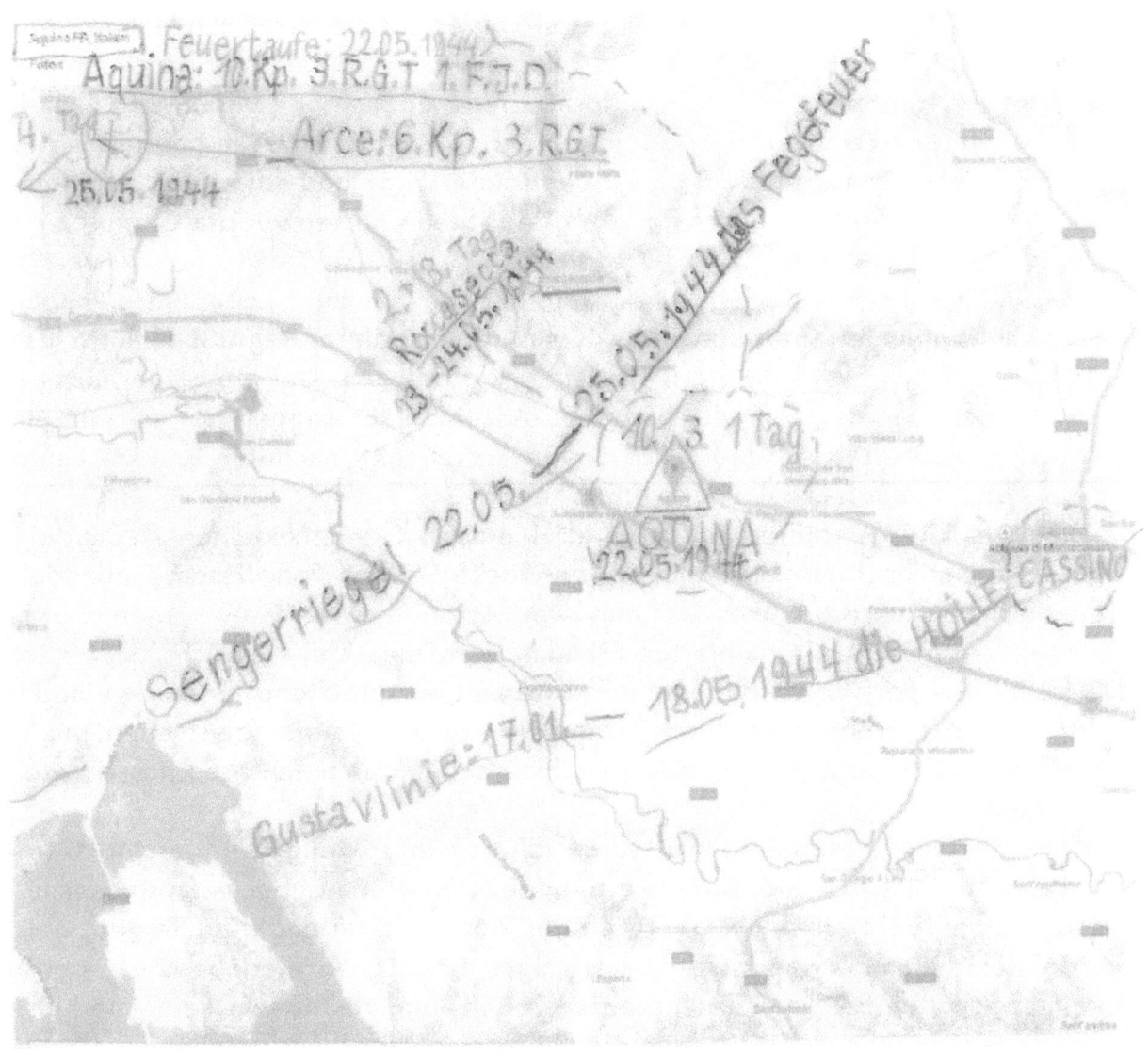

Bild 6: Skizze zur Feuertaufe 22.05.1944

Der Artilleriebeschuss war stärker geworden. Etwa 500 Meter nach dem Regimentsgefechtsstand lief ein Soldat zurück. Er sagte: „Ich bin verwundet worden!" Im Straßengraben sind wir einige Male über Tote gestiegen. Es wurde hell, als wir beim Bataillonsgefechtsstand ankamen. Glücklicherweise gab es hier keinen Artilleriebeschuss. Unser Gruppenführer war in dem Bunker, aus dem sonst nur der Funker kam, um durch Treten von Fahrrad-Pedale die Energie für das Funkgerät zu erzeugen. Der Bunker diente dem II. Bataillon, Regiment 3, auch als Gefechtsstand. Als der Oberjäger aus dem Bunker kam, brachte er eine Kiste Eierhandgranaten mit, die wir noch scharfmachen mussten. Danach hatte jeder zwei Handgranaten im Brotbeutel. Der Gefreite, der als Melder und welcher für uns auch als Einweiser in die Stellungen der 10. Kompanie des FJR 3 fungierte, kam und sagte uns, dass wir dort, wo wir hingehen müssten, ab ca. 400 Meter Feindeinsicht hätten. Meine Gedanken drehten sich um MG – Beschuss, als im gleichen Moment ein französischer Mini – Panzer (ein umgebautes Beutefahrzeug) vorbeifuhr. Neben dem Fahrer befand sich eine Pritsche mit einem schwerverwundeten Panzersoldaten und einem Sanitäter, die zurückfuhren.

Beim Weitermarsch gingen wir in Panzerspuren. Es dauerte nicht lange und wir sahen einen Panzer IV, auf seiner Kette lag ein toter Soldat. Ein paar Meter weiter lag ein weiterer Soldat in Panzeruniform. Gleich danach bog unser Weg nach links ab, da waren die Panzerspuren in einem Weizenfeld. Dort häuften sich die Granattrichter, von mir auf 60 bis 70 Zentimeter Tiefe und auf einem Durchmesser von 1,70 bis 1,80 Meter geschätzt. An dieser Stelle hörten wir die Granaten heran „heulen" und haben uns in Deckung gelegt.

Meine zwei MG-Munitionskästen, welche ich zu tragen hatte, habe ich beiderseits meines Kopfes platziert. Als wir uns nach dieser Begrüßung aufrichteten, sind wir auf den letzten Metern vorsichtiger geworden. Der Oberjäger hatte eine Schramme über dem Schulterblatt abbekommen. Er sagte, dass es mit einem Pflaster auszuhalten sei und teilte uns in Posten ein, nachdem er vom Leutnant (10.3. Rgt.) den Befehl dazu bekommen hatte.

Der Gruppenführer hat mich als Melder zu einem kleinen Gebäude (das Format einer heutigen Gartenlaube) geschickt. Seitlich von diesem Gebäude war eine offene Grube von etwa zwei mal zwei Meter. In dieser Grube lagen über zehn junge Kameraden mit halbierter Erkennungsmarke. Mein Gesicht nach diesem Eindruck war bei der Meldung an den Leutnant entsprechend. Denn den Eindruck, den man hat, wenn man durch Granaten getötete Kameraden sehen muss, ist einfach noch intensiver und grauenvoller als der durch Spitzgeschosse getötete Soldaten.

Mit einer Kasernentonart wurde ich von ihm wieder weggeschickt. In der etwas von Bäumen und Sträuchern gedeckten Behausung befanden sich der Leutnant, ein Feldwebel, ein Obergefreiter, der Sanitäter und der Gefreite, welcher unser „Leithammel" war. Etwas später folgte erneuter Artilleriebeschuss, der aber keinen Schaden bei uns anrichtete. Nach links und rechts war kein Anschluss an deutsche Einheiten sichtbar. Etwa die Hälfte des Tages war vergangen, als an der rechten Seite zwei gegnerische Soldaten durch das Gelände pirschten. Die zwei Mann am MG richteten sich zum Beschuss ein, aber die beiden hatten ihre Lage rechtzeitig erkannt und waren schneller weg als sie gekommen waren. Am späten Nachmittag stand der Feldwebel seitlich des kleinen Gebäudes hinter einem Pfosten und hat das Gelände, aber auch uns Neulinge beobachtet.

Es dauerte nicht mehr lange, als Motoren und brechende Äste zu hören waren. Dann schoss auch ein MG über uns hinweg. Wir sahen in die Richtung, aus der geschossen wurde und hatten unsere Waffen entsichert. Da machte sich der Feldwebel bemerkbar. Er winkte uns zu und machte die Armbewegung „Nach hinten". Der Oberjäger rief mich zu sich und befahl mir, vom MG die zwei Munitionskästen zu holen und den Kameraden den gemeinsamen Rückzug zu befehlen.

Es waren wieder Panzerspuren, in denen wir unter Panzer – MG – Beschuss geduckt zurückliefen. Der Schütze muss ein Anfänger gewesen sein, denn durch sein Hin- und Herschwenken hat er keinen von uns getroffen. Bei dem bereits oben erwähnten Panzer IV sind wir über einen zwei Meter breiten und ebenso tiefen Graben gesprungen und waren dann in einem Wald.

Das MG schoss nicht mehr, dafür aber die Kanone. Als es mehrmals rechts hinter uns gekracht hatte, bemerkten wir, dass wir nicht mehr gemeint waren. Die Gegner haben den Panzer IV noch beschossen, sie waren wohl nicht sicher, ob von dem Panzer IV noch Gefahr ausgeht. Wir, alle neun Mann, sind in diesem jungen Laubwald geradewegs bis an das andere Ende des Waldes gegangen. Dort kamen wir an eine eigene Acht-Zentimeter-Granatwerferstellung („Spucker") und die Kameraden vorort erfuhren von uns, dass die Stellung einen Kilometer vor ihnen bereits geräumt war.

Der Vorgesetzte dieses Trupps sagte: „Wir verschießen noch die Hälfte unser 78 Granaten und mit dem Rest sprengen wir dann unseren Bunker." Diese Soldaten haben uns zu einem Rückweg geraten, der in eine Kiesgrube führte. Sie selbst sind dann einen anderen Weg zurückgegangen. Dabei war dann auch unser Oberjäger. Er hatte sich beim Sprung über einen Graben den Fuß verstaucht und war dadurch ein Fall für den Mediziner geworden. Die vier Männer der 10. Kompanie, die durch uns auf dreizehn Mann verstärkt wurden, sind wahrscheinlich in Gefangenschaft gegangen.

Die Kiesgrube war eine Sammelstelle und wir waren nicht die ersten Ankömmlinge. Infanteristen, Gebirgsjäger und wir wurden durch weiteren Zulauf verstärkt. Zu den Gebirgsjägern kam auch ein Leutnant und forderte seine Soldaten auf, in die Stellungen zurückzugehen. Aber es gab Antworten und Informationen der Kameraden, dass viele Stellungen geräumt waren und somit siegte die Vernunft und niemand musste sinnlos sein Leben riskieren.

Der angekündigte Rückzug nahm seinen Lauf. Während der Abenddämmerung war eine Gruppe Landser, wie am Horizont, am Rand der Grube unterwegs, als plötzlich grüne Leuchtspurgeschosse von hinten kamen. Die Männer sind schnell in Deckung gegangen. Das war das Letzte, was an diesem Tag von Panzern in unserer Nähe zu sehen und zu hören war.

Nachdem es Nacht geworden war, rief ein Feldwebel nach den Soldaten der 10. Kompanie. Wir versammelten uns um ihn und erfuhren, dass unsere Kompanie aufgelöst war. Wir gehörten von nun an zur 6. Kompanie 3. Regiment II. Bataillon (Königl. 6. der 1. FJD laut Divisionschronik). Ringsherum verstärkte sich das Getöse der Artillerie, ob auch deutsche Geschütze darunter waren, konnten wir am ersten Tag nicht feststellen. Flugzeuge flogen von Norden nach Süden. Gleich darauf hörte man die Bomben und die Flugzeuge kamen zurück. Der Feldwebel meinte, dass unsere Flugzeuge Monte Cassino bombardiert hätten. Aber aus einem Buch, welches ich im Jahr 2003 gelesen habe, habe ich erfahren, dass es um den Übergang des Flusses Rapido ging.

Etwa um Mitternacht sind wir aus der Kiesgrube wieder hinausgegangen und zu meiner Traglast war noch die prall gefüllte Kartentasche des ausgefallenen Gruppenführers hinzugekommen. Der Feldwebel ging unserer Kolonne voraus, in der ich nur noch einen Kameraden seit meiner Arbeitsdienstzeit und der Grundausbildung im Fliegerregiment 71 in Frankreich kannte.

Der Weg im ebenen Gelände auf einer schmalen Schotterstrasse wurde von uns in Abständen von ein bis zwei Metern von Mann zu Mann gegangen. Die Artillerie war ständig zu hören, aber in unserem Bereich und nahen Umfeld gab es keine Einschläge. Der „Tommy" schoss ja auch nicht in die eigenen Stellungen, denn etwa dreißig Meter vor uns gab es plötzlich MG-Beschuss von der linken Seite, schräg über die Straße hinweg. Der Befehl „Stellung, Feuer frei!" kam aber nicht, sondern „Kehrt zurück!" Es hat keiner zurückgeschossen, aber es ist auch niemand in Stellung gegangen oder hat Deckung bezogen. Das MG-Feuer hat sich nochmals wiederholt, aber niemanden geschadet. Wir gingen auf der linken Straßenseite, so dass das MG über den Weg von uns weg schoss.

Die Nacht war Soldatenglück auf beiden Seiten. Als der zweite Tag anbrach wurden wir auf einem breiten Feldweg, an dem auch einige Bäume standen, in jene Richtung geschickt, in die die deutschen DO-Geräte (erste Raketenwerfer, genannt nach General Dornberger, bei der Entwicklung der V2 beteiligt gewesen) die Granaten schickten. Nach etwa einem halben Kilometer lag ein toter Feldwebel auf dem Weg und hundert Meter weiter stand ein Sturmgeschütz, die Mannschaft drinnen und draußen war tot. An dieser Stelle haben wir dann sehr starkes Artilleriefeuer bekommen. Wie lange es gedauert hat, möchte ich zeitlich nicht benennen, aber es waren mehr Geschütze als Tags zuvor. Die Deckung für die meisten von uns war das Feld mit den Futterpflanzen Klee oder Luzerne, etwa vierzig Zentimeter hoch. Die Munitionskästen wieder beidseitig als Kopfschutz eingesetzt, haben wir von wechselnden Seiten den Luftdruck und die Pflanzen gespürt.

Schreie haben wir keine gehört und als wir aufstanden, war auch niemand verwundet. Ob jemand tot liegen geblieben war, kann ich nicht sagen. Es ist definitiv ein Nachteil, wenn man sich bei solchen Himmelfahrtskommandos untereinander nicht kennt.

Vom Feldwebel wurde der Rückweg befohlen. Die deutschen DO – Geräte schossen den Vormittag über verhältnismäßig oft. Beim Rückmarsch nahmen wir anfangs den gleichen Weg. Wir kamen zu einer Wiese und dahinter lag ein mit hohem Strauchwerk bewachsenes Gelände. Unter diesem Sichtschutz gab es erst einmal eine Pause. Ein Gefreiter, der schon länger in diesem Stress war, klagte über Hunger, da schon lange keine Verpflegung mehr nach vorne gekommen war. Kameradschaftlich meinte ich zu ihm, er solle von meinem Brotbeutel den Deckel hochklappen und sich die Hälfte vom Brot und den kleinen Schmelzkäse herausnehmen. Eine kleinere Dose Ölsardinen war auch darin, aber die wollte ich behalten.

In dem Zusammenhang möchte ich noch von einer Merkwürdigkeit berichten. Während der Ausbildung in Klusbergen bei Halberstadt haben wir alle vor dem Sonntagsausgang dreimal nacheinander die Tetanus-Spritzen bekommen. Diese Prozedur noch einmal am letzten Nachmittag vor dem Einsatz. Da haben wir in jedem Oberarm und hinter einem Schulterblatt die drei Spritzen als Auffrischung bekommen. Die Spritzen hatten auf mich eine beeinträchtigende Wirkung und schränkten mein Wohlbefinden ein. Vermutlich ließ ich auch deswegen den Kameraden an meinen Brotbeutel.

Die Gewehrschützen bekamen hundert Schuss und einen Umhängegurt aus Stoff mit Druckknöpfen. Die Patronen waren aber ohne Ladestreifen, also nicht so gut verstaut wie in der ledernen Patronentasche an dem Koppeltragegestell. In Halberstadt hat jeder fünf Patronen bekommen. Die Gewehre wurden geladen und gesichert wie bei einem Wachaufzug. Wir wollten dreißig Schuss in den Patronentaschen unterbringen, aber in Kasernentonart wurde dies untersagt. Das MG 42 wurde von dreihundert auf tausendzweihundert Schuss aufmunitioniert. Vier Kästen pro MG, zwei davon hatte ich zu tragen. Die Kaltverpflegung wurde für zwei Tage ausgegeben, dies mit dem Hinweis, dass die Versorgung demnächst nicht regelmäßig vonstatten gehen würde. So kam es dann auch, dass ich mich gewundert habe, dass ich mit meinem gesunden Appetit nicht auch Hunger verspürte, als der Kamerad nach etwas zum Essen fragte. Dies, so vermute ich, stand dann wohl im Zusammenhang mit den Spritzen und der Frontstress tat sein übriges. So verspürte ich nur Durst.

Die verhältnismäßige Ruhe wurde durch ein kurzes, kräftiges Rauschen unterbrochen. Sofort ging ich in Hockstellung, in Erwartung eines Granateneinschlags, welcher allerdings aus blieb. Gleich darauf hörte ich links von uns einen Kanonenschuss und wieder das Geräusch, von links nach rechts über uns sowie den Auf- oder Einschlag des Geschosses. Der dritte Schuss dieser Art wurde mit zwei oder drei Schuss von der Gegenseite beantwortet. Danach kamen von links die Abschüsse von mehreren Panzern und es endete nach einer starken Explosion in etwa 1000m rechts von uns. Die gegnerischen Panzer links von uns waren etwa in gleicher Entfernung.

Später habe ich erfahren, dass der Panzer auf unserer Seite einer von den dreizehn Panzer IV, der Division „H. Göring" gewesen ist, die beim Transport vor Verona zusammen mit uns Fallschirmjägern gewissermaßen im Stau standen. Als nächstes fragte mich der Oberjäger: warum ich als einfacher Soldat eine Kartentasche hätte und was der Inhalt sei, meine Antwort war: was darin ist, wüsste ich nicht und dass ich die Tasche für den vorherigen Gruppenführer aufbewahren solle. Seine zweite Frage war: „Warum haben Sie die K.S. - (= Kriegsschule) Buchstaben auf den Schulterklappen?" Erneut antwortete ich, dass ich in Werder an der Havel als Flugzeugmaler für die Flugbereitschaft des Generals der Fliegerausbildung, Kriegsschule 3, gewesen war. Weiter ergänzte ich, dass dort alle, auch die erste technische Kompanie, diese Schulterklappen gehabt hätten.

Eine kleine Behausung auf der Wiese hinter uns in dreihundert bis vierhundert Metern Entfernung war wohl das geworden, was man Bataillonsgefechtsstand nennt. Der Oberjäger war inzwischen weg und der Feldwebel gab mir einen Meldezettel und den Auftrag, diesen zum Bataillon zu bringen und die Antwort abzuwarten und mitzubringen. Aufrecht, wie wir über die Wiese gekommen waren, ging ich los. Nach etwa dreiviertel der Strecke knatterte es von rechts und die Geschosse pfiffen wieder mal vorbei. Blitzartig bin ich in Deckung gegangen und ungesehen vorwärts gerobbt.

Nach vorsichtigem Aufrichten setzte der Beschuss nochmals ein. So musste ich bis fast zum Bataillonsgefechtsstand robben. Damals in der Grundausbildung war ich Zugbester, jetzt war diese Art der Fortbewegung überlebensnotwendig! Die letzten Meter konnte ich mich dann wieder aufrichten. Bei der Hütte angekommen kam gerade ein Oberleutnant aus der Tür, wohl wegen des MG-Beschusses, welcher nicht zu überhören war. Zu dem Trupp Soldaten, die dort anwesend waren, sagte er wörtlich: „Jetzt wird es aber Zeit, dass Ihr mal wieder ein MG aufstellt!" Der Befehl wurde sofort umgesetzt. Es waren allerdings keine vier Munitionskisten bei diesem MG und ein klar erkanntes Ziel gab es auch nicht.

Die gegnerischen MG – Schützen haben mich beim Rückweg nicht mehr beschossen. Von dem Beschuss habe ich bei meiner Rückkehr nicht berichtet, dies war inzwischen normal. Die Kartentasche war nicht mehr dort, wo ich sie liegen lassen sollte und ich habe mich darüber aufgeregt, weil ich jetzt als unehrlich bezeichnet werden könnte. Aber die Dienstgrade über dem einfachen Soldat waren selbstverständlich die Besseren. Im Nachhinein bin ich zu der Erkenntnis gekommen, besser schweigen als eine Meinung äußern.

Wir sind von diesem Platz nach kurzer Zeit aufgebrochen zum Bataillonsgefechtsstand. Wir waren mehr als drei Mann und ich ging vorweg aufgrund meiner vorangegangenen Meldertätigkeit und der damit verbundenen Ortskenntnis. An der Stelle, wo ich unter Beschuss kam, wurde ich vorsichtig. Schließlich fallen mehrere Soldaten mehr auf als einer. Es blieb friedlich. Der Feldwebel sagte hinter mir zu dem Oberjäger: „Das scheint mir ein Jubiläumsmelder zu sein." Vorweggenommen; ich war nach zehn Monaten Frontzeit der beste MG – Schütze von sieben in der Kompanie.

Noch am Tage waren wir in der Ortschaft Roccasecca angekommen. In der Mitte des Dorfes waren Deckungsgräben und Löcher angelegt worden. Es gab abgedeckte Grabenbereiche und dort sollte geprüft werden, wie es darunter aussieht. Der Oberjäger sagte: „Da kann der Neue von der Kriegsschule zeigen, was er drauf hat." Nachdem ich etwa anderthalb Meter vorwärts gebückt hineingekrochen war, konnte ich nur rückwärts wieder heraus.

Als Melder wurde ich nicht mehr eingeteilt, sondern kam zu einem Obergefreiten mit MG 42. Mit zwei verhältnismäßig leichten Munitionskästen hatte ich die neue Aufgabe des zweiten MG – Schützen. Wir wurden beide an der linken Straßenseite der Via Casilina (Neapel – Rom), am südlichen Ortsrand von Roccasecca in die Stellung eingewiesen. Hier gab es keine vorbereitete Stellung und wir haben mit meinem Feldspaten und einer Waschschüssel vor einem Holz,schuppen ein Deckungsloch gebuddelt. Der Obergefreite mit Eisernen Kreuz (EK) hatte wahrscheinlich am selben Tag das MG übernommen. Wir haben beide mein letztes Brot gegessen, die Sardinen waren nicht mehr in meinem Brotbeutel. Es war auch höchste Zeit den Brotbeutel zu öffnen, denn die beiden Eierhandgranaten hatten die Reissknöpfe gelockert und waren miteinander verbunden. Zwanzig Meter links vor uns, auf einer Grünfläche befand sich ein aus Feldsteinen gemauerter Brunnen, ohne Abdeckung, dort konnte ich Wasser holen. Die Artillerie war immer zu hören, aber bei uns waren es nur die langen Heultöne von den

Granaten, welche weiter hinten einschlugen. Wir haben uns etwa fünfzig Meter hinter uns umgesehen und dabei festgestellt, dass ein SMG (Schweres **MG** auf Lafette) in Stellung war. Die Männer hatten, wie alle, zurzeit Hunger. Neben dieser Stellung mit MG auf Lafette und Optik – Zielfernrohr war in einem Gebäude 8,8cm Flak-Munition gestapelt, etwa einen Meter hoch. Die Menge habe ich auf Waggonladungen geschätzt. Gleich bei der Einweisung in diese Stellung haben wir auf der Straße einen Panzer IV festliegend gesehen. Es hat etwas geraucht und manchmal geknallt. Als das vorbei war, hat Kamerad Faller, ich nenne bewusst seinen Namen, aus Hunger den Mut gefasst, zum Panzer zu schleichen um etwas Essbares zu suchen. Nach dem Brand und den Explosionen war ich der Meinung, dass dort nichts Essbares mehr zu finden sei, aber ich sollte mich irren. Nach etwa einer Stunde kam Kamerad Faller zurück mit harten Brotplätzchen, so würde ich es nennen. Vorher und nachher auch nicht wieder gesehen bzw. gegessen. Zum Verzehr brauchten wir viel Wasser, das war aber noch ohne Gefahr vom Brunnen zu holen. Der Rauchgeschmack hat uns nicht gestört, Hunger regelt Geschmack!

Bis zum nächsten Morgen, hatte sich nichts im Vorfeld ereignet. Aber es kamen ein mir bis dato unbekannter Oberleutnant und ein Gefreiter vom Bataillonsgefechtsstand. Uns wurde gesagt, dass wir keine Verpflegung und keinen sonstigen Nachschub bekämen. Dann sollten wir den MG – Munitionsbestand sagen. Es waren siebenundvierzig Schuss im MG eingelegt und in beiden Kästen kam noch ein Rest bis fünfundsiebzig zusammen. Der Oberleutnant schlug die Hände zusammen und sagte, dass wir spätestens am nächsten Morgen einen Großangriff in diesem Gebiet zu erwarten hätten. Ehrlich gesagt, hatte ich ein mulmiges Gefühl bekommen. Es wäre dann wohl meine Feuertaufe, dachte ich. Aber meine Angst war nicht so groß, als dass ich nicht die Idee hatte, mit meinen hundert Schuss im Patronenhalter um den Hals, zwei Fünfziger-Gurte vollzustecken. Nun standen uns dreieinhalb Fünfziger-Gurte zur Verfügung, für eine Waffe, die fünfundzwanzig Schuss in der Sekunde verbraucht. Wenn ein Angriff mit Panzer und Infanterie so erfolgt wäre, wäre unsere Zeit abgelaufen gewesen.

Wir hatten abwechselnd Nachtwache, in dem Lärm eines nicht enden wollenden Gewitters. Wachfrei hatte ich beim Hellwerden mit dem Rücken am Schuppen gelehnt und geschlafen. Plötzlich war Motorengeräusch auf der Straße. Faller rüttelte mich an der rechten Schulter und weckte mich mit den Worten: „Ernst, wach auf! Ein ganzer LKW mit Tommys ist durch!" Danach ging er mit meinem Gewehr zur rechten Schuppenecke und machte zwei Schnellschüsse nach hinten. Mit den Worten: „Bist Du denn nicht an Dein MG gewöhnt?", stellte ich das MG in die gleiche Richtung. Weiteres Schießen war nicht mehr notwendig, denn der Fahrer mit dem Flachhelm wurde im gleichen Moment gefangen genommen. Faller ist danach noch hingegangen und konnte seine beiden Treffer auf der linken Tür des Fahrzeugs wiederfinden. Der Fahrer war unverletzt und hatte sich ergeben. Das Fahrzeug wurde von dem Tommy unter Aufsicht aus dem Ort gefahren.

Nachdem Faller wieder zurück war, stand fest, dass nur ein Tommy durchgefahren war aber er muss Infanterie im Wald vor uns abgesetzt haben und danach in die falsche Richtung, die Rückfahrt auf der Via Casilina angetreten haben. Faller sagte, sie hätten sich beide gleichzeitig erschrocken angesehen.

Der Artilleriebeschuss wurde immer stärker, doch alles „jaulte" über uns hinweg. Als Faller sagte: „Ernst, das Wasser ist alle.", ging ich gebückt in Richtung Brunnen. Da schoss links vom Waldrand ein MG auf mich, ich ging schnell zu Boden und hatte die etwa sechzig Zentimeter hohe Brunnenmauer als Deckung. Kurzes Warten und vorsichtiges Aufrichten wurde nochmals, wohl mit dem Rest des Gurtes oder Trommelmagazins beantwortet. Danach habe ich das Kochgeschirr voll Wasser am langen Draht hochgezogen. Das MG schoss wieder, aber diesmal rechts von mir und höher. Nach meiner Meinung war das die ganze Ladung. Aus den eigenen Reihen wurde nicht zurück geschossen. Das eigene SMG war am zweiten Tag nicht zu sehen und zu hören und war wohl auch nicht mehr hinter uns.

Wir hatten genügend Wasser für den Tag und haben uns nicht mehr viel bewegt. Da unsere Stellung so nah am Gegner lag und der frisch aufgeworfene Boden vom Stellungsbau konnte nicht genug getarnt werden, rechneten wir mit nochmaligem Beschuss. Doch das MG gab den ganzen Tag Ruhe. Vor und neben uns waren immer noch keine Granateinschläge. Das Feuer wurde scheinbar nicht durch einen vorgeschobenen Beobachter gelenkt und wenn, dann eher seitlich von uns.

Als es wieder dunkel wurde, kam der Oberjäger von rechts über die Straße und sagte, dass wir uns aufs Stellungräumen vorbereiten sollten. Weiter sagte er, dass wir nicht so unvorsichtig sein sollten wie einer von den Neulingen. Dieser hätte sich, bei diesem Beschuss beim Wasserholen auf der anderen Straßenseite aufrecht auf die Straße gestellt. Er wollte wohl sehen, was los war und wurde kreuz und quer durchlöchert, so der Oberjäger. Nun wussten wir, wo der zweite Gurt hingeschossen wurde! Im Jahr 2009 sage ich dazu, dass Eltern hierfür nie wieder Söhne großziehen sollten! Das Artilleriefeuer verstärkte sich und kam näher. Es dauerte nicht lange, bis eine besonders starke Explosion zu hören war und danach viele schwere Teile in die Umgebung „kleckerten". Es war bestimmt ein Treffer auf die gelagerten 8,8cm Flak – Granaten.

Wir beide warteten noch lange auf den Rückzugsbefehl und hatten Bedenken, dass derjenige, welcher uns den Rückzugsbefehl überbringen sollte uns nicht finden würde. Also beschlossen wir, schon über die Straße zu gehen. Gesagt, getan. Wir gingen hinüber und erwarteten jemanden zu treffen, der auf der anderen Seite postiert war, aber wir waren allein und warteten noch eine Weile. Es kam dann endlich wieder der Oberjäger an den langen Gartenzaun und hat gezetert, wegen der etwa dreißig Meter die Stellung zu verlegen. Vielleicht war da noch der Groll, wegen der Meinungsverschiedenheit bezüglich der Kartentasche. Schließlich erreichten wir nach halber Dorfumwanderung eine Ansammlung der 6.3 und ich bekam wieder volle Munitionskästen, wie gewohnt. Die wurden mit leerem Magen, den wir alle immer noch hatten, in der Nacht bis zum Morgen geschleppt. Von der Via Casilina ostwärts bis Arce, auf der Karte etwa 7 Kilometer. Es dauerte bis zum Hellwerden. Diese Nacht war schlimmer als die vergangenen zwei Tage, wo wir einen Großangriff erwarten sollten. Es roch nach brennenden Gummi, Benzin, Pulver und Leichen. Ein zerschossener Panzer brannte noch am Straßenrand.

Während dieses Marsches kamen wenig lang heulende Granaten, es war die Zeit der kurzen, schrillen Töne vor dem Bersten. Diese Nacht war von allen die bisher härteste. Wir haben sie überlebt, Kamerad Faller und der mir seit dem Arbeitsdienst und der Grundausbildung bekannte Kamerad Schwandt aus Stargard (Pommern).
Mit dem Kamerad Faller wurde ich nicht mehr eingeteilt. Ob er das MG behalten hat, weiß ich nicht. Nach etwa fünf Monaten, beim ersten Einsatz nach der Ruhepause, war er in der zweiten Gruppe des ersten Zuges. Wir waren fast eine Woche vier Kilometer vor der Hauptkampflinie (HKL) und ich war wieder einmal Zugmelder. Faller war ein guter Soldat aber nicht als MG – Schütze.

Nun will ich nicht weiter vorgreifen und in der zeitlichen Abfolge bleiben. Mein nächster Kompagnon war ein Stralsunder Gefreiter. Er war vor Freude aus dem Häuschen, als ich ihm sagte, dass ich von Grimmen komme. Der Kamerad Lembke sprach sofort Plattdeutsch mit mir und fragte mich, ob ich die Hainholzstraße kenne. Auf Platt antwortete ich, nur einige Male in Stralsund gewesen zu sein und keine ausreichenden Ortskenntnisse zu haben. „Aber in der Hainholzstraße, hat mein Vater eine Gärtnerei und ich bin auch Gärtner", sagte er. Darauf antwortete ich, dass ich bei Brettschneider in Grimmen drei Jahre das Malerhandwerk gelernt hatte.

Inzwischen waren wir über eine steinerne Flussbrücke auf die nördliche Seite des Flusses Liri gekommen. Dort waren wir zwei als Gewehrschützen postiert worden und rechts von uns ein MG mit zwei Mann. Mit dem Verlassen der Straße nach Arce sind wir wieder unter die länger heulenden Granaten gekommen. Etwas Ruhe und schönes Wetter bringt noch lange nicht ausgehungerte Soldaten zu Kräften. Den Tag über haben wir erst mal versucht, eine Deckung zu errichten, was aber wegen des felsigen Untergrunds nicht möglich war. Der Mutterboden war zehn bis zwanzig Zentimeter stark. Es war noch keine Feindsicht und da die Feldflaschen leer waren, bin ich mit dem Kochgeschirr bis zum tiefliegenden Wasserspiegel des Liri geschlichen. Das Wasser floss schneller als die norddeutschen Bäche und Flüsse, aber mit etwas Geschick konnte ich auch ein wenig Wasser die Böschung hoch bringen. Das Wasser aus dem Brunnen war gegen dieses, wie Sekt zu Jauche. (Behaupte ich mal, als einer, der damals noch keinen Sekt getrunken hatte.) Im Laufe des Tages bin ich nochmal da runter, mit dem gleichen Ergebnis und Genuss. Dieser Tag war der letzte in der Sengerlinie (22.05. – 25.05.1944).

3

Eine Nacht wurde im Feldquartier übernachtet. Nach Sonnenaufgang wurden wir wieder in Marsch gesetzt. Es war ansteigendes Gelände, felsig und kein ausgebauter Weg. An der linken Seite von uns war eine über zwei Meter hohe und wohl mehr als einen Kilometer lange alte Mauer. Da sind wahrscheinlich auch Landser auf der anderen Seite unterwegs gewesen. Wahrscheinlich unter Feindeinsicht, denn auf der anderen Seite störte die Artillerie die „Idylle".

Noch vormittags erreichten wir den Gipfel. An einem Bauernhof wurden wir in die Stellungen eingewiesen. Der Gärtner und der Maler waren wieder zusammen. Wir hätten abwechselnd wachen und schlafen können und sollen. Aber Gefreiter Lembke wurde diesmal von einem Feldwebel woanders eingesetzt. Das hieß für mich, allein wachen bis zum Einschlafen. Auf Wache zu schlafen ist allerdings ein Wachvergehen. Die Blickrichtung ging über das Dorf und dahinter über Berge wie jene, wo der Brunnen besseres Wasser hatte. Plötzlich gab es Artilleriebeschuss auf das Dorf, etwa einen halben Kilometer Luftlinie von uns entfernt. Nach den letzten Granateinschlägen hörte ich lautes Schreien und Klagen einer Frau. Es dauerte an und machte auf mich den Eindruck, dass nicht sie betroffen sei, sondern dass sie Angehörige beklagen würde. Aus meiner Sicht war da unten keiner von unserer Truppe. Trauriger Umsatz für die gegnerische Rüstungsindustrie.

Am späten Nachmittag hatte der gegnerische Artilleriebeobachter erkannt, wo wir uns aufhielten. Es begann nun das Einschießen mit einzelnen Granaten, die erst über uns detonierten. Dabei entstand immer eine längliche Rauchfahne. Es hatte schon einige Male gepfiffen und gekracht, als der Feldwebel, der Gefreiten Faller woanders eingeteilt hatte, auftauchte. Er hatte in der Zeit, als ich meine Wache noch nicht durch Schlaf unterbrochen hatte, wohl eine Weinstubenpause gemacht. Ein Pferd hatte er aufgezäumt und ritt links vom Gehöft auf einer Weidefläche von etwa einer Fußballfeldgröße. Bei dieser Zirkusnummer hatte die Artillerie das Feuer dorthin verlegt, wo das Pferd hin und her gescheucht wurde.

In der Dunkelheit sind wir vom Berg herunter gegangen und wieder auf eine gut ausgebaute Straße gekommen. Dort war wohl eine Ansammlung der Reste der vier Kompanien des II. Bataillons. Bei Tageslicht sind wir auf LKW aufgestiegen und ich wurde von dem bekannten Oberjäger hinter das Fahrerhaus befohlen, mit dem Auftrag, auf Jabos zu achten. Eigentlich hätten sich alle in der Verantwortung fühlen müssen. Neben dem MG42 auf dem Fahrerhaus lehnte ich mich mit den Unterarmen auf das Dach und schlief stehend ein. Das passierte mehrfach und ich wurde vom Oberjäger, der nur sich als Mensch wertete, durch Klopfen auf dem Springerhelm und Kasernentonart auf die Fliegerbeobachtung hingewiesen. Wir kamen in einer kleinen Ortschaft an und sind erstmals seit meinem ersten Tag an der Front verpflegt worden. Jeder bekam eine Dose Wirsingkohl mit Rindfleisch sowie einen Esbitkocher und Esbit. Den Doseninhalt habe ich im Kochgeschirr auf dem Esbitkocher aufgewärmt, für schmackhaft befunden und restlos verzehrt.

Nach dem großen Füttern wurden wir in die Stellungen eingewiesen. Wir waren in einer Obstplantage angekommen und da wir in den nächsten zwei Tagen durch Tivoli kamen, musste es zwischen Rom und Tivoli gewesen sein. Was mir auffiel, war, dass der Artillerielärm etwas weiter weg war. Mit dem Stargarder Kameraden Schwandt teilte ich mir den Posten. Wir waren bereits vor einem Jahr im Arbeitsdienst im gleichen Trupp (Trupp 10), in der gleichen Sechzehn-Mann-Unterkunft (etwa ein Drittel Baracke), wobei Unterkunft hier noch als geschmeichelt gelten darf, gab es doch keine vernünftige Zwischendecke und auch kein ordentliches Dach. Auch in Frankreich, bei der ersten Ausbildung, waren wir im gleichen Zug.

Der Oberjäger hatte den Auftrag, einen Drei-Mann-Spähtrupp zusammenzustellen und durchzuführen. Er kam zu uns beiden und brauchte noch den dritten Mann für den Spähtrupp, da habe ich mich gemeldet. Wir sind sofort losgegangen und kamen schnell zu einer Pfirsichplantage. Aufrecht, aber vorsichtig pirschten wir vorwärts. Nach etwa zwei Kilometern kamen uns zwei Männer in Zivil entgegen, sie kamen direkt auf uns zu. Der Gruppenführer fragte auf Italienisch, ob sie schon Engländer gesehen hätten, was aber nicht der Fall war. Die Männer waren wohl Plantagenarbeiter, sie gingen dann auch weiter. Etwas später sind wir auch zurückgegangen aber ein paar Pfirsiche haben wir vorher noch gegessen. Später haben wir bedauert, nicht noch ein paar Früchte mitgenommen zu haben. Denn am nächsten Tag ging es weiter, durch Tivoli in eine Stellung am Fluss Aniene.

Nach meiner Rückkehr beim Kameraden Schwandt schlugen in der Gegend die ersten Granaten allerdings ohne das bekannte Heulen ein. Es war die erste Bekanntschaft mit den 8cm-Spuckern (Granatwerfer oder auch Mörser). Meine Spähtruppteilnahme zählte als Schlafen, denn jetzt hatte ich meinen Kameraden abzulösen. Ausreichenden Schlaf haben die niedrigen Dienstgrade schon lange nicht mehr gehabt. Am nächsten Tag wurden wir schon wieder in Marsch gesetzt und wir kamen über eine Stadtrandstraße durch das Anienetal. Wasser haben wir aber nicht gesehen, es standen uralte Olivenbäume davor, die mich an heimische Kröpfweiden erinnerten. Artilleriebeschuss hörten wir nur wie Gewitter in weiter Ferne und Jabos flogen zur Aufklärung. Außerhalb der Stadt wurden wir am Aniene postiert. Kamerad Schwandt und ich in einem kleinen Weizenfeld. Etwas zur Seite, rechts hinter uns wurde der Obergefreite Schrader mit dem MG42 und zwei Mann postiert. Aus der Richtung von wo wir kamen, waren ebenfalls Soldaten eingeteilt.
Wir sind nochmals zurückgegangen, wegen des Wassers, welches man an einem undichten Ventil einer Fernwasserleitung fassen konnte.

Das MG bildete den Abschluss der Stellung. Wir hatten uns eine kleine Deckung gebaut und von dem Weizen haben wir die Körner geknabbert. Wir hatten in der ganzen Zeit nur den Wirsingkohl mit Rindfleisch bekommen, nur allzu logisch, dass man dann auch das nutzt, was die Natur bietet. Der Aniene zeigte uns an dieser Stelle auch kein Wasser, sondern Wasserpflanzen und Sträucher. Plötzlich hörten wir unbekannte Motorengeräusche, welche näherkamen. Der Oberjäger war nochmals zu unserer Stellung gekommen. Er hatte diesmal Brot und für jeden einen kleinen Schmelzkäse mitgebracht. Den Verpflegungsanteil für die MG – Schützen musste ich abliefern.

Beim Rückweg durch den Weizen schlängelte sich eine fast eineinhalb Meter lange gelbliche Schlange über den Weg. Vor Schreck blieb ich stehen und dies war wohl auch die richtige Reaktion. Wieder zurück, in der eigenen Stellung, wollte ich über die tierische Begegnung sprechen, aber der Versuch wurde jäh im Keim erstickt, durch MG-Knattern von der Gegenseite. Die Geschosse pfiffen rechts an uns vorbei und schlugen etwa zwei Meter hinter unseren eigenen MG – Schützen ein, dort wirbelten sie Staub auf.

Für das Brotbringen unter Feindeinsicht wurde ich später ausgemeckert. Wenn ich den Befehl nicht ausgeführt hätte, wäre ich wohl als Feigling bezeichnet worden. Als wir sitzend beim Brot essen waren, gab es Beschuss für uns. Wir legten uns flach auf den Boden und warteten das Ende des Beschusses ab. Es waren nur Weizenähren abgeknickt und wir beide sind bis zum Rand des Weizenfeldes vorgerobbt. Die Gewehre hatten wir entsichert, wir versuchten zu erkennen, von wem oder von wo geschossen wurde. Doch es blieb ruhig und wir wurden außerhalb des Weizens nicht mehr entdeckt. Tropenhemd und die dazugehörige Hose gab es erst ein Vierteljahr später. Die oben genannten Motorengeräusche, welche wir gehört hatten, waren die von einem Spähpanzer und der MG-Beschuss auch. Wir sind noch bei Tageslicht in die nächste Stellung geführt worden.

Es handelte sich um eine ebene Fläche mit einzelnen Gehöften für den Gemüse- und Obstanbau. Hier hörten wir in großer Entfernung einzelne Gewehrschüsse und sahen dicht vor uns Uniformierte, die in einem zerdepperten Flachbau etwas suchten. Nun, ich hatte gerade Wachfrei und so ließ ich meiner Neugier freien Lauf, ich ging ebenfalls zu dem Gebäude. Ein Infanterieleutnant und ein Obergefreiter suchten etwas zwischen diversen alkoholischen Getränken. Wenn schon anwesend, suchte ich ebenfalls nach etwas Nützlichem. Mit einer Ausbeute von fünf Flaschen unterschiedlichen Gesöffs kehrte ich zurück. Der Älteste der Gruppe sagte: „Das wird aber jetzt nicht getrunken!" „Von mir sowieso nicht, bin Nichtraucher und kann alles ohne Alkohol", sagte ich. Mir wäre bei der Suche etwas Essbares lieber gewesen. Leider gab es in dem ehemaligen höheren deutschen Gefechtsstand wohl auch keinen Lebensmittelüberschuss. Mit dem Humor der jetzigen Zeit und genügend Abstand bemerke ich mal, dass es kein Jammern über das Übergewicht gab.

Unsere derzeitige Truppenbewegung war wie ein Nachhutauftrag, in umgekehrter Art. Bei Nachhut heißt es, laut Kompanieunterricht: der nachrückende Gegner ist anzuschießen, dann wird sich zurückgezogen, bei Tag oder Nacht. Wir wurden aber meistens zuerst beschossen, das war dann der Grund fürs Gegenteil von „Avanti" (Vorwärts). In den nächsten vierundzwanzig Stunden habe ich gemerkt, dass ich noch keinen Freund hatte. Denn der nächtliche Rückzug begann in der Dunkelheit und brachte für mich einen Tritt in den Hintern durch den Feldwebel Strut. Empört sagte ich ihm, dass ich mich über ihn beschweren würde. Doch er drohte nur, dass er noch ganz anders könnte. Jetzt verstand ich den Gefreiten Lembke, welcher mir beim ersten Kennenlernen auf plattdeutsch sagte: „Sieh Dich vor bei den Vorgesetzten. In der Kaserne schikanieren sie Dich bloß, hier legen sie Dich um."

Der Tag verging verhältnismäßig ruhig und vier von den Schnapsflaschen habe ich an Kameraden der Gruppe verteilt. Die eine Flasche welche ich eigentlich tragen wollte, habe ich beim Fertigmachen für die nächtliche Rückzugsbewegung an eine Hauswand geworfen. Es wäre für mich nur schade gewesen, wenn es gutes Trinkwasser gewesen wäre.

Nach Sonnenuntergang waren wir zwischen Gartenhecken unterwegs, ich hatte das übliche Gepäck, zwei volle Munitionskästen. Einen Tornister oder Rucksack hatte ich nicht. Als eine kurze Rast befohlen wurde, schlief ich auf einer Grünfläche schnell ein und ich war bestimmt nicht der Einzige. Wach wurde ich dann durch das Gebrüll des bereits erwähnten Feldwebels. Als ich aufstand und die beiden Munitionskisten nahm, bemerkte ich, dass ich alleine war. Meine Meinung, dass es unkameradschaftlich wäre, ohne mich zu wecken weiterzugehen, interessierte nicht und wurde erneut durch einen Tritt in den Hintern beantwortet. Das war bis dahin die größte Erniedrigung für mich und ich sagte, dass ich mich über ihn beschweren würde. Seine Antwort war wieder nur, dass er noch ganz anders könne. Nun verstand ich auch meinen Stralsunder Kameraden und habe mich nicht mehr geäußert.

Wir waren pausenlos unterwegs gewesen und hatten die Truppe bei Sonnenaufgang eingeholt. Vor einem zweigeschossigen Haus wurde Rast gemacht. Dort floss Gebirgswasser in ein Wasserbecken. Wir befanden uns die ganze Zeit auf ansteigendem Gelände. Noch bevor ich zum Wasser kam, äußerte der Feldwebel (in die Runde), dass er mir in den Arsch getreten hätte und dass ich mich jetzt beschweren wolle. Nach dem Wassertrinken kam der Feldwebel mit einer runden Schachtel Schocacola (Schokolade) zu mir und sagte, dass ich ja mal wieder etwas essen müsste. Es sah so aus, als würde ich die ganze Schachtel bekommen, aber er öffnete sie und ich bekam die Hälfte. Danach befahl mir der Feldwebel, dass ich die Kästen vorort lassen und mitkommen sollte. Wir gingen im felsigen Gelände soweit, das wir das Haus nicht mehr sahen. Dann hieß es, hier kommt eine MG – Stellung hin, mit der Schussrichtung in das abfallende Gelände. Mein Auftrag lautete, eine bogenförmige Schutzwand aus Felsbrocken zu bauen, hinter welcher die MG – Schützen Schutz finden würden.

Der Feldwebel ging wieder zurück und ich war nach etwa einer Stunde fertig. Dann hatte ich auf das MG zu warten. Da habe ich mich hinter die Mauer gesetzt, das Gewehr auf den Knien abgelegt und das Vorfeld beobachtet. Das endete abrupt, als ich ein metallisches Knacken neben meinem rechten Ohr wahrnahm. Die Augen wieder geöffnet, sah ich den Feldwebel mit seiner Pistole spielend, behaupte ich jetzt mal, da ich diesen Vorfall ja überlebt habe. Nun durfte ich wieder zurück. Bei der Truppe wieder angekommen, äußerte sich der Feldwebel in die Runde wie folgt: „ Er schläft bei der Wache ein und sagt dann er hätte gelauscht." Das habe ich damals wirklich so gesagt aber man darf keinen Spott versäumen.

Wir waren wohl schon in den Abruzzen, sind aber wenig durch größere Orte gekommen. Als wir wieder einmal an eine Asphaltstraße kamen, gingen wir, etwa fünfzig Meter parallel zur Straße im Wald unter den Bäumen. Denn die JaBo's suchten schon wieder nach Opfern und unsere Artillerie war weit weg. Am Rande eines Maisfeldes sind wir in die Stellungen eingewiesen worden. Wir waren vorort aber nicht die Ersten. So war bereits ein 8,8cm Panzerabwehrgeschütz von der 14. Kompanie sowie seitlich von dem Geschütz ein Drei – Mann – Trupp mit dem sogenannten „Panzerschreck" oder auch „Ofenrohr" in Stellung gegangen. Der Kamerad aus Stargard wurde von dem Oberjäger woanders hin befohlen.

Danach konnte man links vor uns die bekannten Motorengeräusche eines Spähpanzers hören. Am Panzerabwehrgeschütz rührte sich nichts. Der Oberjäger kam nochmal zurück und es gab MG – Beschuss. Wir hatten die gleiche Deckung, einen dreiviertel Meter hohen Mauerring eines Schuppens oder Laube. Das gegnerische MG schoss zweimal vergeblich auf uns. Beim nächsten Beschuss galt das Feuer nur noch der Pak (Panzerabwehrkanone) und nicht mehr uns. Die drei Männer mit dem „Panzerschreck" waren nicht zu sehen. Der Oberjäger entfernte sich wieder, nachdem das Motorengeräusch leiser wurde und nur noch aus der Ferne zu hören war. Etwa ein halbe Stunde später wurde die 8,8cm Pak von einem offenen Kübelwagen aus der Stellung gezogen. Die „Ofenrohrmannschaft" zog ebenfalls ab.

Unsere Kompanie sammelte sich danach auch zum Rückzug. Im vollen Tageslicht waren wir den Rest des Tages auf einer Asphaltstraße, vor Fliegern auf der Hut, unterwegs. Wenigstens konnte uns die Artillerie nicht mehr gefährlich werden. Ein regenloses Gewitter begleitete uns und blieb in Italien bis zum 25.04.1945. Vor Erreichen unseres Zieles kam uns ein Kübelwagen entgegen, der Fahrer hatte den Auftrag, fußkranke Kameraden mitzunehmen. Niemand äußerte sich darüber, als ich mich auch meldete für den Transport. Wir hatten noch etwa fünfhundert Meter zu gehen, um ein Dorf zu erreichen, welches etwa zweihundert Meter Höhenunterschied zu der Straße hatte, auf der wir kamen. In diesem Ort gab es dann mal wieder Warm- und Kaltverpflegung durch den Tross. Es war ruhig wie schon lange nicht mehr und man konnte sich waschen und rasieren. Hier wurde auf Wacheinteilung verzichtet und man konnte mal wieder eine Nacht durchschlafen. Für die Mannschaften waren Schuppen oder Stallungen die Quartiere für die Nacht. Ab Unteroffizier aufwärts wurde in den Häusern geschlafen.

Am nächsten Morgen kam einer von den Oberjägern mit einem Akkordeon zu uns und fragte, ob jemand bereit sei, für einhundert Mark das Instrument zu tragen. Da sich keiner von uns meldete, ging er unverrichteter Dinge wieder davon. In einem Schuppen befand sich ein offener roter Ferrari, welcher das Anspringen verweigerte. Mit der Anstrengung aller Anwesenden wurde dieser über eine ein Meter hohe Mauer etwa dreißig Meter in die Tiefe gestürzt. Das war das Ende einer ruhigen Nacht.

Wir zogen in einer Schlucht durch die Berge, weg von der Asphaltstraße. Bei diesem Marsch war ich vorne beim ersten Drittel. Der Himmel war bewölkt, also keine Gefahr durch Flieger. Wir stießen auf eine Schafherde. Der Feldwebel, welcher immer noch unsere Kompanie führte, gab an die Kameraden mit dem dichtesten MG 42 den Befehl: Fünfzig Schuss, Feuer frei! In den nächsten vier Sekunden haben viele Tiere geblökt und zogen dabei schleunigst weiter. Es waren bestimmt viele Tiere getroffen, sofort tot war nur ein Schaf. Diese Handlung empfand ich als zutiefst widerwärtig, war ich doch in ländlicher Gegend aufgewachsen und gehörten Nutz- und Haustiere bei uns zum täglichen Leben dazu, noch konnten diese Tiere doch wohl unsere Feinde gewesen sein. Das tote Schaf wurde mitgenommen und später in der Nähe des Kompanietrupps verzehrt, es war viel zu wenig. Bei dem verantwortlichen Feldwebel brach indessen vierundzwanzig Stunden Gnadenlosigkeit aus. Bei uns dreien ist nichts von dem Schafsfleisch angekommen und natürlich hatte uns am nächsten Tag der Hunger wieder.

Der Tag war allerdings erst zur Hälfte um und wir waren auch noch nicht am Ziel. Nach einiger Zeit kam uns eine Gruppe Zivilisten entgegen, mit drei jungen Männern voran. Inzwischen war ich fast vorne an der Spitze, an vierter oder fünfter Position unserer Marschkolonne und musste nun aus nächster Nähe eine andere Fratze des Krieges kennenlernen. Einer der drei Männer zeigte dem Feldwebel eine DIN A4 Bescheinigung worauf dieser anfing zu schimpfen und es folgten Beschimpfungen wie Bandit und Verräter. Marschall Badoglio unterzeichnete am 03.09.1943 das Waffenstillstandsabkommen mit den Alliierten. Nun maß sich eben dieser Feldwebel an, Unschuldige zu richten. Schnell hatte er die 08 gezogen und zwang den ersten sich umzudrehen. Da habe ich mich weggedreht und ich war nicht der Einzige. Es knallte dreimal hintereinander und danach beklagte sich der Feldwebel, dass der Pistolenlauf nicht sauber geblieben ist.

Der Marsch wurde fortgesetzt. Die Zivilisten beklagten und betrauerten schockiert das Erlebte. Als der Todesschütze näher kam, lief eine Frau zur Seite und schrie laut und unaufhörlich. Als ich mich umsah, brüllte ein anderer Feldwebel (Struth) die Frau mit „Halt die Schnauze" an und riss dabei die MP hoch. Die Frau riss entsetzt den Mund auf und war sofort ruhig. Mir ging es nicht anders, ich war genauso entsetzt. Es war mir deutlich wohler, dass es bei dieser Drohgebärde blieb und nichts weiter passierte. Heldentaten sehen anders aus.

Nach etwa zwei Kilometer erreichten wir ein größeres Bergdorf. Mit zwei MG – Schützen wurde ich am ersten Haus des Ortes zur Wache eingeteilt. Das MG war auf eine Fensterbank eines Wohnraumes in Position gebracht. Die Bewohner des Hauses am anderen Ende des Gebäudes. Der Schütze Eins des MG 42 wusste zu berichten, dass das vorgezeigte Papier des Italieners ein Entlassungsschein der italienischen Marine war und die Frau hatte wohl einen Angehörigen unter den Erschossenen. So hatte ich mir Heldentaten nicht vorgestellt, es war beschämend und es sollte noch nicht zu Ende sein.

Alleine auf Wache am MG, war mein Blick in Richtung des Weges, von welchen wir gekommen waren, als zwei Oberjäger den Weg hochkamen, einer von ihnen hatte eine Schusswunde und wurde von dem anderen gestützt. Ein Gefreiter aus unseren Reihen wollte ihnen wohl zur Hilfe kommen. Plötzlich zielte der Oberjäger den Weg hoch und schoss. Das Gebäude, in dem ich meine Wache verrichtete, hatte kein Fenster zur Straßenseite, so konnte ich auch nicht die Schussrichtung des Oberjägers einsehen. Also ging ich raus und sah mit einigen Kameraden und Zivilisten einen Sterbenden. Der etwa Sechzehn- bis Siebzehnjähri-ge lag mit durchschossenem Hals blutend und röchelnd am Boden. Vielleicht kam er aus Neugier heraus oder wollte aus Hilfsbereitschaft dazukommen, aber von der anderen Seite begegnete ihm nur Rachsucht. Denn neben der Verwundung des einen Oberjägers gab es noch den Tod eines anderen Kameraden. So endete eine unerlaubte Entfernung von der Truppe und wir wussten auch, warum (Plünderung / Klauen). Unser militärischer Gegner war recht weit weg.

Am nächsten Morgen rückten wir zum anderen Ende des Dorfes vor. An einem zweigeschossigen Haus hielten wir an. Dort befand sich der Kompanietrupp und während wir warteten, stellte sich ein Gefreiter zu mir und teilte mir mit, dass sich der Feldwebel noch lange nicht beruhigt hatte. Die zwei Italiener, welche für das Wohlbefinden des Trupps und einiger Soldaten in der Nähe sorgten und das mitgebrachte Schaf zubereiteten, sollten das gleiche Schicksal teilen wie die drei Männer am Tag zuvor.

Im Vorgarten wurde es laut und auf der anderen Straßenseite bekreuzigte sich ein Priester und hinter der Hauswand hörten wir zwei Pistolenschüsse (es waren die zwei Italiener!). Das war eine wirkliche Schande über das deutsche Volk.
Diese Niederschrift wird vermutlich auch als Nestbeschmutzung bezeichnet und beurteilt. Aber lieber ein Nestbeschmutzer als unverbesserlich und bereit gleiches nochmal zu dulden.

Es folgte eine längere Pause und es ging etwas ruhiger weiter. Wir sind den Tag über bergab marschiert und kamen dann zu einem etwas größeren Dorf. Dort gab es wieder einmal eine Versorgung durch den Gefechtstross. Auch traf hier wohl mal wieder das Bataillon zusammen. Als es dunkel wurde, kamen Angehörige unserer Einheit mit Eseln, Mulis und Pferden dazu. Die Tiere wurden auf die Kompanien verteilt und sollten als Lasttiere dienen. Der Feldwebel fragte in die Runde, wer von uns Landwirtschaftskenntnisse habe. Da ich vor der Lehrzeit das bereits oben erwähnte Landwirtschaftsjahr gemacht hatte und wir in unserer Familie bereits als Kinder für die Landwirtschaftsarbeit eingesetzt wurden, meldete auch ich mich. Sollten diese Kenntnisse doch ausreichen. So bekam ich ein Pferd und drei Esel bzw. Muli übergeben. Das Pferd hatte einen Halfter und einen kleinen Strick als Zügel. Die anderen Tiere hatten nichts dergleichen. Daher war es auch nicht verwunderlich, dass die Tiere, nachdem sie gerade erst beisammen waren, gleich wieder in verschiedene Richtungen in ihre Ställe trabten. Den anderen Trupps ist es genauso ergangen wie mir.

Geführt wurden wir von einem Oberfeldwebel, welcher uns in die Versprengung befehligte. Unser Befehl lautete, wegen der laufenden Rückzugsbewegung sollten wir uns zwischen der Truppe und dem Tross ebenfalls zurück bewegen. Wir haben in den ersten drei Tagen den Anschluss an die Truppe nicht geschafft. Der Oberfeldwebel beschloss daraufhin, dass wir den Ferntross aufsuchen würden. Als wir die Artillerie nicht mehr hören konnten, waren wir dann auch am Tage unterwegs. Den Ferntross erreichten wir am 26.06.1944 in der Nähe von Bologna. Am Tag zuvor hatte ich meinen 19. Geburtstag, daher ist mir der Tag der Ankunft besonders in Erinnerung geblieben. Wir sahen Bologna in südwestlicher Richtung und in den Bergen sah man südöstlich ein großes Gebäude mit einem Turm. Die Italiener nannten das Gebäude „Casa il Duce".

Im Herbst des Jahres 1944 habe ich mir eben an diesem Ort einen Fronturlaub verdient. Dieser Rückzug von Süden nach Norden hatte auch etwas Romantisches, wenn man mal davon absieht, was ich am Vortag erleben musste.

Bei einer Rast neben der Straße kam es wegen der Fütterung unserer Tiere zu einer Begegnung mit einem LKW, welcher in Richtung Front fuhr. Von der Mannschaft rief jemand meinen Namen. Als ich näherging, erkannte ich den Oberjäger, der mein Gruppenführer in der 10. Kompanie im 3. Regiment war. Er fragte mich, warum ich mit Pferden unterwegs war. Das war schnell erklärt. Die nächste Frage bezog sich auf die Kartentasche, welche er mir damals zur Aufbewahrung gegeben hatte. Auch dies konnte ich schnell beantworten, da mir ja gleich am nächsten Tag die Kartentasche abgenommen wurde. Er sagte daraufhin nur verständnisvoll, dass man da nichts machen könne. Der LKW setzte sich wieder in Bewegung und ließ mich überrascht zurück.

Die Teilromantik unserer Rückzugstour führte uns über Anhöhen und durch Täler. Auf einer Wiese am Wegesrand machten wir die Abendrast. Die Pferde grasten friedlich und wir legten uns schlafen, wo es möglich war. Als ich am Morgen erwachte, fraß mein Pferd immer noch oder schon wieder. Wieder einmal wurde ich von meinen Kameraden nicht geweckt. Also setzte ich meinen Weg mit dem Gaul alleine fort. Noch nicht weit entfernt, hinter dem nächsten Felsen, traf ich auf einen Feldgendarmen (heutige Feldjäger). Nachdem ich freundlich gegrüßt hatte, wurde ich ebenso freundlich aufgeklärt, dass mein Trupp bereits vorbei und weitergezogen war. Meinen Trupp sollte ich erst wieder nach zwei Tagen einholen.

Nach etwa einem halben Tag sah ich östlich die Stadt Perugia, welche mir noch bekannt war von der nächtlichen Anreise mit den Bussen. Mein Weg ging weiter und ich näherte mich einem großen See, der fast viereckig war. Später erfuhr ich, dass es der Trasimenische See (Lago di Trasimeno) war. Am östlichen Ufer ging meine Weg bis zum nordöstlichsten Punkt des Sees. Während des gesamten Weges erstreckte sich ein Feld mit reifem Weizen, mal wieder etwas zu essen für Ross und Reiter. Vor Sonnenuntergang kam ich bei einem Gebäude mit Stall an. Dort hielten sich bereits einige Landser mit Pferden auf, wahrscheinlich Artillerie ohne Geschütze. Für mein Pferd gab es Wasser vom See und ich bekam von den Kameraden etwas Tee. Zivilisten waren hier nicht mehr anwesend. Ross und Reiter hatten die Nacht ein Dach über dem Kopf.

Den nächsten Morgen erwachte ich und war allein und das Pferd war auch nicht mehr da, wo es eigentlich hätte sein müssen. Auf dem Hof sah ich, dass mein Gaul mit eingespannt werden sollte. Ich fragte die Landser, ob sie mich deswegen nicht geweckt hätten, damit sie es klauen konnten. Sie meinten daraufhin nur, dass es bei ihnen vielleicht besser aufgehoben wäre. Das konnte schon sein, aber ich musste auch auf meine Vorgesetzten und Befehle gehorchen und so übernahm ich wieder das Pferd. Ross und Reiter machten noch ein Weizenfrühstück, irgendwie musste der Versprengteste unter den Versprengten ja überleben.

Im Laufe des Tages hatte ich den Anschluss an meinen Trupp wieder hergestellt. Es gab kein großes Palaver, ich war einfach wieder dabei. Weiter ging es in Richtung Toskana. Auf den Straßen fand man reichlich Beweise für die Gefahr aus der Luft. Bei einem toten Pferd war ein Stück Hinterschinken herausgeschnitten worden. Trotz des Hungers, den wir alle verspürten, kam bei uns nicht der Reiz nach Pferdefleisch auf.

Bei einer Mittagsrast im Raum Siena sind ein Gefreiter und ich vor lauter Kohldampf zu einem Kloster gegangen, um etwas Essbares zu erbitten. Bei der Gelegenheit habe ich auch gleich gelernt, was Hunger auf Italienisch heißt, Hunger wird „fame" genannt. Die Nonnen machten uns klar, dass sie auch knapp an Lebensmitteln sind, aber ohne einen Teller warme Sternchensuppe ließen sie uns nicht gehen. Wir aßen ohne zu beten sofort los und waren dabei wild wie Bergarbeiter. Danach verabschiedeten wir uns mit tausendfachem Dank und wünschten uns gegenseitig alles Gute. Die guten Wünsche sollten sich erfüllen, wir überlebten beide als Gefreite den Wahnsinn des Krieges. Er im Westen und ich im Osten.

Bis zum Abend ging es weiter in die Toskana hinein. Wir erreichten ein unbewohntes Gehöft, es lag auf einem Hügel, dort machten wir unsere Nachtrast. Auch waren dort wieder Landser mit Pferden vorort. Für die Nachtwache wurde durch die Führer beider Trupps ein abwechselnder Wachplan aufgestellt. Als erster war ich eingeteilt und so stand ich in finsterer Nacht im Hof. Auf einmal wurde ich angerufen mit: „Halt, wer da?" Nun, aufgrund einer nicht ausgegebenen Parole rief ich: „Posten der Fallschirmjäger!" „Da hast Du aber Glück gehabt, das Du jetzt geantwortet hast. Wäre das dritte Mal keine Antwort gekommen, hätte ich geschossen!" Die vorherigen Anrufe waren wohl geflüstert, denn ich konnte und kann immer noch ganz gut hören. So warteten wir noch etwa eine Stunde auf unsere Ablösung, aber vergebens. Dann legten wir uns auch schlafen und es ging auch ohne Wache.

Am nächsten Tag kamen wir östlich und später nördlich bei Florenz an. In die Stadt durfte kein Militär (Schutz einer Kulturstadt). Unter der ersten Arno – Brücke suchten wir nach einem Nachtlager, aber es gab keine Möglichkeit, dass die Pferde etwas futtern konnten. Also zogen wir weiter, etwas höher zu einem Gehöft. Wir hatten von dort einen schönen Blick auf Florenz und für die Pferde gab es auch Fressen und etwas zu saufen.

Nach dem nächsten Sonnenaufgang zogen wir auf einer gut ausgebauten Asphaltstraße aufwärts weiter. Auf einem Schild war eine Steigung von 36% angegeben. Mir fiel auf, dass es noch nicht einmal geregnet hatte seitdem wir unterwegs waren. Florenz war schon bald nicht mehr zu sehen und wir erreichten hungrig und müde über den Poretta Pass das Dorf Poretta. Wir beschafften Wasser für Mensch und Tier. Die Pferde fanden am Rand eines Platzes, welcher Markt- und Sportplatz hätte sein können, etwas Grünfutter. Die Strapazen des Rückzugs und der Hunger machten uns alle wortkarg. Bei den starken Steigungen sind wir neben den Pferden gegangen. Ohne eine Wache einzuteilen, schliefen wir von Sonnenuntergang bis Sonnenaufgang.

Frühstück im Weizenfeld war bereits bei Florenz nicht mehr möglich. So blieb es auch bis Bologna. Aber trotzdem gab es wieder einmal Verpflegung und es wurden sogar Eintragungen in das Soldbuch vorgenommen. Bei Bologna stießen wir wieder auf Feldgendarmen, sie sprachen aber nur mit dem Oberfeldwebel und danach gab es einen Verpflegungsschein für das Verpflegungslager. Wir waren erst am übernächsten Tag in Colunga, östlich von Bologna, beim Ferntross.

Es gibt aber noch ein paar Erlebnisse, die ich noch für erwähnenswert halte. Am westlichen Stadtrand von Bologna kamen wir in das Verpflegungslager. Ein Unteroffizier machte den Vorschlag, auf die Butter zu verzichten, um mehr „Gummiwurst" (Jagdwurst) zu erhalten. Gesagt und getan, wir bekamen mehr von der „Gummiwurst" und sie blieb in einem Stück. Unser Oberfeldwebel sagte, dass wir später teilen würden. Beim Verlassen des Lagers sahen wir Flaschenbier, wir erfuhren, dass wir für eine Mark eine Flasche kaufen könnten. Das haben wir gemacht und auch sofort getrunken, besser hat mir nie wieder in meinem Leben Bier geschmeckt. Außerhalb an der Westseite von Bologna, aber in Sichtnähe der Stadt machten wir dann endlich eine Futterpause. Das Brot wurde aufgeteilt und für die „Gummiwurst" machte der Oberfeldwebel einen Vorschlag, den ich so kommentierte: „Dann müssen wir unser Brot ja trocken essen." Als Jüngster bin ich wieder einmal voll in das sprichwörtliche Fettnäpfchen getreten. Der Oberfeldwebel meinte dann nur, dass ausgerechnet der Jüngste wüsste, was das Richtige wäre. Unterstützung fand er bei dem Obergefreiten, die beiden Gefreiten äußerten sich nicht.

Die Idee des Oberfeldwebels wurde verwirklicht. Eine große Pfanne genauso wie ein eiserner Dreifuss wurde besorgt. Brennmaterial war kein Problem. Die Wurst wurde in Würfel geschnitten und gebraten. Der Oberfeldwebel rührte so lange bis es ihm mundgerecht erschien, dann nahm er eine Kostprobe mit vollem Löffel und rührte kauend emsig weiter. Als der Mund dann wieder leer war, nahm er sich noch eine volle Kostprobe. Es sagte zwar niemand ein Wort, aber wir nahmen schon alle unseren Löffel und zeigten so unser Interesse. Nun, es war wohl schon der dritte volle Löffel, der kein Sprechen des Kochs zuließ. Fleißig weiter rührend, schob er für uns dann Kleinstmengen an den Rand der Pfanne. Aber es kam mir vor, als ginge es in der Mengenberechnung nach Dienstgrad oder um eine Strafe für mich. Jedenfalls ist bei diesem Mahl nur einer satt und zufrieden geworden. Erstaunlicherweise sagte mir der Obergefreite, dass auch er enttäuscht war über die Handlung des Oberfeldwebels. Dazu habe ich dann keine Meinung mehr geäußert.

Der Gefreite Fritz Verspohl, mit dem ich in dem Kloster ein Süppchen gegessen hatte war wie ich aus der 6. Kompanie. Die anderen drei Kameraden waren aus der 5., 7. und 8. Kompanie gewesen. Dieser Nachmittag war dann doch noch irgendwie vergnüglich. In einem Vorort von Bologna waren ein Karussell und Los- sowie Schießbuden. Auch gab es ein Kino, es lief ein Film mit Zarah Leander und Viktor de Kowa. Für den Eintrittspreis reichten meine Lire nicht, aber Fritz borgte mir einhundert Lire. Einhundert Lire waren damals zehn Reichsmark und zehn Reichsmark waren der Sold für zehn Tage.

Am nächsten Morgen haben wir uns das letzte Mal mit den Pferden auf den Weg gemacht. Aber nicht ohne ein Frühstück von einer freundlichen italienischen Familie. Das Frühstück bestand aus einer Schale heißer Milch und einem etwa zwanzig Zentimeter langen Weißbrotzopf. Am gleichen Tag kamen wir dann in Colunga an. Die Pferde haben wir das letzte Mal beim Unterstellen gesehen. Nach der Dienstgradrangfolge musste ich als letzter zu einer Protokollaufnahme in das Büro eines Oberleutnants.

Die Stimmung war nicht sonderlich gut und er ließ durchblicken, dass ein Tatbericht vorbereitet würde, weil wir zu weit von der Truppe entfernt gewesen waren. Luftlinie konnten es etwa dreihundert Kilometer gewesen sein. Tatbericht war die Vorstufe für das Kriegsgericht. Wir wurden informiert, dass wir am nächsten Tag per LKW wieder zurück an die Front gefahren würden. Beim Vorbereiten des Rücktransports zur Front habe ich auch wieder einmal Zeit gefunden, mich um mein Gewehr zu kümmern. Es war seit Pfingsten nur mit drei statt mit fünf Patronen geladen. Die beiden Patronen, welche fehlten, waren die, die Kamerad Faller damals dem LKW hinterher geschossen hatte und nachgeladen hatte ich noch nicht. Da wurde mir bewusst und ich wunderte mich zugleich, dass nach einem Monat Frontsoldat ich noch nicht einmal selber geschossen hatte und doch schon reichlich Beschuss überlebt hatte.

Die Fahrt mit den Versorgungsfahrzeugen dauerte zwei Tage. Bei dem ersten LKW war ich mit auf der Ladefläche, es wurde auch am Tage gefahren. Diesmal ging es über den Futapass. Als wir in Futa kurz hielten, kam eine Frau zu uns, um sich ein paar Worte auf Deutsch zu unterhalten. Sie erzählte uns, dass sie eigentlich aus Berlin stamme, aber dass sie nach Italien geheiratet hätte. Plötzlich war ein Jabo ("Spitfire") zu hören und auch zu sehen. Die ehemalige Berlinerin entfernte sich mit dem Satz: „Ick liebe mir noch, alles Gute!" Die Weiterfahrt war von nun an abwärts. Sehr kurvenreich und mit steilen Abhängen. Nach einer Kurve sah man etwa fünfzig Meter in der Tiefe einen Sanitätskraftwagen, der vielleicht nachts die Kurve nicht geschafft hatte. Gleich hundert Meter weiter dasselbe Schicksal, eine schwere Zugmaschine mit einem 8,8 cm Flakgeschütz als Anhänger. Es kann einem schlecht werden bei der Vorstellung, wie es den Mannschaften ergangen sein musste, bei solch einem Schicksal. Etwas weiter unten bot sich dann nochmal der Blick auf Florenz. Der zweite Teil der Fahrt war überwiegend in der Dunkelheit.

Als wir wieder an der Front bei den Einheiten ankamen, waren die Einheiten bereits an Perugia und am Lago di Trasimento vorbei. Die Artillerie des Gegners war mittlerweile wieder so nahe, dass die Einschläge uns wieder erreichten. Die Versorgung durch den Tross kam jetzt wieder ein wenig regelmäßiger an. Für eine kurze Zeit gab es sogar Frontkämpferzusatzpäckchen. Die Rückzugsbewegungen gingen über die L. Apuila bergauf und später dann für einen Tag bis auf den Gran Sasso de Italia. Gefreiter Verspohl und ich erhielten die Information, dass der Oberfeldwebel welcher unseren Versprengtentrupp führte, sich mit seiner Maschinenpistole durch den Hals geschossen hatte. Es hieß, ein Unfall, selbst ausgelöst beim Zaun überklettern. Aber ich sollte noch Erlebnisse haben, die es schwer machten solche Informationen zu glauben.

4

Bei der 6. Kompanie 3. Regiment wieder angekommen und in eine Bergstellung am Vorderhang eingewiesen, hatten wir einen weiten Blick in die Abruzzen. Mit dem Gefreiten Fritz Verspohl baute ich ein Deckungsloch. Etwa zwanzig Meter weiter und etwas höher als unsere eigene Stellung befand sich der Obergefreite Schrader und ein Schütze 2 am MG42. Sonst waren keine weiteren Stellungen in unserem Sichtbereich. Weiter hinten und rechts von uns, etwa einhundertfünfzig Meter, war die rechtsseitige Schlucht zu Ende. Dort befand sich ein SMG – Trupp unserer 8. schweren Kompanie. Sie verfügten über ein SMG, von dort hatten sie ein schmales, aber weites Schussfeld. Am linken Abhang war das Tal etwas breiter und auf den Höhen dahinter gab es einen lichten Baumbestand. Etwa einhundert Meter im Vorfeld befand sich ein Bergdorf mit einer kleinen Dorfkirche. Die Bewohner sind wahrscheinlich bereits vor unserer Ankunft geflüchtet und haben die Tiere freigelassen. Wieder einmal hatten wir keine Versorgung und so sind wir auf Erkundung gegangen, dies war möglich, weil es noch keine Feindbewegungen gab. Im Dorf schoss ich aus etwa zwanzig Meter Entfernung auf den Hals eines Huhnes und ich traf. Das war der erste Schuss den ich an der Front mit meinem Karabiner gemacht hatte. Das Huhn wurde von uns unter primitiven Bedingungen zubereitet und verzehrt. Ohne Brot zwar, aber wir waren im Weizen, welcher hier auf Terrassen angebaut wurde.

Die erste Nacht verlief ruhig und der Gefreite mit dem Fallschirmschützengewehr und ich mit dem Karabiner wechselten uns bei der Wache ab. Außer dem typischen Artillerielärm in der Ferne konnten wir in unserer Umgebung keine weiteren Aktivitäten feststellen. Am Morgen wollte ich einen Blick in das größere Tal links von uns werfen. Dazu ging ich zu unseren MG – Schützen. Es war ein schöner Anblick, aber in etwa eintausend Meter Entfernung konnten wir eine Gruppe Flachhelmsoldaten bergauf marschieren sehen. Nachdem sie verschwunden waren, stand das Dorf unter Artilleriebeschuss, dass wir uns nicht in dem Dorf aufhielten, bemerkten die Tommies erst sehr spät, uns war es recht.

Am gleichen Abend gehörte ich zu einem Vier – Mann – Trupp, welcher zum Verpflegung holen eingeteilt wurde. Wir hatten einen großen Handwagen dabei und mussten über den Rundhügel hinter unserer Stellung. Besagter Rundhügel wurde inzwischen auch regelmäßig durch die Artillerie beschossen. Etwa ein Kilometer nach der Gipfelpassage trafen wir auf die Versorgungsfahrzeuge des Tross. Neben ein paar Häusern befand sich auch eigene Artillerie in der Umgebung. Einen Feldwebel der Artillerie befragte ich nach dem Kaliber der Geschütze. Er teilte mir mit, dass es sich um 15 - Zentimeter Geschütze handelte. Demnach waren es schwere Feldhaubitzen. Die leichteren hatten nur ein Kaliber von 10,5 - Zentimeter, dies wusste ich von meinen drei Jahre älteren Bruder. Er kam Anfang 1941 zu den leichten Feldhaubitzen nach Rostock. Zum Beginn des Russlandfeldzugs war er als Panzergrenadier dabei.

Unsere Artillerie hatte also noch keinen Schuss hier abgegeben, obwohl man sich wohl bei der Nachtwache die Mühe gemacht hatte, die Entfernungen zur gegnerischen Artillerie zu ermitteln. Die englische oder amerikanische Batterie sollte aus sechs Geschützen bestehen. Wenn deutsche Batterien noch vollständig waren, bestanden sie aus lediglich vier Geschützen. Die Entfernung wurde berechnet, indem die Sekunden vom Aufblitzen des Abschusses bis zum Hören des Geschützdonners gezählt wurden. Drei Sekunden waren etwa ein Kilometer. Im Durchschnitt lagen die Entfernungen zwischen sechs und sieben Kilometern.

Der Artilleriebeschuss des gewölbten Hügels war besonders beeindruckend, manche Granaten schlugen so auf, dass man sie mit einem enormen Wummern weiter hinten im Tal explodieren hörte. Wenn ich jetzt daran denke, wummert's immer noch. Es gibt noch viel mehr, was unvergesslich geblieben ist. Aber ich möchte ja nur einiges aus dem selbst Erlebten mitteilen. Meine Erlebnisse im letzten Kriegsjahr sind Enttäuschungen, Strapazen und bittere Belehrungen. Trotzdem gab es eine gute Kameradschaft und einen guten Zusammenhalt untereinander, dies unterstützte das Pflichtbewusstsein und die Einsatzbereitschaft, trotz ständiger Entbehrungen und Strapazen.

In der obengenannten Bergstellung waren wir etwa zwölf bis vierzehn Tage und die geschilderten Ereignisse decken etwa nur die Hälfte der Zeit ab. Zu viert lagen wir etwa fünfzig Meter östlich von der Friedhofsmauer und man sagte uns, dass vor dem Ort am Westrand ein SMG unserer Truppe ebenfalls in Stellung liegt. Dies war wichtig um nicht auf Kameraden mangels Information zu schießen. Genauer gesagt, handelte es sich um einen Trupp Versprengter der „Division Hermann Göring", das konnte man an den weißen Kragenspiegeln erkennen. Also gehörten sie vermutlich zu den Grenadieren. Sie wurden von arroganten Vorgesetzten unserer Kompanie auf dieses Himmelfahrtskommando geschickt. In der Nacht hörten wir zweimal das SMG hunderter Gurte verschießen. Die Antwort kam prompt kurz danach in Form von lang anhaltendem, schwerem Artilleriebeschuss des Gegners. Weitere Vorkommnisse gab es dann nicht und es lief alles seinen gewohnten Gang.

In der Nacht war ich erneut zum Verpflegung holen eingeteilt worden. Bei der Gelegenheit war ich mal wieder mit dem Stargarder Kameraden zusammen. Auch trafen wir im Trossbereich den Feldwebel der Artillerie, welcher sich wohl gerade im Wachfrei befand. Bei den Fressalien befand sich diesmal auch eine Kiste Pfirsiche. Uns lief das Wasser im Mund zusammen, denn frisches Obst haben wir schon eine Zeitlang nicht mehr bekommen. Wir waren der Meinung, dass uns ja auch ein Pfirsich zustehen würde, also aßen wir einen Pfirsich. Natürlich wollten wir dies nicht geheim halten und später beim Kompanietrupp melden. Ohne Schaden kamen wir über den Rundhügel und erreichten mit dem Handwagen unsere Stellung. Der Handwagen wurde abgeladen und als die Pfirsichkiste dran war, sagte ich, dass wir bereits einen Pfirsich gegessen hatten und dies bei der Verteilung zu berücksichtigen wäre. Kaum war das letzte Wort gefallen, legte der Herr Stabsgefreite auch schon los. Die Einzelheiten will ich mir hier ersparen, aber sinngemäß kam zum Ausdruck, dass es für uns noch ein weiter Weg zur Menschwerdung wäre. Das sagte einer, der unser Vater hätte sein können. Er hatte ein Ärmelband für Kreta oder Afrika und das deutsche Kreuz in Gold.

Aber ich will hier die Geschichte des Herrn Stabsgefreiten nicht unterschlagen. Nachdem wir unter den bekannten Verhältnissen die Erniedrigungen verdaut hatten, kam dieser Typ zum Abend in unsere Stellung. Der Preußenhasser, dies sage ich nach langer Überlegung bewusst, hatte für die beiden Pommern Schwandt und Kagels einen Spezialauftrag, für den er uns persönlich einwies. Zunächst mussten wir ihm unsere Soldbücher übergeben, für den Fall, dass wir in die Hände des

Feindes gerieten. Hier stellt sich mir unmissverständlich die Frage, wer war unser größter Feind? Eine Frage, welche reichlich Diskussionsstoff aufwirft und wohl niemals für jedermann zufriedenstellend beantwortet werden kann.

Die Vorposteneinweisung erfolgte an der Friedhofsmauer. An der rechten Ecke wurde Kamerad Schwandt eingesetzt und ich wurde an der linken Ecke postiert. Dort hatten wir Wache bis zum Sonnenaufgang ohne irgendwelche befürchteten Vorkommnisse. Dann sind wir wieder in unsere Löcher gekrochen. Fritz Verspohl hatte versucht, mich mit einem Witz aufzumuntern. Weil er es gut gemeint hatte, werde ich ihm zu Ehren den Witz hier nieder schreiben, der den Frontsoldaten das Lachen zurückbringen sollte. Sein Vortrag war mehr singend als sprechend: Die Losung der Mädchen vom horizontalen Gewerbe: *„Wir haben kein Geld aber piekfeine Wäsche und einen märchenhaften Geschlechtstrieb."* Fritz Verspohl ist im Herbst 1944 in Gefangenschaft gekommen. Am Ende des zwanzigsten Jahrhunderts starb er. Die einhundert Lire, welche er mir seinerzeit vor dem Kinobesuch lieh, hatte ich bei der nächsten Soldzahlung zurückgegeben. (vgl. S. 30) Bis vor der großen Pause für die 1. Fallschirmjäger - Division bekam Fritz Urlaub auf Bombenschaden „C". Als er aus dem Urlaub zurückkam, ereignete sich der Tag der Gefangenschaft.

Unsere Soldbücher haben wir nicht mehr zurückbekommen. Dies wurde so begründet, dass ein Panzer in den Gefechtsstand geschossen habe. Der Gefechtsstand war uns durch die Verpflegungstransporte bekannt. Wir wurden aber nicht mehr zum Fressalien holen eingeteilt, konnten aber in Erfahrung bringen, dass es nur unsere Soldbücher getroffen hatte und dass neue bestellt worden waren. Dann hatten wir wohl eine Zeitlang Partisanenstatus oder wie sollte man diese gesamte Situation verstehen?

Bei meiner Wache am Nachmittag hörte ich hinter mir in dem etwa sechs Meter breiten Weizenfeldstreifen eilige Schritte. Als ich mich umsah, erkannte ich eine Frau, gefolgt von einem Jungen. Doch sie liefen zurück als sie meiner gewahr wurden. Nun weckte ich Fritz und teilte ihm mit, dass Zivilisten durch unseren Wachereich wollten und folgte ihnen dann. Nachdem ich sie eingeholt hatte, waren es etwa fünfzehn Personen, welche alle bergauf liefen. Nach meinem Warnschuss in die Luft blieben alle stehen und drehten sich langsam um. Um die Zivilisten nicht unnötig zu verängstigen, ließ ich den Gewehrlauf nach oben gerichtet. Italienisch konnte ich fast gar nicht aber ich wusste das „qui" „hier" hieß. „Qui fronte!" rief ich, mit der Hand nach links und mit dem Gewehr nach rechts zeigend. Im gleichen Moment meldete sich ein Feldwebel von rechts über mir, welchen ich noch nicht kannte.

„Was ist los, Kagels?" fragte er mich. Pflichtbewusst teilte ich ihm mit, dass die Personengruppe versucht hatte, sich bei uns durchzuschleichen. Daraufhin antwortete er: „Die waren schon hier oben, lass sie gehen!" Nun dann zeigte ich mit der linken Hand in ihre Richtung und ging wieder in unsere Vier – Mann – Stellung. Dort angekommen, lud ich erst wieder mein Gewehr durch, es war der zweite Schuss, welchen ich an der Front abgegeben hatte.

Bis zum nächsten Nachmittag ging alles seinen gewohnten Gang, doch dann, während meiner Wache, sah ich zwei Soldaten. Sie trugen als Kopfbedeckungen Baretts und jeder hatte in der Hand eine Pistole. Sie waren sehr unvorsichtig, dachte ich mir. Vielleicht waren sie aus einem Spähwagen ausgestiegen und stiefelten nun weiter wie auf einer Promenade. Pflichtbewusst informierte ich unsere MG – Schützen über diesen Anmarsch. Der Schütze richtete sein MG und ich sah zu den beiden Landsern, einer zeigte gerade mit seiner Pistole aufwärts, als das MG auch schon knatterte. Nun ging es für die Beiden die Böschung abwärts. Für mich sah es so aus, als hätten sie einen Sprung gemacht. Daraufhin weckte ich erst Fritz und bin dann springend und laufend mit meinem Gewehr abwärts. Die zwei Soldaten konnte ich allerdings nicht finden, ob ihr Sprung ihre Rettung war? Es wurde weniger getroffen als vorbei geschossen wurde und mir war es recht.

Als es wieder einmal zurück für uns ging, hieß es, der Tommy ist an den Flanken zu weit vorgerückt. Wir sind in den Bergen, auf kurvenreichen Straßen nachts weiter nordwärts gezogen. Einmal gab es einige Kilometer hinter uns eine außergewöhnlich starke Explosion mit hellem Lichtschein und einer Serie weiterer Explosionen. Mir fiel wieder ein, dass ich seinerzeit die Vorbereitungen solcher Sprengungen gesehen hatte und zwar, als wir mit den Pferden unterwegs waren. Straßen an steilen Abhängen, welche zusätzlich durch Mauern an der abfallenden Seite gestützt werden mussten, wurden mit tiefen Schächten versehen. Daneben lagen etwa ein Dutzend schwere italienische Fliegerbomben. Was wir da gehört und gesehen hatten, war wohl so ein durch Pioniere installierter Fliegerangriff gewesen.

An den kommenden Tagen gab es keine außergewöhnlichen Ereignisse. Die nächtlichen Rückzüge liefen wieder wie gewohnt unter Artilleriebeschuss. Als eines Tages mir der Feldwebel Struth mitteilte, dass der Gefreite Lembke, mit dem ich ein paar Mal auf Posten gelegen hatte, bei einem Artilleriebeschuss ums Leben gekommen wäre. Seinem Vater, dem Gärtnermeister aus Stralsund in der Hainholzstraße bin ich einmal durch meine Arbeit in den siebziger Jahren begegnet. Er hatte durch zwei seiner Mitarbeiterinnen erfahren, dass ich eine Zeitlang mit seinem Sohn zusammen an der Front gewesen war. Auf seinem Hof hatte er mir einen gezüchteten Baum gezeigt, wo die Krone nach unten wuchs. Das sah aus wie ein Denkmal, gewidmet seinem gefallenen Sohn und ich vermied es, ihn aufzuregen. Dass der Gefreite Lembke gefallen war, ist damals korrekt gemeldet worden.

In dem Zusammenhang erinnere ich mich an einen Namen (Siegfried Uhlmann) eines jungen Kameraden, den ich mit dem Kameraden Schwandt zusammen am Rande eines Landschulhofes begraben musste. Die durchbrochene Erkennungsmarke und sein Soldbuch sowie ein paar persönliche Dinge gaben wir redlich beim Vorgesetzten ab. Nach einem viertel Jahr kamen immer noch Briefe seiner Mutter. Ein primitives Kreuz hatten wir gefertigt und den durch „Baumkrepierern" (= Granaten) durchlöcherten Springerhelm drauf gesetzt.

An L. Aquila vorbei wurden die Berge höher und jede Nacht standen Stellungswechsel auf dem Programm.

Eines Nachts hieß es, dass es diesmal etwa sieben Kilometer zurückgeht. Aber es muss wohl Luftlinie gemeint worden sein, aufgrund der zahlreichen Wendungen im Straßenverlauf wurde der Weg um einiges länger, so dass wir die ganze Nacht unterwegs waren. Wir sind einmal in stockfinsterer Nacht an einem Gebäude vorbeigekommen, drinnen war Kerzenschein zu sehen und draußen standen ein paar Soldaten. Bei solchen Begegnungen war es üblich, nach der Einheit zu fragen, dies tat ich als erstes. Die überraschende Antwort war: „Ernst, bist Du das?" Als ich bejahte und näher trat, erkannte ich meinen Zimmerkameraden aus der letzten Ausbildungszeit bei Halberstadt. Er sagte weiter: „Ich habe Dich an der Stimme erkannt. Ich bin hier beim Stab gelandet für alle möglichen Dienste. Das Gepäck, das ich für die Offiziere tragen muss, ist immer doppelt so schwer wie meines." Kaum hatte ich der Enttäuschung des Kameraden zugehört, ging es auch schon wieder weiter.

Wir haben dann wieder einmal eine Bergstellung bezogen. Zusammen mit dem Kameraden Schwandt wurden wir in eine Vorderhangstellung eingewiesen. Etwa fünf Meter links von uns gab es einen Weg und dahinter eine zwei bis drei Meter tiefe Böschung. Dort hatten wir ein Deckungsloch mit „Fuchsbau" (Ruhenische) angelegt. Aufgrund des Lehmbodens war dies kein Problem. Links vor uns befand sich ein Birnenbaum mit leider unreifen Früchten. Trotzdem probierten wir, ließen aber die angebissenen Früchte neben dem Deckungsloch liegen. Als die Sonne später ihre Wirkung zeigte und die Birnen verfärbte sowie uns mit etwa zweiundvierzig Grad einheizte, hatten wir genießbare Früchte.

Der nächste Tag begann mit eisernen Grüßen. Über uns krepierte die erste Granate, die nächsten verlagerten sich dann immer weiter links von uns. In etwa einhundertfünfzig Metern Entfernung und etwa fünfzig Meter höher als unsere Stellung ging der Beschuss in regelmäßigen Abständen in den dort vorhandenen Baum- und Buschbestand. Nach Einbruch der Dunkelheit hieß es für uns vorsichtig sein, ein Spähtrupp von uns ging vor. Kamerad Schwandt hatte Wache und ich Ruhephase in unserem „Fuchsbau", gleich einschlafen konnte ich jedoch nicht. Der Spähtrupp hatte Feindberührung, man konnte eine Maschinenpistole hören. Daraufhin kam unser Spähtrupp zurück, kurz darauf ging es jedoch wieder nach vorne. Bei ihrer Rückkehr hatten sie einen verwundeten Gefangenen dabei. Ihm war mehr als deutlich bewusst, dass er nicht bei seinen Leuten war und er sagte andauernd: „Aqua." Es wäre besser für ihn gewesen, wenn seine Kameraden den Heldenmut aufgebracht hätten, den sie Jahrzehnte später in den Kriegsfilmen immer zu Schau stellten bzw. immer noch tun. In dieser Nacht gab es einen Zusammenstoß zweier Spähtrupps.

Der nächste Tag war der 20. Juli 1944. Kamerad Schwandt wurde abgezogen, er wurde woanders gebraucht. Um die Mittagszeit kam unser Zugführer Struth ohne etwas zu essen und teilte mit, dass auf den Führer ein Anschlag verübt worden wäre und dass er den Anschlag überlebt hätte. Weiterhin gab er den Befehl, dass ab sofort nur noch mit dem „deutschen Gruß" zu grüßen ist und nicht mehr mit der Hand an der Kopfbedeckung. „Grüßen ist sowieso aus der Mode gekommen." Platzte es aus mir heraus. Auch wenn mir mit den Worten: „Da haste Recht" zugestimmt wurde, hatte ich das Gefühl, wieder einmal ein Fettnäpfchen erwischt zu haben. Etwas weiter rechts von mir lag eine weitere Stellung und der Feldwebel Struth wollte dort noch einem Kameraden zum Geburtstag gratulieren und ihm eine Schachtel Zigaretten bringen. Daraufhin erwähnte ich noch, dass mein Bruder Siegfried auch Geburtstag hätte aber schon seit einem Jahr tot ist. Dann stand ich allein im Deckungsloch und die Hitze nahm zu. Kurzerhand entschloss ich mich, meinen Oberkörper freizumachen, um nicht schon beim Stillstehen zu schwitzen. Nach ein paar Schüssen etwa zwei- bis dreihundert Meter rechts von mir sah ich einen Soldaten in Tropenkleidung und mit einer Waffe in den Händen.

Das war der Zeitpunkt, wo ich zum ersten Mal auf einen Menschen gezielt habe. Aber dann habe ich das Gewehr wieder abgesetzt und nur beobachtet, wie der Soldat in gebückter Haltung weiter voran ging. Seine Waffe war eine Maschinenpistole, trotzdem fühlte ich mich nicht gefährdet. Er konnte aber meinen Kameraden, welche dichter zu ihm waren, gefährlich werden, also sah ich mich in der Pflicht, etwas zu machen, ich zielte und wollte abdrücken. Bevor ich jedoch abdrücken konnte, bekam ich MP – Beschuss von hinter mir. Den Kopf eingezogen und schnell gedreht sowie das Gewehr in Anschlag und gerichtet in Richtung Beschuss bergauf. Doch konnte ich niemanden entdecken, also drehte ich mich wieder zurück zu dem noch sichtbaren Gegner und wieder zielte ich und wieder bekam ich Beschuss von hinten. Nach erneutem Drehen in Beschussrichtung behielt ich Anschlag und Zielrichtung nach hinten bei. Der Schütze, da war ich mir sicher, wusste, wen er aufs Korn genommen hatte.

Kurz vor dem Dunkelwerden ging es nochmal zurück über den Hügel, von wo ich den Beschuss bekam. Dort konnte ich feststellen, dass seitlich in einer Böschung ein Unterstand war. Meines Erachtens war es unser Kompaniegefechtsstand und es kamen noch mehr Soldaten zum Sammelplatz. Einer der Ankömmlinge brüstete sich mit dem Abschuss eines dicken Soldaten in Tropenuniform, welcher mit einer Maschinenpistole bewaffnet war.

Bevor es auf einer Asphaltstraße mit stetigem Anstieg weiterging, gab es wieder einmal Verpflegung. Auch fuhren dann und wann Kraftfahrzeuge an uns vorbei. Seitlich von uns wurden die Berge höher und im Abstand von zehn Minuten wurden von einem Einzelgeschütz Granaten auf die Straße geschossen. Wir Fußlatscher hatten die Möglichkeit nach rechts auf einen Bahndamm auszuweichen. Zwischen Straße und Bahndamm lagen etwa einhundert Meter, so waren wir etwas sicherer und was für die Straße bestimmt war, waren zu fünfzig Prozent Blindgänger. Irgendwer hatte wohl Pech beim Scharfmachen der Granaten, doch einzelne Splitter erreichten auch den Bahndamm. Als der Bahndamm seinen Gipfel erreicht hatte und sein Verlauf nach rechts und wieder abwärts ging, wechselten wir zurück auf die Straße. Wir gingen im großen Bogen links aufwärts und später verließen wir die Asphaltstraße. Über Felsgestein ging es den Gran Sasso d' Italia („Großer Fels Italiens") immer höher hinauf.

Bei Sonnenaufgang erreichten wir ein kleines Bauernhaus, wo wir einen kurzen Halt machten. Wir waren etwa ein Zug von fünfzehn bis zwanzig Soldaten. Ein Feldwebel ging durch die offene Außentür in das Gebäude.

Dann öffnete er links eine Tür und kurz darauf schrie eine Frau. Ein Kamerad, welcher etwas näher zum Geschehen stand, öffnete die Tür und winkte uns beschwichtigend zu. Doch kurz darauf fiel ein Schuss und der Feldwebel kam, ohne ein Wort über das Geschehene zu verlieren, zurück.

Wir wurden in einzelne Stellungen eingewiesen und ich wurde dem Kameraden Schrader als dritter MG – Schütze zugeteilt. Wir waren auf dem höchsten Gipfel des Gran Sasso d'Italia (2912m). Für mich war es merkwürdig, dass mich die Luft an den Greifswalder Bodden erinnerte. Die Landschaft erinnerte eher an die Mondoberfläche und es gab kaum Vegetation. Als erstes errichteten wir einen Splitterschutz. Wir bildeten einen steinernen Kreis von etwa zwei Metern Durchmesser mit zuvor gesammelten Felsbrocken. Beim Sammeln der Felsbrocken waren wir auf dem gesamten Gipfel unterwegs. So erreichte ich einen Platz, von wo ich gut die Straße und die Bahnstrecke einsehen konnte. Kurzzeitig sah ich einen Panzer, dies teilte ich meinen Kameraden mit. Doch sie zweifelten an meiner Wahrnehmung, da sie nichts und niemanden entdecken konnten, als auch sie hinabschauten. Nun, es müssen aber auch vorgeschobene Artilleriebeobachter dort gewesen sein, denn nun gab es regelmäßigen Beschuss auf diesen Beobachtungsplatz, also kann meine Wahrnehmung doch nicht so schlecht gewesen sein.

Am Nachmittag wurde ein Melder mit frisch gemolkener Milch im Kochgeschirr zu uns hochgeschickt. In unseren Mägen und Därmen hatte die Milch freie Bahn. Das kannte ich noch von meiner Versprengtenzeit. Da wurden Rinder zurückgeführt, welche auch gemolken werden mussten und die Melker waren froh, etwas Milch abgeben zu können. Als der Tag sich dem Ende neigte, kam auch schon der Befehl zum Abzug. Unter stärker werdendem Artilleriebeschuss wurde es schnell hektisch. Wieder einmal hatte ich zwei Munitionskästen zu schleppen und in einer Höhe von über zweitausend Metern wurde schnell die Luft knapp. Nun verließen wir die Bergregion, wo noch vor einem Jahr Mussolini befreit wurde. (12.Sep. 1943: Deutsche Fallschirmjäger befreien Mussolini aus dem Campo Imperatore, einem beckenförmigen Hochplateau im Massiv des Gran Sasso in der Provinz L'Aquila in der italienischen Region Abruzzen - „Unternehmen Eiche") Die Befreiung von Mussolini lief damals ohne einen Schusswechsel ab, da der italienische General Spoleti die Aufgabe hatte, den Bewachern Mussolinis das Schießen zu untersagen, diese wiederum ergaben sich sowieso gleich ohne Widerstand.

Der Stress in den Bergen war damals völlig unnötig gewesen. Vom Berg herunter, ging es weiter in nordwestlicher Richtung. Die Kameraden, die in und um Monte Cassino waren, warteten immer noch auf eine Zeit der Schonung. Es gab bei uns Erzählungen, dass die gegnerische Infanterie nach drei Einsatztagen auch drei Ruhetage bekam. In den kommenden Tagen gab es den gewohnten Ablauf und für Kameraden Schwandt und Kagels wieder ein Soldbuch. Nach Erhalt unseres Soldbuches mussten wir feststellen, das kein roter Stempel mehr für „fliegendes Personal" auf der ersten Seite im Ausweis war, das kränkte unsere Soldatenehre damals. Jeder von uns war damals stolz auf den Stempel, welchen man nach erfolgreicher Sprungausbildung bekommen hatte. Aber das haben wir dann doch mit einem „Arschbackenrunzeln" überwunden. Die weiteren Abwärtsbewegungen in Richtung Nordwest führten uns direkt in die Toskana. Etwa acht Kilometer hinter Levane wurde der Fluß Arno in Richtung Osten überquert und danach hatten wir noch etliches auszuhalten, bevor wir die lang ersehnte Ruhepause bekamen.

5

Nordwestlich des Gran Sasso bestanden unsere militärischen Aktivitäten, Tag wie Nacht fast ausschließlich aus Rückzugsbewegungen. Am Boden gab es nicht immer Feindberührung und ich fragte einen Oberjäger, welcher uns den Rückzugsbefehl brachte: „Warum denn, hier ist es doch noch auszuhalten?" Er antwortete: „Ja, die Äußerung ehrt Sie, aber seitlich von uns ist der Gegner schneller vorwärts gekommen." Wir befanden uns irgendwo in den Bergen, ich weiß nicht mehr, ob es schon in der Toskana war, aber die Umgebung war nicht mehr nur felsig.

Wir waren wieder einmal am Tage inmitten einer Vielfalt von Einheiten auf einer Straße unterwegs, mit Kraftfahrzeugen, zu Pferde oder zu Fuß. Als ein einzelner Jagdbomber näher kam, gab es von unserer Seite sofort Beschuss von einer 3,7cm Flak auf einem LKW, das Ziel wurde allerdings verfehlt. Es wurde auch am Tag gerastet und es konnte Körperpflege wie Waschen und Rasieren durchgeführt werden. Allerdings hat uns die Versorgung mal wieder nicht erreicht. Mit Beginn der Dämmerung ging unser Fußmarsch inmitten vieler Fahrzeuge weiter. Für die motorisierten Einheiten ging es auch nur so schnell voran wie für die Einheiten mit den Pferdewagen. Einem Landser auf einem Pferdewagen hat man nach etwas Essbaren gefragt, doch er konnte uns nur ein paar Bonbons in die Hand drücken, etwas Gesundes hatte er auch nicht.

In der Nacht war der Kommandeur der 1. Division, Generalleutnant R. Heidrich, bei uns, er ermunterte uns zum zügigen Weitergehen. Der vorher verhältnismäßig ebene Weg verlief nun aber als abwärtsführende Bergstraße mit beiderseits ansteigenden Geländes. Für Fahrzeuge hieß das nun, keinerlei Ausweichmöglichkeiten. Es dauerte nicht lange und ein umgekipptes 8,8cm Flak – Geschütz samt Zugmaschine versperrte den Weg. Es war doch sehr wahrscheinlich, dass talwärts weitere Hindernisse den Weg versperrten, aufgrund von Fliegerangriffen. Die Konsequenz war, dass unsere gesamte Kolonne umgeleitet wurde.

Es folgte ein verhältnismäßig ruhiger und schöner Tag in einem idyllischen italienischen Bergdorf. Ausgeruht und tatsächlich auch verpflegt, ging es abends bergab. Wir waren bereits die halbe Nacht unterwegs, als hinter uns eine Caretta mit zwei Oberjägern ankam. Eine Caretta war ein zweirädriger Wagen mit Pferd. Dies war ein unterhaltsamer Moment, da das Gespann ziemlich lustig anzuschauen war. Sie hielten in unserer Nähe und ließen drei Kameraden aufsteigen. „Das Pferd hat nun mehr zu bremsen", meinte ich dazu.

In der Ebene angelangt und die Berge nun hinter uns gelassen, zeigte sich ein Dorf, links neben der Straße befand sich eine eingezäunte Weidefläche. Am Dorfrand rechtsseitig der Schotterstraße wurden der Kamerad Schwandt und ich in eine Schützenstellung eingewiesen und postiert. Wir waren beim Ausbauen unserer Deckung als der Kamerad Schwandt abgezogen wurde, weil er wohl woanders gebraucht wurde. Nachdem ich die Arbeit an der Stellung fertiggestellt hatte, schrieb ich einen Feldpostbrief an meine Mutter. Die Umgebung war verhältnismäßig ruhig und es waren keine Feindaktivitäten ersichtlich. Etwa 15m – 20m in Richtung Dorf wurden zwei 8cm „Granatspucker" in Stellung gebracht und ein Feldwebel der 8. Kompanie legte sich auf ein Schuppendach und beobachtete mit einem Fernglas das Vorfeld in Richtung des Feindes. Es dauerte auch nicht lange als er seinen Soldaten zurief: „Feuerbereitschaft herstellen! Lastkraftwagen sowie Feindbewegungen im Vorfeld, in 2000m in der Ebene, auf einer Straße rechtsseitig von uns." Das Einschießen wurde durch ein „Spuckerrohr" umgesetzt. Als Richtung und Entfernung stimmten, schossen beide „Spucker" zehn bis zwölf Granaten.

Danach rief der Feldwebel, dass die Lastkraftwagen sich entfernen, aber die Infanterie vorrückt. Er gab Richtung und Entfernung neu an und ließ erneut feuern. Dies konnte ich aus meiner Stellung gut mithören, doch im vermeintlichen Feindesgebiet konnte ich nichts sehen. Auf meiner Seite war alles ruhig und ich konnte meinen Brief mit den aktuellen Geschehnissen beenden. Auch schlugen jetzt die ersten Granaten des Gegners in unserer Umgebung ein. Der Feldwebel und seine Männer waren hier wohl die Helden des Tages. Nach nochmaliger Entfernungskorrektur verschossen die „Spucker" ihre letzte Munition. Der Feldwebel kam vom Dach, die Entfernung des Feindes lag nun nur noch bei vierhundert Metern. Alle Soldaten sind unversehrt aus dieser Stellung gekommen, aber der Tag war noch nicht vorüber. Es vergingen wohl noch fünfzehn bis dreißig Minuten, als der Oberjäger zu mir kam und mir eine neue Stellung zuwies. Die neue Stellung befand sich nun links von der Straße, auf der wir gekommen waren.

Der Oberjäger begleitete mich nicht komplett bis zur neuen Stellung. Als ich über die Straße kam, erkannte ich eine Höhle unterhalb der Straße. Sie wurde durch eine etwa sieben bis acht Meter breite Felsplatte gebildet. Die Öffnung war mannshoch, etwa zwanzig Meter weiter lief die Höhle flach aus. Dort sollte und wollte ich hinein, denn ich hatte in einer Entfernung von etwa einhundertfünfzig Metern am Weidezaun eine fünf bis sechs Mann starke Gruppe von „Flachhelmen" (= britische Soldaten) erkannt. Als ich vorne an der Kante den Kopf hob, um mein Gewehr in den Anschlag zu bringen, wurde dieser Versuch mit MG-Feuer beantwortet. Bei einer Feuerpause versuchte ich mich wieder zu erwehren aber die Soldaten der anderen „Feldpostnummer" spielten sogleich wieder mit ihrem „Plattenspieler". Der Nachteil lag eindeutig auf meiner Seite. Der MG-Schütze schoss auch noch ein drittes Mal auf mich, sein „Plattenspieler" pausierte erst, als meine Kameraden am 34iger MG ihrerseits eine „Sinfonie" starteten. Ihre MG-34 – Stellung befand sich rechts von mir. Sie schossen dreimal fünfzig Schuss auf wohl gut erkennbares Ziel und gaben mir gleichzeitig Feuerschutz.

So konnte ich wieder aus meiner Deckung herausschauen, diesmal war es ruhig auf der Gegnerseite. Ob es Überlebende gab, wurde durch unsere Einheit nicht geprüft. Noch im Tageslicht ging es weiter zurück, die vermutlich gefallenen britischen Soldaten waren zu bedauern. Die beiden MG-Schützen auf unserer Seite waren zwei Obergefreite aus meiner Einheit, aber aus dem zweiten Zug. Im Nachhinein wurde selten über solche Geschehnisse gesprochen.

Als wir den Ort verließen, wurden wir von Artilleriebeschuss verschont, vermutlich war man auf der gegnerischen Seite unsicher, ob man durch den Beschuss nicht vielleicht eigene Soldaten gefährdet. Am Ende des Dorfes stand ein schweres italienisches Geschütz, es kann durchaus Kaliber 21cm gewesen sein. Alle Munitionsbehälter waren leer und am Rohr konnte man die übliche Sprengstelle sehen, um das Geschütz für den Feind unbrauchbar zu machen. Ob dieses Geschütz nun zuletzt von italienischen oder deutschen Soldaten bedient wurde, war nicht zu erkennen, der letzte Einsatz muss aber Tage zuvor gewesen sein.

Der nächtliche Rückzug führte uns in hügeliges Gelände mit Getreidefeldern. Im Mondschein konnte man eine Reihe Zypressen erkennen. Die Toskana „grüßte" bereits und in dieser Umgebung wurden wir in die neuen Stellungen eingewiesen. Diesmal wurde ich als Schütze Zwei dem Kameraden Schrader am MG zugeteilt. Es handelte sich um eine Vorderhangstellung, wo noch Getreide gehäuft stand. Die Artillerie schoss bereits in unser Vorfeld, aber diesmal hatten sie keine so gute Feuerlenkung wie am Vortag. Etwa achtzig Meter links hinter unserer Stellung hatte die 14. Kompanie eine 8,8cm PAK in Stellung gebracht. Für ein gutes Schussfeld mussten drei Obstbäume dran glauben.

Am Nachmittag hörten wir das altbekannte Motorengeräusch eines Panzerspähfahrzeugs. Die Geräuschkulisse nahm zu, als wir plötzlich das Fahrzeug von oben sehen konnten. Es fuhr schnell einen Hügel aufwärts und verschwand dann aus unserer Sicht. Auf dem Gipfel des nächsten Hügels musste das Spähfahrzeug wohl Halt gemacht haben. Das Panzerabwehrgeschütz hinter uns feuerte schnell drei Schuss nacheinander ab. Wir vernahmen das Rauschen und Heulen der Leuchtspur, sahen ihr hinterher, konnten aber keinen Treffer ausmachen.

Es war wohl eine Stunde später, als wir aus den Stellungen befohlen wurden, allerdings war es noch nicht dunkel. Unser Weg führte uns hügelaufwärts und es dauerte nicht lange, als wir auf die PAK trafen. Sie wurde von zwei Ochsen gezogen, doch sie hatten reichlich mit dem Geschütz zu tun als der Weg an Steigung zunahm. Nun mussten alle vorortbefindlichen Soldaten dazukommen und schieben. Es ging nur sehr mühselig vorwärts. Wir befanden uns noch auf dem sogenannten Präsentierteller, als hinter uns ein gegnerisches MG seine „Knatterorgie" begann. Alle sahen sich fast zeitgleich um, doch die grüne Leuchtspur zog weiter links von uns seine Bahnen. So ziemlich alle dachten wohl, das wir gut und gerne die Nächsten, in der Schussbahn der „grünen Bohnen" sein konnten. Die Panzerfahrer hatten wohl keine Sicht auf uns, da sie nochmal in die gleiche Richtung schossen. Kurze Zeit später waren wir wohl aus der Gefahrenzone heraus und die Artillerie schoss auch nicht mehr, vermutlich weil die eigenen Truppen vorgingen.

Die beiden vierbeinigen Ochsen brauchten auch nicht mehr die Hilfe von uns „zweibeinigen Ochsen".

Der Rückzug ging weiter in die Toskana, leider kann ich bis Levane keine weiteren Orte mehr benennen, doch die folgenden Ereignisse mit Sicherheit. Der Obergefreite Paul Werbig aus Leipzig war nach seiner Genesung (er hatte eine tiefe Splitternarbe über dem Schulterblatt behalten) wieder zu uns gestoßen, er wurde als MG – Schütze 1 eingeteilt. Sein MG – Schütze 2 war Franco de Benedeto aus Rom. Er war der erste Italiener, den ich in unserer Kompanie kennenlernte.

Es waren damals sechs ehemalige Fallschirmjäger in unserer Einheit. Einer von ihnen, ein Unteroffizier, war als Dolmetscher beim Tross eingeteilt. Ein Obergefreiter aus dem Ruhrgebiet war jetzt mein Gruppenführer. Er hatte die üblichen Auszeichnungen sowie das Verwundetenabzeichen und sein Auftreten erinnerte mich an einige andere Oberjäger. Unser Kompanieführer war wieder der Feldwebel, der in meinen Augen die Degradierung verdient hätte. In der Nacht waren wir unterwegs, als der Tag anbrach, wurden wir in unsere Stellungen eingewiesen. Wir bekamen den Hinweis, dass die 7. Kompanie sich noch in unserem Vorfeld befindet und ihren Rückzug durch Leuchtsignale anzeigen wird.

Die Versorgung fiel schon wieder seit ein paar Tagen aus. Doch die Stellungen lagen in einem Weizenfeld, man konnte sein Mehl mit den Zähnen mahlen und ungebacken essen. Der Gruppenführer hatte einen Bauern aus der Umgebung aufgetrieben und befahl ihm und mir den Stellungsbau. So etwas wurde wohl öfters gemacht, aber für mich war es das erste und letzte Mal. Wir konnten uns nur mit den Händen verständigen, was den Stellungsbau erschwerte. Vom nächstliegenden Hof besorgten wir uns eine Säge, um zwei Zypressen aus einer auf dem Feld stehenden Reihe zu nehmen. Mit den gekürzten Enden wurde der Fuchsbau abgedeckt, das Deckungsloch war dann schnell fertig. Danach haben wir erst mal eine wohlverdiente Pause gemacht, als überzeugter Nichtraucher gibt es für mich allerdings auch keine Raucherpause. Allerdings haben sich im Laufe der Zeit einige Zigaretten bei mir angesammelt und ich habe dem Mann, als er mit der Säge wieder nach Hause ging meinen gesamten Vorrat mitgegeben.

Der Obergefreite war immer noch nicht zurück und die 7. Kompanie war angeblich auf Vorposten. So nutzte ich die Zeit und ging zum linken und rechten Stellungsnachbarn. Links von meiner eigenen Stellung waren zwei Kameraden am MG 42. Sie hatten für ein optimales Schussfeld sogar noch Weizen gemäht. Meine rechten Stellungsnachbarn waren mit einem MG 34 ausgerüstet. Bei ihnen gab es ein kleines Gespräch, ich sagte ihnen, das ich in der Grundausbildung beim Fliegerregiment 71 nur am MG 15 (das MG 15 war mit dem MG 17 das erste Maschinengewehr der deutschen Luftwaffe nach 1933) ausgebildet wurde und später in den Klusbergen bei Halberstadt nur noch zusätzlich am MG 42.

Nach der kleinen fachlichen Unterhaltung ging ich zurück, der Gruppenführer war noch immer nicht zugegen und so ergab sich die Möglichkeit, auf der Schotterstraße ein wenig zu gehen. Hinter der Straße standen ein paar kleine Mirabellenbäume und ich erntete etwa ein halbes Dutzend Früchte. Mehr gaben die Bäume nicht mehr her, da die Haupterntezeit wohl schon gewesen war.

Von der rechten Seite kam ein Pastor, wir begrüßten uns freundlich mit den Worten Buongiorno („Guten Morgen"). Zusätzlich sagte er zu mir: „Buona Frutti", ich verstand so viel wie: „Gute Früchte". Der Pastor ging weiter in die Richtung unserer 7. Kompanie. Als ich zurück in meiner Stellung war, kam auch endlich der Gruppenführer zurück und er brachte Verpflegung mit. Es gab gekochtes Hühnerfleisch, verpflegen aus dem Land, nannte man das. Danach reinigten wir unsere Waffen, dies konnte gefahrlos passieren, weil ja im Vorfeld die 7. Kompanie in Stellung lag. Artilleriebeschuss gab es auch nicht und so machte ich die erste Wache mit meinem Gewehr. Der Obergefreite hatte ein Fallschirmschützengewehr mit einem Zwanzig – Schuss – Magazin. Zusammen mit den beiden MG links und rechts von uns waren wir waffenmäßig gut bestückt.

Am späten Nachmittag dann, in etwa zweihundert bis dreihundert Meter Entfernung auf der Straße, welche dort von links über einen Hügel kam, tauchten Soldaten in Zugstärke auf. Da ich in Sonnenrichtung schaute, konnte ich nicht eindeutig erkennen, ob es sich um Freund oder Feind handelte. Für mich war allerdings klar, dass es nur die 7. Kompanie sein konnte, welche nun ihre Stellungen im Vorfeld aufgab und sich zurückzog. Doch als ich kurze Zeit später wieder in ihre Richtung schaute, erschrak ich, nun erkannte ich eindeutig „Flachhelme". Die Entfernung betrug nur noch dreißig Meter. Ihre Waffen trugen sie, wie es bei einem Marsch üblich ist. Mit den Worten: „Der Tommy marschiert vor uns!", weckte ich den Gruppenführer. Er antwortete nur: „Ist denn die 7. Kompanie schon zurück?" Als ich mein Gewehr in Anschlag brachte, tat er es rechts von mir gleich und ich sagte: „Ich ziele auf einen Einzelnen!" „Gut, ich auf die zwei dahinter!", antwortete er. Unsere ersten beiden Schüsse knallten nahezu gleichzeitig. Die Gegner gingen in Deckung und erwiderten mit Maschinenwaffen das Feuer, sogleich zogen wir die Köpfe und Waffen ein.

Der Beschuss war heftig und andauernd. Es wäre unser sicherer Tod gewesen, hätten wir nochmal die Köpfe aus der Deckung gestreckt. Zwei Meter vor uns krachte eine Handgranate, ich wollte dies mit einer italienischen Aufschlagzünder – Handgranate beantworten, doch der Obergefreite zügelte mich, da eine Baumkrone über uns war. Dann schimpften wir über die MG – Schützen rechts von uns, sie hätten eingreifen können und müssen. Auch die MG 42 – Stellung hätte trotz schlechter Sicht ruhig eins, zwei Gurte in die Feindesrichtung schießen können, denn vor der sogenannten „Nazisäge" hatte der Gegner reichlich Respekt.

Eine Feuerpause ermutigte mich, einen kurzen Blick aus der Deckung zu wagen. Doch schnell zog ich meinen Kopf zurück, ich sah einen Flachhelm über einer Maschinenpistole und die Ellenbogen auf den Boden abgestützt. Dann „spritzte" auch schon wieder der Lehm über mir und der Gruppenführer sagte: „Pass gut auf!". In der nächsten Feuerpause hielt ich langsam meinen Helm mit dem Gewehrlauf in die Höhe. Es gab keine Reaktion und ich setzte den Helm wieder auf. Jetzt blickte ich wieder selbst aus der Deckung, doch aus dem Bereich an der Straße kam keine Reaktion. Im ansteigenden Gelände etwas rechts von uns und in einer ungefähren Entfernung von zweihundert Metern sah ich einen Soldaten in Richtung Hügel laufen.

Den Gruppenführer informierte ich kurz, dann legte ich an und schoss. Da zufällig eine Leuchtspurpatrone „unterwegs war", schätzte ich den ersten Schuss als Treffer im linken Unterarm ein. Der zweite Schuss stoppte den Mann ohne „Leuchten". Danach beobachteten wir das vor uns liegende Gelände. Die anrückenden „Tommys" hatten eine Stärke von etwa fünfundzwanzig Mann, zwei von ihnen hatten wir vermutlich beim Anschuss getroffen und wahrscheinlich auch den Soldaten, welcher wohl als Melder unterwegs war. Der Obergefreite allerdings hatte gerade andere Sorgen, es interessierte ihn mehr, was mit seinem kleinen Koffer geschehen war, welchen er mitbrachte, als er solange unterwegs war.

Der Koffer lag über dem Fuchsbau und war mit Weizengarben getarnt. Das MG hatte ganze Arbeit geleistet, der Koffer war völlig durchlöchert. Nachdem der Obergefreite den Koffer zu sich genommen und ihn geöffnet hatte, konnte ich sehen, dass es sich bei dem kostbaren Gut um Damenschuhe handelte. Die Schuhe hatten nun mehr Löcher, als die ganze Kompanie in ihren Socken hatte. Der Obergefreite hatte umsonst „gefleddert", der Ausdruck war üblich für diese Art von Diebstahl. Nun machte er sich auf, zum Kompaniegefechtstand um zu berichten. Doch er war schnell wieder zurück und hatte erstaunliche Neuigkeiten im Gepäck.

Die MG 34 Stellung war nicht besetzt, also auch keine Unterstützung. Die Soldaten waren abgezogen worden wegen irgendeiner Bestrafung, sie hatten sich beim Kompanieführer zu melden. Dort wurden sie dann schikaniert und durften „japanische Ehrenbezeugungen" (Liegestütz mit Händeklatschen) durchführen. Als wir uns der „Tommys" erwehrten, gab es dort gleichzeitig die „Tommy-Überraschung", es gab einen Toten auf britischer Seite. Einen Oberjäger bei uns traf es mit einem Lungenschuss. Mein Gruppenführer brachte mir ein Gepäckstück von der anderen „Feldpostnummer" mit. Als ich nachsah, entdeckte ich Zigaretten und meinte: „Zigaretten? Als Nichtraucher? Das ist wohl eher was für Dich!" Er antwortete: „Du sollst auch etwas haben." Er wollte nur eine Zigarette probieren und den Rest habe ich behalten. Später, während einer Ruhezeit, habe ich die runde Packung an meinen Vater geschickt.

Mein Vater war Obergefreiter bei den Landesschützen und bewachte Kriegsgefangene. Inzwischen traf bei uns der Rückzugsbefehl ein. Beim Zusammentreffen mit dem Kompanietrupp war der Feldwebel, unserer Kompanieführer, besoffen und heulte um den durch Lungenschuss getroffenen Oberjäger. Er nannte ihn „Ferdl". Wer in den Abruzzen innerhalb von vierundzwanzig Stunden fünf unschuldige Zivilisten, durch Genickschuss niederstreckte, konnte auf einmal Gefühle zeigen?! Was haben die Politik und dieser sinnlose Krieg nur aus den Menschen gemacht? Dieser Feldwebel war an diesem Tag das letzte Mal bei uns gewesen, die Gründe hierfür sind mir nicht bekannt geworden.

Am nächsten Tag war Feldwebel R. Blödorn bei uns, den ich damals in der Bergstellung, wo die Zivilisten durch unsere Stellungen wollten, schon einmal gesehen hatte. Nun, ich wunderte mich nicht schlecht, dass er meinen Namen kannte und nannte. Die Führung unserer Kompanie oblag nun ihm. Er war ein Magdeburger und kam aus der 14. Kompanie.

In toskanischer Landschaft waren wir dann noch ein paar Tage in einer nicht so aufregenden Stellung. Feldwebel Blödorn schickte mich als vorgeschobenen Spähposten allein zu einer Villa in einem Park. Die Straße dorthin war beidseitig mit sehr großen Zypressen bewachsen. Von der Straße musste ich nach links auf einen Nebenweg abbiegen, welcher direkt zu dem Park mit der Villa führte. Das Grundstück war mit einer hohen Mauer eingefasst und ein offenes Eisentor gewährte mir den Zugang. Am Tor befand sich ein Warnhinweis über Feindeinsicht. Die Villa war vom Tor aus gesehen links etwas höher gelegen und vom Artilleriebeschuss gezeichnet. Kaum, dass ich durch das Tor hindurch war, bekam ich auch schon den Artilleriebeschuss zu spüren. Dieser dauerte etwa zehn Minuten an. Von vorne aus gesehen, suchte ich hinter der Mauer Deckung.

Danach richtete ich mich vorsichtig auf, ich wollte und sollte ja noch zur Villa gehen. Auf dem Weg konnte ich einen Blindgänger entdecken. Neugierig begutachtete ich das Geschoss, es handelte sich um Kaliber 12,6cm. Denn ich konnte das Geschoss hoch wuchten und wie ein Kugelstoßer, mit dem rechten Arm eine nahe gelegene und mehrere Meter tiefe Böschung hinunter stoßen. Natürlich hatte ich Angst und so habe ich den Wurf hinter einen etwa siebzig Zentimeter starken Pinie gemacht, sie bot wohl ausreichend Deckung. Eine Aussage von einem meiner Lehrer in der Volksschule fiel mir in dieser Situation ein.

Herr Faust war im ersten Weltkrieg an der Westfront gewesen, er sagte damals zu uns, dass ein einzelner Schuss der Artillerie etwa zwanzigtausend Mark kostete. Die Kernaussage war hier, dass ein Krieg nicht nur immer sinnlos, sondern auch teuer ist. In der menschenleeren Villa angekommen, stellte ich fest, dass es sich hier wohl um einen ehemaligen Gefechtsstand handelte. Im Parterre ging ich durch offene Türen. Die Küche war jedoch mein Hauptziel, in der Hoffnung, etwas Essbares zu finden. Aber diese Hoffnung wurde enttäuscht und durch einzig und alleine benutztes Geschirr ersetzt. In den Schlafräumen war der Abschiedsgruß in die Ecke gekackt.

Zurück zum Parkeingang, beobachtete ich das Vorfeld sowie meinen Anmarschweg. Es dauerte auch gar nicht lange, als ich Feldwebel Blödorn sowie den größten Teil unserer Kompanie zwischen den Zypressen ankommen sah. Im Bereich der Feindeinsicht gab es diesmal keinen Artilleriebeschuss. Wir hatten den Gegner wohl schon in unserer unmittelbaren Umgebung, oder aber die Artillerie der anderen „Feldpostnummer" war beim Stellungswechsel. Wie sich später aber herausstellte, war ersteres zutreffend. Denn nur eine Stunde später, nachdem die Kompanie an mir vorbeigezogen war und ich mich in einem nahegelegenen Bunker im Park niedergelassen hatte, erreichte uns ein Funkspruch, welcher uns den sofortigen Rückzug befahl. Der Gegner war bereits seitlich von uns, schon kurz vor der Hauptkampflinie. Mit schussbereiten Waffen sind wir dann in offenes und ebenes Gelände marschiert.

Man hatte uns wohl als Nachhut eingesetzt, ohne uns darüber in Kenntnis zu setzen. Rechts von uns, auf einem Hügel knatterten MG 42 und man konnte auch einige Fallschirmjäger sehen. Wir hofften nur, dass die Kameraden uns da oben auch gut erkennen würden. Aber wir kamen alle unbeschadet im Ort Levane an.

Es bleibt für mich zu bemerken, dass es doch sehr auffällig war, wie bedenken- und gnadenlos wir, wohl die Jüngsten, hier eingesetzt wurden. Unterstützt wurde diese Erkenntnis gleich durch meine nächste Stellung, alleine auf einem Balkon. Die Artillerie hatte den Ort schon unter Beschuss, als wir einrückten. Auf Balkonhöhe war eine Baumkrone eines Mirabellenbaumes und ich konnte eine Frucht pflücken, ansonsten hatte ich nichts Essbares mehr.

Später kam der Obergefreite Fritz Baltes mit der Order: „Fertigmachen zum weiteren Rückzug!" zu mir. Ein weiteres Mal wurde am helllichten Tag die Stellung geräumt. Doch mein Kamerad hatte noch eine andere sensationelle Neuigkeit zu berichten. Die 6. Kp. 3. Rgt hatte ab sofort einen neuen Oberleutnant als Kompanieführer. Er ist am helllichten Tage, mit dem Stabsgefreiten vom Kompanietrupp, unter Feindeinsicht zu den Stellungen gegangen, um selbige zu inspizieren. Nun, gleich beim ersten Feuerüberfall, kostete dieser Versuch den Oberleutnant ein Bein und den Stabsgefreiten das Leben. Der Rückzug begann sofort, der Oberleutnant war auf eine ausgehängte Tür gelegt worden. Er hatte noch etwa acht Kilometer Strecke sowie den Übergang über den Arno von Westen nach Osten zu überstehen.

Zwei Hauptstraßen aus südlicher Richtung mündeten in eine Straße in Richtung Norden. Einige hundert Meter vor uns waren die Häuserreihen beiderseits entlang der Straße von Pionieren so gesprengt worden, dass der Schutt als Straßensperre diente. Wir gelangten unbeschadet zum Arno und ohne zu zögern ging es in das Wasser, um den Fluss zu überqueren. Das Wasser reichte uns etwa bis zum Bauchnabel. Auf der anderen Seite waren bereits Soldaten unseres Bataillons in Stellung gegangen. Nun war es nur noch ein Kilometer, bis wir zwei Tage lang Reserve waren und zum Abend hin sollte auch unsere Kleidung wieder trocken sein.

Bei anbrechender Dunkelheit kam dann auch die Feldküche mit Warm- und Kaltverpflegung. Es gab sogar Apfelreis, ich erinnere mich gut, weil es Apfelreis laut Bataillonsbefehl zweimal im Monat geben sollte. Folgendes trug sich zu, was selbst heute noch als Spitzelmethoden durchgehen würde. Kamerad Schwandt und ein Gefreiter mit Pistole an der Koppel und einiges an Auszeichnungen an der Uniform kamen zu mir. Wir hielten ihn beide für einen MG – Schützen Eins. Kamerad Schwandt hatte ein MG 34 sowie einen 50iger Gurt bei sich. Der Gefreite sagte zu uns, dass wir das MG 34 nicht beherrschen würden und dass wir jetzt üben sollten. Nachdem er uns das MG 34 erklärt und vorgeführt hatte, waren wir dran. Er fragte uns ab und korrigierte uns. Es folgte die praktische Überprüfung, Kamerad Schwandt musste als erstes sein Können unter Beweis stellen. Dies tat er problemlos sowie fehlerfrei und wurde anschließend weggeschickt. Dass er weggeschickt wurde, wunderte mich sehr, da die Bedienung eines LMG (Leichtes Maschinengewehr) immer Zweimann-Angelegenheit war.

Nun war ich an der Reihe und sollte meine Fähigkeiten am MG 34 unter Beweis stellen. Auch ich war routiniert und fehlerfrei in der Bedienung und ich schloss die Demonstration mit den Worten: „MG geladen und gesichert!" ab. Dann sah ich nach links zu dem Gefreiten und erschrak, er hielt die Pistole in der Hand.

„Was bist Du denn für einer? Stehst mit der Pistole in der Hand hinter mir, bei der MG – Ausbildung?", fuhr ich ihn an. „Ich hab da bloß was kontrolliert.", antwortete er mir. Der angebliche Gefreite war für einen Frontsoldaten einfach nicht dreckig genug und er war auch kein MG – Schütze von uns vorne. Erst nach einer zweiten Begegnung hatte ich auch die sichere Kenntnis über den Leutnant in Gefreiten – Uniform. Der Leutnant gehörte als ausgebildeter Jurist zum Kriegsgericht und hatte spezielle Aufgaben und Befugnisse.

Das Verschnaufen war nach zwei Tagen vorbei und wir sind noch einmal zurück zum Fluss Arno, allerdings ohne sein Wasser zusehen. Auch das Versorgungsfahrzeug kam vorbei und verpflegte uns. Kamerad Schwandt und ich waren in dieser vorletzten Stellung vor der großen Ruhepause zusammen. Einen Tag waren wir auf einer Aussichtsplattform positioniert, mit Blick über das Arnotal. Das Haus direkt hinter uns hatte wohl vor dem Krieg einen Gastbetrieb. Am Tag flogen die Jagdbomber nur Aufklärungsflüge und wir legten uns dicht an die äußere Stützmauer. Beim Wasserholen kam ich an dem Haus hinter uns vorbei und ich sah einen Artilleriefeldwebel sowie einen Funktrupp. Die hatten in dem Haus beim Kompanietrupp eine Feuerleitstelle eingerichtet. Als Beobachtungsposten sahen Kamerad Schwandt und ich von unserer Plattform die ersten gegnerischen Lastkraftwagen, wie sie Soldaten und Material brachten. Es dauerte nicht lange und unsere Feuerleitstelle reagierte mit 10,5cm Haubitzen – Granaten, welche unsanft auf der gegnerischen Seite einschlugen.

Am nächsten Tag waren wir die erste Tageshälfte noch auf der Plattform, später wurden Schwandt und Kagels etwa dreißig Meter weiter rechts vom Gebäude postiert. Als wir beim Kompanietrupp vorbeikamen, bedankte sich gerade Feldwebel Blödorn bei den Artilleristen für die gute Unterstützung. Unsere neue Stellung war so gut getarnt, das unsere Sicht deutlich eingeschränkt war. Zu dem Gruppenführer meinte ich: „Da ist ja sogar ein Unterschlupf.", welcher sich in Form eines gemauerten Rundbogens in einer hohen Böschung darstellte. „Da bleibt Ihr fünf Meter von weg!", war seine Antwort, ohne weiteren Kommentar oder Erläuterungen.

Als nächstes schauten wir uns erst mal in der Umgebung um. Wir entdeckten ein Gebäude zwischen Bäumen und Sträuchern. Das war schon auf der gleichen Seite und die Gegner waren wohl bereits während der Nacht über den Fluss gekommen. Man konnte Uniformierte und Zivilisten im Gespräch erkennen, vermutlich wurden Informationen ausgetauscht. Die Menschengruppe verschwand recht schnell, als von uns ein SMG über ihre Köpfe schoss. Zu dieser Situation möchte ich mit besonderer Freude etwas vorab berichten, welches ich erst Tage später beim nächtlichen Rückzug hörte. Ein Soldat, welcher sich in unserer Nähe während des SMG – Beschusses aufhielt und ebenfalls das Gleiche gesehen hatte, sagte zum SMG – Schützen und Truppführer, dass er ja nicht mal auf zweihundert Meter treffen würde. Der SMG – Truppführer war ein Oberjäger und er antwortete, dass er nur über die Köpfe hinweg geschossen hätte, weil er nicht auf Zivilisten schießen würde. Dies ehrte ihn sehr und ein betretendes, nachdenkliches Schweigen schlug sich bei allen nieder.

Zurück zu den Ereignissen vor dem genannten nächtlichen Rückzug. Die 6. Kompanie, 3. Regiment, hatte schon wieder einen neuen Oberleutnant als Kompanieführer, allerdings ohne einen Tag Fronterfahrung. Diese Neulinge hatten wohl ein Problem in der Umgebung mit vielfach ausgezeichneten Feldwebel-, Oberjäger- und selbst Gefreitendienstgraden. Unter anderem befürchteten sie wohl mangelnden Respekt. Beispielsweise hatte ein achtzehnjähriger Schütze Eins bei uns schon in Ortona danach in Monte Cassino gekämpft und dafür beide Eisernen Kreuze erhalten. Das Leben dieses jungen Helden aus Nürnberg endete tragisch zwei Monate später westlich von Rimini. Zu dieser traurigen Geschichte kommen wir aber noch und ich gebe zu, dort das erste Mal an der Front geweint zu haben. Während dieser Niederschrift und der sich formenden Gedanken und Erinnerungen ist es heute nicht anders als damals.

Der Oberleutnant hatte sehr viel mit seinem Fernglas die Umgebung beobachtet und kam dann zum Entschluss, eine gewaltsame Aufklärung durchzuführen. Zwei Oberjäger hatten sich bereits freiwillig gemeldet. Unser Gruppenführer kam zum Kameraden Schwandt und mir, er erklärte uns das Vorhaben des Oberleutnants. Es wurde noch ein Soldat gebraucht und es schien mir, als hätte unser Gruppenführer mich im Blick. Nun, ich war bereit und es stand bereits fest, dass der dritte Mann die Panzerfaust mitzuführen hatte, dies war ich. Wir warteten, da es erst Nacht werden musste und ich bekam weitere Details. Noch waren keine feindlichen Panzer diesseits des Flusses Arno, aber in einem zweigeschossigen Haus hatte angeblich die Infanterie der anderen „Feldpostnummer" Stellung bezogen. Die feindlichen Soldaten sollten überrascht und wenn möglich, Gefangene gemacht werden. Bei Nachtbeginn führte uns der Oberleutnant anhand des Sternenhimmels sowie eines Kompass. Das Haus, welches er am Tage erspäht hatte, war schwieriger wieder zu finden als erwartet.

Als wir endlich das Haus erreichten, war von den „Tommys" nichts zu sehen. Wir befanden uns in einem Überschwemmungswallgraben, der in einem Abstand von etwa zehn Metern um das Haus lief. Der Oberleutnant half mir beim Scharfmachen der Panzerfaust, gleichzeitig teilte er mir das Ziel mit, welches zwischen den beiden Etagen sein sollte. Dann sagte er nur noch, dass er es auch machen könnte, doch ich antwortete prompt, dass ich das machen würde und stellte mich auf eine vordere Böschung. Das Rohr unter der rechten Achsel, kurz gezielt und dann abgedrückt. Vor mir tat sich ein violett bis rötlicher Feuerball auf, selbigen sah ich bei dem Einschlag gleich nochmal. Das Rohr ließ ich fallen und mein Gewehr nahm ich in die Hände, ich schoss einmal in Richtung der rechten Hausecke. Das war mein Anteil an diesem Beschuss, welcher im Wesentlichen durch die MP – Schützen durchgeführt wurde.

Weder zeigten sich schockierte Gegner noch ergaben sich welche. Es waren wohl keine mehr im Haus. Wir traten den Rückweg an und kamen an einem Hundezwinger vorbei. Die Hunde kläfften ununterbrochen, einer von uns mit einer MP verlor die Nerven und schoss auf die armen Tiere. Etwa dreißig Meter hinter uns hörte ich ein Poltern und ich vermutete eine Gefahr, also warf ich eine Eierhandgranate. Hunde oder andere Geräusche vernahmen wir nicht mehr, dafür setzte jetzt schwerer Artilleriebeschuss in dem gesamten Stellungsbereich ein. Erst als wir wieder beim Kompaniegefechtsstand waren, fiel uns auf, dass wir nur noch zu viert waren. Es fehlte ein Obergefreiter Smileck, mein Gruppenführer. Der Oberleutnant schrieb seinen Bericht sicherlich so, dass sein erstes auszeichnungswürdiges Verhalten festgestellt würde und vielleicht schnitt ich in dem Bericht auch nicht schlecht ab.

Am Tag darauf waren wir neugierig, wie die Panzerfaust wohl am Haus gewirkt hat und sind auf das Plateau gegangen. Wir fanden einen runden Fleck, der von uns aus gesehen etwa vierzig bis fünfzig Zentimeter maß. Ob die Wand auch durchlöchert war, konnten wir nicht sehen. Von einem derartigen Waffeneinsatz bersten die Häuser nur in den schlechten Kriegsfilmen der Sieger auseinander.

In dieser Stellung hielten wir uns noch für zwei Tage auf. In der nächsten Stellung verbrachten wir dieselbe Zeit, aber mit weniger Stress. Dann kam die Zeit, nach der alle regelrecht geschmachtet hatten. Als wir dann aus der Reichweite der Artillerie waren, haben uns Lastkraftwagen am helllichten Tag den Berg hinauf gefahren. Zu Beginn der sogenannten Ruhezeit wurden vier Soldaten vom niedrigsten Dienstgrad zum Gefreiten befördert. Rückwirkend zum 1. Juli 1944, gehörte ich damals auch dazu. Der 1. Juli war der Beginn meines zwölften Dienstmonats.

6

Die Straßen, auf der die Lastkraftwagen mit uns aufwärts fuhren, waren kurvenreich und mit Laubbäumen gesäumt. Dadurch war es auch am Tage möglich, unseren Truppentransport durchzuführen und doch waren wir erstaunt, dass wir keine Artillerie mehr hörten, als wir in einem Ort hielten und von den Lastkraftwagen abstiegen. Dieser Umstand war ungewohnt, aber angenehm. Unsere Unterkunft vor Ort bestand aus Heu oder Stroh in umliegenden Schuppen oder Ställen. Auch gab es Unterwäsche zum Wechseln und die Uniform konnte mal wieder vom Dreck befreit werden. Zum Waschen der Uniformen hatten wir Mannschaftsdienstgrade uns von selbigen zu befreien und abzugeben. Bis zum Trocknen der Uniformen hielten wir uns somit in den Schuppen oder Ställen auf. Vorab wurden wir mit Marketenderware (= italienisch: mercatante oder mercadante, Nebenform zu mercante „Händler", jemand, der militärische Truppen begleitet, verpflegt und medizinisch versorgt. Der Begriff kommt aus dem mittelalterlichen Militärwesen. Hier der Tross bzw. Kompaniefeldwebel) verpflegt. Dort trank ich auch etwas Wein, einige schrieben Feldpostbriefe, andere lernten sich untereinander besser kennen.

An dieser Stelle möchte ich von einem erstaunlichen Fall berichten. Am Unterarm eines Gefreiten konnte man recht auffällig zwei Ein- bzw. Ausschüsse sehen. Neugierig fragte ich ihn, wie das wohl passiert sei. Er zeigte mir auch noch seinen Springerhelm, welche auch zwei Dellen bzw. Beulen aufwies und hervorgerufen von einer Maschinenpistole mit Holzklotz unter dem Lauf. Dazu erzählte er seine Geschichte. Wie so oft üblich, war er alleine im Deckungsloch an einem Weg. Ein Panzer fuhr bis zu seinem Deckungsloch vor.

In dieser prekären Situation hatte er nur sein Gewehr. In der Erwartung von dem Panzer überrollt zu werden, kniete er sich noch tiefer und verschränkte die Arme vor sein Gesicht. Der Panzer war stehen- geblieben und aus der Turmluke wurde mit der langsamen 13mm Waffe auf seinen Kopf geschossen. Danach wurde er ein Kriegsgefangener und wurde von den Gegnern versorgt. Ein tröstendes Schulterklopfen mit den Worten: „Good Sports Man!", habe er bekommen. Doch im nächsten Moment setzte der Gefechtslärm des deutschen Gegenstoßes ein, die „Tommys" konnten zurückgeschlagen werden und seine Verwundung konnte er im deutschen Lazarett auskurieren.

Am späten Abend bekamen wir die gewaschenen und getrockneten Uniformen zurück. Ein Kompanieantreten folgte am nächsten Tag, beide Züge zusammengenommen, waren wir nicht mal mehr vierzig Soldaten. Das obligatorische Durchzählen hat niemand mehr veranlasst. Der Spieß verlas beim Tross Beförderungen von vier Jägern zu Gefreiten. Weitere Unteroffiziere waren nicht anwesend, die Herren sahen wir erst nachmittags wieder. Feldwebel, welche ich kannte wurden zu Oberfeldwebeln befördert. Wir erhielten den Sold, abzüglich der erhaltenen Marketenderwaren vom Vortag.

Am Nachmittag ging es zum östlichen Ortsrand. Zwischen großen Bäumen befand sich eine Fläche, welche wohl zum Kegeln oder ähnlichem Zeitvertreib genutzt wurde. Vier MG 42 wurden am Rande aufgestellt und jeder Soldat erhielt zehn Patronen für die folgende Schießübung. Dass dies eine übliche Prozedur war, wusste ich schon aus meinem letzten Lehrjahr 1942 bis 1943. Ein ehemaliger Mitschüler berichtete davon, als er zu Hause auf Urlaub von der Ostfront war. Er meinte damals zu uns: „Geht nicht freiwillig, bleibt solange, bis ihr müsst!" Weitere nützliche Hinweise und Erkenntnisse von ihm waren: „An der Front und im Kino sind die besten Plätze hinten!

Wenn die Artillerie fünf Minuten schießt, kommt einem das wie eine halbe Stunde vor. Wenn man dann mal aus dem ganzen Schlamassel heraus ist, geht es zu wie in den Kasernen. Dann findet sogar Schulgefechtsschiessen statt." Nun waren auch wir bei diesem „Zeitvertreib". Dazu wurden allerdings keine „Pappkameraden" aufgestellt, sondern auf gut erkennbare einzelne Felsen an einem Berg geschossen. Die Entfernung betrug etwa zweihundert Meter. Menschen und Haustiere waren nicht gefährdet. Bei jedem Schützen stand ein Vorgesetzter mit Fernglas und wertete das Ergebnis sofort aus. Dieser Diensttag endete mit Waffenreinigen und dann hatten wir Freizeit. Einigen Kameraden von mir wurden von Dorfbewohnern Vorwürfe gemacht, sie hätten einem von ihnen zu viel Wein gegeben.

Der nächste Tag begann mit einem Marsch zum südlichen Ortsrand. Von der Straße aus gesehen, auf der wir angekommen waren, wichen wir einige hundert Meter ab zu einem Grundstück. Man führte uns durch zwei geöffnete leere Garagen hinter das Anwesen. Dort befand sich ein Schwimmbecken mit einem drei Meter hohen Sprungturm. „Alles ausziehen!", kam der Befehl vom Oberfeldwebel Struth. Nicht alle konnten schwimmen, aber es gab auch einen Nichtschwimmerbreich. Meine Schwimmfähigkeiten lagen etwa eine Stufe über dem „Hundepaddeln" und so stellte ich mich auch wohl an.

Wer noch nicht freiwillig vom Turm gesprungen war, hatte jetzt auf Befehl mutig zu sein. Selbst von den wenigen Nichtschwimmern wurde der Sprung verlangt. Die Nichtschwimmer taten dies äußerst widerwillig, doch mit etwas körperlichem und geistigem Geschick sprangen sie in Richtung des Nichtschwimmerbreichs. Der Rest der Strecke wurde eher schlecht als recht mit „Hundepaddeln" absolviert. Das erfrischende Badevergnügen endete und wir mussten das Schwimmbecken einer Villa für die nächste Kompanie räumen.

Den Namen dieses Bergdorfes kann ich leider nicht mehr benennen, wohl aber die Gegend eingrenzen. Es lag wohl in den mittleren Apenninen, östlich von Florenz und nördlich von Arezzo. Noch vor Sonnenuntergang waren wir, wieder auf zwei Lastkraftwagen verteilt, unterwegs. Bis zum Sonnenaufgang ging es dann ostwärts. Mit Tagesanbruch mussten die Lastkraftwagen vor den Blicken feindlicher Flieger versteckt werden. Der Tag war für uns Rast bis zum Sonnenuntergang, dann ging es wie gehabt mit den Lastkraftwagen weiter. Es hätte ruhig mal regnen können, der nächtliche Straßenstaub war doch sehr unangenehm. Nun, Regen gab es dann Monate später reichlich.

Diesmal endete die Fahrt noch vor Sonnenaufgang und als einer der ersten bin ich vom LKW abgestiegen. Einiges an Material, wie Munitionskästen, wurde noch entladen, davon stellte ich einen Teil nach hinten und zur Seite. Plötzlich fiel links von mir mit lautem Poltern ein Gewehr auf die Straße. Allgemein bekannt ist, das man seine Waffe nicht aus der Hand gibt und wenn doch, dann nur mit Zustandsmeldung. Vorab habe ich es ja auch geschafft, vom LKW zu steigen, ohne mein Gewehr übergeben zu müssen. Mein Kamerad war wohl anderer Ansicht und meinte, dass ich das Gewehr doch hätte fangen sollen. Oberfeldwebel Neuhoff war inzwischen Zuhörer geworden und sogleich zeigte er auf mich und sagte: „Sie machen hier die erste Wache!" Eigentlich hätte ich ja: „Zu Befehl." sagen müssen aber meine Enttäuschung hatte das verhindert. Bis zum Sonnenaufgang habe ich dann da gestanden.

Normalerweise hätte auch eine Ablösung kommen müssen, aber es kam nur der Oberfeldwebel vorbei und meinte kurz und knapp, bevor er dann den Weg weiterging: „Sie stehen ja immer noch hier." Nun rechnete ich fest mit einer Ablösung, doch auch diesmal wartete ich vergebens. Die Schönheit der Adria sowie der Stadt südlich vom Hügel, auf dem ich stand und meine Wache hielt, sah ich dafür als erster. Später habe ich dann doch noch meinen Posten verlassen und ging in die gleiche Richtung wie der Oberfeldwebel Neuhoff. Nach Norden war das Gelände ansteigend und vor einigen Gartenzäunen befanden sich Erdbunker, welche erst einmal unser Zuhause waren. Auch war in dieser Gegend noch nichts vom gewöhnlichen Frontlärm zu hören.

Die Stadt im Tal war Pesaro (Geburtsstadt von Gioachino Antonio Rossini: * 29. Februar 1792 in Pesaro; † 13. November 1868 in Paris, war ein italienischer Komponist. Er gilt als einer der bedeutendsten Opernkomponisten des Belcantos; seine Opern „Der Barbier von Sevilla" und „La Cenerentola" (Aschenputtel) gehören weltweit zum Standardrepertoire der Opernhäuser.)

Der kleine Ort auf dem Hügel hieß Trebbiantico (Provinz Pesaro und Urbino). Nach der nächtlichen Staubfahrt war erst einmal Putz- und Flickstunde angesagt.

Der nächste Tag begann mit einer Pistolen–Nahkampfübung. Hierzu wurden alle Pistolen ohne Munition der MG-Schützen Eins sowie der Unteroffiziere verwendet. Die Nahkampfübung fand in einem Obstgarten statt und war weitestgehend geräuschlos. Zur Übung selber, es wurde uns nur die Richtung angesagt, aus der der Gegner erscheinen sollte. Die einzelnen Reaktionen wurden durch die Vorgesetzten vor Ort studiert und kritisiert sowie verbessert. Nur eine Stunde später waren wir dann aber schon beim Obstessen. Den Rest des Tages hatten wir dann dienstfrei und wir durften uns die nähere Umgebung anschauen. Allerdings sind wir nie nach Pesaro hinein gekommen.

Einige Tage später durften wir zum Strand und in der Adria mit zwölfprozentigem Meersalzgehalt baden. Nachdem jeder nach Belieben im Wasser geplanscht hatte, hieß es für den ersten und zweiten Zug in Reihe aufstellen zum Reiterkampf gegeneinander. Die Vorgesetzten entschieden schnell, wer Pferd und wer Reiter sein sollte. Also sortierte und gruppierte in unserem Zug der Oberfeldwebel Blödorn. Mit meinem Musterungsmaß von 1,71m war ich schnell als Reiter eingeteilt und mein „Pferd" sollte der Obergefreite Baltes werden. Er hatte wenigstens eine Körpergröße von 1,80m und war auch zwischen acht und zehn Jahre älter als ich mit meinen neunzehn Lenzen.

Der sportliche Wettkampf endete so, dass Kagels noch auf dem Kameraden Baltes saß. Danach konnte jeder nochmal für sich und nach seinen Fähigkeiten im Meer kraulen, rückenschwimmen oder auch hundepaddeln. Inzwischen flogen vier Spitfire von Süden nach Norden über unsere Köpfe hinweg. Die Via Adriatica war wohl die vorgegebene Route für die „Tommys", welche uns aber nicht gefährdeten mit ihrem Tiefflug. Das war der erste und letzte Badeausflug im Kompanierahmen. Allerdings wurde ich von meinen Vorgesetzten zur Teilnahme an einem Gasspürer – Lehrgang befohlen, was die Teilnehmer dieses Lehrgangs in die Lage versetzte, täglich eine Woche lang noch Schwimmen zu gehen.

Der Oberfeldwebel, welcher diesen Lehrgang durchführte, meinte damals zu uns, dass so viel Zeit sein müsste. Leider verzichtete er nicht, trotz seiner Großzügigkeit, dass wir fast wie Urlauber leben konnten, auf die Gasmaskenendprobe, Scheiß – Tränengas! Weitere Schulungsinhalte unserer Kompanie während diesen Aufenthaltes waren Gewehrschiessen mit dem Mehrladekarabiner K98k sowie das Schießen mit dem „Schießbecher" (= Gewehrgranatgerät), für Gewehrgranaten ebenfalls auf dem K98k.

Das Gewehrschiessen wurde auf Pappkameraden in einer Entfernung von etwa vierhundert Metern durchgeführt. Verteilt und montiert wurden diese im Wasser auf Booten sowie halb im Wasser und halb am Strand liegend. Oberfeldwebel Neuhoff rief die Schützen auf, wertete das Ergebnis per Fernglas, welches dann noch von ihm notiert wurde. Als fünfter Schütze kam ich an die Reihe. Nach dem ersten Schuss fragte mich der Oberfeldwebel: „Wo schießen Sie denn hin? Auf das hintere Boot hat bis jetzt noch niemand geschossen.

Gut, schießen Sie nochmal drauf!" Der nächste Schuss überzeugte ihn und er sagte: „Sie können aufhören!" Am nächsten Tag folgte das Schießen mit den Gewehrgranaten. Die Anwendung der Gewehrgranaten erfolgte durch ein Häuserkampfszenario oberhalb von Pesaro in einigen leerstehenden und beschädigten Häusern. Danach gab es vorerst keine Schießübungen mehr.

Später wurden wir zum Stellungsausbauen eingesetzt, dazu befanden wir uns auf dem höchsten Berg nördlich von Pesaro. An einer großen Villa vor Ort stand „Ospedale", es handelte sich um ein Krankenhaus. Von dort kam ein Leutnant der Artillerie zu uns, er hatte wohl Langeweile und fing eine Unterhaltung an. Dabei fragten wir ihn, ob es sich bei dem Gebäude um ein Lazarett handelte, aus dem er zu uns kam. Er antwortete, dass er kein Patient sei und dass, das Krankenhaus nur für Zivilisten wäre. Eigentlich hatte er dort auch nur ein Quartier und passte auf sein optisches Gerät auf. Ein Funker mit Gerät war wohl auch schon vor Ort. Die Artillerie war nun wieder zu hören, aber das müsste etwa bei Fano gewesen sein, noch etwa fünfzehn Kilometer von unserem Standort entfernt (südlich von Pesaro).

Weiter erfuhren wir, dass es sich um ein Eisenbahngeschütz handelte, welches bereits in Stellung war und seine vorgeschobenen Beobachter auf den kommenden Gegner warten ließ. Wenn man bedenkt, was alleine die Entwicklung und die Herstellung eines solchen Geschützes sowie die dafür produzierte Munition kostet. Dazu kommen dann auch noch die bedienenden Kanoniere. Dann kann man auch gut verstehen, dass solch ein Schuss den Preis von zwanzigtausend Mark haben konnte, da hatte mein Klassenlehrer Herr Faust wohl recht gehabt.

Diese Art von Geschützen war in Italien nur nachts in Aktion gewesen, tagsüber waren sie gut getarnt. Nach meinen bitteren Erfahrungen und von all denen, die Kriege miterlebt haben, ganz gleich auf welcher Seite und in welchem Land, würden „wir" sicherlich immer nach dem Spruch: „Lieber tausend Tage verhandeln als einen Tag schießen zu müssen!" verfahren. Dieser Spruch sollte allgegenwärtig in der Politik eines jeden Landes dieser Erde sein. Der Arbeitseinsatz neigte sich dem Ende zu. Zurück im Feldquartier gab es für uns Tropenhemd und -hose und die grüne Springeruniform wurde komplett eingesammelt.

Der folgende Tag war für uns dienstfrei und wir sahen uns ein wenig die Umgebung an. Bei einem Haus befand sich ein Baum mit großer Ähnlichkeit zum heimischen Pflaumenbaum, allerdings waren die Früchte flach und walnussartig umhüllt. Eine Kostprobe brachte uns die Erkenntnis, dass es sich um einen Mandelbaum handelte. Doch hatten die frischen, selbstgepflückten Mandeln nicht den gleichen Geschmack, wie man ihn von zu Hause kannte. Ähnlich war es auch bei einer Feigenkostprobe und ich muss zugeben, dass mir die Trockenfrüchte besser schmeckten als die frischen Feigen. In einem großen Schuppen befand sich ein Opel – LKW, der Fahrer hatte den ganzen Tag das Radio spielen lassen als „Fronttheaterersatz".

Der Nachmittag begann mit einem großen Antreten aller vier Kompanien des 2. Bataillons, 3. Regiment. Dabei flankierte die 5. und 6. Kompanie in Tropenuniform die 7. und 8. Kompanie, welche ebenfalls Tropenuniformen an hatten aber zusätzlich mit Springerhelm.

Nach Erscheinen des Regimentskommandeurs Oberst Heilmann und einer kurzen Ansprache verlieh er das deutsche Ritterkreuz an Major S. Jamrowski sowie an Oberfeldwebel K. Neuhoff aufgrund besonderer Verdienste während der zweiten Schlacht um Monte Cassino.

Zur Zeit der zweiten Schlacht begann für mich die Ausbildung zum Fallschirmjäger und zum Ende der vierten Schlacht befand ich mich erst vor Ort für meine eigene Feuertaufe. Dass bei diesem Antreten auch Fotos gemacht wurden, hatte ich nicht mehr so deutlich in Erinnerung. Im zweiten Teil der Chronik Fallschirmjägerregiment 3 ist eine Aufnahme dabei, auf der ich mich wiedererkannt habe. Daher kann ich das Datum auch genau bestimmen. Zum Abschluss dieses Antretens spielte eine kleine Militärkapelle etwa eine Stunde lang. Hierzu kamen auch einige junge Zivilisten.

Erneuter Stellungsbau erwartete uns am nächsten Tag. Bei schönem Wetter haben wir frisch aufgeworfenen Boden mit Rasenstücken belegt. Nördlich von uns hörten wir auf einmal Fliegerlärm, unterbrochen durch eine 3,7cm Flak. Alle wendeten sofort ihre Köpfe in die Richtung und sahen eine trudelnde Maschine abstürzen, sie hatte nur noch eine Tragfläche. Die andere Tragfläche folgte diesem Trauerspiel und der Pilot hatte leider keinen Absprung mehr geschafft.

Das Bataillon wurde nach Candelara, südwestlich von Pesaro verlegt (etwa 10km). Am südlichen Ortsrand waren bereits Schützenstellungen fertig angelegt. Von dort kam man zu einem Keller eines nahegelegenen Hauses. Zusammen mit dem Kameraden Baltes wurde ich beim derzeitigen Zugführer, Oberfeldwebel R. Blödorn, als Melder und für andere „Fußvolkaufgaben" eingesetzt. Fritz Baltes war vor dem Krieg beruflich im Handel zu Hause und unter anderem auf dem Balkan unterwegs. Auch die italienischen Lande durchkreuzte er und konnte dadurch auch beneidenswert die italienische Sprache. Seine Qualitäten als Koch hatte er auch schon unter Beweis gestellt. So ergab es sich, dass wir beide für eine besondere Mahlzeit sorgen sollten. Als Helfer des Meisters der Tomatensalate sollte ich aus einem Garten, welcher vor uns gelegen war, Weintrauben ernten. Als ich vom Keller ins Freie kam, kreisten vier Jagdbomber um Candelara, ihre erste Runde galt nur der Aufklärung und somit dem Auffinden geeigneter Ziele.

Mit Beginn der zweiten Runde hatte ich bereits die Arme voll mit köstlichen blauen Weintrauben. Das Motorengeräusch wurde südwestlich von mir lauter und als ich nach oben sah, sah ich wie sich eine Maschine im Sturzflug befand. Fast im gleichen Augenblick setzten die Bord – MG mit ihrer „Sinfonie" ein. Die vermeintlichen Treffer fanden ihr Ziel etwa dreißig bis vierzig Meter vor mir im Boden und stellten somit keine Gefahr für mich und die Weintrauben dar. Das MG – Feuer endete erst mit dem Ausklinken einer Bombe, welche etwa an der gleichen Stelle aufschlug. Splitter und Geröll fanden ihren Weg zu Boden, meine Trauben und ich blieben unversehrt. Den nächsten Beschuss konnte ich nicht so gut einsehen, der Überblick fehlte mir und als die erste Bombe weiter oben im Ort laut krachte, legte ich schleunigst meine Trauben nieder und suchte Zuflucht im Keller. Es war zu erwarten, dass die beiden anderen Maschinen das „Konzert" gleich begleiten würden.

Als der ganze Spuk vorbei war, habe ich die Trauben geholt, sie gewaschen und zu Fritz gebracht. Dann erzählte ich Fritz, wie ich den Jagdbomberangriff beobachtet und überlebt hatte. Neugierig wie wir waren, wollten wir sehen, was die erste Bombe wohl an Schaden angerichtet hatte und so gingen wir in Richtung der Aufschlagsstelle. Dieser Weg sollte wohl durch den Bombenabwurf versperrt werden. Der Treffer ging genau in die Mitte beider Böschungen. Auf dem felsigen Untergrund hatte der Bombentrichter nicht einmal das Format eines Artillerietreffers im normalen Boden. Fahrzeuge konnten hier noch ohne Probleme über den flachen Trichter ihren Weg finden. In den nächsten Tagen war es dann wieder ruhiger für uns und wir bekamen hohen Besuch vom Divisionsstab.

Generalleutnant R. Heidrich mit seinen Stabsoffizieren machte sich auf, die Vorpostenstellungen zu inspizieren. Unsere Stellungen wurden hier für die spätere Festungslinie, welche acht bis zehn Kilometer von Candelara verlief, angelegt. Der Kamerad Baltes und ich hatten das Glück, stehend im Schützengraben, vor dem General ein paar Tipps zu bekommen. Hierbei ging es im Wesentlichen um seine Erfahrungen aus dem ersten Weltkrieg.

Der folgende Tag brachte für mich einen fragwürdigen Auftrag des Zugführers. Mit geschultertem Gewehr und Stahlhelm auf dem Kopf sollte ich unseren Italiener Franco de Benedetto zum Bataillonsstab begleiten, eine Erklärung zu diesem Auftrag erhielt ich nicht. Franco hatte weder Waffe noch Stahlhelm bei sich, sollte er vielleicht ein Gefangener werden? Den Weg hoch in das Dorf war ich bis zu diesem Zeitpunkt noch nicht gegangen. Gleich zu Beginn unseres Weges konnte man das zweite Ziel des Jagdbomberangriffs sehen. Ein totes Pferd samt Fuhrwerk lag dort und ganz ohne menschliches Leid war das wohl auch nicht. Am Pferd war brauchbares Fleisch herausgeschnitten worden, dafür konnte man Verständnis haben.

Am Ende dieser Straße lag unser Ziel. Dort angekommen, wurden wir bereits erwartet. Ein Oberjäger befahl mir im Korridor hinter der Tür zu warten, dann ging er mit Franco in ein Büro. Hinter der Tür konnte man ein Gespräch vernehmen, es hörte sich wie ein Frage- und Antwortspiel an. Nach etwa einer viertel Stunde kam er zurück und wusste zu berichten, dass er das eiserne Kreuz erhalten hatte. Die Freude war zweigeteilt bei mir, zum einen freute ich mich für ihn über die Auszeichnung und gratulierte auch zugleich, zum anderen freute ich mich, dass mein erster Verdacht falsch war.

Kurz bevor es dunkel wurde, hatte man mich nochmal zu diesem Gefechtsstand geschickt. Von dort ging es für mich in einem Seitenwagengespann noch in eine andere Gegend weiter. Eigentlich sollte es auch wieder zurück nach Candelara gehen, aber der Kradfahrer meinte nur, dass er am Ziel sei und nicht wieder zurückfahren würde. Glücklicherweise befand sich ein LKW – Fahrer in der Nähe, welcher die Strecke noch zurückfuhr und mir die Rückfahrt mit ihm anbot. Mein Verdacht war, dass der Kradfahrer wohl getrickst hatte, um in der Nacht nicht allein fahren zu müssen. Denn die Deutschen wurden von den meisten Italienern nicht als Freunde gesehen, man musste halt miteinander klar kommen. Die Rückfahrt verlief nur sehr langsam, da zu keiner Zeit Licht eingeschaltet werden durfte.

Meine nächste LKW – Fahrt war die Fahrt an die Front, mittlerweile waren die typischen Frontgeräusche wieder ständig zu hören. Für unsere Einheit in der Ruhestellung war es angedacht, den Gegner in den Vorpostenstellungen auf uns treffen zu lassen. Die Infanterie, welche uns in der ersten Stellung begegnete, kam mit einem Unteroffizier, einem Sanitäter, einem Schwerverwundeten sowie noch zwei gesunden Soldaten über den kleinen Fluss Arzilla zwischen Fano und Pesaro. Bis zur nächsten befestigten Straße waren es wohl noch vier Kilometer für die Soldaten.

Soviel zu meiner Frontsoldatenruhezeit im Jahre 1944. Danach waren noch etwa siebeneinhalb Monate Krieg zu ertragen. Diese Zeit sollte alle Beteiligten unvergesslich belehren. Dieser Bericht erfolgt auch, um die Härte und Strapazen, denen sich vor allem die „einfachen" Landser ausgesetzt sahen, aufzuzeigen und nützlich bewerten zu können.

7

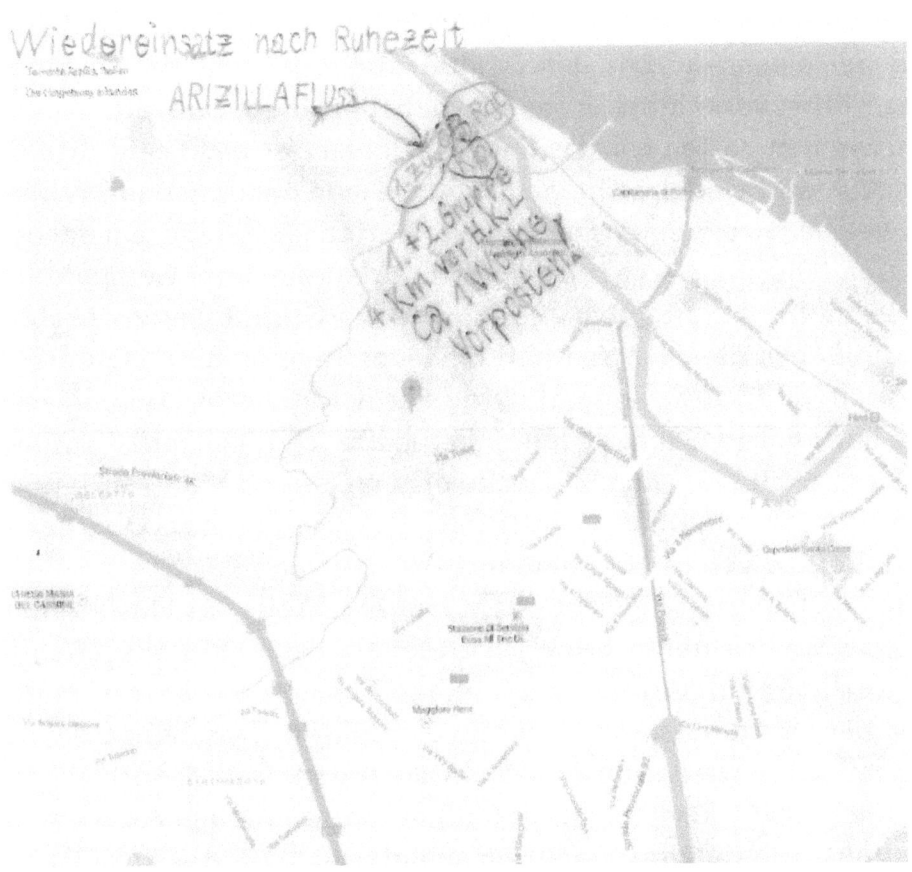

Bild 7: Skizze zum Wiedereinsatz nach der Ruhezeit

Die Lastkraftwagen fuhren wieder zurück, nachdem sie uns bei Dunkelheit im Einsatzgebiet abgesetzt hatten. Nach Tagesanbruch bemerkten wir schnell, dass wir wieder in der Reichweite der gegnerischen Artillerie waren. Das Kaliber der Geschosse habe ich auf etwa 12,6cm geschätzt. Von der eigentlichen Front waren wir noch viereinhalb bis fünf Kilometer entfernt, da konnten nur die schweren Haubitzen Wirkung zeigen.

Auf unserer Seite gab es keine Artillerieantwort auf das Stahlgewitter. Noch am gleichen Tag verlegte unser 1. Zug von der 6. Kompanie, 3. Regiment, vier Kilometer in Richtung Front an das nördliche Ufer des kleinen Flusses Arzilla, welcher die Ebene beendete. Unterwegs kamen wir an einer Grabenüberführung vorbei. Ein zurückfahrendes Sturmgeschütz kam mit der rechten Kette von der Überführung, nun ging es weder vor noch zurück, wahrscheinlich eine Fahrt bei Nacht. Die Gefahr eines Fliegerangriffs war deutlich wahrscheinlicher als schnelle Hilfe für das Geschütz. Unser Zug mit einer Stärke von nicht mal dreißig Soldaten hatte noch etwa die Hälfte des Weges vor sich. Der Zugführer war Oberfeldwebel Blödorn, Oberfeldwebel Struth sein Stellvertreter. Ein Funker aus Hamburg war ebenfalls dabei. Er sagte zu mir, dem Pommern: „Ernst ist mal wieder als Melder eingesetzt."

Bei dieser Gelegenheit haben wir uns über die Heimat unterhalten, seine Heimatstadt lag schon zum größten Teil in Trümmern. An dem Funkgerät konnte man zur Zapfenstreichzeit über den Soldatensender „Ursula" das Soldatenlied Lili Marleen hören. Später hörte ich davon, dass die Funker im Bataillonsgefechtsstand, die englische Version des Zapfenstreichs mitgehört haben. Man lauschte hier dem Lied wie bei einer Andacht. Ein Sanitätsoberjäger war der einzige Frontneuling unter uns, vorher verrichtete er seinen Dienst in einem Lazarett.

Inzwischen hatten wir das Ende der Ebene erreicht und dies ohne Beschuss, weder hatten wir Feindeinsicht, noch konnte man uns erspähen. Wir erreichten zwei Häuser, welche jeweils einen Deich davor hatten und wiederum davor einen Graben mit Wasser. Die Häuser hatten zwei Etagen. An den Gebäuden sowie in den Gebäuden selbst befand sich die 1. und 2. Gruppe in Vorpostenstellung. Die Bewohner blieben die nächsten fünf bis sechs Tage in ihren Häusern. Vielleicht war es dieser seltenen Tatsache geschuldet, das wir in dieser Stellung keinen schweren Beschuss hatten. Die Gebäude von innen habe ich nicht sehen können, obwohl ich als Melder nicht in einem Deckungsloch eingeteilt war. Vom Dienstgrad Obergefreiter an war man privilegiert. Der Hamburger Obergefreite mit dem Funkgerät befand sich im Hauseingang.

Am Nachmittag sah ich auf dem Hügel jenseits des Flusses einen Panzer. Die Kanone war, von meiner Position aus gesehen, nach links ausgerichtet. Ein Rucken und ein Knall verrieten unweigerlich einen Schuss des Panzers. Natürlich meldete ich diese Beobachtung sofort unserem Zugführer. Zwischenzeitlich hatte sich der Panzer aber schon wieder unserer Sicht entzogen. Der „Oberfeld" fragte mich nur dazu, ob ich mich auch nicht getäuscht hätte. Meine Antwort verblüffte den ungläubigen Vorgesetzten, denn ich erwiderte, dass die linke Seite des Panzers sowie die Schussabgabe deutlich zu erkennen waren. Die Entfernung betrug etwa sechshundert Meter Luftlinie. In mir machte sich eine leichte Verstimmung breit, nun, ich fühlte mich gekränkt, da wohl offensichtlich an meiner Glaubwürdigkeit gezweifelt wurde. Meine Sichtung blieb vorerst ungeklärt und sollte sich erst etwa dreißig Stunden später in Wahrheit auflösen.

Am Morgen dann erschien bei uns die letzte Nachhut der Infanterie, welche vom Panzer beschossen wurde.

Es handelte sich um einen Unteroffizier, einen Sani – Obergefreiten sowie drei weitere Obergefreite, von denen einer durch den Panzer schwerverwundet war. Jetzt befand sich nur noch der Gegner vor uns. Der schwerverwundete Kamerad hatte wohl nochmal zehn Stunden bis zur ersten ärztlichen Behandlung vor sich. Solange wurde er nochmal von den beiden Sanitätern versorgt. Am Tage dann versuchten sie zur anderen Seite des Tales zu gelangen. Die total erschöpften Kameraden machten sich auf einen gefährlichen Weg. An diesem Vormittag bekam ich meinen ersten Melderauftrag, welcher mich über den Weg zurückführte, auf dem wir gekommen waren. Es handelte sich bei dem Weg um eine Schotterstraße, welche deutlich erkennbar vermint war. Am Tage war es kein Problem, die Teller- und Stockminen, die man hauptsächlich in den Fahrspuren platziert hatte, in der Straßenmitte zu umgehen. Aber später, bei Nacht musste ich mehrmals diesen gefährlichen Weg gehen. Nun, Vollmondschein und ein klarer Sternenhimmel war hier mein ausgesprochenes Glück. „Oh, Bella Italia da oben und der Vorhof zur Hölle hier unten!" Romantik und Wehmut, so möchte ich mich verspätet dazu äußern.

 Das Sturmgeschütz befand sich nicht mehr an dem Ort, wo es sich festgefahren hatte. Beim Kompanieführer Oberfeldwebel Neuhoff angekommen und das mir übergebene Schriftstück abgegeben, hieß es für mich vor Ort warten. Man schickte mich in die unmittelbare Nachbarschaft, in einem Haus musste ich eine Treppe steigen und betrat dann einen Raum mit einem Fenster zur Südseite. Das Fenster war verdunkelt und hatte nur einen Sehschlitz für ein Fernglas. Ein Leutnant der Artillerie war vor Ort und wollte von mir wissen, wo genau ich den Panzer gesehen hatte. Nachdem ich das Fernglas des Leutnants übernommen hatte, fiel mir als erstes die sehr gute Qualität auf.

 Dies teilte ich dem Leutnant nach dem Durchspähen auch mit. Weiterhin erklärte und beschrieb ich ihm, wo etwa der Panzer stand. Ein zweigeschossiges, langes Gebäude rechts von unserer Position diente als erster Orientierungspunkt. Von diesem Gebäude nach links blickend, befand sich ein leicht versteckt liegendes Gehöft und wiederum etwa zweihundert Meter rechts von diesem Gehöft stand der Panzer. Der Leutnant meinte nur, dass unsere Geschütze ja noch einige Kilometer hinter unserer Position in Stellung stehen würden. Doch er erklärte zusätzlich, dass mit einer Zusatzladung das Ziel erreichbar wäre. Es war aber fraglich, ob dort überhaupt noch ein sich lohnendes Ziel befinden würde. Zum ersten Mal in meiner Frontdienstzeit erlebte ich es, das sich ein Offizier für meine Auskünfte bei mir bedankte. Er wünschte mir einen guten Rückweg und ab ging es für mich, direkt zum Kompanieführer Oberfeldwebel Neuhoff. Dort erhielt ich noch einen „Schrieb" und mein Weg führte mich zurück durch die Minengasse.

 Nachdem ich zurück war und das Schreiben abgegeben hatte, berichtete ich noch von dem Artilleriebeobachter und der verminten Schotterstraße. Die Meldung, welche ich überbrachte, beinhaltete wohl den Befehl zu einer gewaltsamen Aufklärung bei Nacht. Bei diesem Einsatz wurde auch ich eingeplant, obgleich ich diesen hätte ablehnen können, da ich später nochmal mit Meldungen durch die Minengasse musste.

Zu dem Aufklärungstrupp gehörte der Kamerad Schrader am MG sowie zwei Munitionsträger mit jeweils dreihundert Schuss, der Truppführer war Oberfeldwebel Struth und ich sollte wieder die Panzerfaust abschießen und somit den „Startschuss" geben. Oberfeldwebel Blödorn bot mir für die Aufklärung seine italienische MP an, dafür übernahm er für den Zeitraum des Auftrags mein Gewehr.

Kurz nach Sonnenuntergang brachen wir auf. Vorsichtig wateten wir durch den Fluss Arzilla (Torrente Arzilla) und pirschten uns hügelaufwärts. Der Mond und die Sterne sorgten für günstige Lichtverhältnisse. Der Oberfeldwebel und ich bewegten uns so geduckt wie nur möglich vorwärts in Richtung des zweigeschossigen Hauses. Das MG war etwas seitlich hinter uns. Die Reichweite der Panzerfaust betrug zirka dreißig Meter, wir näherten uns auf etwa fünfundzwanzig Meter dem Gebäude, dann hielten wir an und ich begann die Panzerfaust einsatzbereit zu machen. Das Visier nach vorne hochgeklappt, den Auslöser hochgezogen und nach kurzem Zielen den Abzug gedrückt.

Doch irgendetwas muss defekt gewesen sein, da die Panzerfaust keinen Schuss von sich gab. Oberfeldwebel Struth war einige Meter nach hinten gerobbt und ich tat es ihm gleich. Unseren Truppführer schlug ich dann vor, die Panzerfaust mit einer Stilhandgranate zu sprengen. Er bejahte meinen Vorschlag und ich robbte wieder vor, um meinen Auftrag auszuführen. Die gezündete Stilhandgranate legte ich an den Kopf der Panzerfaust und dann machte ich mich schleunigst davon. Nun kam es zu einer Detonation mit dem typischen rot bis violetten Licht.

In einer Entfernung von etwa dreißig bis vierzig Metern erschien hinter der Hügelanhöhe eine uniformierte Gestalt. Mit dem Handrücken berührte ich den Oberfeldwebel am Oberarm und als er zu mir sah, zeigte ich in die Richtung des Uniformierten. Sofort hob er seine MP und gab einen kurzen Feuerstoß ab und der Mann sank stöhnend zusammen. Zusätzlich hatte das MG einen Gurt verschossen und dann ging es sofort zurück. Wir hatten auf dem Rückweg mit Granatwerferbeschuss gerechnet, aber der Gegner hatte wohl noch keine „Spucker" in Stellung gebracht. Als wir zurück waren, tauschte ich noch schnell die Waffe mit dem Zugführer und schon ging es für mich wieder weiter auf „Meldetour" auf der zu einen Drittel verminten Straße. Wobei die Panzerminen bei meinem Gewicht nicht reagiert hätten, aber die Stockminen hätten meine Körpergröße eingekürzt. Zurück von meinem Melde-Weg hatte ich Ruhe und konnte erst mal ein wenig Schlaf nachholen.

Der neue Sanitäter hatte vorsorglich eine kurze Leiter mit Maispflanzen ausgelegt und durchflochten und somit eine Trage improvisiert. Er war bestimmt ein guter Sanitäter in seiner vorherigen Einheit gewesen. Bei unserer kurzen Unterhaltung sprach er ganz offen und natürlich mit mir, als würde es keinen Unterschied geben zwischen einen Gefreiten und einem Unteroffizier. Zumal ich noch nicht einmal als solcher zu erkennen war, da mir immer noch der Winkel eines Gefreiten fehlte. Von den vier Morphiumspritzen die er bei sich trug, sagte er mir, würde er eine als Reserve für sich selbst aufheben. So dachten die Sanis wohl alle, ich hörte es später von einem anderen nochmal. Außerdem zeigte mir ein Oberjäger, welcher einen Sprungeinsatz mit einem weißen Schirm auf Kreta gemacht hatte, sein Hochzeitsfoto. Das Bild zeigte seine Frau mit einem Hochzeitskleid, das aus Fallschirmseide bestand.

In der folgenden Nacht wurde wieder ein Spähtrupp ausgesandt. Auch zu diesem Einsatz meldete ich mich freiwillig. Der Zugführer ließ mir erneut die Wahl, da ich später wieder einen nächtlichen Meldegang zu erledigen hatte. Nun, ich wollte endlich anders wahrgenommen werden und entgegnete ihm nur, dass ich meinen Melde – Weg trotzdem wie gehabt durchführen würde und erhoffte mir so ein wenig mehr Wertschätzung von meinen Vorgesetzten zu erhalten.

Die beiden Oberfeldwebel beobachteten am Tage mit einem Fernglas aus dem oberen Bereich des Hauses die Hügel im Vorfeld sowie das Graben und Schaufeln für eine potenzielle PAK – Stellung. Dieser Bereich galt dann später, bei Dunkelheit, für den Dreimannspähtrupp als Hauptziel. Jedoch dieses Mal für mich ohne die Maschinenpistole des Zugführers. Unser Weg führte etwa an der Stelle wieder durch den Fluss, wo die letzten Infanteristen mit ihren Verwundeten zurückgegangen waren. Die vermeintlich ausgegrabene PAK – Stellung erreichten wir als erstes. Doch vor Ort fanden wir weder Mensch noch Material.

Der Spähtrupp – Führer war dieses Mal ein Oberjäger. Es ging weiter zur Westseite des langen Gebäudes, welches wir bereits in der vorherigen Nacht erkundet hatten. Unbemerkt kamen wir bis an die Hauswand. An der Hausecke hatte ich die Sicherung zu übernehmen, während die beiden Kameraden mit den Maschinenpistolen an der hinteren Hausseite zu den Eingängen vorstießen. Sie kamen zurück, ohne etwas Interessantes berichten zu können. Doch schlagartig setzte gegnerisches Artilleriefeuer ein.

Auf der gesamten Breite der Front blitzte und donnerte es und wir waren den Abschüssen näher als den Einschlägen. Das „Heulkonzert" der Granaten dauerte länger als unser Rückweg. Anschließend stand mir ja noch der Meldegang bevor, aber aufgrund der heiklen Situation fragte ich nach, ob die Meldung dieses Mal nicht per Funk möglich wäre. Die ernüchternde Antwort lautete nur, dass der Funk nicht für Bagatellen wäre. Da ich es ja auch nicht anders gewollt hatte, war ich nach etwa vier Stunden unversehrt zurück und hatte dann endlich etwas Ruhe.

Im Laufe des Tages kam der Oberjäger, welcher mir das Foto mit dem Brautkleid gezeigt hatte, auf den Zugführer zu und teilte ihm mit, dass er im Buschwerk zwischen den beiden Häusern zwei „Tellerhelmsoldaten" gesehen hatte. Sie erschraken wohl und machten sich genauso schnell unsichtbar wie der Oberjäger selbst. Die „Tommys" hatten sich wohl auch schon durch den Fluss gewagt. Das hatte aber lange gedauert und der Angriff erfolgte prompt am nächsten Tag.

Aus der ausgebauten Stellung richtete sich SMG – Beschuss in unsere Richtung. Unsere metallische Antwort folgte prompt, in Form von zwei Gurten des MGs von Kamerad Schrader. Unsere MG – Stellung befand sich seitlich von einem zwei Meter langen und einen Meter hohen Knüppelholzstapel. Links von diesem Stapel habe ich mich in Stellung gelegt, die Waffe im Anschlag und gegen das Sonnenlicht ein Ziel gesucht. Die Erhöhungen im Vorfeld, auf die ich dreimal geschossen hatte, haben wohl nur Querschläger verursacht.

Auch Kamerad Schrader schoss nochmals einen Gurt aufwärts, aber ihm erging es genauso wie mir, das Sonnenlicht blendete uns doch sehr stark und die Antwort vom Gegner war recht gut gezielter Beschuss. Die Geschosse prasselten nur so in den Holzstapel, hinter den sich die beiden zurückgezogen hatten. Der nächste Beschuss vom SMG – Nest galt mir und obwohl das meiste an der linken Seite vorbei zwitscherte, waren einige Geschosse doch so dicht, dass ich den Geschossknall hören konnte. Als der Gurt des „Tommys" verschossen war und dort wohl das SMG neu fertiggeladen wurde, fragte unserer Sani von hinten, ob schon etwas passiert wäre. Liegend antwortete ich ihm nur, nein.

Dann bekam ich den Befehl vom stellvertretenden Zugführer Struth, zum linken Flügelposten zu wechseln. Vom Kameraden Brunner musste ich noch einen Munitionskasten abnehmen und dann in Richtung Haus verlegen. Das bedeutete für mich, dass ich mich unerkannt vom Gegner, welcher sich auf den Hügeln eingenistet hatte, im Gelände bewegen musste. Bis auf fünf Meter war ich gezwungen mich an den Gefreiten heranzuschleichen, bevor er mich hörte

Mein schwerhöriger Kamerad hätte sich eigentlich erneut zur Musterung vorstellen müssen, nachdem sein Gehör durch einen Geschützmündungsknall geschädigt wurde. Dies konnte man wohl als besonders verantwortungslos bezeichnen, gerade ihm, aber auch allen anderen Kameraden gegenüber. In vorderster Linie ihn einzusetzen, wo alles funktionieren und sich jeder auf jeden verlassen musste, konnte die Tatsache, einem geschädigten Gehör zu vertrauen, wohl schnell mal gefährlich werden. Schleichend und unbehelligt gelangten wir zum Haus zurück. Dort bekam ich vom Zugführer Oberfeldwebel Blödorn den Auftrag zu meinem üblichen Meldegang mit dem Zusatz, dass ich meinen italienischen „Avanti – Beutel" mitnehmen solle und nicht zurückzukommen bräuchte.

Weiterhin sollte ich dem Kompanieführer Oberfeldwebel Neuhoff melden, dass wir in unserer Stellung Feindberührung hätten und bei Dunkelheit den Rückzug antreten würden. Zum Anfang meines Weges konnte ich mich noch im Sichtschutz des Gebäudes bewegen. Doch es folgte ein gut einsehbares Feld und ich war des Selbstschutzes wegen gezwungen, im Zick – Zack zu laufen. Als ich unversehrt die Weinhecken erreichte, welche zwischen Bäumen angelegt wurden, knatterte hinter mir eine Maschinenwaffe. Weder beim ersten noch beim letzten Feuerstoß „zwitscherte" es in meiner Umgebung. So konnte ich beruhigt meinen Weg fortsetzen, auch gab es in meiner Nähe keine Granateinschläge und Flieger konnte ich auch nicht ausmachen, die wurden wohl woanders dringender gebraucht.

Als ich den Kompaniegefechtsstand erreichte und meine Meldung absetzte, bekam ich keinen neuen Befehl und so ging ich ins Freie, um am Abend den geplanten Rückzug des ersten Zuges zu erwarten. Kaum hatte ich mir einen Fleckchen Erde zum Ausruhen gesucht, da sah ich auch schon den Funker sowie den Sanitäter zurückkommen. Unser Funker teilte mir mit, dass die anderen der Einheit auch gleich kommen würden. Der Sanitäter allerdings konnte nichts sagen, er war so erregt, dass er gezittert hatte. Er tat mir leid und ich konnte diesen feinfühligen Menschen gut verstehen.

Dann kamen auch die beiden Gruppen sowie die Zugführung. Kaum erblickte mich der Oberfeldwebel Struth, befehligte er mich den Weg etwa vierhundert Meter zurück. Linksseitig der Straße befand sich ein mit einem Deich umrandetes Feld und dort erspähte ich einen Gewehrschützen des zweiten Zuges, zu ihm ging ich. Nach ein paar Worten meinte er zu mir, dass ich ja jetzt da wäre und dass er ja jetzt gehen könne. Er sah mich als Ablösung und nicht als Verstärkung.

Im Vorfeld konnte man einzelne Schüsse hören, aber das erschien mir doch noch etwa einen halben Kilometer entfernt. Bis zur einbrechenden Dunkelheit kam weder Feind noch Freund zu mir. Also auch keine Ablösung. Irgendwann ging ich deswegen zum Kompaniegefechtsstand zurück. Nach einem Vorposten- oder Nachhuteinsatz war es normal, dass man als Reserve gehalten wurde. Aber beim Oberfeldwebel Struth hatte ich ja von Anfang an eine Sonderstellung, welche sich durch zurückgehaltene Menschlichkeit auszeichnete.

Als ich wieder bei den Kameraden war, erfuhr ich auch, wie sich die Ereignisse in der Vorpostenstellung entwickeltet hatten. Die Maschinenwaffen, welche ich hinter mir auf meinem Meldeweg wahrnahm, hatten den Gegnern, die in unserem Bereich Stellung bezogen hatten, empfindliche Verluste eingebracht. Aus diesem Grund folgten sie wohl auch nicht gleich bei unserem Rückzug. Der Sanitäter hat so ziemlich alles mitangesehen und war daraufhin erst einmal geschockt und konnte sich auch nicht so schnell wieder beruhigen, obwohl der Rückweg etwa vier Kilometer andauerte. Beim zweiten Gebäude in dieser Stellung blieb ein Kamerad im Obergeschoss zurück und warf noch Handgranaten aus dem Fenster.

Von unseren Leuten hat jemand gehört, wie ihm auf Deutsch zugerufen wurde, dass er doch aufhören solle und dass die anderen schon weg seien. Bei unseren Gegnern handelte es sich wohl um Polen. Kamerad Faller, mit dem ich zusammen am zweiten und dritten Tag im Sengerriegel am MG42 an der Via Casilina vor Roccasecca ausgehalten hatte, ist nicht mehr aus dieser Falle herausgekommen. Der Sanitätsoberjäger wurde nicht mehr an der Front eingesetzt und soll wieder ins Lazarett versetzt worden sein.

Mit LKW – Transporten wurden wir wieder weiter südlich von Candelara gefahren. Aber nicht in die uns bereits bekannten Stellungen, sondern etwa einhundert Meter davor gelegen. Vor einem Zwiebelfeld auf einem Bergrücken konnten wir noch etwas ruhen. Bei Sonnenaufgang wurden wir in die Stellungen eingewiesen. Vor Ort gab es sogar einen Erdbunker mit seitlichem Eingang, dieser bot einiges an Platz. Der Oberfeldwebel Struth befehligte Baltes, Kagels und einen weiteren Gefreiten mit einer Maschinenpistole in die Nähe jenes Bunkers. In einer Entfernung von etwa dreißig bis fünfzig Metern befand sich vor uns ein kleiner Bauernhof. Nach Süden fiel der Berg ab und gab so die Sicht auf die Straße frei. Auf dieser Straße wurde der Gegner erwartet.

Um Trinkwasser in unsere Feldflaschen nachzufüllen, gingen wir kurzzeitig zu dem Haus. Danach hielten wir uns aber wie befohlen in Bunkernähe auf und beobachteten das Vorfeld. Im Bereich der Straße schoss sich bereits die Artillerie ein und dann kam unsere Umgebung an die Reihe.

Die Bewohner des kleinen Bauernhofes sowie des Nachbarhauses suchten Schutz in dem Erdbunker. Die Artillerie pausierte kurz, aber eine Vierer – Staffel Jagdbomber suchte auch nach Zielen. Wir warteten nicht lange, wollten wir doch ungerne mögliche Ziele darstellen und zogen uns ebenfalls in den Bunker zurück. Vor so vielen Maschinengewehren sollte man schon ein wenig Respekt zeigen. Im Bunker hörten wir, wie das Motorengeräusch zunahm sowie das „MG – Gezwitscher". In der unmittelbaren Umgebung des Bunkers explodierte eine Bombe. Die Erschütterungen konnten alle im Bunker spüren.

Als die Flugzeuge nicht mehr zu hören waren, ging ich ins Freie und ich konnte sehen, dass der Bauernhof das eigentliche Ziel war. Bei der näheren Betrachtung staunte ich nicht schlecht, als hinter noch stehenden Wänden der nördlichen Gebäudehälfte wiederkäuend eine Kuh stand. Das Dach verteilte sich über die Trümmer des Wohnbereichs. Auf einem Tisch im Vorraum zum Stall stand ein halbgefüllter Steintopf, auf dem Rückweg nahm ich ihn mit. Im Bunker erklärte ich zuerst den Bewohnern des Hauses, was ich gesehen hatte. Erstaunlicherweise reichten meine wenigen Italienischkenntnisse aus, um den Bewohnern die Misere darzulegen. „Mezzo Casa kaputt (rotto), Mucca non Morte!" Hieß so viel wie: „Halbes Haus kaputt, Kuh nicht tot!" Dies wurde verstanden. Als Beweis übergab ich ihnen den staubigen Steintopf. Die Leute, welche doch gerade fast alles verloren hatten, blieben erstaunlich ruhig. Für den Fall, dass sie nach dem Rechten hätten sehen wollen, hatte ich meine Begleitung angeboten. Allerdings war die Furcht noch zu groß und sie blieben lieber im Schutz des Bunkers.

Aus meinem Brotbeutel entnahm ich mein restliches Brot, es waren noch zwei Scheiben, das sollte die erste und letzte Mahlzeit dieses Tages werden. Die Bewohner des Hauses und somit die Besitzer des Griebenschmalztopfes, auf welchen ich zeigte und fragte: „Permesso prego – *Erlaubnis bitte*?" Die Antwort lautete ebenfalls Permesso prego. Nach Entfernen der obersten Staubschicht beschmierte ich eine Stulle und klappte danach die andere darauf, so dass es eine Doppelstulle ergab. Im Bunker waren alle mit ihren eigenen Gedanken beschäftigt und die Flieger kamen nicht wieder. Auch die Artillerieeinschläge entfernten sich, so dass es keine Einschläge mehr in unserer näheren Umgebung gab. Rechtsseitig vom Bunker konnte man MG – 42 Schüsse hören, daraufhin verließen wir drei Krieger den Bunker. Im Vorfeld konnten wir allerdings keinen vorrückenden Gegner erkennen. Von diesem Zeitpunkt an blieb immer einer draußen, vor dem Bunker, zur Wache bis zur unseren Ablösung. Bis zur Abenddämmerung ereignete sich nichts Besonderes mehr in dieser Stellung und nachts verlegten wir bereits wieder.

Auf ebenen Feldern und Wiesenwegen ging es nordwärts und Candelara ließen wir schnell hinter uns. Als es Tag wurde, erreichten wir eine in Ost – Westrichtung verlaufende Asphaltstraße. Dort ging es für uns in Richtung Westen weiter. In westlicher Richtung konnte man in großer Höhe zweimotorige Flugzeuge in Staffeln zu sechs Maschinen beobachten. Kaum waren die Maschinen aus unserem Sichtbereich, donnerte es auch schon. Die Ziele lagen wohl nahe der Adriaküste und es folgten weitere Staffeln, welche von uns nur die „Sturen" genannt wurden. Von der Straße ging es nun für uns links ab, wo man ein Gehöft sehen konnte. Noch bevor ich mich vernünftig orientieren konnte, kam Oberfeldwebel Struth und befahl mir, dass ich mitkommen solle. Es ging vorbei an Betonbunkern, welche mit Schützengräben untereinander verbunden waren. Als wir den letzten Bunker passierten, konnte man im Erdboden Betonringe sehen, wobei nach oben hin sich der letzte Ring verjüngte. Sein darauffolgender Befehl lautete, dass ich hier die erste Wache zu machen hätte.

Kaum war ich in das Deckungsloch gesprungen, verschwand auch schon der Oberfeldwebel. Die anderen Zugsoldaten wurden auf die Bunker verteilt und hatten es somit etwas menschlicher. Während ich die Umgebung sorgsam beobachtete, machte ich mir trotzdem meine Gedanken, warum hatte der Oberfeldwebel mich in dieses Loch gesteckt? So wie ich die Sache sah, handelte es sich hierbei um eine Tieffliegerabwehrstellung, wobei man einwandfrei ein MG hätte nach oben ausrichten können. Also, wer in diesem Loch nach Infanterie ausschauen sollte, musste zwangsläufig den Kopf über den Betonringrand heben und gab mit dem Betonringaufbau ein hervorragendes Ziel ab. Vorab tarnen sollte ich auch nicht. So zielsicher wie ich in diese Stellung eingewiesen wurde, musste er die Stellung bereits kennen und mein Verdacht bestätigte sich dann Monate später und dies möchte ich schon mal vorab erklären.

In der vorletzten Stellung, am Fluss Sillaro wurde ich als MG – Schütze 1 sowie als stellvertretender Gruppenführer eingesetzt. Vor dem letzten Stellungswechsel wurden der Gruppenführer sowie ich, als sein Stellvertreter in die neue Stellung eingewiesen. Da war es für mich klar erkennbar und gesichert, dass unsere Vorgesetzten schon während der Ruhezeit die Stellungen inspiziert hatten.

Nun in der Schilderung wieder zurück zu unserer Verteidigungslinie, die den Gegner davon abhalten sollte, in die Poebene zu gelangen. Zu den Zementrohren, in welchen ich saß, kam die ganze Nacht keiner, um mich von diesem Posten abzulösen. Durst, Hunger und ein typisches menschliches Bedürfnis trieb mich zu einem Klimmzug aus meinem Turmbeobachtungsstand. So nannte ich jetzt diesen Ort, welchen ich durchaus geeignet erachtete zur Fliegerabwehr mit einem MG, allerdings auch nur dafür. Am nahegelegenen Wohn- und Stallgebäude konnte man erkennen, dass dieser Ort schon vor einer ganzen Weile von Mensch und Tier verlassen wurde.

Im Brunnen befand sich noch Wasser von guter Qualität. Der Stalldunghaufen war von drei Seiten mit Weinhecken bepflanzt und lieferte mir so meine Mahlzeit. Denn mit einem Versorgungsfahrzeug konnten wir frühestens mit Anbruch der Dunkelheit rechnen. Auf der Straße wurde unsere Nachhut von einem Jagdbomber, mit dem Bord – MG beschossen. Ein Sanitätsfahrzeug brachte die Verwundeten zum Sammelplatz (TVP). Die Asphaltstraße verlief in einer Entfernung von einhundert bis zweihundert Metern zur Bunkerlinie und davor wiederum in einer Entfernung von etwa fünfzig Metern ein Panzergraben aus Beton. In den Bunkern befanden sich auf Sockel gestellte Wellbleche in U – Form, mit einem Bogen nach oben. Das Innere maß wohl etwa drei mal zwei Meter und der Eingang etwa einen Meter dreißig mal sechzig Zentimeter. Die Seitenwände bestanden aus massivem Beton mit einer Stärke von sechzig bis siebzig Zentimetern und über dem Wellblech in der Mitte war die dünnste Betonschicht. Bei den beiden Bögen war die Schicht am stärksten.

Die sechs Quadratmeter Bodenfläche waren mit Stroh bedeckt, man könnte meinen, Betten für das Schlachtvieh. Der stellvertretende Zugführer Oberfeldwebel Struth wurde nun als Zugführer eingesetzt, da Oberfeldwebel Blödorn zum stellvertretenden Kompanieführer ernannt wurde. Kompanieführer und Ritterkreuzträger Oberfeldwebel Neuhoff hatte man zum Leutnant befördert. Ein Sanitätsobergefreiter und meine Person als Melder befanden sich im Zugführerbunker Struth. Wenn man über den Panzergraben sah, konnte man eine abgeerntete Fläche erblicken. Das ergab gute Schussfelder für Infanteriewaffen mit leichtem Vorteil auf unserer Seite.

In der ersten Nacht wurde es unruhig, da ein Posten einen gegnerischen Spähtrupp bemerkt hatte. Daraufhin wurden einige Handgranaten in die vermeintliche Richtung des Spähtrupps geworfen. Außerdem hatte der Kamerad Fritz Baltes mit dem Schießbecher drei Leuchtfallschirme in den nächtlichen Himmel geschossen. Trotz alledem konnte man keine gegnerischen Soldaten mehr ausmachen. Aber der Gegner hatte nun eine Vorstellung von dem, was wir in etwa an Waffen und Mitteln zur Verfügung hatten.

Im Laufe des folgenden Vormittags hatte ich einen Meldezettel an den Kompaniegefechtsstand zu überbringen. Der Bunker lag natürlich hinter unserer Frontlinie und etwas nach rechts versetzt. Die gegnerische Artillerie begann gegen Abend mit dem Einschießen. Als dann der Dauerbeschuss einsetzte, gab es für einige von uns einen Sonderauftrag. Der Zugführer befahl das Aushängen der Haus- und Stalltüren, welche dann über den Schützengraben bei den Bunkereingängen abgelegt werden sollten. Danach durften auch wir in die artilleriesicheren Bunker. Niemand von uns vieren ist bei diesem Auftrag zu Schaden gekommen.

Der gegnerische Infanterieangriff folgte äußerst ungeschickt am nächsten Tag. Kein SMG – Beschuss unterstützte ihren Angriff. Durch Robben und kurze Sprünge näherten sich die „Flachhelme". Es war sinn- und erfolglos. Die Soldaten der anderen Feldpostnummer konnten einem richtig leidtun, wenn man sah, wie schlecht sie bei diesem Angriff geführt wurden. Der Tag endete mit nur einem gegnerischen Überlebenden, im Panzergraben, welcher gefangen genommen wurde. Auf unserer Seite hatte ein Frontneuling einem Kameraden, aufgrund von schwachen Nerven einen Armstreifschuss verpasst. Der deutsche Erfolg an diesem Tag war auch der 2cm – Flak zu verdanken, welche den Panzergraben in Beschuss hatte. Unser Zugführer war wohl während der Kampfhandlungen beim Kompaniegefechtsstand gewesen.

Es waren wohl niederträchtige Gedanken gewesen, als ich vom Oberfeldwebel Struth den Befehl bekam, zum Kompaniegefechtsstand zu gehen. Er zeigte mir einen Weg in Richtung Panzergraben und nicht direkt zum Kompaniegefechtsstand. Nun, da ich schon bei der Kompanieführung gewesen war, kannte ich den Weg, dieser führte aber nicht durch den Panzergraben, dies teilte ich dem Zugführer auch mit. Mein Weg zum Kompaniegefechtsstand sollte wohl unter Feindeinsicht geschehen.

Auf meine Bedenken hin bekam ich nur zu hören, dass ich das zu machen hätte, was er sagt oder ob ich den Befehl verweigern wolle. Natürlich antwortete ich mit nein und machte mich zugleich gebückt auf den befohlenen Weg. Aber schon nach zehn Metern stoppte mich ein etwa fünfzig Zentimeter hoher Stacheldrahtverhau. Das im Sommer gewachsene Gras verdeckte und durchwuchs nun als Heu den Drahtverhau, die herbstliche Trocknung war eine perfekte Tarnung. Mir blieb nichts anderes übrig, als zurückzugehen und zu melden, dass ich ohne Stacheldrahtschere nicht weiterkommen würde. Die Antwort kam prompt mit den Worten, dass „wir" es ja dann lassen könnten und dass es dann doch nicht so wichtig wäre.

Interessanterweise oder besser erschreckender Weise hatte ich weder eine schriftlich noch mündliche Meldung für den Kompaniegefechtsstand bekommen. Doch wurde ich genau beobachtet von ihm und seine Maschinenpistole zeigte auch konsequent in meine Richtung. Wenn mich die andere Seite bei meinem sinnlosen Vorhaben gesehen hätte, dann wäre ich wohl in einem Kugelhagel gekommen. Das wäre dann zwar nicht meine erste aber wohl meine schnellste und im schlechtesten Falle die letzte Erkundung gewesen. Nun, ich kann es vorweg nehmen, diese haarsträubende Situation aus den eigenen Reihen war ebenfalls nicht die erste und sollte bis zum Ende diesen sinnlosen Krieges auch nicht die letzte gewesen sein.

Nicht nur ich war der Willkür einiger unmenschlicher Vorgesetzten ausgesetzt, sondern auch andere Kameraden. Dieser Tag endete mal wieder ohne Verpflegung. Das einzige Essbare in der Nähe waren die Trauben der Weinhecke von dem bereits oben erwähnten Gehöft. Nur leider waren einige Granaten in dem Misthaufen krepiert und hatten die Weinhecke entweder zerfetzt oder beschmutzt. Doch durch das Brunnenwasser konnten wir vor dem Verzehr die Trauben waschen.

Der nächste Tag begann schon früh mit den typischen Geräuschen der Jagdbomber, welche zweifelsohne nach würdigen Zielen Ausschau hielten. Unseren Bunker hatte man als erstes durch MG – Beschuss Maß genommen und anschließend krachte eine Bombe mit einem merkwürdigen Geräusch auf den Bunker. Zu dritt standen wir leicht gebückt und bekamen durch den Luftdruck reichlich Staub ab. Der Bunkereingang war fast bis zur Hälfte zugeschüttet worden. Als die Flieger abgedreht und auch nicht mehr zu hören waren, konnten wir den Ein- bzw. Ausgang noch einigermaßen gut passieren. Vor dem Bunker schätzten wir als erstes den Treffer ein und eines war sicher, außerhalb und vor dem Bunker hätte wohl niemand überlebt.

Der Einschlag hatte das Erdreich vor den Bunkereingang geschoben. Der Zugführer befahl sofort einen Bunkertausch, dabei hatte ich mich schon auf Spatenarbeit eingestellt. Die Flieger hatten bei uns wohl ihren Auftrag erledigt, aber bis zur Dunkelheit waren sie trotzdem noch in der hörbaren Nähe in Aktion gewesen. Auch die Artillerie schoss sich wieder ein, nur Infanterie hetzte man dieses Mal nicht auf uns.

Bei beginnender Dunkelheit hieß es für uns Stellung räumen, da der Gegner in unmittelbarer Nähe durch unsere Linien gestoßen war. Der Rückzug brachte uns mit dem Kompanietrupp zusammen. Bei dieser Gelegenheit bekam ich ein Gespräch des Oberfeldwebel Blödorn mit, welcher einen UnteroffizieR der 2cm – Flak befragte, ob die Sprengung funktioniert hätte. Er antwortete einfach, dass es geklappt hätte. Nun klinkte ich mich in das Gespräch ein und fragte nach, ob es keine Transportmöglichkeiten mehr geben würde. Man antwortete mir nur, dass so ein „Ding" ja nicht so einfach zu transportieren wäre wie ein MG.

Als wir etwa einen halben Kilometer auf der Asphaltstraße zurück marschiert waren, kam uns ein langer LKW entgegen. Wir wichen dem Fahrzeug aus und keiner konnte sich vorstellen, wie er wieder zurückkommen sollte, nun es war eindeutig ein „Tommy"! Die Uniform war braun und die Koppel und das Gurtzeug waren geflochten, dieser Landser mit dem flachen LKW gehörte definitiv nicht der deutschen Truppe an. Etwa einen weiteren Kilometer sollten wir rechts von der Straße biegen und hinter einem länglichen Gebäude warten. Wir kamen dabei an zwei Heumieten vorbei, wo bereits ein Zug Soldaten verweilte. Ein Nachteil der nördlichen Hausseite war zweifelsohne, dass dort sehr viele Stuhlgänge entsorgt waren.

Oberfeldwebel Blödorn schickte mich auf Meldeweg zum Bataillonsgefechtsstand. Dabei brachte ich ein Schriftstück hin und wieder zurück. Die Stellungseinweisung verlief wieder sehr zügig, so dass davon auszugehen war, dass auch hier bereits eine Vorerkundung stattgefunden hatte. Als ich zurück war, wurde ich zum Heuhaufen gerufen. Hinter dem ersten Heuhaufen befand sich jetzt der Kompanietrupp. Nachdem ich meinen Meldegang ordnungsgemäß beendet hatte, legte ich mich in die Mitte der beiden Heumieten. Dort war ich dann wieder bei dem Kameraden Fritz Baltes nahe seiner Kiste mit Schiessbechermunition.

Unser Zugführer rief meinen Namen und beorderte mich in seine Nähe. Nachdem ich dort Stellung bezogen hatte, krachte wieder eine Panzergranate. Nahezu gleichzeitig folgte ein entsetzlicher Schrei des Kameraden Fritz Baltes. Sein zweiter Atemzug reichte nur noch für eine schwache Wiederholung des ersten Schreies. Danach folgte nur noch ein Winseln und der Sanitäter sagte, dass er schon tot wäre. Später teilte uns der Sani noch mit, dass ein zweiter Kamerad „tonlos" an diesem Angriff verstarb. Ohne viele Worte verließen wir die Heumieten, vorbei an dem langen Gebäude und hinter eine Böschung. Dort wäre es für den Panzer nur möglich gewesen, über unsere Köpfe hinweg zu schießen. Wir hatten hinter dieser Böschung tatsächlich noch etwas Ruhe, auch vor der Artillerie. Danach führten unsere Wege in Richtung Rimini.

Nach unserer Ruhe- und Auffrischungszeit wurden wir südlich von Pesaro eingesetzt. Aufgrund von massivem Druck, durch feindliche Artillerie und Jagdbomber wurden unsere Stellungen über fünf bis sieben Tage nachts geräumt. Es ging über Cattolica, Riccione und Rimini bis Cesenatico. Gelegentlich konnte man einen Blick auf die schöne Adria erhaschen. Bei Rimini bekamen wir Beschuss von einem Schiff, es waren keine Abschüsse zu hören. Als wir das Schiff dann endlich sahen, erkannten wir einen Hilfskreuzer, welcher wohl sechs bis acht Kilometer von der Küste entfernt war. Das Schiff feuerte unbehelligt auf das höhergelegene südliche Rimini. Das pausenlose Feuer war ähnlich den „Dogeräten" oder auch der „Stalinorgel". An der Ostseite eines Hügels waren wir durch Baum- und Strauchwerk durch drohende Feindeinsicht geschützt.

Fünfhundert Meter südöstlich von unserer Position, etwa auf gleicher Höhe, waren neun gegnerische Panzer aufgefahren. Die Truppe wartete vergebens auf das Ende des Beschusses, wir waren wohl bereits entdeckt. Diese Stellung wurde am Nachmittag geräumt, wieder ohne Verpflegungszuteilung. Ein verwundeter Kamerad wurde von einem Sturmgeschütz mitgenommen.

Nach Lageeinschätzung des Oberfeldwebels Blödorn hatten wir keine Chance, gegen dieses schlagkräftige Panzeraufgebot zu bestehen. Deshalb wurde ich alleine losgeschickt, um den Bataillonsgefechtsstand aufzusuchen und den geplanten Rückzug zu melden. Dieser sollte aber erst bei Dunkelheit beginnen. Zu meinem Gepäck gab mir der Zugführer noch eine Tasche mit Leuchtpistole und Munition. Ein paar Privatsachen waren auch dabei. Zwischen den Gebäuden, die unter Schiffsbeschuss lagen, sollte ich den Gefechtsstand suchen. Das bedeutete für mich, nach links und rechts Ausschau zu halten.

Dabei entdeckte ich eine Geschützstellung mit sechs Geschützen. Kanoniere waren nicht zu sehen, aber Wagenladungen von Munition. Die Stellungen befanden sich links von dem Weg, auf dem ich mich befand, ich ging nach rechts auf ein Gebäude zu, welches ich für den Gefechtsstand hielt. Als dort aber niemand war, ging ich über Bergterrassen weiter talwärts. Das Sturmgeschütz mit dem Verwundeten schaukelte weiter unten vor mir her. Der Weg, den ich nahm, führte mich in die Ebene auf die Via Adriatica. Ein liegen gelassener Karabiner lag in der Nähe eines Bombentrichters.

Als ich die ersten Häuser von Rimini erreichte, sah ich mich in alle Richtungen um und hinter mir erkannte ich, dass mein Zug bereits folgte. Für mich war die Suche nach dem Gefechtsstand nun vorbei. Der Oberfeldwebel fragte mich nach der Tasche mit der Leuchtpistole und den anderen Sachen. Doch ich kam in arge Verlegenheit, denn ich hatte die Sachen weiter oben abgelegt und vergessen, sie wieder aufzunehmen. Jetzt erlebte ich einen Vorgesetzten, der mir etwas vergab, was mein strenger Vater bestraft hätte. Nach der genauen Schilderung und Berichterstattung war die leidige Angelegenheit erledigt. Endlich hatte ich die Gewissheit, dass ich von meinem Vorgesetzten als Soldat und Mensch geschätzt wurde.

Unaufhörlich ging es weiter hügelabwärts bis wir die Via Adriatica erreichten. In Rimini wurden wir vorsichtiger aufgrund der gegnerischen Tiefflieger. Als wir hoch sahen, erkannten wir Jäger des Typs ME 109. Im letzten Kriegsjahr sah man nicht mehr oft deutsche Flugzeuge. Für uns war es Realität, dass Flugzeuge über uns eigentlich immer Gefahr bedeuteten. Nur zweimal war ich Zeuge von Abschüssen gegnerischer Flugzeuge. Da war zum einen der Abschuss eines zweimotorigen Bombers über Ferrara und zum anderen ein Jagdbomber bei Rimini, das Flugzeug kam mit einer gebrochenen Tragfläche herunter.

Unser Rückzug ging bis Cesenatico. Am westlichen Rand eines Maisfeldes hatten wir zusammen mit einem Panzer IV Stellungen bezogen. Panzerunterstützung war in diesen Tagen selten geworden. Es waren meistens Panzer oder Sturmgeschütze der 26. Panzerdivision, welche dem 1. Fallschirmjägercorps zugehörig waren.

Die Panzerfahrer hatten ihren Panzer mit Feld- und Gartengerät getarnt. Noch vor unserer Ankunft gab es vor Ort bereits Artilleriebeschuss. Man konnte in einem Bauernhaus im Obergeschoss einen Treffer in der Küche sehen. Die Landbevölkerung ist in dieser Zeit zumeist im Frontgebiet geblieben. Verantwortung gegenüber ihren Tieren sowie vermeintlicher Schutz des Eigentums trieben sie wohl in die Gefahr. Für die Flugaufklärung und den Artilleriebeschuss gab es bei den „Tommys" wohl keine vorgeschobenen Beobachter. Ein Stellungswechsel in südwestliche Richtung erfolgte dann bei Nacht. Endlich stießen wir auch wieder auf das Versorgungsfahrzeug und es gab etwas Warmes aus der Feldküche zu essen. Mit dem Versorgungsfahrzeug kamen auch ein Oberjäger und zwei Landser zurück an die Front. Ein mir gut bekannter Gefreiter kam aus dem Genesungsurlaub (Bombenschaden C = total) von Gelsenkirchen zurück.

Der Magdeburger Zugführer Oberfeldwebel Blödorn teilte mich wieder als Zugmelder ein. In dieser Nacht erreichten wir die für uns bestimmte Stellung nicht mehr. Die Sonne war bereits aufgegangen, als wir über einen Hügel kamen und eine kleine Ortschaft mit einer Kirche erblickten. Hinter dem Dorf auf der Südseite näherten sich schnell zwei Panzer, sie wirbelten reichliche Staubwolken auf. Wir rückten gleichzeitig mit den gegnerischen Panzern in das Dorf vor. Die gegnerische Artillerie beschoss eine MG – Stellung auf freiem Felde. Wir hielten uns in einem kleinen Haus auf, welches frei von Zivilisten war.

Linksseitig von diesem Gebäude befand sich die zweite MG – Stellung mit drei Soldaten. Bis dorthin reichte der Artilleriebeschuss allerdings nicht. In dem Bereich, wo wir uns aufhielten, gab es an beiden Seiten einen Ausgang. Der erneut einsetzende Artilleriebeschuss galt wieder dem MG – Nest auf dem Feld. Dann gab es eine Feuerpause, der MG – Schütze 2 vom Feld nutzte die Gelegenheit und kam zum Zugführer mit der Frage, ob sie sich nicht auch zum Gebäude zurückziehen dürften. Oberfeldwebel Blödorn erkannte die prekäre Lage der Soldaten und stimmte der Verlegung der MG – Stellung zu. Daraufhin endete auch der Artilleriebeschuss.

Der Hamburger Oberfeldwebel Struth hatte in seiner Funktion als stellvertretender Zugführer die Post sortiert, welche mit dem Trosswagen gekommen war. Für die MG – Stellung an unserem Gebäude war Post dabei und ich durfte sie hinbringen. Kurze Zeit später musste ich nochmal zu meinen Kameraden mit der Frage, ob jemand eine Panzerfaust dabei hätte. Oberfeldwebel Struth hatte in unserer unmittelbaren Umgebung einen der beiden Panzer entdeckt, welchen er „knacken" wollte. Niemand hatte mehr eine Panzerfaust, aber ich konnte sehr wohl melden, dass mich die Panzerfahrer bereits gesehen hatten. Denn kurz vor dem Gebäude bekam ich MG – Beschuss. Blitzschnell habe ich mich nach vorne fallen lassen und bin hinter einen Misthaufen gerobbt. Das MG feuerte noch einmal, aber ich konnte unversehrt das Gebäude erreichen. Bei diesem Unterfangen waren alle meinen werten Kameraden Zuschauer, doch niemand handelte, noch fand irgendjemand passende Worte! Das Bord – MG des Panzers schwieg, so wie ich auch. Auch die Artillerie schoss jetzt nicht mehr. Das war ein sicheres Zeichen, dass Freund und Feind dicht beieinander waren.

Die Ruhe endete diesmal mit dem Schuss aus der Kanone des zweiten Panzers. Der erste Schuss des Panzers traf die Glocke des Kirchturms. Der Nachhall war noch zu hören, als das dritte Geschoss schon den gesamten Turm niederstürzen ließ. Dann war wieder Ruhe. Oberfeldwebel Blödorn gab den Befehl, dass wir uns fertigmachen sollten für die Räumung der Stellung und dass die fünf Kameraden an der linken Gebäudeseite informiert würden. Diesmal stellte ich mich nur in die Tür und gab Wink – Zeichen nach hinten. Als wir das Gebäude verließen, konnten wir das Haus als Sichtschutz nutzen und in Richtung des Hügels gehen. Die fünf Kameraden konnten uns dabei beobachten, erneut gaben wir Handzeichen, dass sie uns folgen und sich dem Rückzug anschließen sollten.

Ohne Beschuss gelangten wir über den Hügel zurück. Etwa zwei Kilometer zurück, auf dem Weg, welchen wir gekommen waren, kam uns ein Feldwebel von drei Infanteriegeschützen entgegen und fragte uns, wie es vorne aussehen würde. Die Geschütze befanden sich bereits in Stellung. Dort wo wir waren, sind jetzt Tommy – Panzer, war unsere Antwort. Gefechtslärm aus dem Ort war nicht mehr zu vernehmen. Unversehrt sind wir aus der misslichen Lage gekommen. Die fünf Kameraden verblieben vor Ort und kamen in Gefangenschaft. Diese Information erhielt ich allerdings erst nach der deutschen Wiedervereinigung, ich erfuhr, dass Gefreiter Fritz Verspohl zu den Überlebenden der 6. Kompanie, 3. Regiment gehörte. Er war einer von den fünf Soldaten gewesen.

Die drei Infanteriegeschütze wurden sofort für die Rückverlegung vorbereitet. Dazu wurden vor die Geschütze Pferde eingespannt und dann ging es für uns alle am helllichten Tag zurück. Etwa nach drei Kilometern bezogen wir Stellung, dies ähnelte allerdings mehr einer Rast. Die Kanoniere samt ihrer Gespanne hielten nicht mit uns und waren hoffentlich noch unbeschadet weitergekommen. Mit Einbruch der Nacht waren wir wieder abmarschbereit und es ging für uns nordwärts weiter. Ortschaften kann ich von diesem Marsch nicht mehr benennen. Aber da wir uns bereits am Rande der Poebene befanden und östlich an Rimini und San Marino vorbei waren, mussten wir uns zum damaligen Zeitpunkt wohl westlich von San Marino befunden haben. Es war eine dunkle, sternen- und mondlose Nacht. Über uns konnte man niedrigfliegende Flugzeuge hören. Die suchen am falschen Ort nach einem Landeplatz, war mein Gedanke dazu. Aber es gab auch noch andere Sichtweisen. Daraus wurde die Weisung, dass wir auf feindliche Fallschirmjäger achten sollten. Zum Glück war es aber eine Nacht mit einem ganz normalen Rückzug, ohne weitere Vorkommnisse.

In und an einem kleinen Bauernhof haben wir dann den Rest der Nacht verbracht. Das Versorgungsfahrzeug hatte einige Frontneulinge mitgebracht und sie haben den ersten Tag mit uns in der Reserve begonnen. Die Reserve wurde bald gebraucht. Ein Oberjäger, der Kamerad Schwandt und ich wurden zur Verstärkung des Gegenstoßes nach dem gegnerischen Durchbrechen der Hauptkampflinie vorgeschickt. Doch den Weg im Straßengraben neben der Schotterstraße brauchten wir nicht zu Ende zu gehen, denn ein Feldwebel schickte uns wieder zurück, da wir nicht mehr gebraucht wurden.

In einer Dorfschule angekommen, ging der Oberjäger mit uns und mit einem Gefreiten, der mir nicht bekannt war, in das Gebäude. Der Gefreite und ich wurden in einem Raum, mit einem Fenster nach Süden postiert. Ein einzelner Schuss der Artillerie war bereits links von der Schule eingeschlagen. Der zweite Schuss war ein Baumkrepierer direkt vor unserem Fenster. Der Gefreite schaute auf seine Armbanduhr und meinte zu mir, dass der nächste Schuss in etwa drei Minuten folgen würde. So kam es dann auch, ein direkter Treffer über unserem Kopf. Die Decke im Raum war beschädigt, aber sie hielt stand. Wir waren buchstäblich Glückspilze. Einen erneuten Beschuss gab es nicht mehr, trotz des guten Einschuss – Ergebnisses. Dann rief einer der Neulinge, dass der Uhlmann tot wäre. Verursacht durch den Baumkrepierer.

Dann sahen wir auch den Grund für die plötzliche Feuerpause der gegnerischen Artillerie. Auf der Straße wurden vier „Flachhelmsoldaten" als Gefangene in unsere Richtung geführt. Einer von ihnen war verwundet und wurde auf seinem entladenen Gewehr von zwei seiner Kameraden getragen. Der vierte Gefangene trug die restlichen entladenen Gewehre. Unsere ehemaligen Gegner gingen an dem Gebäude vorbei und konnten uns durch die Fenster sehen. Es fielen keine Worte, aber auf unserer Seite wurde zufrieden gegrinst. Es wäre wohl heute noch interessant, was die Soldaten über die künftigen Verlierer des Krieges damals gedacht haben.

Eine halbe Stunde später bekamen Kamerad Schwandt und ich den Auftrag, den gefallenen Kameraden auf dem Schulhof zu begraben. Ein Granatsplitter durchschlug den Stahlhelm und beendete so ein kostbares Leben. Nach der Beerdigung stellten wir noch ein Holzkreuz auf, versehen mit einem Pappschild, auf dem sein Name sowie Anfang und Ende seines viel zu kurzen Lebens stand. Der Stahlhelm wird später eventuell Schulkinder traurig gemacht haben, aber nicht die Kriegsschuldigen. Der Artilleriebeschuss hatte wieder begonnen, aber nicht mehr auf die Schule. Es wurde dunkel und das Artilleriefeuer wurde auf die Rückzugsstraßen gelegt, auf denen wir in der Nacht unterwegs waren.

Am Tage passierten wir im hügeligen Gelände ein Sturmgeschütz „Ferdinand". Damals war ich der Meinung, dass das Sturmgeschütz so weit vorne (aufgrund der Höhe von drei Metern und zwanzig Zentimetern) wohl fehlplatziert gewesen war. Ausgerüstet war das Geschütz mit einer 15cm – Stummelkanone. Seitlich von dem Geschütz stand ein zweigeschossiges Haus, an welchem wir zwischen Zypressen vorbei sind und um direkt zum nächsten Gebäude dieser Art zu gelangen. Dort fanden wir die Ruhe, die uns die gegnerische Artillerie ließ. Denn als wir das zweite Gebäude erreichten, begann auch die Artillerie sich einzuschießen. Im oberen Bereich des Gebäudes war wohl schon der Bataillonsgefechtsstand eingerichtet worden. Im unteren Treppenhaus saß ich und versuchte ein wenig Schlaf zu finden, doch lange währte dieser Schlaf nicht. Obwohl die Artillerie das Feuer eingestellt hatte, gab es jemanden im oberen Treppenhaus, welcher die Front beobachtete und alles lauthals kommentierte. In einer seitlich gelegenen Niederung oder auch Schlucht sah der lautstarke Beobachter drei gegnerische Panzer, die sich wohl anschickten, uns einzukreisen.

Er teilte mit, dass dies heute wohl für uns schief gehen würde und dass jemand schon mal etwas für eine weiße Fahne suchen sollte. Der mir unbekannte Beobachter des Vorfeldes hatte etwa ein Talent wie ein Radioreporter bei einem Fußballspiel. Denn plötzlich schlug seine Stimme um und er kommentierte etwa so, als wenn ein Tor bei einem Fußballspiel fallen würde. Lauthals teilte er nun seinen Hörern mit, dass unser Sturmgeschütz eingreifen würde. Sowie dass der erste Schuss schon einen Panzer geknackt hätte und ebenfalls den zweiten, nur der dritte Panzer konnte entkommen. Somit sind wir der Gefangenschaft nochmal entkommen. Erst nach der Kapitulation machten wir die Bekanntschaft mit der Gefangenschaft. Das hieß für uns noch sieben bis acht Monate Front und Rückzug.

Wir hatten die Halbzeit des Tages erreicht, doch Essbares gab es nicht! Aber eine Viererstaffel Jagdbomber machte die Umgebung unsicher. Wir blieben von einem Angriff verschont, doch das Gebäude, wo auch das Sturmgeschütz stand, hatte einen Bombentreffer auf einer Seite abbekommen. Wirkung erzielte der Treffer nur im oberen Bereich des Hauses. Am Nachmittag wurde ich zu genau diesem Gebäude geschickt. Vor Ort befand sich östlich des Hauses an einem MG 42 Schütze Fritz aus Nürnberg sowie ein Schütze 2. Fritz wurde bereits als Siebzehnjähriger bei den Kämpfen von Ortona, im Dezember 1943 „feuergetauft" und nach Monte Cassino war er von Mitte Februar 1944 bis Anfang Mai 1944 bis zu diesem Zeitpunkt am südlichsten Zipfel der Poebene dabei.

Rechtsseitig aus der oberen Fensterreihe schoss ein Gewehrschütze aus dem Fenster. Um mich dort ebenfalls einsetzen zu können, musste ich zum Eingang an der Nordseite gehen. Als ich durch die Tür ging, staunte ich nicht schlecht. Drei der Besatzungsmitglieder, von dem Sturmgeschütz waren frisch mit dem EK II, im Knopfloch ausgezeichnet worden. Da hatte sich wohl ein Kommandant nach vorne getraut, um seine Helden zu dekorieren. Die drei Helden hatten ihr Sturmgeschütz erfolgreich vor den feindlichen Fliegern versteckt. Auch der Gruppenführer der Soldaten befand sich dort im Treppenhaus. Der Oberjäger war inzwischen bei dem Gewehrschützen und erklärte mir, dass ein Frontneuling von oben in die offene Turmluke eines Panzers schießen würde.

Die prompte Antwort der Panzerbesatzung erfolgte über die Kanone. Nacheinander wurde jedes der Fenster, des Gebäudes mit einem Schuss gewürdigt. Der Oberjäger befahl mir, dass ich unten an der Hausecke, hinter den MG – Schützen, das Gelände beobachten sollte. Neben den Resten aus Bonbons, Dauerbrot und etwas ranziger Butter nahm ich eine leere Verpflegungskiste mit, um mich darauf setzen zu können. Das Essbare habe ich dann noch mit den MG – Schützen geteilt. Auf der Kiste sitzend, nahm ich meinen Posten ein. Um das Gebäude herum waren die Wege mit Kopfsteinpflaster befestigt. Die beiden „Mitralleries" (ital.: MG – Schützen) hatten eine flache Mulde zwischen zwei Zypressen angelegt.

Über meinen Sitzplatz war ich sehr froh, da ich mittlerweile einige Blutblasen an den Füssen vorweisen konnte. Nach etwa einer Stunde kam ein Infanterietrupp, welche wohl unsere linken Nachbarn waren, vorbei. Nun hatte ich verstanden, warum im Treppenhaus ein Sanitätsunteroffizier von der Infanterie war.

Auch war bei den Kameraden ein Funktrupp dabei. Die Infanterie hatte nach eigenen Ermessen und Erdenken gehandelt und die Stellung gewechselt. Der Sani und die Funker sind bei uns geblieben. MG – Schütze Fritz rief nach mir und fragte mich, ob noch Bonbons da wären. Meine Antwort kam prompt und kameradschaftlich, dass ich nachsehen würde und ja, es waren noch Bonbons da. Zwei Hände voll brachte ich unseren MG – Schützen.

Allerdings wurde dieser Vorgang wohl von der Panzerbesatzung beobachtet. Glücklicherweise konnte man aus der Panzerstellung nur über die MG – Stellung schießen, aber der Gegner verstand sich natürlich auch im Kriegshandwerk. Als ich wieder auf meiner Kiste saß, krachten drei Panzergeschosse an die obere Hauswand. Nach der dritten Granate räumte Fritz und sein Schütze 2 die MG – Stellung, die beiden sprangen auf und kamen zu mir an die Hausecke. Doch Fritz blieb etwas zurück und sackte nieder, ich sprang zugleich auf, um ihn zu stützen und vor dem Aufschlagen auf das Kopfsteinpflaster zu schützen.

Als ich ihn hielt und etwas um die Hausecke gezogen hatte, sagte er zu mir, dass es ihn erwischt hätte. Der Sani von der Infanterie war schnell zur Stelle. Dem Schützen 2 wurde ein großes Pflaster auf sein Schulterblatt geklebt. Fritz stöhnte bei geschlossenen Augen und hatte offensichtlich Schmerzen und während er untersucht wurde, fragte ich, ob er nicht eine Spritze bekommen könnte. Es war ein kleiner Splitter am Rücken, im rechten Nierenbereich eingedrungen und vorne wieder ausgetreten. Doch es war kein Blut zu sehen und Fritz wirkte, als würde er alles um sich herum nicht wahrnehmen. „Oh, mei Mudder…", war das Einzige was ich noch vernehmen konnte.

Der Sani gab keine Spritze mehr und meinte nur noch, es würde ihm nicht mehr helfen. Er ergänzte außerdem, dass er nur noch drei Spritzen hätte und eine davon seine eigene Reserve war. Weinend drehte ich mich um, das erste Mal seit ich an der Front war. Über Funk wurde ein „SanKra" gerufen und nahm die Verwundeten mit. Aber der arme Fritz ist nicht mehr lebend beim Truppenversorgungspunkt angekommen. Der Oberjäger, welcher unseren Trupp führte, hatte sich bei diesen Ereignissen nicht gezeigt. Es wäre notwendig gewesen, eine neue MG – Besetzung einzuteilen. Mittlerweile war auch der Kompaniesanitäter bei uns eingetroffen, dem Oberjäger zeigte ich meine Blutblasen. Daraufhin meinte er zu mir, dass das hier nicht schnell genug besser werden würde und schickte mich zum Tross in die Sanitätsabteilung. Voller Erstaunen nahm ich einen vom Sani ausgefüllten Schein entgegen. Dies war für die nächtliche Rückfahrt mit dem Versorgungsfahrzeug nötig. Es dauerte allerdings noch zwei Stunden bis zum Einbruch der Nacht.

Der Oberjäger hatte noch immer nicht bemerkt, dass die MG – Stellung neu zu besetzen war und das obwohl bereits der SanKra – Transport durchgeführt wurde. Wohl dem, der überlebt hat bei dieser sinnlosen Opferung! Mir war nicht mehr danach, in das Gebäude zurückzukehren, wo sich auch der Sani aufhielt. Der Sani, welcher Fritz keine Spritze gegen die Schmerzen geben wollte, war kein Held! Fritz aus Nürnberg war ein Held, welcher sinnlos sterben musste! Es dauerte an bis zum Dämmern, also belud ich mich mit dem Material aus der MG – Stellung und den Sachen von Fritz und ging zurück zum Zugführerstand. Seit der Panzerabwehr gab es auf uns keinen Artilleriebeschuss mehr. Dass der Gegner dann schon sehr nahe ist, habe ich vorher schon öfter erfahren. Die Vorstellungen und Annahmen von der Front, welche man so als Landser in der Grundausbildung entwickelt, haben meistens nichts mit der Realität zu tun und sind fast alles Trugschlüsse. Als ich mit dem schweren Gepäck wieder zurück war, traf ich auf den Oberfeldwebel Struth. Er lag auf dem Holzfußboden und sah an die Decke. Meinen Bericht von den Tagesereignissen nahm er liegend und ohne Regung wahr oder auch nicht! Hätte er mich jetzt angeschrien und zusammengeschnauzt, hätte ich das leichter ertragen und akzeptieren können als diese Arroganz und Kaltblütigkeit eines Gnadenlosen. Dann zeigte ich ihm noch den Zettel des Sanitätsobergefreiten und bin dann auch wortlos gegangen.

Westlich des großen Hauses war ein Kübelwagen während der Dunkelheit zur Verlegung des Bataillonsgefechtsstandes abgefahren. Es dauerte noch die halbe Nacht, bevor endlich das Versorgungsfahrzeug erschien. Als die Verteilung der Versorgungsgüter beendet war, stiegen zwei zusätzliche Passagiere mit Schein vom Sani auf.

8

Nach der Rückkehr zum Tross schickte man uns zu einem kleinen Gehöft, an einer Schotterstraße, in Süd – Nord Richtung. Wir wurden vor Ort Nummer Sieben und Acht der Leichtkranken bzw. der Leichtverwundeten. Ein Sanitätsoberfeldwebel sowie ein Gefreiter betreuten uns dort, sie hatten Uniformen an, mit denen man auch gut in den Urlaub hätte fahren können. Uns wurde ein Raum zugewiesen, welcher mit Stroh ausgelegt war. Die beiden Sanis hatten eine Kammer im Obergeschoss. Meine leicht verletzte Begleitung war ein Ostpreuße und wurde von allen Kafka genannt. Er kam aus der 8. Kompanie und war dort bei den SMGs eingeteilt. Aber von dem berühmten Preußen hatte ich damals keine Kenntnis und auch heutzutage habe ich nicht die Ahnung von seinem Wirken. Als erstes konnten wir uns waschen, dann behandelten die Sanis meine Schweißmauken und dann endlich schlafen, so dass das eine Auge das andere nicht sieht.

Regelmäßiges Essen gab es dann erst ab dem nächsten Tag, da die eigentliche Verpflegung für uns noch an die Front gefahren und dort mitverteilt wurde. Glücklicherweise gab es einige Trauben, welche an Weinranken zwischen den Bäumen wuchsen. Gleichzeitig war es wohl eine Feldbegrenzung. Wir befanden uns in der Poebene und konnten genau nordwärts die hohen Gebäude von Ferrara sehen. Im Verlaufe der folgenden drei Wochen hatte ich das Glück, mit meinem Zugführer Oberfeldwebel Blödorn über Ferrara nach Verona zu gelangen. Aber erst mussten sich die Mauken wieder erholt und kuriert haben. Nach etwa einer Woche trat der Zustand der Genesung dann auch ein und ich rechnete bereits fest damit, wieder nach vorne in das Stahlgewitter geschickt zu werden. Aber bis dahin wurde niemand von uns in eine der vier Kompanien zurückgeschickt und es ist auch keiner mehr dazu gekommen.

Später folgte die Aufklärung, wir waren die Daseinsberechtigung für einen zusätzlichen Sanitäter an diesem Etappenplatz. Der Sanitätsoberfeldwebel benahm sich wie ein Chefarzt gegenüber seinen Gefreiten. Seine Tätigkeit dort beurteilte ich eher als Urlaub in Frontnähe. Das wurde es unverhofft auch für mich, denn ein kleiner roter Punkt links in Bauchnabelnähe entwickelte sich zu einem Tropengeschwür. Zumindest wurde es so von den Sanis bezeichnet. Es wuchs und schmerzte unter dem Koppel. Die Zugsalbe half zu wenig, so dass der Oberfeldwebel entschied, mich zum Truppenverbandspunkt zu schicken. Dieser lag etwa einen Kilometer entfernt. Neben dem erforderlichen Überweisungsschein erhielt ich noch einen Wunschzettel für die Apotheke vor Ort. Außerdem meinte man zu mir, ich solle auch etwas Weiß – Fleisch mitbringen, das würde meine Heilung begünstigen.

Mit dem Brotbeutel am Koppel und geschultertem Gewehr machte ich mich gegen 11.00Uhr auf den Weg. Als erstes sah ich die Apotheke, es war nur ein geschlossener LKW – Anhänger. Der Truppenversorgungspunkt war ein massives Gebäude und mit dem Überweisungsschein meldete ich mich beim Sani. Der meinte zu mir, dass ich aber noch warten müsse, weil vorher noch ein Arm abgenommen würde. Als ich im Gang wartend stand, kam ein Küchenunteroffizier vorbei und fragte mich, ob ich denn schon was gegessen hätte und fügte aber gleich hinzu, dass es noch Kartoffeln mit Gulasch geben würde und dass er mir etwas bringt. Mein Festmahl auf dem Schemel und mit dem Teller in der Hand war noch nicht beendet, als der Sani zurückkam. Er fragte mich lauthals, von wem ich denn das Essen hätte und ergänzte, dass ich doch gleich eine Narkose bekäme. Die Hälfte meines Mahles musste ich leider abgeben, aber die andere Hälfte hatte mir auf keinen Fall geschadet.

Bei der Narkose bis acht gezählt und die Frage, ob ich denn schon mal ein Mädchen gehabt hätte, vernahm ich noch gerade so, bevor ich weg war. An eine Antwort meinerseits kann ich mich nicht mehr erinnern. Aber an das Erlebnis zwei Wochen später, als verheiratete Vorgesetzte mich jungen Spund in den Wehrmachtspuff von Verona mitgenommen haben, schon. Kaum aufgewacht aus der Narkose, meinte der Arzt zu mir, dass da etwa eine Tasse Eiter herausgekommen wäre. Er ergänzte, ein Viehdoktor, wer mich geschickt hätte. Der Doktor war doch eher mitfühlend und kein „weißer Wüstling" und ich kommentierte mit Humor. Humor sollte nicht sterben, auch wenn gestorben wird! Mit einem großen Pflaster auf dem Bauch ging ich zur Apotheke und bekam dort alles Gewünschte von meinem Zettel mit auf den Weg. Die beiden Sanitäter strahlten, es war ein zweifaches Erfolgserlebnis. Nicht nur, dass mir geholfen wurde, sondern auch, dass ich ihre Arbeit miterledigt hatte. Von der Dose mit Hühnerfleisch wurde für keinen Kranken oder leichtverwundeten Kameraden etwas verwendet.

ie tägliche Langeweile wurde nur durch geforderte Arbeiten des Waffenwartes unterbrochen. Der Oberfeldwebel hatte die Reserven an Waffen und Munition des Bataillons zu verwalten und bei Bedarf auszuliefern. Er kannte sich mit der Waffentechnik gut aus. Schießen kann durchaus ja auch als Sport gesehen werden und Spaß bringen, also baute er ein SMG auf und schoss einen hunderter Gurt in den gepflügten Acker. Der Einsatz von Schusswaffen gegen Menschenleben ist dafür umso beängstigender. Unsere leicht verständliche Aufgabe bestand darin, alle vorhandenen Handfeuerwaffen zu reinigen. Bei dieser Gelegenheit bekam ich einen Schießbecher sowie eine Zielvorrichtung für Gewehrgranaten in meine Hände. Zu dem Oberfeldwebel meinte ich, dass es in der 6. Kompanie derzeit keinen Schießbecher mehr geben würde. Er bot mir an, dass ich für meine Kompanie einen Schießbecher eintragen könnte und dann auch mitnehmen dürfte. Dem Oberfeldwebel teilte ich noch mit, dass wir in Halberstadt an dem Schießbecher ausgebildet wurden und dass jeder damals einen Übungsschuss gemacht hatte.

Zu dem Schießbecher gehörte natürlich auch noch Munition, welche aus einer Kiste mit dreißig Granaten plus Treibladungen sowie drei Blendgranaten und drei Panzersprenggranaten bestand. Als wir unsere Arbeit abgeschlossen hatten, meinte der Oberfeldwebel noch zu mir, dass meine neue zusätzliche Ausrüstung aus Sicherheitsgründen noch im Lager bleiben würde. Wenn ich dann wieder nach vorne an die Front müsste, könnte ich mir die Ausrüstung, aus dem Lager abholen. Das habe ich auch eingesehen, die gefährlichen dreißig Gewehrgranaten musste man nicht unbedingt in die Unterkunft mitnehmen. Diese Granaten hatten das Dreifache von der Wirkung einer normalen Handgranate und konnten auch als solche eingesetzt werden. Dazu brauchte man nur die Drall – Kappe aus Plastik zu lockern, dann konnte man schon den Brennzünder ziehen. Ansonsten befand sich an dem vorderen Ende des etwa fünfzehn Zentimeter langen Geschosses ein Aufschlagzünder mit „Klingelknopf". Diese Ausrüstung brachte ich dann auch an die Front mit.

Später meinten meine Kameraden zu mir, dass ich die Artillerie der Gruppe wäre, aber dazu später. Erst nochmal zurück mit meinen Erlebnissen in die Genesungsunterkunft. Dort wurden abends auch mal Spiele gespielt und Witze erzählt. Gelegentlich flogen auch mal Jagdbomber über unsere Köpfe und es gab auch mal einen Angriff. Auf der Schotterstraße, welche am Gehöft vorbei führte, fuhr ein leerer Tankwagen, gefolgt von einem Jagdbomber. Das Fahrzeug wurde von dem Flieger kurzer Hand in Brand geschossen. Der Fahrer konnte sich retten. Ein fünfzehnjähriges Mädchen aus Verona flüchtete in unsere Umgebung zu ihren Verwandten, weil die Fliegergefahr in Verona zu hoch war. Nun konnte sie ständig die Artillerie vernehmen und Tage später sogar den Angriff auf Ferrara beobachten. Die zweimotorigen Bomber flogen an der Adriaküste nordwärts und wurden nur von einem 8,8cm Flak – Geschütz unter Beschuss genommen. Über Ferrara konnten wir sehen, wie Bomben aus den Fliegern fielen, aber der Flak – Beschuss durch unsere Stellungen war auch deutlich stärker. Mit dem Erfolg, das eine Maschine getroffen wurde und zwei Soldaten an Fallschirmen sich wohl retten konnten.

In unserem Quartier stellten die Frauen einmal eine große Menge an langen, dünnen Nudeln her. Es war interessant, wie geschickt sie dabei zu Werke gingen. Am nächsten Tag staunten wir noch mehr, als wir von der Wirtsfamilie zu Tisch gebeten wurden. Es gab Minestra lungo und neben dem Suppenteller lagen Gabel und Löffel.

Für alle von uns war es neu, auch eine Gabel zu einer Suppe zu bekommen. Die Frauen füllten die Teller und nach einem freundlichen Gracia, versuchten die Tedesco, mit den Löffeln die durchschnittlich etwa dreißig Zentimeter langen Nudeln zu essen. Das war eine lustige Angelegenheit, unsere Versuche mit den Löffeln. Bei einem Wettessen hätten wir wohl halb verhungert ausscheiden müssen. Aber unsere freundlichen Gastgeber haben uns auf die mediterrane Art und Weise kultiviert und uns vorgemacht, wie wir die Nudeln essen konnten. Die Gabel in der rechten und der Löffel in der linken Hand, während die rechte Hand auf dem Löffel versucht, die Nudeln einzudrehen. Eine große Rebe mit Weintrauben, mit einer Rebengröße, wie wir es hier in der Gegend noch nicht gesehen hatten, gab es zum Nachtisch. Auch das empfanden und erkannten wir, als eine nicht selbstverständliche Wertschätzung in unserer Lage. Unsere eigentliche Warmverpflegung von der Feldküche gab es immer erst abends, bevor die Stellungen bei Nacht versorgt wurden.

Es dauerte noch ein paar Tage, bevor der Sanitätsoberfeldwebel uns mitteilte, dass wir alle zum Stabsarzt zur Kontrolle sollten. Auch die beiden Sanis mussten mit. Bevor es losging, teilte ich dem Sanitätsoberen mit, dass ich noch zusätzliche Ausrüstung vom Waffenwart abzuholen hätte. Das müsse ausfallen, da der LKW übervoll aufgrund unserer Anwesenheit sein würde, meinte der Oberfeldwebel. Vor Beginn der Dunkelheit waren wir zur Stelle und abmarschbereit. An jenem Abend wurden zwei LKW eingesetzt, ein Diesel und ein Opelbenziner. Um Benzin zu sparen, spannte man den Diesel – LKW eine Zeitlang vor den Benzin – LKW. Auf der Hin- und auch auf der Rückfahrt.

In der Nähe des Bataillonsgefechtsstandes befanden sich auch die Mediziner. Der Stabsarzt gab den beiden Sanis neue Aufgaben in den Kompanien. Dann sah er sich jeden Einzeln von uns gründlich an. Da ich immer noch keinen Gefreitenwinkel auf dem Ärmel hatte, war ich auch der Letzte aus der Reihe, der zur Untersuchung musste. Alle vor mir wurden wieder zu den Kompanien geschickt, damit rechnete ich auch. Aber als er das Pflaster von meinem Bauch entfernte, schaute mich ein freundlicher Doktor an und meinte dann zu mir, dass wir da wohl noch ein wenig Geduld haben müssten und es wäre noch nicht trocken. Dann bekam ich noch einen Schein für die Rückfahrt im Versorgungsfahrzeug. Die Rückfahrt war aber erst in der kommenden Nacht möglich. Solange hielt ich mich in Stabsnähe auf.

Gegen Zehn Uhr war ich bei den Funkern, zur Zapfenstreichzeit. Die Jungs hatten dieses Mal Lili Marleen in der englischen Version gehört, mit dem üblichen andächtigen Verhalten. Der Tag verlief für mich ohne Verpflegung, aber Lili Marleen auf Englisch gehört zu haben, war für mich eine unvergessliche Entschädigung. Mein Wiederholungswunsch dieses Ereignisses war vorhanden, aber nur ohne Konzert der Artillerie.

Während der Rückfahrt kam der LKW in den Bereich der 6. Kompanie, 3. Regiment und ich traf auf meinen Zugführer Oberfeldwebel Blödorn. Er erkundigte sich kurz nach meinem Zustand, worauf ich Rede und Antwort stand. Danach wünschte er mir alles Gute und es ging weiter.

Bei Tagesanbruch erreichten wir den Trossbereich. Das ehemalige Quartier war für mich einzelne Person zu groß und nicht angebracht. Kurzer Hand bekam ich bei den beiden Schreibern mein Feldquartier. Nach zwei Tagen räumten wir allerdings das Quartier und es ging in östliche Richtung. Der Name Rossetta ist mir in guter Erinnerung geblieben. Mein Zugführer Blödorn ist dort überraschenderweise aufgetaucht. Anlässlich seines bevorstehenden Geburtstages hatte er einen frontnahen Kurzurlaub bekommen.

Mir wurden die Ehre und das Vergnügen zuteil, den Oberfeldwebel bei seinem Kurzausflug nach Verona zu begleiten. Eine Woche hieß es nun Auszeit. Wir nutzten Mitfahrgelegenheiten auf militärischen und zivilen Fahrzeugen. Erstes Ziel sollte für uns Ferrara sein. In einer von Wasser umgebenen Burg befand sich eine Dienststelle. Dort musste der Oberfeldwebel für die Po – Überfahrt für uns eine schriftliche Erlaubnis einholen. Mit der Genehmigung erfolgte die Weiterfahrt auf einem Lieferwagen, entlang auf einem Damm am südlichen Po – Ufer. Ein Unteroffizier der Infanterie hatte sich uns angeschlossen. Man ließ uns absitzen, als man vom Deich ein Ruderboot im Fluss sehen konnte. Wir gingen zu dem Boot herunter und stiegen ein, als wäre es alltäglich. Der Bootsführer ruderte mit uns wohl etwa an die vierhundert Meter, in fünfzehn bis zwanzig Minuten über den Po.

Bevor wir am anderen Ufer anlegten, griff ich zum Portemonnaie und gab unserem Ruderer einen fünfzig Lire – Schein. Das war mein Anteil an der zweifach gefährlichen Arbeit bei der Überfahrt. Zum einen war da die permanente Fliegergefahr und zum anderen die Strömung in der Po – Mitte. Die zwei Besserverdienenden gaben nichts. Sie fragten mich aber trotzdem, wie viel ich denn gegeben hatte. Als ich Ihnen antwortete, meinten Sie nur, dass fünf Mark genug wären. Diese Ansicht teilte ich damals wie heute nicht.

Am gleichen Tag erreichten wir noch einen Ort, von dem wir mit der Bahn bis nach Verona gelangten. In Verona nutzten wir viel die Straßenbahn, um die Sehenswürdigkeiten zu erreichen. Auch in der berühmten Arena von Verona waren wir und haben uns einer Führung angeschlossen. Danach haben wir dann wohl das weltbeste Speiseeis genussvoll verzehrt. Mein Zugführer, welcher sich meistens mit dem Unteroffizier unterhielt, kam zu mir und fragte mich, ob ich genügend Geld dabei hätte. Er ergänzte, dass sie in den Wehrmachtspuff wollten. Ein Freudenhaus war bald gefunden, da ich die Frage bejaht hatte. Einen Erfahrungsaustausch haben wir hinterher nicht gemacht. Bei meinem Mädchen vermutete ich aber einen Sprachfehler. Ihre Preisansage lautete etwa so: „Chalbe Stunde, Chundert Lire!" Später, in der Zeit meiner Gefangenschaft klärte sich dies, da habe ich erfahren, dass russische Bürger ein Problem mit dem „H" haben. Also musste dort eine ganz normale russische Frau dienen!

Nach dieser Art von Truppenbetreuung trennte sich der Infanterieunteroffizier von uns. Er suchte den Bahnhof auf, von welchen er über den Brennerpass fuhr. Mein Zugführer versuchte noch einen Pelzmantel für seine Frau zu kaufen, aber ohne Erfolg. Auch für uns war es nun Zeit zurückzukehren.

Mit der Bahn fuhren wir am Tage in Richtung Treviso. Ein unvergessliches Naturschauspiel konnten wir bei einem Blick in nördliche Richtung bestaunen. Alles begann mit grünen Hügeln. Dahinter erstreckten sich in den schönsten Herbstfarben Wälder. Es schlossen sich graue bis gelblich braune Gebirgsformationen an. Im schönen Abendsonnenlicht brannten sich diese Impressionen in meinem Kopf ein und als Krönung dieser unglaublich schönen Landschaft konnte man in weiter Entfernung schneebedeckte Berge sehen.

Es war schon dunkel, als der Zug stoppte. An einer kleinen Station sollten wir umsteigen. Für die Eisenbahner gab es wohl Probleme beim Weichenstellen und Signalegeben. Angeblich war dies ein Werk der Partisanen (Resistenza) gewesen. Nun suchte man Freiwillige, welche mit den Eisenbahnern zu den Weichen und Signalanlagen gehen sollten. Auch ich meldete mich freiwillig. Der höchste Dienstgrad fragte den Munitionsbestand ab. Von einem Obergefreiten bekam ich einen Fünf – Schuss – Ladestreifen, weil ich nur zwei Patronen hatte. Unsere kleine Gruppe Freiwilliger wurde aber dann doch nicht mehr gebraucht, da die Signalanlagen und die Weichen nun wieder arbeiteten. Nach einer Viertelstunde rollte der Zug wieder und der Obergefreite verlangte seine fünf Schuss zurück. Mir war die Situation etwas peinlich, da ich noch nicht einmal meine Waffe vollgeladen hatte.

Nach dem die nächtliche Bahnfahrt im Personenzug und zusammen mit Zivilisten beendet war, schloss sich eine Wartezeit an. Hatten wir doch wieder den längsten italienischen Fluss, den Po, zu passieren. Wir konnten eine Mitfahrgelegenheit auf einem Bus ergattern. Der Busfahrer war allerdings sehr vorschriftenkonform und ließ nur so viele in den Bus steigen, wie es auch Sitzplätze gab. Nun, der Oberfeldwebel hatte noch Glück. Noch bevor der Busfahrer losfuhr, kletterte ich schnell hinten am Bus an einer Leiter in das leere Gepäckgestell und die Reise konnte losgehen. Kurz vor einer Etsch – Brücke hatte die Straße einen kurzen, steilen Anstieg. Fast waren wir auf der Brücke, als der Motor seinen Geist aufgab und wir unfreiwillig rückwärts, der S – Form der Straße folgten. Der Busfahrer schaffte es, sein Gefährt zu bremsen und erfolgreich den Motor zu starten. Der zweite Versuch, den Etsch zu überfahren, war dann problemlos.

Nachdem hielt der Bus irgendwann und es stiegen mehr Menschen aus als zu und so konnte auch ich endlich im Bus Platz nehmen. Im Bus herrschte großes Schweigen. Mit dem Bus kamen wir nicht bis Posella, doch erreichten wir unser Tagesziel mit anderen Truppenfahrzeugen, welche auch über den Fluss mussten. Das Übersetzen mit der Fähre war erst während der Nacht möglich und brauchbare Brücken gab es nicht mehr. Aber wir konnten noch erkennen, dass Posella auch einen schiefen Kirchturm hatte. Irgendwann in der Nacht querten wir dann den Fluss. Ferrara lag nicht mehr auf unserer Rückreiseroute, dafür kamen wir noch am Vormittag wieder in Rossetta an.

Mein Zugführer beauftragte mich, im Dorf nach Gehöften zu suchen, welche Enten hielten. Unsere damaligen Gastgeber hatten keine Enten auf ihrem Hof, wussten aber, wo ich Enten kaufen konnte. Beim Bauern vor Ort vereinbarte ich den Kauf einer geschlachteten Ente für den nächsten Tag.

Die Bauernfamilie übernahm mit dem, was uns von der Feldküche zugeteilt wurde, die Zubereitung unserer Mittagskost. In den Genuss kamen die Kompanieschreiber, zwei Feldwebel, der Hauptfeldwebel vom Tross, mein Zugführer sowie meine Wenigkeit. Wir saßen beim Essen in der großen Küche am Tisch, mit Blick aus dem Fenster, während gleichzeitig die Bauernfamilie im inneren mittleren Küchenraum speiste. Einen mir unvergesslich gebliebenen Weißwein servierte die Familie zum Mittag dazu und selbst das zweite, nachgeschenkte Glas trank ich, ohne mich zu schütteln. Ansonsten habe ich an Alkohol und Nikotin bis heute immer noch nichts Lebenswichtiges erkannt. An den Gesprächen bei Tisch war ich kaum beteiligt.

Nachdem ich die Ente am Abend abgeholt und abgegeben hatte, beauftragte mich der Hauptfeldwebel, nachts auf der Dorfstraße zu patrouillieren. Natürlich nur mit meinen zwei Patronen im Gewehr und natürlich bis zum Morgen ohne Ablösung. Die nächste Nacht verlief genauso. Dank eines italienischen Dolmetschers und seiner freundlichen Anleitung war es uns möglich, beide Nächte an Frontkämpfer – Zusatzverpflegungspäckchen zu kommen. „Danke Ubaldo, (das war ein italienischer Fallschirmspringer, welcher in unseren Reihen seinen Dienst als Dolmetscher verrichtete) dass Du mir diese günstige Möglichkeit aufgezeigt hattest!" Wir hatten, seit wir aus dem Raum Perugia waren, keine zusätzliche Verpflegung mehr erhalten.

Das letzte dieser Art habe ich bei meiner zweiten EK – Auszeichnung Ende März 1945 bekommen. Heute bedauere ich, dass ich damals für unsere freundlichen italienischen Gastgeber nicht auch ein Päckchen geklaut hatte. Inzwischen war ich auch im Bilde, bei der anstehenden Geburtstagsfeier mit Entenbraten war einer zu viel und das war ich. Zugführer Blödorn war von dieser Aktion bestimmt nicht der Urheber, den habe ich immer noch als den besten Vorgesetzten meiner einjährigen Frontdienstzeit in Erinnerung. Auch von seinen Vorgesetzten wurde er geschätzt und geachtet, dass es also keine Überraschung war, dass er später noch zum Fähnrich ernannt wurde. Der Oberfeldwebel war bereits zwei Tage vor mir zurück an die Front gegangen, bevor auch ich, mit Schiessbecher und dem dazugehörigen Zubehör wieder die Stellungen an vorderster Front erreichen sollte.

Teilweise waren einige Stellungen so nahe der Adria, dass ein schweres Kriegsschiff nachts fünf bis sechs Mal die sogenannten Breitseiten abfeuern konnte. Selbst in Rossetta, in Innenräumen, konnten wir die Abschüsse und Einschläge noch hören. Mit dem Versorgungsfahrzeug ging es von meinem derzeitigen Quartier dann wieder nach vorne. Doch noch bevor ich aufsteigen konnte, kamen die Oma und die Enkelin der Bauernfamilie weinend zu mir und verabschiedeten mich. Was die Worte „Tanto o guri" (oder ähnlich) und „Fortuna" etwa bedeuteten, konnte ich mir aus der Situation ableiten, auch erwiderte ich die Worte gleichbedeutend. Meine Überraschung war groß, da wir kaum miteinander gesprochen hatten, umso mehr war ich ergriffen über die menschliche und freundschaftliche Reaktion. Einer der beiden Feldwebel reichte die schwere Kiste hoch und meinte zu mir, mach's gut und halt die Ohren steif. Nach einer Stunde Fahrtzeit war ich wieder dort, wo die Granaten einschlugen. Im Keller eines großen Hauses musste ich mich bei dem Ritterkreuzträger Leutnant Neuhoff zurück melden.

Mein Erscheinen mit dem Schiessbecher und dem Zubehör brachten mir anerkennende Worte. Er zeigte seine positive Überraschung und äußerte sich mit den Worten, dass er solche Soldaten in seiner Kompanie hätte, welche mit Eigeninitiative als positives Beispiel vorangehen würden. Leider hatte Oberfeldwebel Struth ebenfalls mitbekommen, das ich wieder einsatzbereit war. Wir verließen zugleich den Keller und ich musste an der anderen Straßenseite, auf meiner Munitionskiste sitzend, auf weitere Befehle warten. Der Oberfeldwebel wandte sich ab und entfernte sich zu meiner rechten Seite und ich dachte, er würde nochmal in das Haus zurückgehen. Die Straße vor dem Haus verlief in Nord – Süd Richtung und lag rechtsseitig vom Haus unter Artilleriebeschuss. Mir schwante allerdings, wenn das Artilleriefeuer auf das Haus gelenkt würde, wäre ich das erste Kanonenfutter. Vielleicht gab es, etwa fünfzig Meter weiter rechts vom Haus eine Kreuzung, welche für den Gegner strategisch wichtiger zu beschießen war als das Haus.

Als der Artilleriebeschuss endete, hörte ich Schreie eines Verwundeten. Die Kiste ließ ich zurück, als ich über die Straße zum linken Graben eilte, um dem Verletzten zu helfen. Plötzlich knallte ein Pistolenschuss und das Schreien hörte auf, ich rannte trotzdem weiter. Zu meinen Erstaunen begegnete ich dem Struth, er fragte mich, wo ich denn hin wolle und ich entgegnete ihm, dass ich einen Verwundeten schreien gehört hatte und dass ich nachsehen wollte, ob ich helfen könnte. Seine lapidare Antwort war nur, dass schon alles geregelt sei, dass ich wieder zurückgehen solle und dass er mich gleich in meine neue Stellung einweisen würde.

Die Fratze des Krieges offenbarte sich ein weiteres Mal. Nun schickte mich der Stellvertreter des Zugführers mit einem anderen Gefreiten los. Der Gefreite kannte den Weg und die Stellung. Knapp zwei Kilometer Fußmarsch lag nun vor uns. Etwa nach der Hälfte des Weges sahen wir ein kleines Gehöft und wir verließen die Straße in Richtung des Bauernhauses. Mein Kamerad kannte sich gut aus und führte mich in das Bauernhaus. Vor Ort trafen wir auf den Bauern und seine Frau. Die Beiden waren nicht vor den Kriegswirren geflohen und haben dadurch ihre Tochter verloren. Etwa zehn Meter vor dem Haus schlug eine Granate ein. Die siebzehnjährige Tochter wurde direkt am Kopf, durch einen Granatsplitter getroffen. Einen halben Kilometer weiter südlich gab es andauernden Granathagel, ohne dass man Geschütze hören konnte. Es handelte sich wohl offensichtlich wieder um Werfer, wie auch schon bei Rimini.

Wir marschierten in östliche Richtung weiter und das nächste Gehöft war auch unsere Stellung. Vor Ort trafen wir auf einen Oberjäger, zusammen war dieser Posten nun drei Mann stark. Cesena hieß der Ort, welcher unter Dauerbeschuss lag, unsere Gegend war davon nicht betroffen. Ob und wo die nächsten Anschlussposten lagen, wurde mir nicht gesagt. Als der Tag anbrach, konnte ich auch das etwas höher gelegene Cesena sehen, am Rande der Poebene. Auch bemerkte ich, dass hier, in vorderster Stellung, ein Feldtelefon angeschlossen war. Üblicherweise wäre nach solch einem nächtlichen Beschuss ein gegnerischer Angriff erfolgt, der blieb jedoch aus. Die Stellungen, in denen wir uns befanden, verliefen wohl hinter Cesena und waren viel zu schwach besetzt.

Die Gegner konnten Cesena wohl ohne ernsthafte Gegenwehr einnehmen. Es war kein Kampflärm der Infanterie zu hören. Das Feldtelefon klingelte auch einmal, da ich aber weder eingewiesen noch befugt war, blieb es beim Klingeln und ich harrte, wie schon so oft allein auf Posten aus. Der Gruppenführer wäre zuständig gewesen. Der Tag verlief ohne besondere Vorkommnisse. Es wurde dunkel und der Gefreite, mit dem ich in der vorherigen Nacht in die Stellung kam, marschierte mit mir in Richtung Bauerngehöft zurück. Der Gruppenführer ist wohl mit dem Telefon einen anderen Weg gegangen. Bei dem langen Haus ging es über die stark unter Beschuss liegende Kreuzung gleich nordwärts weiter.

Auch die Straße in Richtung Norden lag massiv unter Artilleriebeschuss, so dass ich in den linken Straßengraben auswich. Der Graben hatte etwa sechzig Zentimeter Höhenunterschied zur Straße und war trocken. Meine Gedanken waren plötzlich bei dem, was ich in den letzten achtundvierzig Stunden erlebt hatte. Durch eine Karetta mit Pferd, welche hinter mir auf der Straße ankam, wurde ich aus diesem Gedankenfluss herausgerissen. Ein kurzes Schrillen vor dem Krachen in dem Straßengraben auf der anderen Seite und das Pferd bäumte sich vor Schreck auf, setzte darauf aber gleich wieder den Weg fort. Auf der Karetta befanden sich zwei Offiziere, welche ebenfalls unversehrt blieben und schnell an mir vorbei waren.

Über dieses unglaubliche Soldatenglück konnte ich mich aber erst später richtig freuen. Mich beschäftigte eher, was ich wohl für ein Schicksal gehabt hätte, wenn ein Granatsplitter auf einen Aufschlagzünder der von mir mitgeführten dreißig Gewehrgranaten getroffen hätte. Eine Gewehrgranate hatte etwa die dreifache Wirkung einer Handgranate. Mein Nervenkostüm war in diesem Augenblick überstrapaziert und ich konnte nicht mehr anders als zu heulen und zu schluchzen und dies wie noch nie zuvor in meinem Leben. Dieses Bekenntnis kann ich nun ohne Scham niederschreiben und ist ein Grund mehr, gegen jede Art von Krieg zu sein! Der Abstand zu meinen Kameraden vor und hinter mir war so groß, dass niemand davon etwas mitbekam.

Doch plötzlich tauchte hinter mir der Oberfeldwebel Struth auf und fragte zugleich, ob ich verwundet oder krank wäre. Meine verneinende Antwort ergänzte ich mit ein paar Worten zu meiner Verfassung. Seine erstaunliche Reaktion, dass er mir seine Hand auf die Schulter legte und meinte, dass ich mich man wieder beruhigen solle, verblüffte mich. Er ergänzte, dass ich ja schon eine Weile vorne dabei wäre und wüsste, dass man auch mal Glück haben könne. Dann meinte er noch, dass ich ihm die schwere Kiste übergeben und nochmals, das ich mich beruhigen soll.

Es wurde hell und wir waren nicht mehr unter dem schweren Beschuss. Nun bekam ich meine Kiste wieder und sollte bei einem flachen Gebäude warten. Es dauerte recht lange, bis er zurück war. Außerdem bemerkte ich, dass das Gebäude als Bataillonsgefechtsstand genutzt wurde. Ein Oberleutnant und ein Leutnant kamen an die frische Luft in meine Nähe und gaben zum Besten, das es nachts ja ganz schön knapp gewesen wäre. Danach gingen beide wieder in das Gebäude und ich hatte Zeit, darüber nachzudenken, was wohl unser Glück gewesen war. Nun, die Granate schlug auf der anderen Straßenseite mittig in dem Graben ein.

Dadurch explodierte die Granate etwa einen Meter unterhalb der Straße und somit konnten die Splitter nicht so stark streuen, sondern gingen eher Richtung Himmel. Das Pferd, mit seiner großen Angriffsfläche konnte so ebenfalls davon profitieren und weiter leben.

Den halben Tag habe ich dort auf meiner Munitionskiste gesessen. Nur zum Trinkwasserholen habe ich kurz den Platz verlassen. Später wurde mir klar, dass ich eine Diskussion auf dem Kompanie – Gefechtsstand ausgelöst hatte. Es war für mich ein ruhiger halber Tag. Der stellvertretende Zugführer kam erst nach Stunden zu mir zurück und befahl mir dann, den Posten auf dem etwa einhundertfünfzig Meter entfernten Nachbarhof abzulösen. Der Posten sollte sich auf einer Plattform in einem Baum befinden, ich teilte meinem Vorgesetzten mit, dass ich die ganze Zeit meine Umgebung beobachten konnte und dass dort kein Posten war. Die Antwort kam prompt, er würde nur mal kurz weg sein und gleich wiederkommen und dass ich hingehen soll.

Aber ich sollte Recht behalten, dort war niemand und ich meldete mich mit dieser neuen alten Erkenntnis bei ihm zurück. Dieses Mal war er einsichtig und er schickte mich als Spähposten auf einen drei Meter hohen Strohhaufen, welcher auch etwa einhundertfünfzig Meter entfernt war. Die Hauptkampflinie befand sich etwa einen Kilometer südlich, dort hagelte es Granaten. Mir kam der Gedanke, dass es wohl sehr ungünstig wäre, meine Waffe auf einem Strohhaufen zu benutzen. Mein Gewehr war jetzt mit Treibladungen für Gewehrgranaten geladen.

Die Gewehrgeschosse mit Drallkappe hatten entweder einen Zugzünder oder einen Brennzünder. Um einen Schuss abgeben zu können, musste das Gewehrgeschoss erst in den Schiessbecher gedreht werden. Noch bevor ich irgendwelche Feindbewegungen im Vorfeld ausmachen konnte, kam Oberfeldwebel Struth erneut zu mir. Er erkannte die gleiche Problematik wie ich und wies mich nun neben den Strohhaufen in die Stellung ein. Dazu befahl er, dass ich mich ganz ruhig mit dem Rücken zur Ecke setzen soll und dass, ganz egal, was passiert, ich dort auch verbleiben sollte. Er wurde nochmal deutlicher und meinte ausdrücklich zu mir, dass ich mich nicht bewegen sollte und dass mir dann auch nichts passieren würde.

Dann verschwand er hinter eine Buchenhecke. Natürlich hatte ich nicht nachgesehen, wohin er verschwand, da ich dann ja gegen seinen Befehl verstoßen hätte. Es dauerte nicht lange und eine Maschinenpistole knatterte in meiner Nähe los. Die Geschosse flogen etwa zwanzig bis dreißig Zentimeter vor meiner Nase vorbei, der Schreck saß mir in den Knochen und tatsächlich blieb ich bewegungslos sitzen. Für mich hörte sich das Knattern nach der italienischen Maschinenpistole des Oberfeldwebel Struth an. Damals und heute glaube ich, dass ich einen „Feigheitstest à la Struth" bestanden hatte.

Struth kam nicht aus der gleichen Richtung zu mir zurück, aber ich war nicht mehr lange allein an der Strohmiete. Es war ebenfalls ein Oberfeldwebel, er war etwas größer als ich und wirkte auf mich wie ein Frontneuling. Wohl zum Angeben hatte er ein silbernes Parteiabzeichen angesteckt. Er sprach mich mit meinem Namen an und stellte sich vor. Der Berufssoldat erzählte und ich hörte zu.

Sein Vater war Kapellmeister und auch er war ein Musiker. Auch ich erzählte dann einiges aus meiner Heimat, von meiner großen Familie und von meinem bisherigen Werdegang. Ob er irgendwas von der letzten Nacht bis zu den aktuellen Geschehnissen wusste, war für mich nicht erkennbar. Von meinem persönlichen „Feigheitstest" habe ich nach dem Krieg gelegentlich berichtet. Es gibt einiges an unvergesslichen Erlebnissen aus dieser Kriegszeit, welche durchaus bei passenden Gelegenheiten erzählt werden sollten. Um zu mahnen und zu warnen, dass ein solch menschenverachtender Weltkrieg, wie er damals geführt wurde, nicht in eine dritte Runde gehen kann und darf.

In der folgenden Nacht ging es nochmals weiter weg von Cesena. In den quadratischen Straßen der Poebene waren wir zuletzt aus einer West-Ost-Richtung nach Norden unterwegs. Wir stoppten und unser Zug hatte die Vorposten an der Straße zu besetzen. Dieses Mal wurden wir vom Kompaniechef Leutnant Neuhoff persönlich in die neuen Stellungen eingewiesen. Ein mir bisher nicht bekannter Oberjäger und ich wurden zur Panzerbekämpfung an der linken Straßenseite eingewiesen. Seine Brust zierte ein Eisernes Kreuz erster Klasse, weitere Auszeichnungen darunter und das Verwundetenabzeichen in Silber waren ebenfalls wirkungsvoll am Waffenrock angebracht. Er hatte die Panzerfaust und zusätzlich sein Fallschirmschützengewehr mit einem Zwanzig – Schuss – Magazin bei sich.

Etwa zehn Meter rechts hinter uns befand sich der Kamerad Schrader mit seinem MG42 und dem Schützen Zwei. Der Kompanieführer ging und die restlichen noch nicht eingeteilten Soldaten verteilten sich ebenfalls zur rechten Flanke in unübersichtliches Gelände. Der Oberjäger wies mich an, dass ich in die Böschung eine Deckung buddeln soll, dann teilte er mir mit, dass er nochmal weg muss, die Panzerfaust ließ er liegen. Mit meinen Feldspaten baute ich unsere Deckung aus und tarnte auch den frischen Boden, der Oberjäger war immer noch nicht zurück. Unser Wachposten blieb wie so oft ohne Ablösung. Doch wir wurden in unserem Bereich von Artilleriebeschuss verschont und von Panzern hatten wir zuletzt am Ende des Vortages gehört. Wir alle hatten, auch wie so oft, Hunger und Durst und nur den Durst konnten wir stillen. Plötzlich tauchten am linken Straßenrand „Tommys" auf. Zwei Helme und einen Soldaten mit Schirmmütze konnte ich ausmachen. Der mit der Schirmmütze setzte ein Fernglas an, ich zog meinen Kopf in Deckung und wartete einige Minuten, dann spähte ich wieder aus meiner Deckung.

Der feindliche Trupp war nun in den rechten Straßengraben ausgewichen und rückte vor und ich machte eine laute Zielansprache für die „MG – Stellung Schrader". Sie stellten das MG in Position und schon knatterte es los. Neben dem Straßengraben konnte ich Maispflanzen umfallen sehen. Die drei Soldaten hatten nur die kurze Zeit zwischen der Zielansprache und der Positionierung des MGs, vielleicht hat es Ihnen genutzt und sie konnten sich in Sicherheit bringen.

Zumindest an der Straße waren keine Feindbewegungen mehr sichtbar. Aber es kam Beschuss aus oder von dem Rand des Maisfeldes aus einer Maschinenpistole. Meinen Kopf behielt ich in Deckung, gezieltes Feuer meinerseits war unter dem Beschuss unmöglich, also versuchte ich es mit Steilfeuer. Meinen Gewehrkoben stützte ich auf dem Erdboden, das Gewehr war nun etwas schräg in Richtung des Feindbeschusses ausgerichtet. Während ich abdrückte schaute ich nach oben. Das Geschoss, eine Gewehrgranate, flog gut sichtbar etwa einhundert Meter in die Luft und kam dann wieder herunter. Es krachte in dem Bereich, von wo der Beschuss kam. Also stimmte die Richtung und ich verfeuerte noch etwa zwanzig Granaten. Der größte Teil unseres Zuges lag rechts von mir und ich verfolgte das Ziel, die linke Flanke zu schützen und so den Zug zu unterstützen. Auch war ich immer noch alleine in meiner Stellung. Doch es dauerte nicht lange und der Oberjäger kam eilig zurück, er nahm die Panzerfaust auf und teilte mir mit, dass wir uns zurückziehen müssten. Der Gegner war bereits an der linken Seite durchgebrochen. Dann war ich wieder alleine, doch ich zog mich ebenfalls zurück, ich wich seitlich der Straße aus, bis ich auf einen etwa zwei Meter hohen Maschendrahtzaun stieß.

Dieses Hindernis stellte kein Problem dar und meine Munitionskiste war auch schon leichter. Schnell war der Zaun überklettert, doch die Aktion blieb nicht unbemerkt. Etwa dreißig Meter hinter mir knatterte ein MG, so dass ich sofort den Kopf einziehen musste. Ein Pflaumenbaum auf einer Wiese bot kaum Deckung mit seinem gerade mal fünfzehn Zentimeter Stammdurchmesser und war nun auch schon reichlich durchlöchert. Flach liegend wartete ich auf eine Feuerunterbrechung des Gegners. Die Nachladepause der gegnerischen Schützen ließ nicht lange auf sich warten und ich wollte mit meinen Mitteln das Feuer erwidern. Leider verhinderte die Baumkrone Steilfeuer und der drei Meter vor mir stehende Zaun, welchen ich gerade überwunden hatte, verhinderte ebenfalls einen direkten Beschuss meiner Kontrahenten, so krepierte einiges an Granaten am und im Zaun.

Das feindliche MG – Feuer legte von neuem los und ich lag wieder flach am Boden. In Schussrichtung, also hinter mir, befand sich ein großer Trichter am linken Wiesenrand. Der Trichter war eine gute Deckung für die Schützen unseres 42iger MGs, welches zuvor noch an der rechten Straßenseite in Stellung war. Ihr MG war nicht sichtbar, also auch nicht in Feuerstellung, sie konnten aber sehr wohl meine missliche Lage sehen, doch sie ignorierten gekonnt meine Hilfsbedürftigkeit. Meine Enttäuschung über diese beiden Kameraden war an diesem Tag sehr groß. Nachdem auch die zweite Feuersalve geendet hatte, sondierte ich erneut das Gelände.

Dabei stellte ich fest, dass der Baumstamm noch weiter gelitten hatte. Meine Munitionskiste lag etwa eine Armlänge rechts von mir. Zur Straße waren es etwa zwanzig Meter und schon knatterte auch wieder das feindliche MG. Diesmal bekam ich von einem 34iger MG Unterstützung. Die Kameraden lagen etwas rechts von mir an einer Zaunöffnung. Als die beiden Obergefreiten nachladen mussten, rief ich ihnen zu, dass ich zu ihnen rüber kommen würde. Als der zweite Gurt der braven Kameraden „ratterte", rannte ich auch schon los, ich sprang über sie hinweg und ging neben ihnen in Stellung. Immer noch seltsam und merkwürdig fand ich damals wie heute, dass nichts gesprochen wurde. Es war, als würde man eine Arbeit erledigen und nicht sprechen müssen. Die beiden hielten noch mit einem dritten Gurt auf die gegnerische MG – Stellung und der Gegner hatte zwei Helden weniger und wir erst mal wieder Ruhe. Traurig aber leider die Wahrheit! Schon zum zweiten Mal verdankte ich diesen beiden Kameraden mein Leben.

Leider war es damals in der Truppe nicht so wie in einer Schulklasse, wo man jeden Namen kannte. Diese beiden braven Soldaten blieben für mich namenlos. Inzwischen hatten unsere eigenen Feldhaubitzen Sperrfeuer geschossen, allerdings gegen Freund und nicht Feind. Wir behielten den Kopf unten und warteten die schon bald eintretende Feuerpause beider Seiten ab. Es war jetzt sogar möglich, sich neben der Straße neu zu ordnen und somit die Vorpostenstellung zu räumen.

Ein mir unbekannter Feldwebel, ein Frontneuling hatte das Kommando. Wir waren vollzählig und alle unbeschadet beisammen. Der Feldwebel gab Kamerad Schrader die Hand, bedankte sich und meinte zu ihm, dass er sich gut gehalten hätte. Auch meinen Namen kannte der Feldwebel und ich war gleich der Zweite, der die Ehre seines Händedrucks hatte. Mit den Worten begleitet, dass er das nicht von mir gedacht hätte. Dieses Vorpostengefecht war wohl aus militärischer Sicht meine beste Einzelkämpferleistung.

Wir erfuhren noch von ihm, dass auch er einen rettenden Sprung machen musste und dass die Geschosse nur knapp an seinem Bein vorbei gegangen sind. Wir wechselten die Straßenseite und zogen uns zurück, es ging direkt durch das Gebiet, welches auch durch die eigene Artillerie unter Beschuss war. Ein Bauernhof wurde zu unserer Raststätte. Mit Ausnahme der Unteroffiziere lagen wir alle dreckig und hungrig in einem Raum auf dem Fußboden und versuchten zu schlafen.

Noch bevor ich einschlafen konnte, wurde ich auch schon wieder vom Zugführer aus dem Raum gerufen. Mein Gepäck behielt ich am Mann und folgte dann mit in die Küche. Dort befand sich bereits ein mir unbekannter Oberjäger, ich durfte mich setzen. Der Oberfeldwebel fragte mich, wie denn der Tag für mich abgelaufen wäre und ich schilderte alle Vorkommnisse. Die beiden Vorgesetzten hörten mir aufmerksam zu. Danach fragte mich der Oberfeldwebel, wie viel Munition ich denn verbraucht hätte. Da ich noch nicht gezählt hatte, antwortete ich auch dies. Wobei ich zeitgleich den Deckel der Munitionskiste öffnete und anfing zu zählen.

Es waren noch drei von dreißig Gewehrgranaten vorhanden sowie je drei Panzerblendgranaten und Panzersprenggranaten. Der Zugführer meinte zu mir, dass es gut wäre und dass ich in der Küche sitzen bleiben sollte. Dann verließen beide selbige. Wenn dieser Tag sich als erneuter Feigheitstest herausstellen sollte, dann sollte das aber der letzte sein. Den Oberjäger, welcher mit mir zur Panzerabwehr eingesetzt war, habe ich nie wieder gesehen. Er bekam eine Aufgabe beim Bataillonsgefechtsstand. Nach 1993 konnte ich einen Briefkontakt zu ihm herstellen und bis zu seinem Tode, Ende des Jahres 2000 auch halten.

Auch den Oberjäger aus der Küche habe ich nie wieder gesehen und der Feldwebel, welchen ich mit meiner Tagesleistung beindrucken konnte, hatte wohl auch nur eine Gastrolle. Er wurde dann wieder von Oberfeldwebel Struth ersetzt. Da saß ich nun alleine in der Küche und erwartete die Unteroffiziere zurück, aber es kam niemand mehr. Etwa in einem Kilometer Entfernung knatterten Panzer – MGs von feindlichen Panzern, alles wie am Vortag und endete ebenso wieder mit Rückzug. Bevor es für uns weiterging, durchsuchte ich noch, vom Hunger getrieben, den Küchenschrank. Hinter der ersten Schranktür fand ich die Überreste eines Kaninchenbratens.

Das Keulenfleisch und das Fleisch am Rücken waren bereits verzehrt worden aber an den Rippen und auch das Rückgrat selber boten noch Fleisch zum nachknabbern. Die letzte richtige Mahlzeit hatte ich an dem Tag als ich abends zur Front fuhr! Den Teller mit dem Knochengerüst ließ ich sichtbar in der Küche stehen, dann nahm ich meine Ausrüstung und verließ das Haus.

Es dunkelte und für uns ging es weiter zurück, sicherlich gut für die Bevölkerung und egal für uns. Der gewohnte Nachtmarsch näherte sich dem Ende, wir überschritten eine aus Ziegeln erbaute Flussbrücke. Nun wurde die 6. 3 linksseitig am Flussufer in die Stellungen eingewiesen. Die Brücke wurde nicht gesprengt und sollte gehalten werden und war der Beginn des Kompanieabschnitts, welcher etwa einen Kilometer flussaufwärts des Ronco verlief. Dass wir in der Nähe von Forli waren, erfuhren wir erst nach mehr als zwei Wochen, nach Räumung der Stellungen entlang des Flusses. In der Nähe der Brücke stand ein gut getarnter Panzer IV und selbst die Fahrspuren wurden geharkt und beseitigt.

Natürlich drohte auch immer Gefahr aus der Luft, also war eine gute Tarnung wichtig. Trotz meiner unüblichen Bewaffnung für einen Melder wurde ich wieder als solcher eingesetzt. Dazu demontierte ich die Zielvorrichtung für die Gewehrgranaten und lud meinen Karabiner wieder mit Spitzgeschossen. Bei den MG – Schützen musste ich mir noch drei Schuss extra schnorren, da ich mit nur zwei Schuss vom Tross abgefahren war. Für die Gewehrgranaten hatte ich noch zusätzliche Treibladungen, den Platzpatronen sehr ähnlich. Etwa einhundert Meter von der Brücke entfernt befand sich der Kompaniegefechtsstand sowie der mir schon bekannte Funker aus Hamburg. Diesmal gab es kein abendliches Lili Marleen – Konzert.

Der Panzer IV wurde noch in der Nacht zurück verlegt aufgrund des unübersichtlichen Geländes. Als in der Nähe der Steinbrücke ein MG 42 knatterte, konnte ich die Meldung zum Geschehen mithören. Am Vormittag hatten wohl zwei Flachhelm – Soldaten versucht, unter die Brücke zu sehen. Vermutlich hatten sie den Auftrag, die Brücke nach versteckten Sprengladungen abzusuchen. Für sie war der Beschuss gedacht und einer von ihnen hat es leider nicht geschafft. Er war der Kugelfang für seinen Kameraden, welcher unbehelligt in das dichte Gebüsch verschwinden konnte. Währenddessen wurde das MG nachgeladen. Wenigstens hatte ein schneidiger Gegner diesen so unbesonnenen und gnadenlosen Befehl überlebt. Damals wie heute konnte und kann ich mich über diesen Umstand freuen. Diesen Auftrag konnte man wie ein Todesurteil vom feindlichen Kommandostand gegenüber seinen eigenen Soldaten ansehen. Auch wenn wir nicht zu sehen waren, musste die feindliche Führung doch wissen, dass wir da waren.

Zu dieser Jahreszeit gab es häufig starke Regenfälle, so dass der Fluss Ronco Hochwasser führte. Das Wasser trat nicht nur über die Ufer, sondern auch über die Steinbrücke. Dieses Schauspiel wechselte immer mit den wenigen trockenen Stunden ab. Die Bevölkerung war auf der Westseite des Flusses geblieben. Der tägliche Stellungswechsel war für uns vorerst vorbei. Etwa drei Wochen waren wir für die Bevölkerung präsent gewesen und, zugegeben, auch eine Belastung für die Zivilisten.

Aber trotzdem war es ein besonderer Abschnitt der Front, der wohl auch den Zivilisten nutzte. Die feindliche Artillerie beschoss nur das Hinterland, weit hinter unseren Stellungen und ansonsten gab es nur gelegentlich Beschuss durch 8cm „Spucker". Unsere Artillerie schoss nachts mit nur einem schweren Werfer, etwa vier, fünf Schuss auf die feindlichen Artilleriestellungen oder auch auf Panzer. Die Geschosse wurden durch ein langes „uuh" begleitet und sahen aus wie rote Feuerbälle und der Aufschlag war, als würde eine schwere Bombe einschlagen. Nachts wurden wieder regelmäßige Versorgungstransporte durchgeführt und natürlich bekam ich dann auch wieder meine nachbestellte Munition für den Schießbecher. Es waren zwanzig Gewehrgranaten sowie die dazugehörigen Treibladungen. Meine Munitionskiste wurde allerdings nie wieder so schwer wie sie zu Anfang einmal war.

 Diese dreiwöchige Frontzeit war für uns relativ entspannt und wurde somit auch zur Aus- und Weiterbildung genutzt. Vom Leutnant Neuhoff wurden Messtischblätter verteilt, welche in den vorletzten Stellungen noch wichtig waren. Ein Oberjäger sowie zwei Gefreite sollten Auszüge, sogenannte „Krokis" (=Geländeskizzen) machen, da war auch ich dabei. Langsam, aber gründlich, war ich zuletzt fertig. Als nächstes wurden uns Fragen gestellt, welche mit Richtig oder Falsch durch uns beantwortet wurden. Danach musste jede Antwort noch erklärt werden. Hier ein Beispiel: Was ist eine Flanke? Eine Flanke ist die Tiefenstaffelung der Hauptkampflinie, die zurzeit stimmte. Allerdings fiel mir unwillkürlich das Geschehene am Fluss Arzilla zwischen Fano und Pesaro wieder ein. Dort hielten wir eine Linie von etwa einhundertfünfzig Metern und die linke Flanke war mit nur einem Soldaten besetzt, welcher auch noch schwerhörig war und das vier Kilometer vor der Hauptkampflinie. Dieser Unterricht wurde dann noch einmal wiederholt. Der Oberjäger wurde danach zur Kampfschule versetzt. Hierbei handelte es sich um eine frontnahe Weiterbildung, von der er als Leutnant zurückkam.

 Am Flussufer waren wir in Vier – Mann – Trupps im Morast in Stellung. Nach der Wachablösung konnten wir ruhen. Entweder in Ställen, Schuppen oder auch in Wohnbereichen der Bevölkerung. Die Wachablösungen erfolgten auch am Tage und wir wunderten uns, warum wir dabei nicht unter Feindbeschuss gerieten. Doch einige Male wurde mit einem 42iger SMG aus den eigenen Reihen über unsere Köpfe hinweg geschossen. Dabei ist niemand zu Schaden gekommen, da das Ziel auf der anderen Flussseite (Ronco) lag. Das SMG – Feuer kam aus einem Giebelfenster und die Entfernung lag wohl bei einhundertfünfzig Metern. Es war allgemein bekannt, dass vorrückende Infanterie durch höher stehende SMG – Stellungen unterstützt wurden. In diesem Fall unterstützte unsere SMG – Stellung unsere Wachablösung. Wahrscheinlich hatte der SMG – Truppführer durch seine Optik, welche zur Ausrüstung gehörte, eine Gefahr für uns erkannt. Ehrlich gesagt, ängstigte auch uns die Schussfolge von dem MG 42, vom Gegner auch als „Nazisäge" bezeichnet. Immerhin gingen die Geschosse nur etwa einen Meter über unsere Köpfe hinweg auf die andere Flussseite. Bis zu dreimal je einhundert Schuss in vier Sekunden!

Wenn es am Tage nicht regnete, agierten über uns und über Forli die Jagdbomber. Am Flussufer erlebten wir keinen Jagdbomberangriff. Aber durch den starken Flakbeschuss der 2cm Flak, wo auch viel Ausschuss dabei war, hagelte es bei uns im Umfeld deren Minigranaten. Der Flak – Beschuss galt den Jagdbombern. Am Boden war die Wirkung dann nur etwas stärker als Knallerbsen. Sogar meine Gewehrgranaten hatten eine stärkere Wirkung als diese Geschosse.

Bei so einem Spucker – Beschuss erlebten ich mal ein „Zupfinstrument – Konzert". Nach einem Meldegang betrat ich ein von Bauern und Soldaten gemeinsam genutztes Haus und alles sah nach frohem Jugendleben aus. Schmunzelnd stellte ich mich an den Türrahmen und sah einem Kameraden bei seiner Gesangsaufführung zu. Rücklings auf dem Fußboden einer Bauernküche liegend, sang und spielte er aus purer Lebenslust, die ihm auch zustand. Das Granatspuckerfeuer begann, als ich als Melder vom Feind erkannt war und wurde nun zum unvergesslichen Bass in diesem seinem Konzert. Es war der Kumpel, der von den gegnerischen Panzersoldaten erst mit einer Maschinenpistole durch den Unterarm geschossen wurde und später von selbigen Soldaten verbunden wurde. Der Gefangennahme entkam er dann doch durch einen Gegenstoß. Den Namen des Kameraden habe ich nie erfahren, aber die einmal gehörte Melodie und den Text habe ich nicht vergessen. „Wenn die Sonne hinter den Dächern versinkt, dann bin ich mit meiner Sehnsucht allein. Ausgerechnet Du bist mein Typ, ausgerechnet Dich hab ich lieb, immer nur bei Dir möchte ich sein, sag wie kommt das.? Wenn ich abends schlafen geh und des Morgens früh aufsteh, denk ich an Dich und Du denkst an mich, weil wir von uns träumten."

Nachts verschoss ich manchmal einige Granaten im Steilfeuer auf das andere Flussufer, gegen vermuteten Gegner. Daraufhin antwortete die gegnerische Seite mit ihren 8cm Granatspuckern. Der Boden des Flussufers war glücklicherweise aufgeweicht, dadurch drangen die Granaten tief in den Boden ein und entfalteten ihre Wirkung eher nach oben und hatten kaum Streuung. Nach etwa drei Wochen räumten wir nachts die Stellungen bei Forli. Wir kamen der Stadt näher und wurden von Artilleriebeschuss begleitet. Oberfeldwebel Struth musste ich zu einem Gebäude an einem großen Platz folgen. Er ging allerdings allein in das Gebäude und ich sollte davor warten.

Während ich wartend an der Hauswand lehnte, konnte ich einen besonders starken Abschuss im Osten mitbekommen. Das schwere Geschoss ging auf der gegenüberliegenden Seite des Platzes nieder. Das Geräusch kurz vor dem Aufschlag könnte man mit Zugbremsen vergleichen. Ein Zug, der bremsend in einem Bahnhof einfährt. Menschen sind glücklicherweise nicht in der Nähe gewesen. Die Entfernung zu meiner Position schätzte ich auf achtzig Meter. Um meinen Lehrer Faust erneut zu zitieren, war dies wohl wieder ein kostspieliger Angriff. Das war meine Ersterfahrung mit einem Schwerstgeschütz. Es war durchaus möglich, dass das Geschoss von einem Eisenbahngeschütz kam. Der Oberfeldwebel kam aus dem Gebäude und wir gingen zur Kompanie zurück und verließen somit auch den Wirkungsbereich der Artillerie.

Zwei Lastkraftwagen transportierten uns in die Nähe von Bologna. Die Artillerie war während unserer Fahrt auf der Via Emilia noch zu hören, konnte uns aber nicht mehr gefährlich werden.

Der nächste Tag war für uns ein Ruhetag und wir konnten waschen, putzen und was sonst noch so dringend nötig war. Am Tage erkannte ich in östlicher Richtung im Bergland ein Gebäude mit Turm. Die Italiener bekamen mit, dass wir neugierig zu dem Anwesen schauten und teilten uns mit, dass es sich um die Casa il Duce handelte. Unsere Unterkunft war eine Schule in Colunga, östlich von Bologna. In dieser Gegend war ich schon einmal, nach der Versprengung mit den Pferden. Am dritten Tag wurde ein Appell an der Schule durchgeführt. Vier Soldaten wurden mit dem Erdkampfabzeichen der Luftwaffe ausgezeichnet. Als Mannschaftsdienstgrad gehörte auch ich dazu. Das Abzeichen war gleichbedeutend mit dem Infanterie Sturmabzeichen, welches nach drei anerkannten Nahkampftagen verliehen wurde. Danach sprach noch der Spieß, die Mutter der Kompanie und anschließend wurde noch Marketenderware verkauft. Auch gab es Rotwein und es dauerte nicht lange und die Sangesfreude brach aus.

Zu der Melodie der italienischen Nationalhymne wurde „anständiger" Text gesungen. Auch die Einheimischen freuten sich ihre Giovinezza – Hymne zu hören. Der aus Berlin stammende Feldwebel Greis war von Beruf Kammersänger und krönte den frohsinnigen Abend noch mit dem „Chianti – Lied". Mit der Dunkelheit hieß es für uns, Fertigmachen zum Aufsitzen. Zwei Lastkraftwagen fuhren die Kompanie erst östlich nach Castel San Pietro und dann noch etwa sechs Kilometer nach Süden. Nach dem Absitzen fuhren die Lastkraftwagen zurück. Zu Fuß ging es westwärts, nach einiger Zeit ging es bergauf und kurz darauf wurden wir in die Stellungen eingewiesen. Seitliche (militärische) Nachbarn gab es nicht.

Uns wurde gesagt, dass das Gelände vor uns vermint war und etwas höher, etwa vierhundert Meter auf dem Gipfel, der „Tommy" seine Stellungen hatte. Das hieß für uns am Tage äußerst vorsichtig zu sein und die Köpfe unten zu lassen, dies galt natürlich auch für die andere Feldpostnummer. Als es Tag wurde, staunten wir nicht schlecht, dass der Turm, welchen wir aus der Poebene sahen, nun vor uns stand. Bis zum Gipfel gab es nur wenig Baum- und Strauchbewuchs. Nach einem Gefälle von etwa fünf Metern befand sich die MG – Stellung Schrader. Außerdem waren dort noch zwei weitere Deckungslöcher mit Schützen verteilt im Gelände, bevor der Hang fast senkrecht abfiel. Auf dem Feldweg, den wir nachts hochkamen in unsere Stellungen, befand sich noch ein Bauernhaus. Das Gelände war abfallend bis zu dem Bach, der längs des Feldweges verlief, auf dem wir nachts unter Artilleriebeschuss unsere Stellungen erreichten.

Artilleriebeschuss bekamen wir in dieser Stellung allerdings nur von der eigenen Artillerie. Obwohl unsere Position an die Verantwortlichen gemeldet wurde, kam es noch öfter vor, dass wir aus den eigenen Reihen beschossen wurden. Leider gab es dadurch auch einen Toten. In einer Entfernung von etwa sechshundert bis siebenhundert Metern hinter uns befand sich ein länglicher Hügel, wo eine schwere Kompanie in Stellung war. Die linke Flanke waren Granatspucker in Stellung gebracht und die rechte Flanke säumte ein SMG.

Mit zwei mir bisher unbekannten Gefreiten war ich am höchsten Punkt in Stellung. Trinkwasser fingen wir hier direkt vom Berg auf. Das Wasser lief über einen Handgranatenstiel in Gefäße. Hier gab es keine Zivilisten mehr. Ein paar Rinder, welche freigelassen wurden, fanden den Tod durch Spucker – Beschuss, der eigentlich den Soldaten galt. Das Gebäude am Wegesrand war der Kompaniegefechtsstand und bekam am meisten Beschuss. Es gab Tote und Verwundete. Der Kompaniegefechtsstand wurde etwa einhundert Meter zurück verlegt und in die Erde gegraben. Da wir zu dritt am höchsten Punkt dieser Vorpostenstellung waren, hieß das zwei Stunden Wache und vier Stunden Ruhe. Leider lief das an der Front oft nicht so ab. Die kühlen Nächte begannen wir manchmal mit einem kleinen Schluck aus der Cognacflasche. Das wärmte ordentlich durch aber es gab keinen Nachschub.

Am Tage gab es kaum Bewegungen, man wartet nicht immer bis zur Nacht. Da nachts die Ziele von den eigenen SMG – Stellungen auch mal verkannt wurden und wir das Feuer abbekamen. Niemand wurde dabei verletzt. Neben Zweigen und Ästen, welche durch den Beschuss getroffen wurden, gingen im Vorfeld auch gelegentlich Minen hoch. Wir meldeten den Vorfall aber trotzdem wiederholte sich das Ganze noch ein paar Mal. Einen Unterschlupf während der Ruhephasen hatten wir direkt in der Erde. Über einen seitlichen Zugang („Fuchsloch") kam man in das Erdreich und es war ausreichend Platz zum Liegen oder auch zum Sitzen. Die Höhe des Erdloches lag etwa bei einem Meter und die Fläche etwa bei zwei Quadratmetern. Die Höhle war allerdings nicht abgestützt, aber in dem Lehmboden hielten die Wurzeln der Sträucher über uns den Boden zusammen.

Freiwillig meldete ich mich zu einem Drei – Mann – Spähtrupp. Die Zeit des Vorschleichens dauerte etwa viermal so lange wie der Rückweg. Die Auftragslage der Spähtrupps war recht simpel. Wir sollten so viel wie möglich hören und sehen und Feindberührung vermeiden. Meine Gewehrgranaten verblieben in der Stellung. Bei dem Weg, welcher am Haus vorbeiführte, ging es für uns den ansteigenden Hang bis zum Turm hinauf. Danach verlief das Gelände abfallend und wir pirschten bis zum Bach. Wir beendeten etwa in der Mitte des Weges unseren Spähauftrag und es ging zurück. Das Ergebnis dieses „Ausfluges" war, dass wir hörten, das Holz mit einer Handsäge geschnitten wurde. Als ich bei meinen beiden Kameraden zurück war, wechselte ich die Munition und baute den Schießbecher wieder an und dann übernahm ich die Wache. Für die Beiden war ich der Neuling und der Stift, da sie sich schon länger kannten. Aber das sie keine Gesellen waren, sollte sich schon bald herausstellen. Es gab doch öfter mal eine Enttäuschung in dieser Elitetruppe. Dies bestätigte auch Konstantin Simonow, ein bekannter russischer Literat und zeitweiliger Kriegsberichterstatter: „Man wird nicht als Soldat geboren."

Der Gegner war natürlich nicht untätig und sendete seinerseits ebenfalls Spähtrupps aus. Weil bei uns aber das Vorfeld vermint sein sollte, glaubten wir nicht daran, dass in unserem Wirkungsbereich Spähtrupps auftauchen würden. Doch wir sollten eines besseren belehrt werden. Abends, bereits im Dunkeln, stand ich mit meinem gesicherten, aber mit einer Gewehrgranate geladenen Gewehr auf Posten, als ein Schütze etwa sechs Meter vor mir einen Feuerstoß abgab.

Allerdings nicht in unsere Richtung, sondern in Richtung des Hauses in etwa einhundert Meter Entfernung. In diesem Augenblick, das gebe ich zu, hatte ich eine Schrecksekunde. Aber nur kurz darauf hatte ich auch schon entsichert und in die Richtung des Mündungsfeuers geschossen. Der Schütze, wohl auch erschrocken, stellte das Feuer sofort ein. Meine Logik sagte mir, dass der MP – Schütze wohl kaum alleine war, also feuerte ich stehend auf unser Vorfeld. Als ich rechtsseitig unserer Stellung ein MG wahrnahm, schoss ich auch in diese Richtung. Von meinen dreiundzwanzig Granaten hatte ich die meisten verschossen. Diese Konteraktion hatte ich alleine geführt. Die MG – Stellung fünf Meter links von uns hatte sich ohne Begründung gekonnt herausgehalten. Als Ruhe einkehrte, kamen auch meine beiden Kameraden zum Vorschein. Auf meine Frage, warum sie nicht herausgekommen waren, antworteten sie nur, dass ich ja da gewesen wäre! Im Morgengrauen schlich ich zu der vermeintlichen Stellung des feindlichen Schützen, fand aber nur die leeren Patronenhülsen. Die Maschinenpistole musste ein neueres Modell gewesen sein, da die Hülsen länger aber schmaler als die deutschen 9mm waren. Mein Munitionsverbrauch war der höchste in dieser Nacht, da ich ja auch der Einzige war, der seinen Finger krümmte.

Am Abend dieses Tages kam der Zugführer Oberfeldwebel Blödorn zu uns und fragte mich, was denn los gewesen wäre. Mit Unterstützung der leeren Patronenhülsen berichtete ich ausführlich. Dass er mir wieder Gewehrgranaten bestellen würde, war seine Antwort als er ging. Daraufhin erwiderte ich nur, dass mir Urlaub lieber wäre. Mal sehen, meinte der väterliche Vorgesetzte nur.

Am nächsten Abend beehrte ein mir unbekannter Obergefreiter unsere Stellung. Er kam aus der Richtung von unserem Kompaniegefechtsstand. Dort beschwerte er sich über mich, weil ich sein MG – Feuer für feindlichen Beschuss hielt. Er belehrte und informierte mich, wie dicht eine meiner Granaten bei ihnen einschlug. Gott sei Dank wurde niemand verletzt, die dichteste Granate schlug etwa zwei Meter vor ihrer MG – Stellung ein. Abschließend meinte er noch, dass ich in der Zukunft nicht noch einmal auf eigene Leute schießen sollte. Das war peinlich und unangenehm. Das konnte alles nur passieren, weil wir nicht richtig in unsere Stellung eingewiesen wurden, denn von seiner MG – Stellung wussten wir nichts. Nur von der Stellung beim Haus am Weg und eine weitere Stellung noch etwas weiter vor am Weg war uns bekannt gewesen.

Obwohl mein Gewehrgranatenbestand wieder aufgefüllt war, brauchte ich in dieser Stellung nicht noch einmal die Artillerie des Zuges sein. Dafür wurde unsererseits die Spähtrupp – Aktivität erhöht und ich war fast immer dabei. Es hatte sich aber auf ärztliche Verordnung hin etwas verändert, nachdem Spähtrupp wurde ich nicht mehr zur Wache eingeteilt und hatte Ruhe bis zum nächsten Morgen. Schlafen konnte ich aufgrund der vorherigen Aufregung trotzdem nicht.

Oberfeldwebel Blödorn kam gegen Abend in unsere Stellung und teilte mit, das an diesem Abend eine gewaltsame Aufklärung geplant wäre. Er meinte weiter zu mir, dass ich wieder mit einer Panzerfaust dabei sein sollte und wenn wir bei diesem Einsatz einen Gefangenen mitbringen würden, könnte ich am nächsten Tag in den Urlaub fahren.

Das motivierte mich und ich erwiderte, dass wir dann ja wohl einen Gefangenen mitbringen müssten. Vorab allerdings sammelten wir uns am Kompaniegefechtsstand. Mein Gewehr war wieder mit fünf Schuss geladen und die Panzerfaust bekam ich im Kompaniegefechtsstand. Vor Ort warteten zwei Oberjäger, einer von ihnen war ein Berufskollege, welcher mich später mit seiner Aussage arg enttäuscht hatte. Außerdem gesellten sich zwei Obergefreite mit MG 42 dazu sowie ein Gefreiter mit Schulenglischkenntnissen. Die Kameraden waren wohl aus dem 2. Zug. Die Panzerfaust war dieses Mal nicht für den ersten Schuss angedacht. Drei Soldaten hatten eine Maschinenpistole und die zwei mit dem MG. Wir pirschten den uns bekannten Weg westwärts, so dass wir am Ende des Weges den bereits erwähnten Turm südöstlich sahen. Wir schlichen weiter unbemerkt aufwärts bis etwa zwanzig Meter vor dem Turm. Gute Deckung boten uns eine Laubholzhecke und eine dreiviertel Meter hohe Böschung am Rand des ebenen Bodens, um den Turm und das Gebäude herum. Drei Stunden brauchten wir, um diesen Gipfel schleichend und schweigend zu erreichen.

    Während einer kurzen Horchpause nahmen wir in einer Entfernung von etwa zwanzig bis fünfundzwanzig Metern Schachtarbeiten war. Wir schlichen kniend in Richtung der Geräusche weiter. Die Formation führte der Truppführer an, dann folgte der zweite Oberjäger, dann kam ich und hintendran folgten die MG – Schützen sowie der Gefreite mit den Englischkenntnissen. Kurz bevor wir unseren vermeintlichen Einsatzort erreichten, lag auf unserem Weg ein toter deutscher Infanterist, welcher schon roch. Vielleicht schaufelte der Gegner ein Loch zur Bestattung des gefallenen Soldaten. Wir waren bereits sehr nah an unserem schaufelnden Gegner und er sollte unser Gefangener werden. Etwa ein Meter liegend trennte mich von dem Toten.

    Der Truppführer war bereits bis auf etwa zwei Meter an den emsigen Schaufler herangekrochen. Der Oberjäger vor mir war so dicht, dass er mir zuflüstern konnte, dass es gleich losgeht. Diese Information gab ich zu meinen Kameraden hinter mir weiter. Währenddessen konnte ich hinter der Hecke einen Mann hören und sehen. Unser vorderster Mann hob seine Maschinenpistole hoch und rief dem verdutzten Gegner Hands up zu. Aber nur kurz darauf gab er einen kurzen Feuerstoß ab und man konnte ein Stöhnen vernehmen. Los weg, war sein nächstes Kommando. Alle sprangen auf und wir orientierten uns nach links bergab. Unser MG – Schütze jagte einen Gurt durch den Lauf und dann erfolgte der weitere Rückzug sehr schnell. Nur eine halbe Stunde brauchten wir nun für den schnellen Rückzug, während der Hinweg davor die halbe Nacht gedauert hatte.

    Zurück beim Kompaniegefechtsstand machte unser Truppführer seine Meldung. Der Oberjäger erklärte, dass der Gegner bei seinen Worten „Hands up" mit dem Griff zu seiner Waffe reagiert hätte. Danach war der Auftrag nicht mehr durchführbar und die Flucht notwendig gewesen. Dann waren die MG – Schützen an der Reihe, ihr Handeln zu erklären. Der Gefreite wiederum meinte „Attention" gehört zu haben, was Achtung heißen würde. Nun wurde auch ich gefragt, was ich denn mit der Panzerfaust gemacht hätte? Beim Aufspringen verlor ich leider die Panzerfaust aus meiner linken Hand, da ich mit dem linken Knie heftig gegengestoßen war. Das teilte ich mit und ich ergänzte zusätzlich, dass durch den steilen Abhang die Panzerfaust gleich einige Meter von mir weg gerollt sei. Es war besser, weiter zu rennen, so wie alle anderen! Der Mann mit dem Ritterkreuz befahl mir, das ich sofort zurück sollte, die Panzerfaust holen. Der Truppführer entgegnete, dass ich dahin nicht zurückkönnte, weil ich sonst nicht zurückkommen würde. Der zweite Oberjäger hingegen ließ den Spruch los, dass er mir von vornherein nicht getraut hätte. Der Oberleutnant meinte abschließend nur, dass er sich das noch überlegen würde, was er in diesem Fall macht. Feierabend, auch mit meiner Urlaubshoffnung.

Am nächsten Tag durfte ich wieder zum Rapport antreten und alles nochmal berichten. Das Ergebnis für mich war drei Tage verschärften Arrest wegen Liegenlassens einer Waffe vor dem Feind. Der Witz lag in der Vorstellung, wie man in einer vorgeschobenen Stellung, drei Tage „Dicken" absitzen konnte, ohne die Gunst zu haben, alleine und in Ruhe zu sein. Nach einem Tag Strafarbeit im Kollektiv beim Kompaniegefechtsstand und nach einer Woche war alles wieder beim alten. Eines Abends kam wieder einmal Oberfeldwebel Blödorn zu mir in die Stellung. Er wollte nur mich sprechen und teilte mir mit, dass ich am nächsten Tag in den Urlaub fahren könnte und das ich auch eine Genehmigung für Magdeburg bekommen würde, damit ich meinen Vater besuchen konnte. Nun war meine Stimmung wieder zum Abheben und die drei Tage „Dicken" hatte keine Bedeutung mehr. Auch wurden mir die drei Tage Arrest nicht in den Wehrpass eingetragen, welchen ich am Nachmittag des 8. Mai 1945 zurückbekam und am 10. Mai 1945 bei meiner Gefangennahme wieder verlor.

Für den nächsten Abend bereitete ich mich auf den Weg zum Tross vor. Mein Schiessbecher samt Zubehör wurde von den Kameraden übernommen. Bei dem Trupp, der die Verpflegung vom Versorgungsfahrzeug zur Truppe holen sollte, war ein mir gut bekannter Melder dabei. So ganz nebenbei erfuhr ich dadurch, dass Anträge für die Auszeichnung mit dem Eisernen Kreuz zweiter Klasse eingereicht wurden und das wir beide dabei wären. Hätte sich gut gemacht, acht Monate nach der Feuertaufe, meinte ich dazu.

9

Beim Tross hatten sie noch ein paar Tage Arbeit für mich. Meine Arbeitskraft unterstütze den Schreiber – Feldwebel. Die Urlaubspapiere, welche beim Tross ausgestellt wurden, mussten von den Kommandeuren in den Einsatzstellungen noch gegengezeichnet werden und dies brauchte seine Zeit. Für meine Uniform bekam ich von einem Schreiber den Gefreitenwinkel für den Ärmel. Die zweite Schwinge für den Kragenspiegel hatte er aber nicht. Wichtig war sowieso nur der Urlaubsschein. Dann endlich gab es auch den ersehnten Schein und mit dem Kammersänger – Feldwebel Greis begann die Heimreise. Von Ferrara mit der Nachtfähre über den Fluss Po bis nach Posella. Es folgte noch ein Stopp für die Entlausung und weitere Formalitäten beim Ferntross im Raum Padua.

Mit dem Urlaubsschein über zwanzig Tage konnten wir über den Brenner oder über Tarvisio nach Villach – Laibach fahren. Der Feldwebel zog den Brennerpass vor und ich war neugierig auf die Fahrt über Udine nach Villach – Laibach. Mein Ziel war Grimmen in Vorpommern. Mit einem Obergefreiten von der Flak im Zugabteil ging es für uns über Udine nach Villach. Danach fuhr jeder in seine Richtung weiter. Mein Weg führte über Regensburg nach München und schließlich nach Berlin. In Berlin musste ich erst noch mit der S – Bahn fahren und umsteigen, um einen Zug in Richtung Norden zu bekommen. Als ich gerade eine Treppe einer S – Bahn – Station herunterging, fuhr ein Zug gerade ab. Etwas abseits der Treppe blieb ich stehen, um der Bahnhofsansage für die nächsten Abfahrten zuhören zu können. Dabei schaute ich wieder Richtung Treppe und ich wurde sprachlos. Denn ich erkannte einen Obergefreiten in schwarzer Panzeruniform, welcher sich der Treppe zuwandte.

Es war mein Bruder Bernhard. Schnell war ich bei ihm und legte ihm meine Hand auf seine Schulter. Mein Bruder sah sich erschrocken um und fragte zugleich, wo ich denn herkommen würde. Meine Sprache hatte ich wiedergefunden, so antwortete ich, dass ich aus Italien käme und nach Hause in den Urlaub wolle und dass ich auch die Genehmigung für Magdeburg hätte, um unseren Vater zu besuchen. Daraufhin meinte er, dass er von Zuhause käme und ebenfalls noch den Vater besuchen dürfte. Auch teilte er mir mit, dass unser Vater nicht mehr in Magdeburg, sondern jetzt in Zeitz wäre. Er schlug vor, den Bahnhofsoffizier aufzusuchen und die Genehmigung für Magdeburg auf Zeitz ändern zu lassen. Dies gelang problemlos und der Major hatte sichtlich Freude daran, das Treffen von zwei Söhnen mit dem Vater zu ermöglichen. Die Bahnfahrt nach Zeitz hatten wir trotz Fliegeralarm noch am Tage geschafft.

Die aktuelle Anschrift unseres Vaters hatte mein älterer Bruder. Wir suchten die Schreibstube von Vaters Industrie – Wacheinheit auf und wurden zu einer nahegelegenen Baracke geschickt. Der Wachhabende dort vor Ort zeigte auf den oberen Teil eines Bettgestells und da lag unser schlafender Vater. Zwei Schritte weiter und wir fassten jeder an einen Fuß. Unser Vater sah auf und war deutlich verdutzt, dann sagte er noch schlaftrunken: Mein Gott, alle beide Jungs auf einmal. Weiterhin meinte er in den Raum, was er denn nun machen sollte, da er noch zwei Wachaufzüge hätte. Der Wachhabende entgegnete, wenn die zwei Wacheinheiten von den Kameraden übernommen würden, könnte unser Vater mitgehen. Sofort erklärten sich zwei jüngere Kameraden bereit, je zwei Wachstunden zu übernehmen.

Das lief nicht ganz nach Wachvorschrift, aber Ausnahmen sind auch eine Regel. Dankend gingen wir mit unserem Vater aus dem Wachlokal. Im Wartesaal fanden wir gemeinsam einen warmen Platz und erzählten uns nacheinander, was unserer Meinung nach wissenswert war. Unser Vater erzählte uns von einem Tagesangriff in Magdeburg, dort hatte er die Brandbomben um sich herum „kleckern" sehen. Also hatte er Fronterlebnisse in der Heimat! Mein Bruder hatte von unserm küstennahen Zuhause einen Räucherfisch mitgebracht, den gab es dann als markenfreies Lebensmittel. In meinem Gepäck hatte ich zwei Flaschen italienischen Rotwein, der ließ den Fisch schwimmen.

Bei Beginn meiner Fahrt von Italien wollte ich Weihnachtsäpfel für unsere Mutter und die sieben jüngeren Geschwister mitbringen. Südlich des Po gab es reichlich Obst und so wollte ich den Einkauf bis nach der Po – Überfahrt verschieben. Das war dann aber nicht mehr möglich, dort funktionierten der Handel und der Transport ganz anders. Nun sollte eigentlich meine Mutter die zweite Flasche Rotwein für Glühwein im Winter bekommen. Aber die Buddel wurde unserem Treffen doch noch geopfert. Die nächste Zusammenkunft sollte erst wieder Ende Juni 1948 sein. Damals kam ich aus der Kriegsgefangenschaft aus Stalingrad (Wolgograd). Mein Vater und zwei meiner Brüder waren nicht lange in Kriegsgefangenschaft und kehrten schnell nach Hause zurück. Mit guten Wünschen für die Zukunft verabschiedeten wir unseren bereits achtundvierzigjährigen Vater. Danach fuhr Bernhard nach Stuttgart und ich in Richtung Stralsund.

Zuhause waren meine Mutter und meine Geschwister sehr erfreut und zugleich erstaunt, mich zu sehen. Die ersten Sätze meiner Mutter klärten mich unter anderem darüber auf, dass Bernhard auch im Urlaub gewesen wäre. Natürlich erzählte ich ihr sofort von dem Treffen in Berlin und der gemeinsamen Fahrt zu unserem Vater. Von beiden sollte ich herzliche Grüße ausrichten. Meine vier Schwestern, von vierzehn bis zehn Jahre alt, waren ebenfalls im Haus. Mein achtzehnjähriger Bruder befand sich auf der Arbeit, in dem Heinkelwerk in Barth. Meine beiden jüngsten Brüder waren Jahrgang 1939 und 1941, der Jüngste also gerade erst drei Jahre alt. Unsere Gespräche waren gespickt mit vielen Fragen, Antworten und Erkenntnissen.

Der kriegsbedingte Mangel in allen Lebensbereichen und die damit verbundenen Entbehrungen und Einschränkungen waren oft und überall spürbar. Viele Nachbarsfamilien waren meist ohne Männer und brauchten Unterstützung bei häuslichen Arbeiten, wie Brennholz zerkleinern. Der Nachbarssohn, mein Schulfreund, war gefallen. Ein anderer Klassenkamerad meines Jahrgangs war vor mir auch im Urlaub. Mein Bruder Günter lag runter im Heinkel – Krankenrevier. Der Besuch funktionierte nur über eine umständliche Bahnfahrt. Onkel Friedrich, ein Kleinbauer, welcher fünf Söhne an den Fronten hatte, habe ich ebenfalls besucht sowie weitere Bekannte und Verwandte. Einer seiner Söhne war ebenfalls zu meiner Zeit auf Urlaub und am zweiten Weihnachtsfeiertag fuhr ich wieder mit ihm nach Berlin. Onkel Friedrich war im ersten Weltkrieg Feldwebel gewesen und er erzählte, dass er Leute für den Volkssturm ausbilden müsse.

Mein Lehrmeister stand auch auf dem Besuchsplan, auch er war im ersten Weltkrieg an der Front gewesen. Er erzählte, dass er damals den Luftangriff auf Stralsund, am 06.10.1944 vom obersten Treppenhausfenster gesehen hätte. Wie die Bomben aus den Flugzeugen fielen. Des Meisters jüngste von drei Töchtern hatte deutsch – italienisch geheiratet und der Schwiegervater war ein Professor in Florenz. Adalbert, ein polnischer Kriegsgefangener, wurde dreißig Kilometer entfernt eingesetzt, wo auch die kriegswichtige Produktion war. Aber zwischendurch kam er uns auch mal besuchen, meinte der Meister. Adalbert war ab Juli 1940 in zivil, aber mit blau – gelber P – Kennzeichnung, dem Meister zur Arbeit für Kost und Logis zugeteilt worden. Sein Stundenlohn war über sechzig Pfennig.

So lange er dort zum Arbeiten war, ging es ihm besser als seiner Mutter im Landkreis Jarotschin in der Provinz Posen. Das ehemalige für baltendeutsche Rücksiedler angelegte Barackenlager wurde für die Marine aus Stralsund genutzt. Das Kino zeigte immer noch zwei Spielfilme in der Woche. Die Wochenschau berichtete von der Ost- und Westfront, wo man die Gegner zum Teil schon auf deutschen Boden sehen konnte. Aus Italien zeigte man die Flugabwehrscheinwerfer, deren Lichter quer über den ganzen „Stiefel" die ganze Nacht erhellten. Bei Frontberichten im Radio hieß es, das unsere tapferen Jäger noch die Stellungen bei Forli hielten. Nicht mehr vor Ort an der Front, dachte ich damals, waren es wohl fünfzig bis sechzig Kilometer Abstand zu der berichteten Frontlinie.

Es gab noch weitere Begegnungen mit zwei ehemaligen Mitschülern, die wie ich Fronturlaub hatten. Mein Cousin Walter nahm mich eines Nachmittags mit zu seiner ehemaligen Arbeitsstätte bei einem Großbauern, um dort einen Arbeitskollegen zu besuchen. Er war Melker und so ergab sich ein Treffen von vier Cowboys, zwei davon waren Italiener. Unsere ehemaligen Verbündeten waren nun Kriegsgefangene. Als die beiden hörten, dass ich von Italien auf Fronturlaub war, hatten sie viele Fragen. Es folgte ein Heimatbericht, so gut ich konnte. Das half ihnen ein wenig gegen das Heimweh, das ja mit der Dauer der Gefangenschaft zunimmt. Walters Kollege schenkte Zuckerrübenschnaps für alle ein. Der Vater des Kollegen hatte diesen Schwarzbrand verzapft. Nun, ein qualitativer Schnaps ist daraus nicht entstanden, verzapft war noch geschmeichelt. Etwas verbrannt hieß es nur und führte dazu, dass ich reichlich italienisch plapperte. Cousin Walter sagte augenzwinkernd zu mir, das ich wohl perfekt „elektrisch vorwärts und rückwärts" sprechen könnte. Hätte nur noch gefehlt, dass wir die italienische Hymne mit anständigem Text gesungen hätten. Aber das konnten wir den beiden Italienern nicht antun. Nachdem wir uns auf Deutsch und Italienisch verabschiedet und uns alles Gute gewünscht hatten, machten wir uns auf den Rückweg. Wir Fronturlauber hätten nicht versuchen sollen, unseren Rückweg zu verkürzen. Die Zeit, die wir einsparten, über den gepflügten Acker, brauchten wir am nächsten Bach, um unsere Hosen und Schuhe zu säubern. Noch in der Gefangenschaft schüttelte es mich, wenn ich nur an diesen Möchtegern – Zuckerrübenschnaps dachte. Zurück zu Hause schämte ich mich, da ich eigentlich für den Nachmittag zum Kaffee beim Meister eingeladen war. Das war ein Ritual des Meisters, alle seine Gesellen, welche auf Fronturlaub waren, lud er zum Kaffee ein. Am nächsten Tag kam tatsächlich das ein Kilo schwere Feldpostpäckchen von mir an meine Mutter an. Es war fast zwei Monate von Rossetta nach Grimmen unterwegs gewesen. In Rossetta selber hatte ich kleine Parfümfläschchen und Seidentücher gekauft und abgeschickt. Genug Zeit war damals dafür beim Tross. Mutter freute sich über das Päckchen und ich mich auch, da ja mein Versuch, Äpfel für Weihnachten zu kaufen, misslang. Wenigstens arbeitete die Feldpost noch, wenn auch langsam. Als ich wieder an der Front war, erhielt ich ein Päckchen von meiner Mutter, mit Haferflocken – Makronen. Mein Bruder Günter war wieder genesen und hatte Weihnachtsurlaub. Cousin Walter traf sich an seinem vorletzten Urlaubstag mit seinem Bruder Kurt. Walter fuhr mit mir am 26.12.1944 mit einem Personenzug bis nach Berlin. Er war bereits einen Tag in

Verzug und ich war ein Tag zu früh dran, weil wir unbedingt zusammen die Fahrt zurück zu den nächsten Sterbechancen machen wollten. In Berlin hatte ich etwa zwei Stunden Aufenthalt, die Zeit nutzte ich, um im „Haus Vaterland" das Unterhaltungsprogramm anzuschauen.

(Berlin 1928, ein Vergnügungspalast riesigen Ausmaßes öffnet am Potsdamer Platz seine Pforten. Die zur damaligen Zeit weltbekannte und größte Gaststätte "Haus Vaterland" unter Leitung der Firma Kempinski stellte ein einmaliges Konzept der Vergnügungsindustrie dar. Unter einem Dach befanden sich 12 Restaurantbetriebe, ein Großstadtkaffee und ein Lichtspieltheater. Leider wurde auch dieses Etablissement ein Opfer des Krieges.)

Von Berlin ging es über Dresden nach München. Die Züge waren längst nicht mehr so voll wie bei der Hinfahrt. Ein schöner Anblick bot sich, als der Zug bei hellem Mondschein in Dresden einfuhr. Zu mir in das Abteil setzte sich ein Fallschirmgefreiter. Er musste bis Verona. Dresden sei eine schöne Stadt, meinte ich zu ihm und ergänzte, das man das sogar im Mondschein sehen würde. Er stimmte mir zu und setzte noch einen oben drauf, indem er meinte, dass Dresden („Elbflorenz") sogar die schönste deutsche Stadt wäre. Wir erzählten noch eine Weile und dann versuchten wir bis München zu schlafen.

In München gab es einen Fliegeralarm, aber keinen Angriff, Glück für die Stadt. Die Weiterfahrt in Richtung Verona geschah erst bei Dunkelheit. Eine mir schon bekannte Strecke in einem fast leeren Zug. Nachdem wir den Brennerpass passiert hatten, hielt der Zug wegen Fliegeralarms. Einen Angriff mussten wir nicht fürchten, aber auf einem Gipfel brannte wohl Phosphor. Dies gehörte wohl zum Flugleitsystem der Alliierten. Nahezu unerträglich wurde die Kälte, der Zug war nicht beheizt. Der Dresdner Kamerad hatte eine Zeitung mit und schlug vor, sie langsam und kontrolliert verbrennen zu lassen. Dadurch war wenigstens ein kurzes Händewärmen möglich.

Durchgefroren in Verona angekommen, war mein Reisegefährte am Ziel. Mein Weg zur Einheit wurde mir in einer Dienststelle vor Ort schriftlich gegeben. Unser Ferntross lag in Cento. Über die Etsch waren wir wohl mit der Bahn gefahren. Der Po musste, wie schon bekannt, nachts mit einer Fähre überquert werden, um den Gefechtstross zu erreichen. Es sollte nicht lange dauern und man konnte wieder die Artillerie hören und die Scheinwerfer markierten die nördliche Stiefelbreite. Am letzten Tag des Jahres 1944 sollte es noch ein paar Schluck Wein geben. Nach Mitternacht gingen dann Uniformierte wie auch Zivilisten ins Freie. Einige hatten ihre Weingläser zum Anstoßen mitgenommen und ich versuchte mich an einer Unterhaltung. Doch noch bevor die Unterhaltung ins Rollen gekommen war, unterbrach mich auch schon ein Infanterieleutnant lauthals. Seine lallenden Worte waren, auch wenn ich ein Fallschirmjäger wäre, dürfte ich mich nicht, an das Mädchen eines Offiziers ranmachen, Prost Neujahr. Das war dann das Ende meines ersten und einzigen Fronturlaubs und schon in der nächsten Nacht war ich wieder in einer Bergstellung.

10

Der Transport in besagte Bergstellung erfolgte wie üblich nach Beginn der Dunkelheit. Mit dem Versorgungsfahrzeug fuhren wir an Castel San Pietro vorbei. Etwa zwei Kilometer weiter überquerte das Fahrzeug den Fluss Silaro von Nord nach Süd. Allerdings hätten wir auf der anderen Flussseite bleiben müssen, wenn wir in die mir bekannte Bergstellung gefahren wären. Drei Stunden später war ich dann in einer neuen Bergstellung. Der Weg dorthin wurde von Dauerregen und Artilleriebeschuss begleitet. Am Ende der Fahrt warteten ein Trupp der 6. Kompanie, 3. Regiment sowie ein Maulesel. Das Tier wurde mit zwei länglichen Behältern beidseits bepackt. Dann ging es auch schon bergauf im aufgeweichten Lehmboden. Gelegentliche aber näherkommende Granateinschläge aus südlicher Richtung begleiteten auch diesen Teil des Weges. Das arme Lasttier überschlug sich der Länge nach und purzelte abwärts, als es sich bei einem sehr nahen Einschlag erschrak. Zu fünft liefen wir sofort hinterher, denn die Verpflegung war wichtig. Wir staunten nicht schlecht, als wir unserem Lastentier wieder auf die Beine halfen, dass es sich nicht verletzt hatte und dass es den Weg ohne „zu meckern" mit uns erneut fortsetzte. Das war Glück für Mann und Ross.

Ab einer bestimmten Höhe hörte die Steigung auf und wir kamen am Kompaniegefechtsstand an. Es handelte sich um einen mit Balken und Brettern gestützten Erdbunker. Nach meiner Rückmeldung wurde ich wieder dem ersten Zug zugeteilt. Der Gruppenführer war Oberfeldwebel Klemm. Er residierte in einem Erdbunker am Hinterhang. Am Vorderhang befanden sich die Zwei- bis Dreimanndeckungslöcher. Es gab viele Frontneulinge und ich wurde einem Obergefreiten als zweiter Mann zugeteilt. Die Deckung war eng und der Liegeplatz sehr hoch angelegt.

Als es Tag wurde, sah ich, dass wir auf einem gestreckten Hügel in Stellung waren. Baum- und strauchfrei und der Turm von der Casa il Duce war von hier aus auch nicht mehr zu sehen. Etwa auf halber Höhe befand sich eine Hütte, in der Heu gelagert war, wie wir später feststellten. Wir befanden uns hier im Weideland und erlebten einen Kälteeinbruch von sechzehn Grad minus. Es gab bei einem halben Dutzend Männern Erfrierungen ersten und zweiten Grades. Da meine Bekleidung vom Anmarsch im Regen auch noch nicht getrocknet war, ging es mir entsprechend und mir schmerzten auch die Füße. Es blieb mir nichts anderes übrig, als auf dem Gipfel hin und her zu laufen, um meine Füße zu wärmen.

Das wurde leider von den Gegnern gehört und oder gesehen. Darauf folgte über dem Bergkamm SMG – Beschuss. Etwa drei bis fünf Meter vom Hinterhang gab es einen geebneten Streifen, auf den ich ausweichen konnte. In diesem Bereich waren noch keine Artillerie- oder Spuckergranaten eingeschlagen. Wurde der Angreifer etwa genauso sparsam, wie wir bereits seit geraumer Zeit sein mussten? Die Kälte ließ nach, aber der Schnee, der fiel, blieb liegen. Weiter rechts von mir, etwa fünfzig Meter, arbeiteten Soldaten am helllichten Tag an ihrer Deckung. Von links kamen zwei Männer mit einer Trage an uns vorbei.

Ein Sanitäter trug an einem Stab einen Rotekreuzwimpel und im Vorbeigehen teilte man uns mit, das da jemand verschüttet wäre.

Als es wieder Nacht wurde, befahl mir der Gruppenführer auch, den Tross aufzusuchen. Wegen der schmerzenden Füße hatte ich mich zwar nicht bei den Sanis gemeldet, aber ich musste dem Gruppenführer erklären, warum ich umhergelaufen bin. Den nächtlichen Rückzug sollten noch sechs Mitkameraden, der Verschüttete sowie ein leicht und ein schwerverwundeter Soldat antreten. In dem Bereich des Kompaniegefechtsstandes schoss regelmäßig eine Panzerabwehrkanone. Der Schwerverwundete hatte das rechte Bein geschient und ziemlich weit oben abgeschnürt. Es dauerte Stunden, bis er beim Truppenversorgungspunkt war.

Aber auch wir mit den Frostbeulen sowie der Verschüttete waren erst beim Tross, als es Tag wurde. Wir wurden in einem Bauernhaus in einer Kammer auf Stroh einquartiert. Nach drei Tagen kam ein Kübelwagen und der Regimentsarzt stellte uns Fragen. Er teilte sich aber nur dem mit, welcher verschüttet gewesen war. Der Arzt schrieb dann wohl das Protokoll bei den Wirtsleuten am Tisch. Der Fahrer kam zu uns und erzählte uns was von einem Protokoll für das Kriegsgericht, wir schüttelten nur mit den Köpfen.

Nach etwa zehn Tagen waren wir dann wieder in besagter Bergstellung, welche ich als eine der ruhigsten an der Front Italiens empfand. Als dritter Mann sollte ich bei zwei Frontneulingen in der MG 42 – Stellung eingesetzt werden, sie lag etwas weiter rechts von meinem ersten Deckungsloch. Dieser Unterstand war größer und bequemer als bei dem Kamerad und militärischen Nachbarn Schneider. Doch in der Stellung fehlte das schussbereite MG und ich fragte, wo es denn stehen würde. Es dauerte gefühlte Minuten, bevor unter einer Decke und einer Zeltplane das 42iger zum Vorschein kam. Das hatte ich nicht erwartet und ich fragte nach, wie sie sich denn die Front vorgestellt hätten. Meine Gedanken wechselten sprunghaft in meinen Erfahrungen und Erinnerungen hin und her. Dass sogenannte Kameraden an einem erstklassigen MG zusehen, wenn ein Kamerad von dem Gegner mit einem zweitklassigen MG beschossen wird und dabei herrlich ihre vermeintliche Selbstachtung pflegen. Das konnte und wollte ich nicht unterstützen, außerdem wollte ich nicht, dass es einen Kameraden so wie mir damals ergehen könnte.

Also machte ich mich auf, zurück zum Gruppenführer Oberfeldwebel Klemm und ich machte Meldung über diesen Vorfall. Weil es nichts anderes als ein Vorfall ist, wenn Soldaten die eigene Gruppe so massiv gefährden, indem sie eine Schwerpunktwaffe nicht einsatzbereit haben. Beim Gruppenführer meinte ich noch dazu, dass ich kein Vertrauen und keine Lust hätte, dort als dritter Mann eingesetzt zu werden. Er befahl mir, erst mal wieder beim Kameraden Schneider Stellung zu beziehen, der war noch immer alleine in dem Deckungsloch in Stellung, seitdem ich beim Gefechtstross im Krankenrevier war und weiterhin sagte er, dass er das im Kompaniegefechtsstand regeln würde. Am nächsten Morgen wurde ich tatsächlich gefragt, ob ich das MG übernehmen möchte, mit dem Kameraden Schneider als zweiten Schützen. Er war zwar zwei Jahre älter als ich und bereits Obergefreiter aber trotzdem ein Frontneuling. Schneider war einverstanden und so wurde uns das MG samt Zubehör von den bisherigen MG – Schützen gebracht.

Die Munition holten wir gemeinsam und Pistole und Karabiner wurden einfach getauscht. Unser Schützenloch war eigentlich zu klein für zwei Mann am MG. Aber nach einer weiteren Woche wurde die Stellung geräumt. Doch zuvor sollte noch ein Spähtrupp – Einsatz folgen, wobei wir beide mit dem MG eingeplant waren. Zusätzlich erhielten wir Schneetarnmäntel und unser Auftrag war es nun, zu erkunden, ob der Feind jenseits des Tales in der Hütte war. Ein Oberjäger sowie zwei weitere Soldaten mit Maschinenpistolen gehörten zu diesem zusammengestellten Trupp. Wir marschierten bergab und in der Senke ging es auf die gegenüberliegende Anhöhe wieder rauf. Vorsichtig schlichen wir bis zur Hütte. Doch Gegner, Fehlanzeige, aber Heu gab es reichlich.

So ging es für uns wieder zurück und wenn dort wachsame „Tommys" gewesen wären, dann hätten wir das garantiert unliebsam erfahren. Rudi Schneider, der Fleischergeselle aus Thüringen, hatte seinen ersten Spähtrupp wie eine Übung erlebt. Auch in der nächsten Stellung gab es ruhige Stunden, auch mal Tage, aber keine Wochen. Für uns war es die dritte und letzte Stellung in Italien, es waren sogenannte Winterstellungen. Sie befand sich im Bereich des Flusses Silaro. Zuvor hatten wir noch die Möglichkeit, am nördlichen Ortsrand von Castel San Pietro den Schmutz, der den Soldaten ehrt, loszuwerden. Die Ehre war schon sehr groß. In der Bergstellung gab es für uns nur die Möglichkeit, sich mit Schnee zu waschen. Am Rande der kleinen Ortschaft hatte man eine primitive Sauna errichtet. Natürlich nutzten wir die Sauna und als zum Schluss unserer warmen Entspannung jemand sagte, dass die Finnen und Russen danach nackt im Schnee baden würden, war die einstimmige Meinung, was uns davon abhalten würde und wir wären doch unter uns. Der Schnee war in geringer Menge vorhanden und so taten wir es den Nordmännern gleich. Da soll noch einer sagen, dass Primitives nicht nützlich wäre.

Nördlich von Castel San Pietro war im Herbst ein Bombenteppich niedergegangen, welcher einen Bauernhof zerstört hatte. Aber eigentlich sollte es die Stadt treffen. Nach dem fehlgeleiteten Angriff gab es wohl ein Abkommen der Alliierten, dass, wenn kein deutsches Militär in den italienischen Städten war, es auch keinen Fliegerangriff gab. Deswegen wurde uns der Zutritt zur Stadt untersagt. Also ging es vorbei an der Stadt und dem Sportstadion und nach ein bis zwei Kilometern waren wir für die Nacht in Erdbunkern am Silaro eingezogen.

Der nächste Tag wurde genutzt, um die Schiessfertigkeiten am MG zu verbessern, dafür wurden vier MG aufgestellt. Es gab nicht wie sonst zehn Schuss pro Schütze für die Pappkameraden, sondern die fünfziger Gurte wurden lückenlos geladen. Die ersten drei Patronen mussten meistens ausgelassen werden, damit man den Gurt unter den Gurtschiebedeckel legen konnte. Fast alle unserer Kameraden waren vor uns beiden neuen MG – Schützen an der Reihe, ihr Können zu zeigen. Der Kompanie- und die Zugführer hatten das Kommando und dann hieß es nur noch Feuer frei und Stopp. Trefferaufnahme und die Beobachtung mit dem Fernglas reichten diesmal nicht aus. Nach jedem Schiessen hieß es, vor, Trefferaufnahme und Zukleben. An meinem MG war ich als letzter dran. Leutnant Neuhoff stand mit dem Fernglas hinter mir. Als ich den Gurt fertiggeladen hatte und zielte, gab er auch schon das Feuer frei.

Mit kurzen Feuerstößen, etwa fünf bis sechs, war der Gurt auch schon verschossen. Dass der Leutnant nach dem halben Gurt, Stopp gesagt hatte, habe ich ignoriert. Als die Trefferaufnahme abgeschlossen war, wurde mir achtundzwanzig Treffer als mein Ergebnis mitgeteilt. Der Kompaniechef schickte uns im Anschluss wieder in die Unterkünfte und ich sollte am nächsten Morgen zum Rapport kommen. Nun ich rechnete mit einer Zurechtweisung, weil ich den Befehl missachtet hatte. Ansonsten stand Waffenreinigen für den nächsten Tag auf dem Programm.

Mit den ersten Sonnenstrahlen wurden wir munter. Oberfeldwebel Klemm kampierte nicht im gleichen Bunker wie wir, aber er kam, um sich zum Truppenverbandsplatz zu verabschieden. Ihn plagte wohl ein chronisches Leiden. Aus diesem Grund wurde ich zum stellvertretenden Gruppenführer bestimmt. Zum Waffenreinigen sollten wir uns bei der Kirche einen geeigneten Platz aussuchen. Rudi Schneider und ich gingen etwa einhundertfünfzig Meter zu besagter Kirche. Fünf bis sechs Meter abseits des Kirchengebäudes stand ein viereckiger Turm. Der gepflasterte Boden zwischen Kirche und Turm sollte der Ort des Waffenreinigens werden. Zusätzlich bot der Bereich einen guten Sichtschutz. Als wir uns auf den Rückweg machten, hörten wir einen mächtigen Abschuss und gleich darauf einen schrillen Kreisch – Ton. Einschlag und Explosion musste in der Nähe unseres Bunkers sein.

Wie sich herausstellte, war der tatsächliche Einschlag nur etwa drei Meter neben den Bunker. Nach fünfundsiebzig Metern sind wir den ersten beiden noch unter Schock stehenden Kameraden begegnet, welche sofort den Bunker verlassen hatten. Zurück am Bunker, kam der Rest der Gruppe auch heraus und wir erkannten, dass die Bunkerdecke einem direkten Treffer nicht hätte Stand halten können. Nach diesem Schock ging es auch gleich zum Waffenreinigen. Sitzmöglichkeiten besorgten wir uns aus der Kirche. Eine dreiviertel Stunde später schoss das Schwerstgeschütz ein weiteres Mal. Der Einschlag hatte etwa die gleiche Entfernung, aber einhundert Meter weiter links vom Bunker. Wir reinigten die Waffen einfach weiter, als wäre nichts gewesen und erzählten allerlei nebenher. Von den Anwesenden war ich schon der alte Hase, obwohl mein Schütze 2 zwei Jahre älter war. Es waren alles Frontneulinge oder auch „Kanonenfutter" genannt. Inzwischen krachte wieder ein Schuss des besonderen Kalibers und fand sein Ziel inmitten der zwei vorherigen Einschläge.

Mit kreischendem Ton traf der vierte Schuss die Kirche auf der anderen Seite. Noch in dem Staub gehend, überzeugten wir uns von der Wirkung des Treffers. Die etwa einen halben Meter dicke Mauer hatte nun eine Öffnung, wo ein LKW hätte durchfahren können. Dieser Schuss wurde vom gegnerischen Beobachter wohl als Volltreffer gewertet, da kein weiterer Schuss mehr folgte. Für die folgende Nacht wählten wir die Schlafplätze so, dass wir die doppelte Wandstärke zur Feindseite hatten. In der oben gelegenen Pastorenwohnung, wo es wärmer war, wollte niemand nächtigen. Dass ich ja auch noch zum Rapport sollte war mir inzwischen auch wieder eingefallen, nur war es nicht mehr morgens. Nun hoffte ich, dass sich die Wogen schon ein wenig geglättet hatten und so war es dann wohl auch.

Am folgenden Vormittag schoss die Artillerie einen Feuerüberfall mit einer schweren Batterie auf die gemauerte Silarobrücke. Als es vorbei war, tauchte ein Zivilist bei uns auf. Er war sehr aufgeregt und sagte etwas von Toten und Verwundeten in der unmittelbaren Nähe der Brücke. Aber er fragte auch nach Wein zum Trinken, bei uns gab es nur Wasser, das wollte er nicht und so zog er wieder von dannen. Aus der gleichen Richtung kam nun ein Leutnant der Infanterie, er war wohl mit dem Italiener unterwegs gewesen. Dem Leutnant teilte ich mit, das der Italiener was von "Morto" und „Ferito" gesagt hätte, dazu meinte er aber, dass niemand etwas passiert wäre und dass ihm nur die Nerven versagt hätten. Der Leutnant entfernte sich wieder und im Laufe des Tages kam unser Gruppenführer zurück. Sein silbernes Parteiabzeichen trug er nicht mehr, dafür galt er als fronttauglich. Zur Nacht wurden von der Kompanie die Zug- und Gruppenführer sowie deren Stellvertreter zur Stellungserkundung befohlen. Wir sollten unsere neuen Stellungen, in die wir demnächst einrücken sollten und um die Kameraden vor Ort abzulösen, schon vorher sehen und erkunden. Ablösen sollten wir ehemalige Offiziere aus dem Luftwaffenstrafregiment Neukum. Im Stellungsbereich lagen die Minen gegen Freund und Feind in gleicher Menge. Nach getaner Erkundungsarbeit ging es den gleichen Weg zurück und bei Ankunft wurde es schon wieder hell. Alle Munitionskästen wurden wieder aufgefüllt und unsere Neun – Mann – Gruppe erhielt zusätzlich ein 34er MG dazu.

Bei anbrechender Dunkelheit ging es mal wieder an der westlichen Silaroseite in südliche Richtung. Gelegentlich gab es Artilleriebeschuss, aber ohne Folgen für uns. Es ging vorbei an einem bei einem deutschen Gegenstoß „geknackten" Spähpanzer des Feindes. Das letzte Gebäude im Kompaniebereich war nach dem ehemaligen Bauern benannt Casa „Tromba". Alle von uns, die die zwei Monate in dem Dreck dort ausgehalten, werden es nicht vergessen haben. Das „MG Kagels" wurde direkt am Silaro als linker Flügel der 6. Kp. 3. Rgt. eingesetzt. Der nächste militärische Nachbar lag etwa einhundertfünfzig Meter schräg hinter uns am östlichen Ufer und gehörte zur 5. Kp, 3. Rgt. Fünfundzwanzig Meter rechts von uns, an einem Feldweg war das „MG Zepper" in Stellung gegangen. Dazwischen befanden sich unser Gruppenführer sowie die vier Gewehrschützen. Die zweite Gruppe war etwa fünfzig Meter oberhalb des Minenfeldes in Stellung gegangen. Am Weg, zwanzig Meter hinter dem Kameraden Zepper, waren drei Mann der 14. Kp. 3. Rgt vor Ort und gehörten der Panzerabwehr „Ofenrohr" an. Die Minen waren in Hufeisenform und in einem Abstand von fünf bis sechs Metern verlegt worden. Nun, wir hatten die Ehre einer besonderen Stellung, hier musste man den Heldentod als Pflicht anerkennen!

Der erste Tag in dieser Himmelfahrtsstellung begann mit einer Vorfeldbeobachtung. Vierhundert Meter voraus und auf der gleichen Flussbettseite gab es einen kleinen Bauernhof. Ein zweites Gehöft befand sich auf der anderen Flussseite in einer Entfernung von etwa fünfhundert Metern. Hinter diesen Gebäuden stieg das Gelände auf einige hundert Meter an und ich weiß auch heute noch die Namen dieser Höfe. Ein Gehöft hieß Casa „Nuova", das andere war Casa „Novilari".

Etwa einhundertfünfzig Meter Luftlinie schräg hinter uns war das, was man Casa „Tromba" nannte, zur Hälfte schon eine Ruine. In einer Gedenkliste für gefallene Kameraden heißt es, Gefallen bei Casa „Tromba". Man meinte damit die Region und den gesamten Stellungsbereich rund um Casa „Tromba". Sämtliche Wege in der Umgebung waren Feldwege. Der Weg in unserer Nähe war mit Panzerminen verlegt worden, bis einhundertfünfzig Meter an unsere Stellung heran. Nachts wurde das Minenfeld von kleinen Trupps der 6. Kompanie vor Aufnahme durch den Gegner gesichert. Drei bis vier Tage dauerte ein Umlauf, dann war jeder einmal von uns die halbe Nacht am weitesten vorne zum Sichern gewesen. Die linke Seite unserer Stellung befand sich am trockenen Flussbett und ab einer Entfernung von etwa fünf Metern waren in dem Bereich, teilweise sichtbar, Schützenminen verlegt worden.

In der Flussmitte lagen Munitionskisten einer gegnerischen Artillerieeinheit, die dann doch nochmal zurückgezogen wurde. Unsere MG – Stellung war in Lehmboden eingebuddelt und konnte wegen Feindeinsicht über Tag nicht verlassen werden. Etwa zwanzig Meter vor unserer Stellung standen ein paar Laubbäume, die den Pappeln ähnelten, welche aber von dem Beschuss der Artillerie bereits beschädigt waren. Bei späterem Beschuss wunderten wir uns, dass die Granaten zum größten Teil vor den Bäumen einschlugen. Wahrscheinlich vermutete der Feind die übliche Vorderhangstellung, welche er dann vermeintlich beschoss. In der Nähe unserer Stellung explodierten die Minen, weil Lehmklumpen drauf fielen. Minenräumen durch die Artillerie ist auch eine Möglichkeit. Mit dem Kameraden Schneider habe ich im zweistündigen Wachwechsel gestanden.

Am Tag war die Wachablösung dank meiner Taschenuhr kein Problem, aber nachts und ohne Leuchtziffern war es eher schwierig. So lösten wir uns dreimal nach Zeitschätzung ab. In dieser Stellung wünschte man sich bei der Tageshälfte schon wieder die Nacht herbei und in der Nacht war es genau umgekehrt. Eine regelmäßige Versorgung funktionierte einwandfrei, allerdings nicht vor zwei Uhr nachts. Wir bemängelten, dass die Suppe im Kochgeschirr kalt war, auch wenn es keinen empfindlichen Frost mehr gab, war es doch noch Winter. Nachts hatten wir zusätzlich über den sogenannten „Knochensack" *(Die deutsche Fallschirmjägerkombi, wurde auch Knochensack genannt und bestand aus festgewirktem, reißfestem Baumwollstoff zu 100%)* einen an den Ärmeln gekürzten Zivilmantel drüber. Bei der Stellungsübernahme bekamen wir den Mantel von unseren Vorgängern.

Der Ruheplatz für die wachfreie Zeit war hinter dem Schützenloch. Der Platz war etwas zu hoch gelegen und zu klein für unsere Körpergrößen von etwa einem Meter und siebzig Zentimetern. Als Abdeckung lag eine Tür drüber, die an den Enden auf festem Boden liegen musste, das erlaubte nur eine gekrümmte Liegeposition. Die Öffnung war mit einer Zeltplane abgedeckt. Die Verpflegung war so geregelt, dass wir zwei die Brotmenge selbst bestimmen konnten, während die Zuteilung für den Brotaufstrich nur für eine Bemme reichte. Wir sind durch die Brotmenge satt geworden. Pro Tag gab es zwei Brote, vorher war immer eins im Wechsel üblich.

Das wir auch mal Essen aufwärmen konnten, verdankten wir der Verteilung von Esbit und Esbitkochern. Unser ehemaliger Zugführer R. Blödorn wurde in dieser Stellung Kompanieführer und ein mir unbekannter Oberfeldwebel, aber mit gleicher Fronterfahrung, wurde unser neuer Zugführer. Dieser Stellungskrieg wurde durch regelmäßigen schweren Waffeneinsatz durch den Gegner begleitet. Fast immer nach Sonnenuntergang schoss eine 3,7cm „Spritze" mit Leuchtspurmunition, von einem Hügel auf der anderen Flussseite auf vermutete Ziele im Bereich der Holzbrücke, die sich etwa anderthalb Kilometer hinter uns befand. Einen Wegebereich in unserer unmittelbaren Nähe nannten wir die Todeskurve. Eines Tages wurde uns mitgeteilt, dass zwei schlafenden Kameraden der 5. Kompanie, unsere direkten militärischen Nachbarn, die Kehle durchgeschnitten wurde. Danach erhöhte sich unsere Wachsamkeit nochmals.

Die „Gurkhas" (= *nepalische Soldaten im Dienst der regulären britischen und indischen Streitkräfte, in denen sie eigene Einheiten bilden*) hatten wohl ihre besten Schleicher vorgeschickt. Den Handlungen vorweg gegriffen, berichte ich hier, dass zu einem späteren Zeitpunkt zwei Inder mit weißen Wimpeln durch das Minenfeld kamen. Der Eine trug einen Flachhelm und der Andere einen Turban. Dass ich als Einziger die beiden Parlamentäre kommen sah, zeugte von fehlender Wachsamkeit am Tag in den eigenen Reihen. Allerdings hatten die beiden Parlamentäre mich am MG ganz am Rande unserer Stellung genauso erkannt wie ich sie. Sie gingen den sichtbaren Trampelpfad bis zur Casa „Tromba" unbegleitet weiter.

Unser MG ließ ich in seiner originären Ausrichtung, wären die beiden stehen geblieben, hätte ich den Gruppenführer informiert und wäre hingegangen. Am MG 34 sind die beiden ebenfalls unbehelligt vorbeigekommen, es schien, als hätten die beiden MG – Schützen sie wirklich nicht bemerkt. Nach etwa einer Stunde kamen die beiden zurück, wieder ohne Begleitung, als wäre es das Normalste auf der Welt. Im Divisionsblatt „Der grüne Teufel" wurde im Folgemonat über das unbegleitete Parlamentärduo berichtet. Schön, dass in diesem oft unmenschlichen Krieg über ein friedliches, viel zu seltenes Vorkommen berichtet wurde! Über die Verhandlungen selbst wurde nicht berichtet. Mit Anbruch der Dunkelheit schlich ich zu der etwas höher gelegenen MG – Stellung und habe den beiden Schützen vor Ort meine Beobachtung mitgeteilt. Sie hätten die beiden Parlamentäre noch vor mir entdecken müssen.

In der zweiten Nachthälfte gehörte ich zum Minensicherungstrupp, das MG verblieb in der Stellung und ich übernahm vom Schützen Zwei das Gewehr als lange Handfeuerwaffe. Der Weg hin und zurück führte immer an einem flachen Graben mit einem toten deutschen Soldaten vorbei. Die Pflicht zum Heldentod endete nicht mit dem Recht auf eine ordentliche Bestattung. Humanität im Krieg hat viele ungelöste Fragen! In der Stellung bekam ich den Auftrag, alle am Tag gemachten Beobachtungen schriftlich festzuhalten. Der Gruppenführer hatte seinen Unterschlupf etwa sechs Meter hinter uns, er gab die Berichte dann weiter. Unter anderem berichtete ich über einen Melder, der jeden Nachmittag um etwa sechzehn Uhr für kurze Zeit aufrecht und mit dem Gewehrriemen über der Schulter, den Gewehrlauf nach vorne gerichtet und die rechte Hand aufgelegt, zu sehen war.

Er verschwand hinter einer Deckung und sein Rückweg blieb im Verborgenen. Unwillkürlich musste ich an meine eigenen Wege als Melder denken und ich gönnte ihm das gleiche Glück, das ich vorher hatte. In meinen Berichten erwähnte ich auch die nächtlichen Panzergeräusche beim Gegner. Unsere Artillerie hätte da ja mal „Hallo" sagen können, das passierte aber nicht. Ganz im Gegenteil, ich konnte nur über die gegnerische Artillerie berichten.

Eines Nachmittags bei guter Sicht bot sich mir das vertraute Bild des Melders von der anderen Feldpostnummer. Nur diesmal knallten weiter rechts von uns zwei Schüsse und der Melder ging zu Boden. Ob er gleich tot war oder nur verletzt, entzog sich meiner Kenntnis, auch habe ich dort nie wieder einen Melder gesehen. Mein aufrichtiges Bedauern war groß und ist noch nicht vergessen. In der Nacht krachte links von uns im Bereich der 5. Kompanie eine Mine und in deren Vorfeld knatterten einige Maschinenwaffen. Die Kameraden waren in Bedrängnis und ich wollte eingreifen. Also schoss ich streuend über das Flussbett hinweg. Als ich den dritten Gurt eingelegt hatte, bekam ich eine Ladehemmung. Vorsichtshalber wechselte ich den Lauf und das Schloss. Nachdem ich meine Schussbereitschaft wieder hergestellt hatte, war es auf der anderen Seite still geworden. Es waren keine Waffen mehr zu hören. Dafür traute sich ein Verwundeter nach Jimmy um Hilfe zu rufen und am lauten Flüstern in fremdländischer Sprache konnten wir erkennen, dass er auch Hilfe bekam.

Nun sollte Jimmy seinem Kameraden helfen und unser MG schwieg. Für uns stellte diese Situation keine Gefahr dar. nichts, was uns in irgendeiner Form hätte bedrohen und Blutrünstigkeit hätte hervorrufen können. Die entstandene Hilfsbedürftigkeit war auch ohne das Vorhandensein eines Roten – Kreuz – Wimpels von uns erkannt und natürlich auch respektiert worden. Alle zwei Tage reinigten wir aus einem Eigenantrieb heraus unsere Waffen. Dabei kamen wir beide auch über unsere jeweilige Heimat ins Gespräch. Rudi erzählte über Thüringen und ich, nachdem ich in Dortmund geboren wurde und als vierjähriger nach Pommern kam, natürlich über Pommern. Der MG – Lauf, welchen ich wechseln musste, hatte eine festgebrannte Patronenhülse im Patronenlager. Unser Waffenwart, Obergefreiter Kipp vom Kompanietrupp löste das Problem, das durch etwas Lehm entstanden war.

Mit Rudi witzelte ich, dass, wenn wir mal nichts mehr zum Verschießen haben würden, wir einfach einen Ersatzlauf in die Hand nehmen könnten und so einen Gegenstoß machen. Aber er konnte darüber nicht lachen und fand das ganze wohl ein wenig deplatziert. Er war schließlich der höhere Dienstgrad und fand auch, dass er eigentlich Schütze Eins hätte sein müssen. Er sollte doch froh sein, dass ich es bin, derjenige, der das so eingeteilt hatte, wusste schon warum, gab ich ihm zu verstehen. Ergänzend meinte ich noch, dass er davon keinen Nachteil haben würde und dass wir beiden Nichtraucher auch weiterhin gut klarkommen würden.

Nachts bekamen wir Besuch vom Kompanieführer „Oberfeld" Blödorn und einem Melder. Die erste Weisung war für mich, die von mir täglich erstellten Berichte wurden nicht mehr benötigt. Unser neuer Befehl war, tagsüber vermeintliche Ziele erkennen, das MG in entsprechende Stellung bringen und nachts mit einhundertfünfzig Schuss beschießen.

Der Schütze Zwei hatte die gleiche Aufgabe, nur mit dem Gewehr und maximal fünfzehn Schuss. Nach der Sinnhaftigkeit eines solchen Befehls hatten wir nicht zu fragen, aber er kam wohl aus dem Bataillonsgefechtsstand. Schon in der nächsten Nacht setzten wir die Befehle um. Wenn Rudi fünf Schuss abfeuerte und ich einen fünfziger Gurt, mit kurzen Feuerstößen auf tagsüber anvisierte Ziele durch hatte, machten wir auch gleich einen Wachwechsel. Am nächsten Nachmittag antwortete die feindliche Artillerie mit heftigem Beschuss. Zum Glück ging der Artilleriebeschuss hauptsächlich am Vorderhang nieder. Dort räumte der Gegner so Minen aus dem Weg. Der Schütze Zwei aus der MG 34 – Stellung sammelte Splitter und führte auf humoristische Art und Weise eine Wunderwaffe vor. In eine leere Konservendose setzte er eine Stilhandgranate ein und die Splitter verteilte er rund herum. Die Dose samt Inhalt setzte er auf die Deckung und sagte, dass der Feind angreifen würde. Er zog den Kopf ein und mimte eine Explosion, um gleich darauf uns mitzuteilen, dass der Angriff abgewehrt wäre. An der Front gab es auch mal Humor und Situationskomik. Die Sehnsucht und der Wunsch nach Frieden aber wurden immer präsenter.

Schon eine Woche führten wir unseren nächtlichen Befehl aus. Zu dem gegnerischen Artilleriebeschuss gesellte sich auch noch SMG – Beschuss dazu. Es waren mindestens fünfhundert Meter Entfernung und auf der Höhe der 3,7cm „Spritze". Glücklicherweise wurde die „Spritze" nicht auf uns eingesetzt, aus gegnerischer Sicht hätten wir es wohl verdient gehabt. Mit der Versorgung erhielten wir auch jede zweite Nacht dreihundert Schuss Munition. So viele leere Patronenhülsen, die bei uns herumlagen, hatten wir vorher noch nicht gesehen und sollten wir auch in der restlichen Kriegszeit nicht mehr sehen. Dass wir damit mehr Unruhe als Schaden erzeugt hatten, war uns aber auch klar. Dieses nächtliche Hörspiel war wohl schon auf der gesamten Regimentsebene bekannt und ich habe bei der Gelegenheit versucht, die kürzesten Feuerstöße abzugeben, die möglich waren. Der Kompanieführer soll auf dem Gefechtsstand gesagt haben: Hörst Du? Kagels schießt! In der folgenden Woche wurde diese Art der Munitionsverschwendung per Befehl wieder eingestellt.

Zur Minenwache wurde ich in der ersten Nachthälfte vom Gruppenführer eingeteilt. Allerdings nicht lange, aus mir nicht bekannten Gründen sollte ich zum Zuggefechtsstand in die Casa „Tromba", dort ging es weiter in den Sanitätsunterschlupf. Kamerad Fischer aus einer anderen Gruppe wurde genau wie ich in den Unterschlupf befohlen. Nun kam die Auflösung. Der Zugführer erschien und teilte uns mit, dass ab sofort zur Minenwache ein MG mitzuführen wäre und dass ich deswegen mein MG mitnehmen sollte. Kamerad Fischer sollte einen Munitionskasten tragen. Das war es für uns und wir verließen den Unterschlupf wieder. Als wir ins Freie kamen, brannte links von uns Stroh und ich meinte, dass es wohl Phosphor war. Dann hörte ich das Flattergeräusch einer 8cm „Spuckergranate", die Knie konnte ich noch beugen, um etwas tiefer zu kommen, dann krachte es links von uns. Für mich gab es einen Schlag auf dem Oberarm und ich verspürte eine starke Hitze. Zum Kameraden Fischer meinte ich, dass ich einen abgekriegt hätte und er entgegnete, er auch.

Wir drehten uns um und gingen direkt wieder zum Sani. Der sah mich und das Blut, was über meinen Arm zur Hand lief und verband mich als erstes. Fischer hatte eine Stelle an der linken Hand, am Beginn zum Mittelfinger, die ganz schön „wackelig" aussah. Wir meldeten uns beim Kompanieführer ab zum Lazarett. Oberfeldwebel Blödorn sagte nur, dass ich schnell wiederkommen soll und dass er seine Leute bräuchte. Es folgte die Vorstellung beim Stabsarzt beim Truppenversorgungspunkt. Fischer wurde in das Lazarett eingewiesen und ich wurde zur Sanitätsstation beim Tross befohlen. Wieder mal, dachte ich nur.

Die Rückfahrt zum Tross erfolgte mit einem Versorgungsfahrzeug. Vor Ort ging es in eine Landschule und ein Sanitätsobergefreiter hatte hier das Sagen. Als Leichtverwundete oder Kranke bekamen wir einen Ruheplatz zugewiesen. Der Sani machte am Tage seine Arbeit, also Verbände erneuern und Medikamente verteilen. Als ich ihm erklärte, das der Verband noch von der letzten Nacht sei und ein „Spuckersplitter" der Grund war, entgegnete er mir, das er erst am nächsten Morgen nachschauen würde, auch um sicherzustellen, dass der Splitter raus war.

Der nächste Tag begann mit einer Art Visite und das in einer Tonart, die Rekrutenschindern geläufig ist. Mir wurde befohlen, dass ich mich beim Kompanieschreiber melden soll und zusätzlich gab es zu verstehen, dass ich kein Fall für die Sanitätsstation wäre. Damit hatte ich überhaupt keine Probleme, dadurch blieb mir die Splittersuche erspart. Mit dem letzten Rest Soldatenstolz „trage" ich diesen Splitter noch immer in meinem linken Oberarm. Dafür habe ich kein Eisernes Kreuz und kein Erdkampfabzeichen mehr. Bei den Schreibern war ich ein Altbekannter und kam gelegen, um einige kleine Dienste zu verrichten. Sogar eine eigene kleine Schlafkammer wurde mir zugewiesen, nur eine Treppe aufwärts. Allerdings nach nur zwei Tagen verzichtete ich freiwillig auf das Quartier. Der Raum unter mir war bei einem Gelage nicht nur laut, sondern auch gefährlich. Ein Oberfeldwebel, der wohl mal eine Woche beim Tross sein durfte, hatte im Suff von da unten ein Gewehr leer geschossen. Die fünf Schuss gingen durch den Fußboden neben dem Bett durch, genau an der Stelle, wo sonst die Latschen stehen, etwa auf Bettmitte! Der alte Mann, der dort schlief, wechselte den Schlafplatz und ich tat es ihm gleich, das war Fakt.

Meine neue Unterkunft war ein leerer Stall in der Futterkrippe, für den Rest meiner Zeit vor Ort. Um meine Verwundung kümmerte ich mich selbst, indem ich die Wunde, die Binde und den blutigen Ärmel kalt wusch und danach alles wieder benutzte. Zwei Nächte lang gab es für mich noch eine Kurieraufgabe. Dabei ging es mit dem Versorgungsfahrzeug zum Regimentsgefechtsstand, dort hatte ich eine mitgeführte Aktentasche abzugeben und in der darauffolgenden Nacht wieder zurückzubringen. Der Bunker befand sich an der Nordseite des letzten Hügels, von dem man ostwärts auf das Sportstadion sehen konnte. Castel San Pietro lag etwa einen halben Kilometer links davon. In dem Bunker selber durfte ich nicht hinter die zweite Zeltplane. Das hieß für mich, dass ich das Lili Marleen – Lied nach zweiundzwanzig Uhr, am Funkgerät nicht mithören konnte. Außer Wasser in der Feldflasche hatte ich nichts für das leibliche Wohl dabei.

Ein Leutnant vom Stab, der aus dem Bunker zum Frischluftschnappen herauskam, warnte mich davor, bis zum Weg zu gehen, denn dort hatte es bereits einen Toten gegeben. Es gab dort wohl bis zu zehn Kilometer Feindeinsicht. Ein paar Tage später gab es für mich noch einmal diese Aufgabe. In der MG – Stellung bei Casa „Tromba" bekamen wir nachts vom Kompanieführer Oberfeldwebel R. Blödorn und seinem Melder Besuch. Sie brachten uns einen Schießbecher und eine Munitionskiste. Das zusätzliche militärische Gerät war für mich gedacht. Nun hatte ich aber schon das 42iger – MG und es wäre doch sinnvoller, einem der vier Gewehrschützen das zusätzliche Kriegsgerät zu geben und so teilte ich mich auch mit. Doch zur Antwort kam nur, dass es bei mir in den besten Händen wäre und dass ich das schon bewiesen hätte. Die Kiste überprüfte ich auf den Inhalt. Es waren etwa zwanzig Gewehrgranaten drin und weniger als zehn Leuchtfallschirmgeschosse. Zur Panzerabwehr war nichts dabei, dafür waren aber auch die drei Kameraden der 14. Kompanie zuständig. Nun hatte ich wieder einen Karabiner als Handfeuerwaffe zusätzlich in Betreuung. Rudi Schneider war zur ersten Minenwache mit unserem MG unterwegs. Es gab einen Zusammenstoß mit einem Spähtrupp des Gegners. Ein Schusswechsel hatte einen toten, liegengelassenen Gegner zum Ergebnis. Bei diesem Vorfall habe ich einige Leuchtfallschirme in die Luft gejagt. Natürlich keine Granaten, dazu war Freund und Feind zu nahe beieinander!

Am Tage gab es einen einzelnen Schuss der Artillerie, der über uns gezündet wurde, wie beim Einschießen. Vor Beginn der Dunkelheit folgten noch weitere solche Flugzettelverteiler. Als einer der Ersten habe ich ein paar von diesen Zetteln eingesammelt. Prompt wurde ich vom Gruppenführer angerufen, ob ich die Feindpropaganda lesen wollte? Dass ich das für hinterlistige Verwendungen bräuchte und dass ich dafür nicht die Briefe meiner Mutter nehmen wollte, entgegnete ich und er gab Ruhe. Bei Tageslicht schauten wir uns die gegnerischen Nachrichten und Angebote an. Die Situation wurde so wie sie sich auch darstellte ehrlich beschrieben und natürlich war das Angebot der Aufgabe dabei. Man sollte nur mit den persönlichen Sachen, ohne Waffen überlaufen und am besten in Trupps bis zu drei Mann. Außerdem wurden die englischen Worte für verwundet, krank und Läuse aufgeschrieben. Zu guter Letzt wies der Feind nochmals auf die Sinnlosigkeit des weiteren Aushaltens hin. Das ganze untermalten sie mit ihren eigenen Erfolgen sowie Daten und Fakten. So erfuhren wir, wie viele Bomben bei den drei Angriffen, am 13.02.1945 auf Dresden abgeworfen wurden. Das war der Tag, an dem Fischer und Kagels bei Casa „Tromba" den „Spucker" – Granatensplitter abbekamen. Meine kleine Verwundung heilte dort aus, wo ich sie auch bekam. Kamerad Fischer kam nicht mehr in diese Stellung zurück.

11

Die Natur erwachte in Italien einen Monat früher, als wir das aus der Heimat gewohnt waren. Um uns herum wuchsen Gräser und Gänseblümchen zwischen den Schützenminen in Sperrholzkästen. Manchmal habe ich beim Waffenreinigen gepfiffen oder gesungen, wie bei der Arbeit vor meiner Einberufung.

Bei der nächsten Minenfeldsicherung war Oberfeldwebel Klemm unser Gruppenführer. Er ging den Trampelpfad vor mir voran, aus unserer Stellung heraus, in seinen Händen hatte er eine Maschinenpistole. Etwa nach dem halben Weg drehte er sich zu mir um und meinte, dass er das nicht einsehen würde, dass er als erstes vor dem MG ging. Das ließ sich ändern, ich nahm die „Spritze" von der Schulter und ging voraus. Das MG befand sich nun an meiner Hüftseite. Vorort hockten wir am Boden und hatten von Mann zu Mann etwa einen Abstand von ein bis zwei Metern. Es war sehr dunkel und in einer Entfernung von etwa einhundert Metern, Richtung Flussufer, knatterte eine Maschinenwaffe. Das Mündungsfeuer war erkennbar und ging wohl auf die Stellung, aus der wir kamen. Es dauerte nicht lange an und als ich unseren Truppführer fragte, ob ich drauf halten soll, verneinte er. Einen weiteren Beschuss durch die andere Feldpostnummer gab es in dieser Nacht nicht mehr. Dafür kam für uns nach fünf Stunden die Wachablösung.

Ein paar Tage später konnte die Dunkelheit für mich gar nicht früh genug einsetzen, weil ich dringend aus meiner Hose musste. Die übliche Notlösung, das tiefe, links vom Schützenstand liegende Fuchsloch, was für uns gleichzeitig ein Munitionslager und die Stellung des Schützen Zwei darstellte, ging diesmal nicht, weil Rudi dort mit den Gurten beschäftigt war. Deshalb musste ich mit meinem Feldspaten aus der Stellung heraus und nahe den hinter uns verlegten Minen zum Plumpsklo – Ersatz. Als ich bereits auf dem Rückweg war, hörte ich beim „Tommy" einen „Spuckerabschuss". So schnell, wie mir nur möglich, flitzte ich zurück in unser Deckungsloch. Meinen Kopf hielt ich unterhalb der Erdoberkante und vor dem Aufschlag konnte ich noch das mir bereits bekannte Flattern der „Spuckergranate" hören. Der Aufschlag erfolgte genau da, wo nachts sonst unser MG in Stellung war. Es klang und hallte ordentlich in meinen Ohren nach und aufgewirbelter Dreck „regnete" von oben herab.

Dass ich diesmal in der verkehrten Richtung unterwegs war, wusste ich sofort, aber dass wir beide auch eine gehörige Portion Soldatenglück hatten, war auch klar. Als wir uns die Wirkung des Treffers genauer ansahen, staunten wir über die Menge kleiner Splitter, die es gab. Die Zeltplane über unseren Ruhebereich war in einer Länge von über einem Meter mit kleinen Löchern übersät. Der Aufschlag selber, auf dem festgetretenen Lehmboden, hatte fast keine Tiefe. Eine Kartoffelstaude zu ernten hätte etwa ein doppelt so großes Loch gebracht. Wir stellten das MG wieder auf und gingen in unseren altbekannten Wachrhythmus über. Eins stand sehr bald fest, das war zwar die erste, aber nicht die letzte Granate. Der Gegner behielt die Zieleinstellung bei und im Abstand von zehn Minuten und fast die ganze Nacht konnten wir sehr nahe Einschläge in unserer Umgebung verzeichnen.

Als Rudi mich für meine erste Pause ablöste, war ich immer noch wach, unter der Tür mit etwa dreißig Zentimetern Erdabdeckung. Doch auf einmal drang die Stimme des Zugführers zu mir durch, der wohl bemerkt hatte, was bei uns lief. Seine Worte beschrieben das Geschehen gut, das wir wohl keine Ruhe bekommen würden. Rudi zeigte ihm gerade, wo die erste Granate eingeschlagen war, als es in drei bis vier Meter Entfernung, in einer Bodensenke krachte und der Oberfeldwebel vor Schmerz stöhnte.

Dass es seinen Brustkorb erwischt hätte stammelte er unter Schmerzen. Unser Angebot der Hilfe, Unterstützung sowie der Begleitung zurück lehnte er ab und ergänzte, dass er alleine gehen würde, damit nichts Weiteres passiert. Das war das letzte Mal, dass ich was von dem Schleswig – Holsteiner hörte. Ein Vorgesetzter, der auch mal den Vater ersetzten konnte.

Das Frühlingswetter brachte uns drei Tage dichten Nebel natürlichen Ursprungs. Am zweiten Tag schossen zwei SMG des Gegners in das steinreiche, trockene Flussbett. Durch die vielen Querschläger bot sich ein Konzert der besonderen Art, auch wenn nicht klar war, warum bzw. auf was sie eigentlich geschossen haben. Am dritten Tag war es dafür umso ruhiger, keine besonderen Vorkommnisse. Es folgten drei Tage mit künstlichem Nebel und die zusätzlich leicht bewegte Luft in unsere Richtung veranlasste den Gruppenführer, uns „Gasmasken" aufsetzten zu lassen. Er vermutete chemischen Kampfstoff in der Luft. Aber wie sich herausstellte, hatte der künstliche Nebel einen anderen Grund. Am dritten Vormittag erfuhren wir auch die Gründe.

Der Gruppenführer teilte mit, wer zwanzig Liter Benzin für die Truppe beschaffen würde, bekäme drei Tage Urlaub im Divisionserholungsheim. Wir sollten mit unseren Pistolen zur ehemaligen Artilleriestellung des Feindes vorrücken und nach so etwas suchen, was drei Tage Urlaub versprach. Wir hatten schon einige erkennbare Minen hinter uns gelassen, als es in der Nähe der Bäume beim Weg krachte. Ein Gegner war auf eine Mine getreten. Sein Schrei und das Geknatter einer Maschinenpistole passierten nahezu gleichzeitig. So schnell es ging, liefen wir wieder zurück. Rudi Schneider schoss schon kurze Feuerstöße in den Nebel. Für den zweiten Gurt hatte ich dann wieder das MG in den Händen und Rudi reichte mir die Gurte aus dem Fuchsloch. Das 34iger MG am Weg schoss ebenfalls. Zepper war das erste Mal in Aktion getreten, sonst hörte und sah man nichts von ihm.

Derweil schoss ich in verschiedenen Richtungen in unser Vorfeld mit kurzen Feuerstößen. Als plötzlich der Kompanieführer und ein Melder von der rechten Seite zu uns kamen, waren wir überrascht. Noch ungewöhnlicher wurde es, als er mir befahl, Platz zu machen, damit er an das MG konnte und ich gehorchte. Ausweichen konnte ich nur an unserem Ruheplatz unter der Tür. Der Kompanieführer probte nun auch die kurzen Feuerstöße am 42iger MG. Den Melder schickte er zurück, um „Granatspuckerfeuer auf Löwenzahn" (*konzentriertes Feuer auf eine bestimmte Position, mit Decknamen*) anzufordern. Als nächstes schoss der Oberfeldwebel schon fast übermütig auch noch Gewehrgranaten in unser Vorfeld. Ein Aufstöhnen ließ mich aufhorchen und ich fragte ihn, ob er was abbekommen hat. Er antwortete, dass die Treibladung einen zu großen Rückstoß hatte und was ich da gemacht hätte. Meine Erläuterungen folgten prompt, dass ich eine verlorengegangene Treibladung durch ein geköpftes Spitzgeschoss mit etwas Pappe zugestopft ersetzt hatte. Ergänzend sagte ich, dass er die Patrone erwischt hätte und dass die dann wohl zu stark als Ersatz war.

Er machte sich wortlos auf und überließ mir wieder das MG. Bei meinem nächsten Ladevorgang erfuhr ich dann auch, wo sich Gegner befanden.

Ein MG schoss aus sechs bis sieben Metern Entfernung. und etwa eine halbe Armlänge über unseren Köpfen hinweg. Nachdem ich fertig geladen hatte, hielt ich auf das feindliche Mündungsfeuer drauf und schwenkte zusätzlich hin und her. Als der Gurt durch war, schwieg auch das andere MG. Wieder machte ich mein MG schussbereit und sang dabei: „Ja, die Sonne von Mexiko. War ja die wildeste Rothaut der Navajo." Ist peinlich, aber leider wahr. Auch diesen Gurt verbrauchte ich noch, als Rudi mir den nächsten Gurt zu reichte, meinte er dazu, dass es dann auch der letzte wäre. Nun mussten schnell die zwei Reservekästen aus dem Zuggefechtsstand her und Rudi machte sich auf den Weg.

Als er mit den beiden Kästen zurück kam verschwand auch langsam der Nebel. Alle Maschinengewehre schwiegen und wir konnten Casa „Novilari" und Casa „Nuova" wieder sehen und die Gegner gingen im Vorfeld mit Tragbaren und Rotkreuzwimpeln ihre Verwundeten einsammeln. Das beobachteten wir an gesicherten Waffen. Der gegnerische Angriff war abgewehrt und Verluste gab es nur beim Gegner. Als es dunkel wurde, war ich dann auch schon wieder im Vorfeld zur Minenwache eingeteilt. Von der Neunmanngruppe bei der Minenwache, geführt durch „Oberfeld" Klemm, war ich der Einzige, der zuvor bei der Abwehr des feindlichen Stoßtrupps dabei war. Aus meiner Sicht war das wohl die Einteilung des Oberfeldwebel Struth. Nach der Rückkehr „von am weitesten vorne" sagte man mir in Form eines Reimes bei der MG – Stellung des Kameraden Zepper: Ernst sei froh, Du bekommst das EK Zwo. Darauf antwortete ich nur, ob es denn jetzt genehmigt sei?

Mein MG brachte ich noch in Stellung, bevor es für mich zur Kompanieführung ging. Die war in einem Bunker untergebracht, in dem man aufrecht stehen konnte. Oberfeldwebel Blödorn sagte zu mir, das ich näher kommen soll, gleichzeitig nahm er ein EK II und zog das Band durch mein Knopfloch. Es folgten Gratulationen und Glückwünsche, außerdem hielt der Kompanieführer zwei Schoppen Rotwein zum Anstoßen bereit. Zugführer Struth war ebenfalls anwesend, er war während der ganzen Verleihung teilnahmslos und hielt sich im Hintergrund auf. Stehend leerten wir die Weingläser und ich meinte in die Runde, dass es fast ein halbes Jahr von der Beantragung bis zur Verleihung gedauert hätte. Der Oberfeldwebel, welcher bald schon Fähnrich werden sollte, korrigierte mich, dass das EK II nicht von dem Antrag herrührte.

So erfuhr ich, dass unser Regimentskommandeur Schneider am Abend in der Stellung war und sechs EK II verliehen hatte und meins war eins davon. Darauf ging es für mich zurück in die Stellung, den Rudi ablösen. Doch mein Gerechtigkeitssinn beschäftigte mich noch etwas. Zu Rudi meinte ich, dass er bei der großzügigen Verleihung hätte dabei sein müssen. Beide MG – Stellungen hatten doch entsprechende Leistungen vollbracht. Wenn am 34iger MG beide Schützen ausgezeichnet wurden, hätte das bei uns ja wohl auch der Fall sein müssen. Das man mich zum stellvertretenden Gruppenführer ernannt hatte, war mir nicht so bedeutsam gewesen, aber dieses Mal nutzte ich meine Position und sprach nochmal mit dem Gruppenführer über die Verleihung und wie ich darüber dachte.

Als letztes betonte ich nochmal, das der Regimentskommandeur doch seinen Namensvetter was schulden würde. Eines Abends, ich lag zwar schon, schlief aber noch nicht, bekam ich mit, wie mit Rudi gesprochen wurde. Mir wurde sofort klar, dass mein Gedankenaustausch mit dem Gruppenführer über Gerechtigkeit Früchte getragen hatte. Denn der Regimentskommandeur hatte persönlich dem Rudi das Knopfloch mit dem EK II geschmückt. So, wie Rudi sich freute, habe auch ich mich gefreut und ich bin auch immer noch stolz darauf, dass ich als Gefreiter den Oberfeldwebel dazu bewegen konnte, die entsprechenden Räder zu bewegen. Die nachträgliche Verleihung fand etwa eine Woche nach dem Gefecht im Nebel statt. Aber das Besondere, was ich am Tag darauf für mich abspielte, möchte ich hier ebenfalls berichten.

Als ich am nächsten Morgen bei guten Lichtverhältnissen unser Vorfeld beobachtete, sah ich erst das Ergebnis. Auf der zweiten Bodenwelle, direkt voraus, sah ich zwei Flachhelmsoldaten liegen. Zwischen den beiden stand ein MG mit einer flachen Trommel drauf, bei uns „Plattenspieler" genannt. Darüber war ich sehr erschrocken, ich schwieg und grübelte und bei der Ablösung durch Rudi sagte ich ebenfalls kein Wort. Nach dem Ende seiner Wachzeit fiel bei der Wachübergabe wiederum kein Wort über die beiden Soldaten. Gedanklich war ich sehr oft mit diesen beiden Kriegsopfern beschäftigt. In meinem Geiste waren sie schon die beiden größten Helden dieses Tages gewesen. Bei uns hatte bei diesem Gefecht keiner eine Schramme davongetragen und von neun Mann hatten sieben das EK II bekommen.

Es stellte sich mir die Frage, was den Gegner, welcher sich zweifelsohne im Vorteil gegenüber uns befand, dazu bewogen hatte, einen solch dilettantischen Angriff gegen unsere Stellungen zu fahren? Man hätte doch nicht mit einem MG so dicht an die feindlichen Stellungen gebraucht. Hier hätten Handgranaten und Pistolen eine deutlich bessere Wirkung gehabt. Eltern, stellt Eure Söhne nicht mehr solchen Befehlsgebern zur Verfügung! Diese Aufforderung ergeht im Voraus, für die Zeit nach dem Krieg. Den echten Frieden kann man nur dann erreichen, wenn keine Kriege mehr vorbereitet würden.

Der Nachmittag brachte den erwarteten Gegenschlag der Artillerie. Er fiel länger und heftiger aus als die Tage zuvor und die Granaten schlugen nun auch hinter den Bäumen ein. Durch die blutige Erfahrung mussten sie erkannt haben, wo sich die erste Gruppe der 6. Kp. 3. Rgt. in Stellung befand. Einige Male gab es einen solchen Beschuss. Danach lagen die Toten nicht mehr so da, als würden sie sich in einer Kampfpause befinden. Unsere Führung beschloss, mal wieder eine gewaltsame Aufklärung durchführen zu lassen. Aus unserer Gruppe wurde ich als einziger ausgewählt. Franco de Benedetto war ebenfalls dabei, er wurde inzwischen zum Oberjäger befördert. Seine Aufgabe war der Schuss mit der Panzerfaust. Der Zugführer gab mir einen speziellen Auftrag. Das Gewehr mit Schiessbecher gehörte zu meiner Ausrüstung und nachdem der erste Schuss bei dem Haus abgefeuert wurde, sollte ich die Propagandagranaten über dem Gegner zum Platzen bringen. Als es an der Zeit war, führte ich den Auftrag auch ohne Probleme aus.

Nachdem wir die Kameraden an der Minenwache passiert hatten, wurde ich zusammen mit einem Frontneuling am Weg zur Sicherung zurückgelassen. Man hätte ihn wenigstens mit einer Maschinenpistole ausrüsten sollen. Aber unser größtes Problem war, dass er ständig hustete und das, obwohl wir schon so nahe beim Gegner waren. Was hatte man sich bei dieser Einteilung gedacht? Zwangsläufig wurde ich an den schwerhörigen Gefreiten Brunner, der damals in der vorgeschobenen Stellung alleine wachte, erinnert. Den Abschuss und Aufschlag des Geschosses aus der Panzerfaust von Franco konnten wir in etwa einhundert Metern Entfernung ohne Probleme hören und sehen. Fünf Propagandageschosse feuerte ich rechts neben dem Haus in die Höhe. Es folgte ein kurzes Maschinenpistolenschiessen und die Männer kamen zurück. Keine Gegenwehr, kein gewünschter Erfolg. Dieses Unterfangen war die Planung eines Alkoholikers, der mich hasste, seit er mich kannte. Erfolglos, aber gesund, kehrten wir alle wieder zurück. Franco de Benedetto zeigte mir später seinen Stahlhelm. Da war tatsächlich ein Splitter seiner Panzerfaustgranate durchgeschlagen. Er hatte aber nur eine leichte Hautschramme. Dieser Italiener hatte mir damals besondere Soldatentreue bewiesen und heute denke ich noch genauso darüber. Natürlich lässt sich das von zwei Seiten betrachten und man muss deshalb auch ernsthaft darüber nach sinnen, wann und wem man die Treue gewährt.

Mittlerweile befanden wir uns im März 1945 und wir bekamen die Information sowie den Befehl, uns auf unsere Ablösung aus dieser Stellung vorzubereiten. Weiterhin erfuhren wir, dass wir zur Neuaufstellung der 10. Fallschirmjägerdivision aus Italien abgezogen würden. Es dauerte nicht lange und die Infanteristen erreichten uns zur Ablösung. Es müssen wohl die größten der Kompanie gewesen sein, unsere Stellung war nun als ausbaubedürftig eingestuft. Wir führten ein kurzes Ablösegespräch über das, was sie am nächsten Morgen sehen und riechen würden. Das war das erste Mal, dass ich die gefallenen Gegner im Vorfeld erwähnte. Nach über siebzig Jahren möchte ich sie hier als ehrenvolle Soldaten würdigen. Zum Schluss wünschten wir den beiden großen Jungs das Glück, welches auch wir in dieser Stellung hatten. Mit Blick nach Süden legte ich die Hand an den Stahlhelm und sagte: Südfront ade. Es folgte noch ein Händedruck und mit einem weinenden und einem lachenden Auge ging es raus aus dieser Stellung.

Zum Glück ging es nun das letzte Mal am Castel St. Pietro vorbei und weiter, bis eine Rast zum Verschnaufen eingelegt wurde. Dann weiter zur Entlausung und was sonst noch dringend nötig war. In Fußmärschen ging es immer weiter nordwärts, bis wir zu den Überresten einer Straßenbrücke kamen, die einst den Po überquert hatte. Ein größeres Dorf befand sich an der Südseite des Flusses. Dort legten wir eine Marschpause ein, bekamen auch mal wieder Sold ausbezahlt und konnten ein Kino besuchen. Hin und wieder suchten wir auch die örtliche Gaststätte auf. Als wir die Brückenreste näher betrachteten, konnte man gut die Wirkung der Fliegerangriffe sehen. Die noch festen und stabilen Brückenreste an beiden Ufern wurden als Halterung für starke Seile genutzt. So wurde eine stabile Seilbrücke für Fußgänger geschaffen. Wir stellten fest, dass es eine gute Pionierarbeit war, als wir bei trübem Wetter mit einem Abstand von etwa fünf Metern von Mann zu Mann auf der provisorischen Pobrücke den Fluss überqueren. Durch den darauffolgenden Marsch kamen wir auch über eine unbeschädigte Etschbrücke und waren bereits in der Nähe von Verona.

Auf einigen Höfen war inzwischen das 2. Bataillon des 3. Regiments versammelt und als die vier Kompanien in einem offenen Karree angetreten waren, gab es eine Dankesrede als Verabschiedung. Da war ich gar nicht so recht mit den Gedanken dabei. Dann wurden Namen vorgelesen und die Aufgerufenen stellten sich in eine Reihe nebeneinander auf. Auch mein Name fiel und ich stand mitten in der Reihe. Als nächstes kam ein Oberleutnant und band, von rechts nach links in der Reihe EK II in die Knopflöcher der Soldaten. Nun, als er von meinem rechten Nebenmann zu mir kam, teilte ich ihm mit, dass ich bereits vom Regimentskommandeur mit dem EK II ausgezeichnet wurde. Er gratulierte mir nachträglich und ging sofort zum nächsten Kameraden weiter.

Fähnrich Blödorn fragte mich, als er das vernahm, was ich denn da gesagt hätte und ich antwortete nochmals, dass der Regimentskommandeur Schneider mich bereits mit dem EK II ausgezeichnet hätte. Nach dem Antreten und als die Kompanien wieder in vierzig bis fünfzig Mann Stärke geordnet waren, gab es Anweisungen, die vor dem Abzug durchzuführen waren. Bis auf ein MG pro Einheit sollten alle Maschinenwaffen im Land verbleiben. Unser Kompanieführer entschied, dass ich und der Kamerad Schneider das MG behalten sollten sowie einen Kasten mit dreihundert Schuss Munition. Er ergänzte, dass in Österreich wiederum eine Neuausrüstung erfolgen würde. Abschließend gab es für alle Ausgezeichneten noch die Frontkämpferzusatzverpflegungspäckchen. Obwohl meine Doppelauszeichnung wieder in das Kochgeschirr zurückgelegt wurde, bekam auch ich ein Päckchen. Zur Erklärung vielleicht, Kochgeschirr zur Verteilung von Eisernen Kreuzen war ein Kult. Rudi und ich hatten etwas Besonderes mit diesen Päckchen und ein Dritter hatte sechs Reemtsma – Zigaretten.

Der Fußmarsch endete am Güterbahnhof von Verona. Zwei Waggons boten reichlich Platz für die zwei geschrumpften Züge mit Frontsoldaten. Allerdings hatten wir wohl keine Lokomotive oder auch irgendein anderes Problem. Aus Langeweile heraus sahen wir uns im nahegelegenen Wohnbereich des Güterbahnhofs um. Es ging vorbei an einem offenen Güterwagen, er stand wartend auf dem Gleis und war von der Flak mit einem 3,7cm und einem 2cm Vierlings – Geschütz bestückt worden. Etwas entfernt konnte man eine zweimotorige „Lightning" fliegen hören und sehen, sie kam aber nicht in Schussweite.

Als wir uns etwa einhundert Meter von der Bahn entfernt hatten, sahen wir einen großen aufgeplatzten Behälter und rund um den Behälter war einiges an Kleinbomben verstreut. Aber nur wenige waren explodiert. Die Dinger sahen aus wie kleine Elektromotoren und es gab an zwei Seiten aufklappbare Schalen. Das ganze diente wohl zum Schweben, wenn sie in großer Höhe aus dem Behälter freigesetzt wurden. Diese Blechbüchse war wohl ein Versager und seine gefährliche Fracht lag nun in der Umgebung wie Minen. Wir konnten uns denken, dass dieser Angriff wohl unserer Flak gewidmet war.

Krieg ist sehr teuer, sagte schon mein alter Klassenlehrer, Herr Faust. Das Kostspieligste überhaupt, wer es anders sieht oder glaubt, kann mit dem Erlebten und Gesehenen nicht richtig umgehen!

Am Nachmittag waren wir dann alle wieder in den Wagons als Zugführer Struth uns befahl, alle auszusteigen und mit ihm zu kommen. Gerade als ich von dem Waggon springen wollte, hörte ich den Fähnrich Blödorn sagen, dass ich da nicht mitbräuchte. Ohne nachzufragen, drehte ich mich wieder um und ging zurück zum MG, ein Schütze sollte wenigstens vor Ort sein. Es dunkelte schon, als die Kameraden wieder zurückkamen. Mir wurde ein Fahrrad übergeben, das sich noch in der Verpackung befand. Die Fahrräder der Kameraden waren bereits gebrauchsfähig. Die Herkunft der Fahrräder blieb unklar. Vermutlich kamen sie aus einer Fabrik oder aus dem Lager eines Händlers.

Ohne das notwendige Werkzeug hatte ich das Problem, die Pedale richtig fest zu schrauben. Der plötzliche Aufbruch vollzog sich ohne Zielangabe und ohne feste Regeln. Es fuhr wohl jeder so schnell er konnte. Bei meinem Drahtesel löste sich mehrmals ein Trittpedal. Nach der unvermeidlichen Reparatur war ich Letzter und allein. Die Fahrräder hatten zu wenig Luft in den Reifen und eine Luftpumpe, die für gewöhnlich zu einem Fahrrad gehört, war nicht vorhanden. Meine Ausrüstung wog schätzungsweise zwanzig bis fünfundzwanzig Kilogramm. Da ein Reifen dermaßen platt war, das ich fast auf der Felge fuhr, musste ich mein Rad schieben.

Es ging einsam auf fast unbefahrenen Straßen gen Norden, zur linken Seite erstreckte sich eine Ebene und rechtsseitig erhoben sich die Alpen. Langsam kam die unschöne Erinnerung an die erlebte Zeit der Versprengung. Aber mein Soldatenglück verließ mich nicht, von hinten näherte sich ein Fahrzeug ohne Licht. Es war ein Bus und als er mich erreichte, kam ein Leutnant unserer Truppe heraus. Mein Fahrrad sollte ich auf dem Dach des Busses verstauen und mit meinem MG aufsitzen, gesagt, getan. Wir gelangten ohne große Anstrengungen an das Ziel dieser Nacht. Am Tag sah man noch unzerstörte Ortschaften und die Schönheit der Alpen. Unsere Versorgung war bei dieser Verlegung mangelhaft. Eine Feldküche war nicht mitgekommen. Zum Abend sollten wir auf einem Bahnhof in Güterwagen verladen werden und von dort weiterfahren. Aber bis es soweit kam, hatten wir noch einen Arbeitsauftrag zu erfüllen. Ein schweres italienisches Gebirgsgeschütz sollte von uns zum Abtransport verladen werden.

Das Kaliber des Geschützes mag einundzwanzig Zentimeter betragen haben. Es hatte kein sehr langes Rohr und wog wohl mehr als eine Tonne. Eine geeignete Rampe war nicht vorhanden und die verfügbaren primitiven Hilfsmittel waren keine große Erleichterung. Im Bergwerk ein paar Tonnen Kohle schaufeln wäre nützlicher und einfacher gewesen. In der Nacht ging es mit der Bahn mal wieder ein Stück nordwärts, bis wir im Südtiroler Eisacktal angekommen waren. Die dort anzusehende prächtige Apfelblüte konnte als eine Vervollkommnung der Gebirgsschönheit gelten. Die letzte Etappe bis zum Brenner bestand noch aus einer kurzen LKW – Fahrt und dann wurden unsere Lire in Mark umgetauscht. Mein Kamerad Rudi ging zuerst in die Wechselstube.

Derweil entlud ich das MG und legte den Gurt in den Munitionskasten. Als ich mich aufrichtete, stoppte ein Kleinbus mit Nachrichtenhelferinnen. Für die Fahrt nach Italien mussten sie Lire eintauschen. Die Leiterin der Gruppe war ausgestiegen und zu mir gekommen. Sie fragte nach, was man noch an Brauchbarem kaufen könnte. Da habe ich ihr erzählt, was ich mal in einem Päckchen an meine Mutter geschickt hatte. Ihre Frage, ob ich schon getauscht hätte, verneinte ich. Darauf bekam ich gleich einen Tauschvorschlag. Als Rudi zurückkam, meinte er zu mir, dass es einiges zu kaufen gab und dass es deshalb später wurde. Meine Antwort, dass ich auch schon getauscht hätte und gleichzeitig gestikulierte ich in Richtung Kleinbus mit den Mädels, kam prompt. Das war am 3. April 1945. Die deutsche Kapitulation in Italien soll am 25. April 1945 gewesen sein, wie ich später in Erfahrung brachte.

12

Für uns ging die Fahrt auch mit einem Bus weiter. Bei schönstem Wetter war sogar das Verdeck geöffnet und Innsbruck war das Tagesziel. Auf einer Straße schoss ein angesoffener Oberfeldwebel seine Pistole leer, zwar in die Luft, aber trotzdem nicht ungefährlich. Über uns befand sich die Oberleitung der Straßenbahn, da hätte es leicht Querschläger geben können.

Der Aufenthalt in Innsbruck dauerte etwa eineinhalb Tage, bis ein kurzer Güterzug für uns bereit stand. In der Nacht begann die Fahrt und am Tag darauf gab es Fliegeralarm. In der Nähe eines Dorfes wurde auf freier Strecke ein kurzer Halt eingelegt. Vom Dorf her kamen durch die Gärten zwei junge Frauen zum Zug. Sie schienen neugierig gewesen zu sein und nach kurzer Zeit hörten wir auch Gesang.

Wir erfuhren, dass eine der beiden Damen in Wien ihr Gesangsstudium abgebrochen hatte und in ihr Heimatdorf zurückgekehrt war. Denn in Wien waren schon die Russen eingerückt. Nun hatten wir die Möglichkeit, ein kleines Fronttheater zu erleben. Aus Oper und Operette bekamen wir Melodien zu Gehör. Ein Melder vom Bataillonsstab wurde zum Danken geschickt und überreichte mit gereimtem Spruch eine Tafel Schokolade der Marke „Mauxion". Diese Fahrt endete in einer höher gelegenen Bahnstation und es folgte ein Tagesaufenthalt im Heu in einer von der Sonne beschienenen grünenden und blühenden Umgebung. Im Schatten konnte man sich noch mit Schnee waschen.

Die Weiterfahrt erfolgte in der Nacht, bei Vollmond, in einem Zug mit Personenwagen auf einer Schmalspurstrecke. Die großen Fensterscheiben der Wagen ließen einen Blick auf eine herrliche Berglandschaft bei Mondschein zu. Während dieser Fahrt hat wohl niemand geschlafen. Es gab Ansichten und Aussichten, die die meisten von uns wohl zum ersten Mal gesehen haben. Und wir haben uns gegenseitig darauf hingewiesen, wenn es oben oder unten, links oder rechts etwas Neues zu erblicken gab.

Unter Landsern gab es den Spruch: „Die Wehrmacht ist das größte Reiseunternehmen." Diesmal konnte man diesem Spruch auch etwas Positives abgewinnen, dies bestätigte sich bei diesem Transport.

Selbst die Gegner müssten es so beurteilen. Aber Freund und Feind mussten auch erkennen, dass es ein sehr teures Reisen war. Auch wenn sich die Natur gratis zeigt, ist die Belohnung dafür Zerstörung. Nach nun mehr als siebzig Jahren konnte ich in Erfahrung bringen, dass es sich um den Semmering – Pass handelte.

Noch in der gleichen Nacht endete unsere Fahrt. Den weiteren Weg waren wir wieder wie Landser unterwegs, nämlich zu Fuß, aber wenigstens ging es bergab. Unsere Versorgung war knapp und immer noch ohne Gulaschkanone und zum Glück auch ohne Artilleriekanone. Einmal hat es noch warmes Essen gegeben. Das war in oder bei Bruck an der Mur. In einer Gemeinde war in Waschkesseln für uns gekocht worden. Da haben wir einen Eintopf wie ein Festessen genossen. Unser Marschziel war Graz, wo wir ein Quartier in der „Bayernschule" bekamen. Nach einem kurz vor unserer Ankunft erfolgten Fliegerangriff fanden wir in der Landeshauptstadt der Steiermark rauchende Trümmer vor.

Das 2. Bataillon des 3. Fallschirmjägerregiment bildete die Basis für das neu aufzustellende 29. Regiment. Unsere 6. Kompanie war der fronterfahrene Stamm für das 1. Bataillon des 29. Regiments und war die ehemals königliche 6. der ersten Fallschirmjägerdivision. So hatten wir die Ehre die 1.Kp.29Rgt. der drei Bataillone zu sein. Der Bataillonskommandeur des 1. Bataillons wurde Major Liebscher, ein Ostpreuße. Als gelegentlicher „Vorzeigesoldat" für den Kompanieführer Fähnrich Blödorn blieb ich in der Eigenschaft als Schütze Eins an dem MG, das ich von Italien mitgebracht hatte. Mein Kamerad Rudi Schneider kam in die zweite Kompanie und wurde dort Schütze Eins. Wir begegneten uns später noch einmal in Linz.

Unsere erlittenen Verluste in Italien wurden mit Frontneulingen aus den Flugschulen aufgefüllt. In unserer Kompanie waren die Neulinge durchweg Gefreite mit schon erfolgtem Unteroffizierslehrgang. Der Oberjäger, der Gruppenführer wurde, kam nicht von der Flugschule, hatte aber auch keine Fronterfahrung. Deswegen wurde ich wohl wieder als stellvertretender Gruppenführer bestimmt. Nun hatte ich wieder einen Schützen Zwei, der Rudi hieß. Seinen Familiennamen habe ich vergessen. Die anderen Namen der neu zu uns gekommenen Kameraden sind mir nicht mehr in Erinnerung geblieben. Von den Neulingen waren nur die beiden kleinsten mit einem Karabiner bewaffnet worden. Die anderen bekamen das neue Sturmgewehr, das so genannte „Sturmgewehr 44". Hier sei angemerkt, dass das „Sturmgewehr44" nach dem Krieg von der Firma Heckler und Koch weiter entwickelt und als „Schnellfeuergewehr G3" produziert und auf dem internationalen Markt gebracht wurde. Auch die Bundeswehr wurde damit ausgerüstet.

In der DDR und in den anderen Ostblockstaaten wurden deren Armeen mit der „Kalaschnikow" das s.g. AK 47 ausgerüstet. Dies ist die weltweit am meisten produzierte Schnellfeuerwaffe. (Quelle: Wikipedia.org.)

Mit den Waffen wurde noch geübt und auf Pappkameraden geschossen. Dabei war ich Zuschauer, aber der schwerhörige Gefreite Brunner hatte die Aufgabe, Treffer zu zählen, abzukleben und per Zuruf zu berichten. Es gab ein Gebrüll hin und her, wie im Kasernendienst. Auf dem Weg zum und vom Schießgelände begegneten wir jungen Rekruten.

Er gehörte zur Waffen – SS, die den Straßenkampf übten. Unser Kompanieführer hat mal persönlich zweifarbige Tarnbekleidung verteilt, von der Sorte, wie sie bevorzugt an die SS ausgegeben wurde. Da habe ich die Hose und der Gruppenführer die Jacke bekommen.

Aus der „Bayernschule" sind wir eines Abends in eine Gaststätte gegangen und haben uns bei einem Glas Wein unterhalten. Der Gruppenführer blieb unter seinesgleichen und so lernten wir uns näher kennen. Dabei kam heraus, dass ich der einzige Soldat unserer Gruppe war, der vor dem Militärdienst einen Beruf erlernt hatte. Das galt auch für die Springerausbildung sowie für den Fronteinsatz. Ein Flugschüler meinte zu mir, dass er auch schon einen Fallschirmabsprung gehabt hätte. Dann erzählte er von einem erlebten Zusammenstoß zweier „GO 145" – Doppeldecker, wobei das Leitwerk beschädigt wurde. Die GO 145 war ein damals gebräuchliches Schulflugzeug für die Pilotenausbildung, das in Gotha hergestellt wurde.

Die jungen Leute waren alle direkt von der Schule aus in die Offizierslaufbahn gegangen. An das nahe Kriegsende glaubte schon jeder von uns. Vorstellungen, wie sie von den zu Infanteristen gemachten Fliegern geäußert wurden, hörten sich kurios an, aber ich werde die guten Kameraden nicht der Lächerlichkeit preisgeben. Denn sie hatten, im Gegensatz zu mir, alle eine Hochschulbildung, wie ich ohne Missgunst anerkennend feststellen möchte. Die Vorstellungen des Oberjägers äußerten sich, als er mir im Tausch für hundertfünfzig Zigaretten, die sich im Laufe der Zeit bei mir angesammelt hatten, eine Aktentasche anbot. Er meinte, dass ich die Tasche gut gebrauchen könne, wenn ich demnächst als Malergeselle wieder zur Arbeit gehen würde. Der Oberjäger war der einzige Raucher unter uns, aber ich hatte Bedenken, meine Ausrüstung, die ich mitführte, um ein solches Stück zu erweitern. Die Tasche blieb bei ihm und meine Zigaretten wurden mehr. Nun kam die Zeit, dass die Fallschirmjägerregimenter 28, 29 und 30 als 10. Fallschirmjägerdivision in den Abwehrstellungen gebraucht wurden. Vorher waren wir noch in Übungsstellungen und sollten nach dem Waffenreinigen einen Waffenappell haben. Der zweite Gewehrschütze zeigte mir seinen Gewehrlauf, der eine hartnäckige Roststelle aufwies.

Dass das beim Durchziehen nicht weggehen würde, teilte er mir mit und ich gab ihm den Rat, einen Schuss abzugeben und ergänzte, dass dann der Lauf blank wäre. Der junge Kamerad traute sich nicht und ich machte es für ihn. Den Lauf nach unten über den Grasboden gehalten und etwas von der Gruppe abgewandt, schoss ich in den Boden. Gleich danach zeterte ein wohl nervenkranker vierzehn bis fünfzehnjähriger Junge, dass wir doch geschossen hätten. Aus dem Haus hinter der hohen Hecke kamen seine Mutter und unser Gruppenführer. Die Mutter beruhigte ihren Sohn und nahm ihn mit ins Haus. Den Gruppenführer interessierte, wer warum geschossen habe. Mein Verhalten und den Hintergrund teilte ich dem Gruppenführer sofort mit. Der Gewehrlauf und die anderen Waffen interessierten jetzt nicht mehr. Wir zwei Mann mit dem 42iger MG mussten als Fliegerabwehr ohne Ablösung bis zum Abend an jenem Platz bleiben, wo wir die Waffen gereinigt hatten. Flieger des Gegners haben wir nur bei Nachtmärschen wahrgenommen.

Etwa zwei Kilometer weiter stand ein großer Betrieb, der mit Fesselballons gegen Fliegerangriffe abgesichert war.

Als es dunkel wurde, gingen wir durch dichter bebaute Bereiche. Wir kamen gruppenweise in einer Reitsporthalle an. Ohne unsere Vorgesetzten saßen wir in den Zuschauerbereichen beisammen. Die Zug- und Gruppenführer bekamen wohl die Einweisung für unseren bevorstehenden Marsch an die Front. Über Tag wurde keine Verpflegung ausgegeben und obwohl in dieser Halle ein Stapel aus Rundbroten stand, haben wir vergeblich darauf gewartet, dass davon etwas an uns verteilt wurde. Niemand hatte irgendeine Meinung geäußert.

Die zu Infanteristen gemachten Flieger waren daran gewöhnt, regelmäßig verpflegt zu werden. Nach jedem Übungsstart hatten sie abends eine Startration bekommen. Diese Rationen hatten wir nach den innerhalb von drei Tagen durchgeführten sechs Fallschirmsprüngen im März 1944 bei Wittstock auch bekommen. Aber das war jetzt ohne Belang, denn dem seltenen Sattwerden folgte ja der Dauerhunger in ganz Europa. Die Nacht wurde noch in der Reithalle verbracht. Am nächsten Tag erfolgte der Abmarsch in den Raum südlich von St. Pölten. Es war ein Weg durch Flusstäler und über einen Gebirgspass. Da hatte ich noch einmal jene Atemnot verspürt, die ich schon auf dem Gran Sasso de Italia erfahren hatte und das, obwohl wir uns noch unter zweitausend Meter befanden. Vor unserer Gruppe ging ich als erster Mann in der Reihe. Der Gruppenführer und andere Unteroffiziere hatten uns, auf zwei LKW sitzend, überholt.

Als die Steigung geschafft war, befanden wir uns auf einem Plateau. An der rechten Straßenseite stand eine Schutzhütte. Erschöpft und hungrig ging ich auf das Gebäude zu. Durch die Fensterscheibe erkannte ich als ersten Fähnrich Blödorn und in seiner Begleitung ein paar Leute des Kompanietrupps. Die Wirtsleute waren damit beschäftigt, Kartoffeln zu kochen. Mit müdem Gruß war ich eingetreten und der Kompanieführer gab mir einen Wink, näher zu kommen. Mein MG und mein Gepäck stellte ich zur Seite und erhielt vom Kompaniechef vier Pellkartoffeln als Tagesration. Die wurden, auf dem Fußboden sitzend, gepellt und gegessen. Es kamen fast alle Kameraden wortlos wie ich und es gab keine Fragen.

Immerhin hatten wir eine Stunde Pause nach einem anstrengenden Aufstieg. Einer der LKW, die uns mit Unteroffizieren transportierend überholt hatten, kam zurück und so konnten der Kompanietrupp und die beiden Gruppen des ersten Zuges bequem talwärts fahren. Der Zugführer Struth war nicht zugegen, bei diesem Fußmarsch am Vormittag gab es nur Gefreite. Da hätte mir als stellvertretender Gruppenführer das Kommando übertragen werden können, vielleicht mit dem Hinweis, die eine oder andere Pause einzulegen. Mein späteres Arbeitsleben verlief, wenn ich allein arbeitete, so von der einen Mahlzeit zur anderen, ohne Rauchpause. Und bei diesem Marsch gab es also keine Pause, weil der vorderste Mann Nichtraucher war.

Auf den restlichen Wegen waren die Gruppen- und Zugführer wieder bei uns. Nach drei Tagen befanden wir uns im Raum Lilienfeld, an dem Fluss Traisen. Wir kamen dort in der Nacht an und wurden zum Ruhen auf Heuböden und Stallungen verteilt.

Am Morgen sahen wir zwei Panzer „Tiger" und einen „Panther" auf dem Hof stehen. Einen „Königstiger" bekamen wir später zusehen. Wir befanden uns im Stellungsbereich der Panzer. Es war uns schnell klar: Das war die LAH, die „Leibstandarte Adolf Hitler". Allerdings trugen die zugehörigen Soldaten nicht mehr die bekannten Ärmelbänder.

Wir waren nun an einer Front, wo die schweren Waffen schwiegen. Die Verpflegung klappte einigermaßen und wir mussten nicht in Deckungslöcher kriechen. Das kam mir, im Vergleich zu den Verhältnissen an der Südfront, recht seltsam vor. Die anderen Kameraden hatten zwar Kenntnis von mit großer Materialüberlegenheit geführten Fliegerangriffen unserer Gegner auf deutsche Städte, aber nicht von der Front.

Unser Gruppenführer strebte noch einmal den Tausch von Zigaretten gegen eine gebrauchte Aktentasche an. Diesmal mit Erfolg, denn die Zigaretten waren mehr geworden. Nun fiel ihm zusätzlich auf, dass meine Schiffchenmütze einen besonderen Schnitt habe. Die wollte er nun mit seiner Kopfbedeckung tauschen. Warum wir einen Schweißkappentausch machen sollten, fragte ich ihn noch und ergänzte, das nach meiner Auffassung unsere Köpfe den Unterschied ausmachten und nicht der Schnitt des Schiffchens. So lehnte ich den Tausch ab, war aber schon am nächsten Tag mein Käppi los.

Dass meine Mütze nun bei dem war, der vorher tauschen wollte, war mir klar und das sagte ich auch so. Es folgte jede Menge Aufregung, wegen einer Anschuldigung ohne Beweis. Weiterhin drohte mir der Oberjäger, plusterte sich auf und versprach mir Folgen. Tatsächlich erfolgte die Strafe am nächsten Vormittag.

Wir waren mit dem MG an einer Bahnstrecke jenseits des Traisen postiert. Mit schnoddriger Tonart forderte mich der Gruppenführer auf, ohne MG mitzukommen. An meiner Koppel trug ich die Pistole und die Tasche für das Ersatzschloss des MG. Es ging zum Rand des Dorfes. Unser Trupp bestand inzwischen aus vier Gefreiten und der dritte war auch ein MG – Schütze mit Frontauszeichnungen. Der Gruppenführer stand am Rand eines frisch gepflügten Ackers und gab den Befehl: „Sprung auf! Marsch, marsch!" Und dann: „Hinlegen!" Danach kam immer wieder die Wiederholung dieser Befehle, die wir wie Idioten befolgten. Dabei wurden wir dreckig wie die Schweine. Es ging scheinbar um den Beweis, dass nicht jeder zur Herrenrasse gehört. Zehn Minuten waren bestimmt schon vergangen und ich hatte den Eindruck, dass sich das Wohlbefinden dieses Rekrutenschinders steigerte. Dagegen war der Arschtritt, den ich seinerzeit von Struth erhielt, nur eine Affekthandlung.

Doch wie es schien, wurden wir aus einer kleine Baracke heraus, die am Feldrand stand, beobachtet. Offenbar wurde die Baracke wohl als Stabsquartier der LAH genutzt. Plötzlich kam ein Offizier, seinen Rangabzeichen nach Oberleutnant, heraus und begab sich zum Oberjäger. Der rief: „Achtung!", was vor einer Meldung in einer solchen Situation üblich ist. Wir nahmen Haltung an, mit Blickrichtung auf den Offizier. Wir hatten nun Pause. Dem König der Schikanierer wurden unangenehme Fragen gestellt und aus seinem Soldbuch wurden Daten notiert.

Wenn Frontsoldaten im Frontbereich schikaniert wurden, konnte man das als eine Art Wehrkraftzersetzung ansehen. Wir zogen wortlos zurück in unsere Stellung. Etwa zwanzig Tage später vollzog sich die deutsche Kapitulation. Bis dahin wurden wir noch viel gestresst, wenn auch nicht mehr an Kampfhandlungen beteiligt. Am Abend wurden unsere Stellungen im Traisental geräumt. Am nächsten Morgen hieß es, das wir das Marschgepäck so leicht wie möglich machen sollten, da wir eine Bergsteigung vor uns hätten. Mein Kamerad Rudi und ich hatten unsere Waffen und das Zubehör gepackt. Die Aktentasche war mir ein unnützes Gepäckstück. Ein älterer Mann in russischer Uniform mit dem „Hiwi – Zeichen" (Hiwi = Hilfswilliger) auf dem Ärmel kam des Wegs daher. Ohne großes Gerede gab ich dem Mann die Tasche und meinte zu ihm, dass er sie behalten könne. Der Mann, im Alter und in der Größe meinem Vater ähnlich, war sprachlos.

Auf die ganze Kompanie wartete nun das Treffen mit dem Bergführer. Die 1. Kompanie wurde zum Gipfel der 1399 Meter hohen Reisalpe geführt. Der Bergführer erklärte uns bei guter Sicht die Lage und benannte die umliegenden Berge, die noch höher waren, wie zum Beispiel der Schneeberg. Bei diesem Aufstieg ordnete der Bergführer die Pausen an und das war auch gut so. Nachdem wir an unserem Ziel angekommen waren, machte er sich gleich wieder auf den Rückweg. Stellenweise lag noch Schnee, aber man konnte auch schon die Sonne genießen.

Eine Schutzhütte auf dem Gipfel war noch von den Wirtsleuten bewohnt. In der ersten Nacht hatten wir Quartier unter dem Dach bezogen. Unter normalen Umständen ruhten hier Intellektuelle aus Wien nach dem Skilauf. Am nächsten Morgen wurden wir gruppenweise unter Entfernungsansage in verschiedene Richtungen geschickt. Wir sollten einen Heuschober finden und dort bleiben. Der Heuschober war nach den vierhundert Metern, die wir gehen sollten, nicht in Sicht. Wir bekamen vom Gruppenführer den Auftrag, aus Felsbrocken eine Stellung zu bauen. Er selbst ging noch einmal zurück, um zu melden, dass wir in der angegebenen Entfernung keine Hütte gefunden hätten. An einem Abhang in nördlicher Richtung, am Rand eines Buchenwaldes, befand sich eine abgeholzte Fläche. Ebenso sah es auf dem wieder ansteigenden Gelände gegenüber aus. Dort befand sich die Infanterie der LAH in einer Vorderhangstellung. Wir wurden als Riegelstellung bezeichnet und konnten von oben bis St. Pölten sehen.

Der Gruppenführer kam zurück und schickte einen Gewehrschützen noch einmal in südliche Richtung auf die Hüttensuche. Er sollte nach zweihundert Metern umkehren, blieb aber zu lange weg. Der Gruppenführer ging nun selbst auf die Suche, blieb aber auch zu lange weg. Nun schickte ich meinen Schützen Zwei hinterher. Der kam schnell wieder und nun wussten wir auch endlich, was da so langwierig war. Eine Hütte hatte man noch nicht entdeckt. Dafür aber eine Gämse, die von dem Schützen, dessen Lauf ich blank geschossen hatte, erlegt worden war. Das Tier wurde nun zerlegt und es reichte für die vierzig bis fünfzig Mann starke Kompanie für eine Mahlzeit Gulasch mit Salzkartoffeln am Abend. Diese unvergessene, in dieser Zeit einzige warme Mahlzeit war durch die Wirtsleute der Schutzhütte unterstützt worden.

Am nächsten Morgen wurde endlich der Heuschober etwas weiter westlich von unserer Position gefunden. Die SS – Leute, die sich eintausend bis zweitausend Meter weiter vor uns befanden, bekamen zeitweilig russischen Beschuss mit „10 – cm – Spuckern", ohne mit ebenbürtigen Mitteln antworten zu können. Die folgende Nacht kampierten wir im Heu und verließen die Reisalpe am nächsten Morgen in westliche Richtung. An einem Weg unterhalb einer Hütte, wo zwei LAH – Offiziere zu sehen waren, lag ein toter junger Soldat. Es war ein russischer Frontneuling, das konnte man an seiner noch recht sauberen Uniform erkennen. Meine Bemühungen, herauszufinden, ob ein Granatsplitter oder ein Schuss die Todesursache war, blieben erfolglos. Im Vorbeigehen konnte man das nicht erkennen. Beim Weitergehen waren meine Gedanken bei seiner Mutter. Sie war zu bedauern, sie würde vergebens auf ihren Sohn warten!

Der Buchenwald fiel mit sehr starkem Gefälle ab und eine hohe Laubschicht bedeckte den Waldboden. Wir rutschten mehr als das wir gingen und ich probierte zu rodeln, im Buchenlaub ohne Schlitten. Mit der rechten Hand hielt ich das MG samt Gurt auf der Schulter und die linke Hand nutzte ich als Ruder. Die Methode wurde mit Erfolg nachgeahmt.

Im Traisental angekommen, gab es wenig Ruhe, aber viele Gewaltmärsche am Tag und in der Nacht. Eines Tages überquerten wir eine Bergregion. In einer Kurve nahe einer Felswand legten wir eine Pause ein. Es waren auch noch andere Truppenteile zugegen, die hier Rast machten. Als wir wieder weiterzogen, gab mir einer der Kameraden eine schwarze Skimütze von einer Panzereinheit, als Ersatz für mein „verloren gegangenes" Schiffchen. Nun hat ein anderer mein Problem, sagte ich mir, als ich erfuhr, dass der Kamerad die Mütze von einem Pferdefuhrwerk genommen hatte. Nachdem wir über die Berge marschiert waren, kamen wir auf eine Straße, die neben einem Fluss durch einen Buchenwald führte. An geeigneten Stellen waren aus dicken Buchenstämmen hergestellte Panzersperren vorbereitet. Dieser Marsch endete in Linz. Es war der 5. Mai 1945 und wir erfuhren offiziell von Hitlers Tod. Diskussionen um den Treueeid auf Führer, Volk und Vaterland kamen auf. Seine Heirat vor dem Tod wurde bekannt und mit Kopfschütteln quittiert. Ein großes Volk hatte er missbraucht und sich dann feige aus der Verantwortung gestohlen!

Dem Kameraden Rudi Schneider beggnete ich in Linz wieder. Er war jetzt Schütze Eins im selben Bataillon, das sich hier für den Bahntransport sammelte. Mein letzter Gruppenführer, der Oberfeldwebel B. Klemm, hat sich beim Verlassen der Reisalpe verdrückt. Wahrscheinlich geschah dies aus einer Überzeugung heraus, die sich bereits Anfang des Jahres zeigte, als er eines Tages sein silbernes Parteiabzeichen nicht mehr anlegte. Diesen Mut, gerade auch zu seiner letzten Handlung, schätze ich höher ein als seinen meistens zurückhaltenden Kampfanteil. Fähnrich Blödorn suchte die Begegnung zu mir und raunte mir zu, dass in Italien schon Ruhe eingekehrt sei und dass, das wohl schon vor zehn Tagen so gewesen wäre.

Unsere Bahnfahrt begann noch am Vormittag des 5. Mai 1945. Erst Jahrzehnte später erfuhr ich, dass noch am Nachmittag des gleichen Tages die Amerikaner ohne Kampfhandlungen in Linz eingerückt waren.

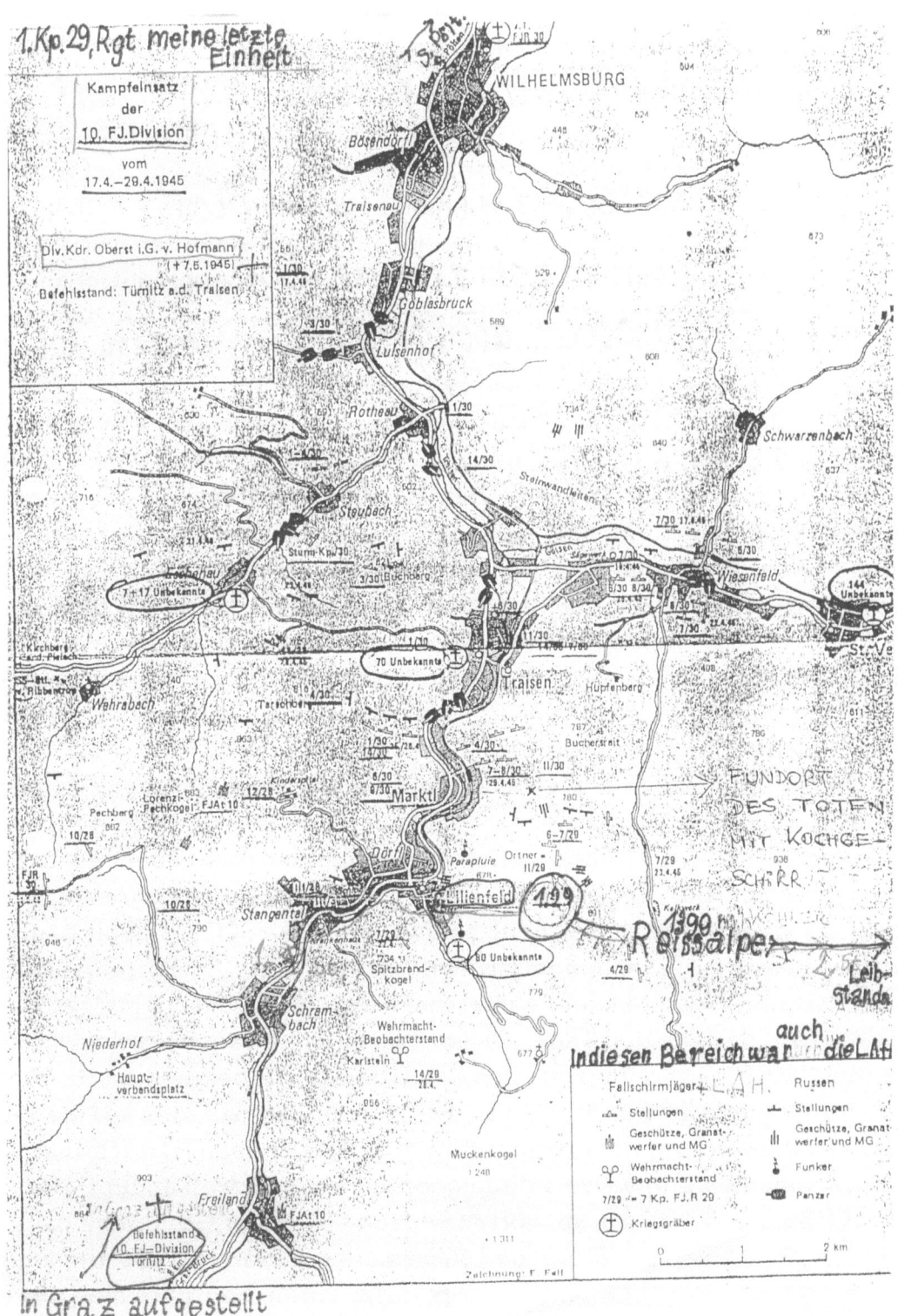

Bild 8: Skizze Neuaufstellung

Davon, dass wir in Frontnähe waren, haben wir nichts gemerkt. Die schweren Waffen schwiegen schon oder waren nicht so schnell wie die Panzer.
Unsere Bahnfahrt dauerte bis in den Morgen des 8. Mai 1945. Wir kamen in der Tschechei an und in den größeren Ortschaften waren schon Flaggen gehisst und Musik erklang aus Lautsprechern. Das Kriegsende war nahe und das Ducken der Bevölkerung vor den Besatzern vorbei.

13

Auf einer Bahnstation standen vier Panzer, die nicht mehr weiter befördert wurden. Unseren kurzen Güterzug brachte man noch einmal bis in die Frontnähe und dann war die Fahrt zu Ende. Auf einem kleinen Bahnhof verließen wir den Zug und wechselten für einen halben Tag auf die Straße. Die letzten deutschen Stellungen befanden sich etwa fünf bis sechs Kilometer von uns entfernt. Wir konnten dies an den Einschlägen der „Stalinorgel" einschätzen. Die war noch den ganzen Tag über in Aktion, aber wir wurden nicht mehr an die Front geführt.

Einen halben Tag lang marschierten wir westwärts. Auf einem kleinen Bauernhof wurde gerastet. Die Kompanie hatte sich im Freien versammelt und ein Oberfeldwebel, ausgezeichnet mit dem Deutschen Kreuz in Gold, sprach von der Kapitulation. Er teilte uns mit, dass der Krieg verloren und wir der Übermacht erlegen wären. Weiterhin sagte er uns, dass es nicht an uns gelegen hätte, wir hätten immer treu unsere Pflicht getan! (Hinzugefügt sei noch, dass wir niemals eine Stellung ohne Rückzugsbefehl verlassen hatten, aber den Verlierern stand keine Ehre mehr zu.) Es gab noch Auskünfte organisatorischer Art, beispielsweise, dass die Versorgung eingestellt wurde oder dass man uns den noch ausstehenden Sold anschließend auszahlen würde.

Die Waffen sollten wir behalten, um die Russen noch vierundzwanzig Stunden aufhalten zu können. Danach galt für jeden einzelnen Soldaten: Rette sich wer kann! Wir Kadaver – Gehorsamen schwiegen mürrisch, aber blieben folgsam. Es erging noch die Empfehlung, unnötigen Ballast einzugraben, bevor die Auszahlung begann. Nach der Soldzahlung, bei der man uns auch den Wehrpass zurückgab, hatte ich Zweihundertzweiundsechzig Mark im Portemonnaie und für mein Leibeswohl Wasser in der Feldflasche. Beim Durchblättern meines Wehrpasses stellte ich fest, dass die drei Tage „Dicken" nicht eingetragen waren. Eigentlich klar, denn sonst hätte ich ja seinerzeit auch den Urlaub nicht bekommen.

Vor Beginn der Nacht gingen wir die Straße, auf der wir hergekommen waren, etwas zurück und übernachteten im Straßengraben, sag ich mal. Die letzte Order war eine Zumutung. Wir sollten geopfert werden, weil andere vor den Russen Angst hatten. Als es hell wurde, hörten wir von Osten her Geräusche näher rückender Panzer. Sie kamen aus Brünn und fuhren auf der Hauptstraße, die am Dorfrand vorbei führte. Als sie mit uns auf gleicher Höhe waren, begrüßte man uns mit MG – Feuer in unsere Richtung, obwohl sich von uns niemand gezeigt hatte oder gar jemand geschossen hätte. Aber es war verständlich, dass die Russen Informationen über unsere Posten und Stellungen hatten.

Für uns kam nun „Kommando zurück!". Es ging unter Beschuss über das neben der Straße liegende Feld in einen Wald. Als wir Schutz durch die Bäume hatten, vernahmen wir noch den Abschuss einer Panzerkanone. Dann waren sich Russen und Deutsche erst mal wieder los. Auf unserer Seite gab es keine Verwundeten oder Toten, jedenfalls nicht unter den Figuren, die ich kannte. Im Wald führte ein Weg westwärts und dem folgten wir bis zum nächsten Ort. Hier hatten sich schon sehr viele Leute von unserem letzten Truppentransport versammelt. Die gegnerischen Panzer befanden sich schon hinter diesem Ort und versperrten uns den Weg nach Westen.

Um uns der Sicht der Russen zu entziehen, gingen wir in das Dorf und hinter die Dorfkirche. Als wir dort ankamen, hörten wir Panzergeräusche. An einem Telegrafenmast waren die Drähte durchschnitten. Bei dem Versuch, vor dem sich annähernden Panzer in Deckung zu gehen, verhedderte ich mich in den herabhängenden Drähten. Die vordere Hälfte des Panzers war schon zu sehen. Ein Zivilist mit Armbinde kam zur Haustür heraus und gab der Panzerbesatzung Handzeichen in unsere Richtung. Der unverbesserliche Oberfeldwebel Struth wollte den Panzer bekämpfen und verlangte eine Panzerfaust. Obwohl an die neu aufgestellte Einheit weder Panzerfäuste noch Handgranaten ausgegeben worden waren, schickte er mich, weil er mich gerade sah, zu den hinter uns versammelten Männern, um nach einer Panzerfaust zu fragen. Es war aber keine vorhanden.

Zugführer Struth erteilte den Auftrag: „Erste Gruppe voraus!" und sein ausgestreckter Arm zeigte nordwärts. Wir hatten alle mitgehört und zogen los. Offenbar braute sich Unheil zusammen. Als wir wieder Sicht auf die Russen hatten, kamen russische „Iljuschin – Jäger" niedrig über die etwa dreizehn Panzer und LKW hinweg geflogen. Von unten wurden aus Leuchtpistolen bunte Geschosse hochgeschossen. Die Sieger waren in Feierstimmung und nahmen von uns keine Notiz. Unsere Gruppe, die aus neun Mann bestand, kam unbehelligt aus der Sichtweite und ging weiter nordwärts. Von der rechten Straßenseite wurden einzelne Schüsse auf uns abgegeben. Sie lagen zu hoch und kamen wohl aus einer Waffe, die nur für kurze Entfernungen geeignet war. Unser Gämsenschütze ging als Gruppenerster vor mir her. Er schaute sich unsicher um und ich meinte zu ihm, dass er mich vorangehen lassen sollte. Dabei nahm ich das MG von der Schulter in die Hüfthaltung. Wir hielten ein normales Marschtempo und der „Schlummschütze" war bald passiert. Er befand sich seitlich von uns und verhielt sich ruhig. Der Weg voraus war gut einsehbar und ich trug das MG wieder marschmäßig.

Der Gruppenführer hielt sich bei den hinteren Marschierern auf. Es war der erste Tag des Friedens, den wir mit bangen Erwartungen begonnen hatten. Mit diesem Scheißkerl von einem Vorgesetzten hatte ich nach den Schikanen auf dem Acker kein privates Gespräch mehr geführt. Wir hatten inzwischen die Straße verlassen und waren auf einem Bahngleis unterwegs. Wahrscheinlich handelte es sich um jene Strecke, die wir am Tag zuvor gekommen waren. Anschwellender Fluglärm machte sich breit. In etwa einhundert Metern Höhe überflog uns eine Staffel zweimotoriger Flugzeuge, die der Richtung der Bahnstrecke folgten.

Nun gab es für uns eine kurze Pause. Der Oberjäger befahl uns, nicht alle dicht beisammen zu sitzen und Rudi und ich wurden zum Sichern abseits geschickt. Als es wieder weiter gehen sollte, wurde Rudi zu einem Kameraden gerufen. Er ging kurz zu ihm und sprach mit ihm. Wir waren wieder die, die voran gingen, als Rudi zu mir meinte, er hätte keine Lust mehr, den Krempel zu schleppen und dass die anderen Kameraden sich Fahrräder beschaffen wollten, damit es schneller vorwärts gehen würde. Abschließend sagte er, dass er dabei sein wollte. Nach meiner Meinung, war es besser, wenn wir zusammen blieben. Aber Rudi hatte seinen Entschluss gefasst. Er bot mir noch Munition an, die ich aber ablehnte. Dann verabschiedeten wir uns mit Handschlag und wünschten uns gegenseitig alles Gute. Der erste Friedenstag war halb vorbei und noch immer lautete die Parole: Rette sich wer kann!

Dem Bahndamm kam eine Straße sehr nahe, auf die ich wechselte. Dort ging ich allein weiter, das MG mitsamt Gurt trug ich immer noch auf der Schulter. Dann hörte ich irgendwann hinter mir das Hufgetrappel sich nähernder Pferde. Es handelte sich um eine Kutsche und die beiden darin fahrenden älteren Landser ließen mich gerne aufsteigen. Wie ich dann erfuhr, gehörten die beiden zu einer Veterinärabteilung und aus diesem Grund waren auch die beiden Pferde vor dem Wagen gespannt, hinten waren zur Reserve zwei weitere angebunden. Es ging ruhig weiter. Hinter einer Kurve stand auf der rechten Seite eine Hausruine. Auf dem Rest des Daches lag ein toter deutscher Soldat. Von der nahen Brücke, die über einen Bach führte, sah man auch das Gewehr, mit dem der Soldat wohl erschossen worden war.

Allein unterwegs, konnte man dem Zorn des Volkes wohl am leichtesten zum Opfer fallen. Nach Kampfhandlungen sah es in dieser Gegend nicht aus, aber der Tote war wohl die Rache für das gesprengte Haus. Die Weiterfahrt ging in nordöstliche Richtung. Neben der Straße floss ein sauberer Bach. Wir kamen an ein Haus, vor dem sich ein alter Mann in Begleitung eines etwa vierzehnjährigen Mädchens, das vermutlich seine Enkeltochter war, aufhielt. Beide hatten sich auf einem Holzgestell gesetzt, auf dem man gewöhnlicher Weise die Milchkannen abstellt. Unser Gruß wurde erwidert und so bat ich den Kutscher um einen kurzen Halt, weil ich meine Feldflasche mit Wasser aus dem Bach auffüllen wollte. Doch der Opa winkte ab, als ich mich zum Wasser bückte und teilte mir zusätzlich mit, dass das Wasser wohl nicht gut wäre. Dafür wies er auf die offene Eingangstür in der Seitenwand des Hauses hin. Im Flur war eine Wasserleitung installiert und der Wasserhahn befand sich über einem halbrunden Ausgussbecken.

Gerade als ich die Flasche gefüllt hatte, bemerkte ich, wie sich zwei Männer wortlos neben mich stellten und ein Dritter sich in die offene Haustür stellte. Eigentlich hatte ich vor, einen Schluck zu trinken. Aber in dieser Situation wurde es mir doch recht mulmig und so bedankte ich mich für das Wasser und ging zur Haustür hinaus. Es wurde mir erst wohler, als ich bei meinen Kameraden auf dem Wagen angekommen war.

Wir fuhren weiter und später trafen wir noch auf einen einzelnen Soldaten, den wir auch mitnahmen. Unsere Geschwindigkeit wird wohl acht bis zehn Stundenkilometer betragen haben, die wir dank der Pferde einhalten konnten.

Leider kam uns ein LKW, besetzt mit deutschen Soldaten, entgegen und es hieß, dass wir umkehren sollten und dass vor uns schon die Russen wären. Also wurde gewendet und bei nächster Gelegenheit nach Westen abgebogen. In mäßig hügeligem Gelände ging es mit vier PS vorwärts und bisweilen wurden wir von motorisierten Landsern überholt. Als wir über eine Bergkuppe gefahren waren, sahen wir im Tal eine Kolonne, die vor einer kleineren Ortschaft stand. Aus dem Dorf waren einzelne Schüsse zu hören und aus den oberen Gebäudefenstern wurde auch auf die Fahrzeugkolonne geschossen. Ein Leutnant sondierte die Lage und befahl: „Aufsitzen! Wir brechen jetzt durch!" Mit Schüssen zum Ängstigen der bewaffneten Einwohner wurde der Ort durchfahren. Mit unserem Pferdefuhrwerk fuhren wir am Ende der Kolonne. An der Straße sahen wir hingerichtete Deutsche. Die wenigen Patronen, die meine Kameraden noch in ihren Gewehren hatten, waren schnell verbraucht. Auch der letzte Gurt für mein MG. Es war inzwischen später Nachmittag und ich machte das MG unbrauchbar. Nach der Zerlegung des MG verstreute ich die Einzelteile in beiden Straßengräben. Am Koppel trug ich, wie bei MG – Schützen üblich, noch die Pistole.

Der ältere der beiden Kutscher, die sich gegenseitig „Paul" nannten, kramte aus seinem Brotbeutel eine Konserve hervor. Er öffnete sie und aß zwei Löffel voll von ihrem Inhalt. Dann reichte er die Dose an seinen Nebenmann weiter, der mit seinem Löffel aß, aber dann die Konserve schnell an meinen Nebenmann weiterreichte. Mir kam der Verdacht, dass der Doseninhalt verdorbenes Zeug war, weil die Dose so schnell weitergegeben wurde. Aber als ich, als der Jüngste mit meinem Löffel probierte, stellte ich fest, es war wohlschmeckende Jagdwurst. Das tat gut, zumal meine letzte Mahlzeit schon einige Tage zurück lag. Nach dem vierten Löffel riss mir mein Nebenmann die Dose aus der Hand und mit den Worten: „Lass für die da auch noch was übrig!" warf er sie in den Straßengraben, wo sich eine alte Frau aufhielt, die irgendetwas sammelte. Das waren bei ihm die Nerven. Wir standen alle unter hoher Anspannung. Unsere Kutscher trennten sich von den vorderen Gespann – Pferden. Sie wurden vom Zaumzeug befreit, damit sie endlich fressen konnten. Die Tiere wurden von der Straße auf das Feld geführt und dort frei gelassen.

Als wir mit galoppierenden Pferden weiterfuhren, liefen die beiden frei gelassenen Gäule noch für eine kurze Zeit neben uns her. Der ältere der beiden Kutscher sagte: „Wenn unser Stabsarzt wüsste, wie wir heute die Pferde schinden, bekämen wir aber was zu hören!" Mitgefühl mit Tieren ist auch Menschlichkeit.

Erst am nächsten Tag nach Sonnenaufgang bekamen wir zu wissen, was die Tschechen von uns halten. Mit frisch vorgespannten Pferden waren wir nicht mehr lange unterwegs. Als es dunkelte, kamen wir an eine Stelle, wo einige Kameraden, die mit einem LKW unterwegs waren, rasteten. Die Russen waren wohl schon dort, wo sie hinfahren wollten. Es wurde eine neue Strecke geplant. Unser Kutscher fragte den Fahrer, ob es auf seinem LKW noch Platz für uns vier Mann gebe. Als er zusagte, bekamen die beiden verbliebenen Pferde auch die Freiheit, die für uns bald aufhören sollte. Der Fahrer, der einen Leutnant als Beifahrer hatte, sagte aber gleich, dass er die ganze Nacht über langsam ohne Licht fahren würde.

Aber zur Sicherheit müsse ein Mann mit einer Pistole vor ihm, auf der Stoßstange abgestützt, sitzen. Diese Aufgabe war mir zugedacht. Schließlich trug ich ja noch die P38 am Koppel. Also saß ich die nächsten fünf bis sechs Stunden in der Nähe der Motorhaube des FIAT – LKW, beide Füße auf der Stoßstange, in der rechten Hand die Pistole und mich mit der linken Hand am Scheinwerfer festhaltend. Als ich da vorne mit hängendem Kopf einschlief, stoppte der Fahrer und ließ mich aufsteigen. Die Sicht ist ja wieder besser und ich will Dich nicht überfahren, waren seine Worte.

Die Fahrt ging weiter bis zum Sonnenaufgang des 10. Mai 1945. Auf meinem Stehplatz hinter dem Fahrerhaus versuchte ich, im Stehen zu schlafen. Das ging nicht. Es wurde von dem, was durch die Seitenfenster zu sehen war berichtet. Demnach war die Umgebung jetzt sehr waldreich und man musste damit rechnen, in den kleinen Ortschaften, die wir durchfuhren, auf russische Soldaten zu treffen. Wir kamen noch einmal durch ein Waldstück. Als wieder Häuser zu sehen waren, knallten Schüsse. Der Wagen stoppte sofort und der Beschuss hörte auf. In lautem Kommandoton rief jemand zweimal den Satz: „Alles runter vom Wagen, Ihr seid gefangene Banditen und werdet wie Banditen behandelt!" Diesen Satz, mit östlichem Akzent gesprochen, werde ich niemals vergessen. Noch beim Abspringen gab es das nächste Kommando, auch zweimal. „Alle hinlegen! Koppel ab! Soldbuch weg! Uhr weg! Alles weg!" Und noch einmal: „Ihr seid gefangene Banditen! Hände ins Genick!" Junge Männer begaben sich zwischen uns, die wir am Boden lagen, und banden uns die Hände auf dem Rücken zusammen. Dazu reichten Frauen zerschnittene Wäscheleinen.

Plötzlich gab es Unruhe, laute Rufe ertönten und einzelne Schüsse fielen. Jemand von uns war bei einem Fluchtversuch erschossen worden. Nun durften wir aufstehen. Der Mann, der meine Hände gefesselt hatte, stand vor mir und er riss mir das Erdkampfabzeichen von der Jacke und warf es mir vor die Füße. Dann sah er mir durchdringend in die Augen und meine Gedanken waren bei dem, was möglicherweise noch folgen würde. Da waren noch zwei angenähte Dinge an meiner Uniform. Es folgte aber nur ein oberflächliches Abtasten und die Frage, was da in meiner Brusttasche zu fühlen sei. Dass es sich um Fotografien meiner Familie handeln würde, erklärte ich. Es wurde akzeptiert, aber das Verbandspäckchen wurde mir abgenommen. Mein Portemonnaie interessierte den Tschechen nicht und dass er das flache Metalltaschenmesser in meiner Tasche ließ, war schon erstaunlich. Meine Taschenuhr hatte ich vorher mit der Scheibe nach unten auf das Pflaster gehauen. Mit meinem Koppel legte ich außer der Pistole mit Munition auch die Feldflasche, das Kochgeschirr, den leeren Brotbeutel und achtzig Zigaretten ab.

Nun wurden wir stehend zu zweit oder zu dritt zusammengebunden. Während des Bindens war ein russischer Sanitätskraftwagen vorgefahren und ein Major und zwei Soldaten zeigten sich. Der Offizier sprach mit den Tschechen. Erstaunliches aus diesem Gespräch wurde uns später von einem Oberschlesier berichtet, der etwas von der Sprache verstand und mitgehört hatte. Als Schlusswort sagte der Offizier: „Das sind unsere Gefangenen. Die sollen alles wieder aufbauen, was sie kaputt gemacht haben. Nicht aufhängen und nicht totschießen!"

Als Folge wurden wir wieder voneinander getrennt. Gefesselt mussten wir auf dem LKW hocken, um noch etwas weiter transportiert zu werden. Beim Absteigen kam ich noch einmal an der Lampe vorbei, an der ich mich während der Nachtfahrt festgehalten hatte. Der Blick zur Fahrerhausscheibe zeigte mir etwa sechs Einschüsse. Sie hätten mich getroffen, wenn ich noch, wie ursprünglich geplant, dort gesessen hätte. Der Fahrer hatte unversehrt diese letzte Fahrt mit uns gemacht. Für uns begann nun das große Grübeln und das Sammeln von Erkenntnissen. Anstatt Nahrung mussten Enttäuschungen en gros verdaut werden. Das Leben bekam seine Fortsetzung, sechsunddreißig Stunden nach der Kapitulation.

Am FIAT – Werkstattwagen ging es vorbei in ein Gebäude. Dort wurden wir in einen leeren Lagerraum geführt. Die Armfesseln wurden uns wieder abgenommen und einer der beiden Kameraden, die sich Paul nannten, kam zu mir. Er berichtete, dass der Obergefreite, der als Letzter auf dem Wagen dazu gekommen war, derjenige sei, den man auf der Flucht erschossen habe. Mit beiden „Paulanern" blieb ich noch eine Zeitlang in einem tschechischen Lager zusammen.

Zunächst kam ein junger russischer Unterleutnant in unseren Aufenthaltsraum. Er war höflich und sprach gutes Deutsch. Freudig sagte er: „Hitler kaputt i Woina kaputt." Dann fragte er freundlich, ob noch jemand eine Uhr habe. Er selbst habe keine und würde doch gerne eine deutsche Uhr besitzen. Der Leutnant, der sich in unserer Begleitung befand, nahm seine Armbanduhr ab und überreichte sie mit einem freundlichen „Bitteschön" dem jungen Offizier. Dieser freute sich über die deutsche Uhr und dankte höflich.

Ein russischer Feldwebel (er trug Gummistiefel an den Füßen), der auch zugegen war, sah sich bei uns um und sagte: „SS i Paracodist fzer woh." Dann machte er jene Bewegung, die überall auf der Welt verstanden wird und die die Schlinge um den Hals symbolisiert. Von der SS war keiner bei uns und zwei Fallschirmjäger hat er nicht erkannt. Er war ja auch schon betrunken. Der Unterleutnant und der Feldwebel (in Gummistiefeln) verließen den Raum. Sie kamen aber kurz darauf noch einmal zurück, um einen Mann in Zivilkleidung, der sich unter uns Anwesenden befand, zu befragen.

Der Feldwebel stellte Fragen, bekam aber keine Antwort. Der Mann schwieg beharrlich. Die Folge waren Faustschläge vom Feldwebel und erneutes Fragen. Aber es gab keine Antwort. Danach wurde der Mann geschlagen, bis er am Boden lag. Der Offizier, der nicht gefragt und geschlagen hatte, strebte aus dem Raum. Der Feldwebel folgte ihm, sagte aber noch einmal: „SS i Paracodist aufhängen."
Der zusammengeschlagene Zivilist wurde von zwei Soldaten aus dem Raum gezogen. Wir hörten etwas später nochmals den Versuch eines Verhörs, aber es endete schnell mit einem Schuss.

Wir befanden uns etwa mit vierzig bis fünfzig Mann in dem Raum. Einen Eimer mit Trinkwasser stellte man uns bereit. Durch das Ablegen der Koppel mit allem, was daran befestigt war, hatte ich, wie die meisten Männer in diesem Raum, weder Kochgeschirr noch Trinkflasche und -becher. Das kleine Taschenmesser war in der Hosentasche geblieben und den kleinen Löffel hatte ich nach der letzten Mahlzeit vor Aufregung in die Jackentasche gesteckt und dadurch auch behalten.

Naja, verdursten mussten wir nicht. Wir lungerten hungrig auf dem Fußboden herum. An der Tür stand jetzt zur Sicherung ein Tscheche, mit der Pistole in der einen und einem Gummiknüppel in der anderen Hand. Draußen wurde es laut und es fiel ein Schuss. Kurz darauf kam ein Tscheche in den Raum und warf einen Brotbeutel so, dass ich zugreifen konnte. Nun, so dachte ich, hatte ich ein kleines Gepäckteil und war erfreut, ein kleines Stück Brot darin zu finden. Es kam auch vor, dass noch einige Versprengte in unseren Aufenthaltsraum geschickt wurden. Vermutlich, wenn sie nicht belastet wirkten, also nicht so, wie der vorherige Besitzer jenes Brotbeutels, den ich nun in meinen Händen hielt.

Der Offizier und der Feldwebel kamen nicht zurück. Dafür erschienen zwei Zivilisten, einer von ihnen sprach zu uns in verständlichem Deutsch. Jeder von uns, so sagte er, werde einzeln in einen Vorraum gerufen und dort von einem Schreiber registriert. Es sollten ehrliche Angaben zu Name, Dienstgrad, Einheit und Auszeichnungen gemacht werden. Für den Fall der Falschaussage wurden harte Strafen angedroht. Es interessierte auch, ob sich bei der Gefangennahme noch Waffen in unserem Besitz befanden. Die Heimatanschrift und der Beruf waren auch gefragt. Als ich dann vor dem Tisch des Schreibers stand (der Dolmetscher hatte sich seitlich von ihm hingestellt), habe ich mit naiver Ehrlichkeit geantwortet. Meine Antworten mussten ja einem Vergleich mit den vorhandenen Papieren standhalten. Deshalb habe ich die Frage nach der Truppenzugehörigkeit mit „6. Kompanie, 3. Fallschirmjägerregiment" beantwortet. In der Erregung war mir die noch vor sechs Wochen gültige Bezeichnung meiner Einheit am geläufigsten. Nach der Neuaufstellung wäre „1. Kompanie, 29. Regiment" zutreffend gewesen. Der Dolmetscher übersetzte und der Schreiber arbeitete ungerührt weiter.

Als der Schreiber meine Angaben zu Papier gebracht hatte, durfte ich in den Aufenthaltsraum zurückkehren. Als ich mich anschickte, den Raum zu verlassen, erhielt der Posten an der Tür vom Dolmetscher den Zuruf: „On Paracodist!" Mir war dabei nicht wohl zumute und ich erwartete, dass ich dafür büßen müsste, dass in der hochgelobten Truppe, die wir ja sein sollten, unser Ansehen in Verruf gebracht worden war. Als ich mich bückte, um unter der Kette, die die Türöffnung begrenzte, hindurch zu schlüpfen, versetzte mir der Posten einen Schlag mit dem Gummiknüppel auf den Kopf. Es gab aber keinen zweiten Schlag und schießwütig war der Mann auch nicht. Da war ich noch einmal glimpflich davon gekommen.

Aber gleich darauf war ich von dem Verhalten eines etwa gleichaltrigen Kameraden schockiert. Er stellte mir die Frage: „Hattest Du nicht noch eine Waffe bei der Gefangennahme?" „Ja" sagte ich, „aber die habe ich auch angegeben." Die viel gerühmte Kameradschaft hatte eine ihrer zahlreichen Facetten gezeigt. Bis zum Abend war jeder von uns durch die Tschechen registriert worden und so hatten wir Ruhe bis zum nächsten Morgen.

Der nächste Morgen begann mit Wassertrinken und ins Freie treten. Es kamen Russen zu uns. Sie erklärten, dass wir nach Hause dürften, weil der Krieg zu Ende sei. Einem Obergefreiten übergab man einen Passierschein für alle und dann schickte man uns ohne Bewachung einen Feldweg entlang. Der Marsch in Richtung Nordwest war eher ein erholsamer Spaziergang.

Die Richtung zum Heimatland stimmte zwar, aber es hat wohl niemand ernsthaft daran geglaubt, dass wir uns auf dem Heimweg befanden.

Nach etwa einer Stunde der Wanderung kam von hinten ein älterer russischer Soldat. Er saß auf einem vom Pferd gezogenen Panjewagen, hatte einen Schnauzbart wie Stalin und trug sein Gewehr auf dem Rücken geschnallt. Ein älterer Landser trat an das Gespann heran und fragte den Russen nach Brot. Aber das hätte der vermutlich eher selbst brauchen können. Gutmütig, wie er war, griff der Russe unter eine Zeltplane und zog eine Schachtel Bleistifte hervor, die er verteilte. Einen Stift bekam auch ich davon ab und konnte nun „Brot" schreiben. Diesem Fuhrwerk sind wir nach etwa zwei Monaten noch einmal begegnet.

Nach der Begegnung mit diesem ruhigen Soldaten kamen wir an die nächste Wegkreuzung. Hier stand ein einzelner russischer Posten, der uns freundlich zeigte, in welche Richtung wir nach Hause gehen konnten, weil „Hitler und Woina kaputt", war dies nun möglich. Die Siegerlaune des russischen Soldaten sollte wohl beruhigend wirken. Aber wir blieben skeptisch, denn es war uns ja gesagt worden, dass wir Banditen seien und alles Zerstörte wieder aufbauen müssten.

Die nächste Wegweisung wurde von einer Soldatin vorgenommen, die genau so freundlich war, wie ihr Kamerad zuvor. Den langsamen Schritt haben wir ohne Pause beibehalten und bevor es dunkelte, sahen wir eine Kleinstadt. Am Ortsrand erkannten wir eine große Ansammlung von Gefangenen, das versprochene Zuhause. Nach einigen Monaten wurden fast alle Kameraden für Jahre in die Sowjetunion verbracht und die Erlebnisse dort sind ein anderes lehrreiches Kapitel.

14 NACHWORT

Eine große Niedertracht! Anders möchte ich die so genannten Geschichtsunfälle, die man Krieg nennt, nicht bezeichnen. Kriege sind nutzloses Menschenwerk, aber auch nur durch Menschen vermeidbar!
Überdies gebe ich zu bedenken, dass Kriege die kostspieligste Grausamkeit überhaupt sind! Eine Fratze, die nicht gepflegt werden darf. Lieber eintausend Tage verhandeln als einen Tag lang schießen. So lautete ein heute vergessener Spruch am Ende des zweiten Weltkriegs.
In diesem thematischen Zusammenhang möchte ich noch einmal Herrn Faust bemühen, den Knabenschullehrer Faust aus Grimmen in Pommern (bereits an anderen Stellen dieser Niederschrift ausführlich erwähnt), dessen Ansichten zum Krieg sich über die Jahre fundamental änderten, was nicht ohne Einfluss auf seine Unterrichtsgestaltung bleiben konnte! Aufgrund einer im Ersten Weltkrieg erlittenen Verletzung brauchte Herr Faust zur Fortbewegung einen Gehstock. Mein älterer Bruder Bernhard war in seiner Klasse und erzählte oft davon, wie interessant und fesselnd Herr Faust über seine Kriegserlebnisse an verschiedenen Fronten berichten konnte. Es war die Zeit nach der Machtergreifung durch die NSDAP und die meisten Jungen, beeinflusst durch den politisch ideologischen Wandel im Land, waren begierig, seine Erlebnisse zu hören. Auch ich, obwohl ich zu jener Zeit nur hörte, was mein Bruder berichtete, war schon sehr neugierig.

Drei Jahre später war Herr Faust auch mein Lehrer. Aber die erwarteten interessanten Kriegserlebnisse brachte er nicht mehr zu Gehör und wenn, dann in anderer Form. Über Erlebtes, Geleistetes und Ausgehaltenes wurde nichts mehr gesagt von dem Mann mit dem Parteiabzeichen der NSDAP am Revers. Einmal erklärte er, dass alle Werk- und Lehrtätigen, denen Deutschland am Herzen liege, in dieser Partei Mitglied sein sollten. Ansonsten äußerte er sich während meiner Schulzeit eher zurückhaltend. Er wies darauf hin, dass Krieg sehr teuer ist (an anderer Stelle bereits näher beschrieben) und die „Heldengeschichten", für die er früher bekannt war, habe ich von ihm nie gehört. Ähnliches habe ich im letzten Kriegsjahr selbst erlebt! Hier habe ich darüber berichtet und mit meinem (immer noch guten) Erinnerungsvermögen das für mich Einschneidende niederschriftlich dargestellt.

Jetzt, fast in der Mitte des Jahres 2013, erfuhr ich vom Weltjahresrüstungsetat: 1,5 Billionen Dollar!! Eine nennenswerte Diskussion, wie man diese unvorstellbare Summe besser einsetzen könnte, hat nicht stattgefunden. Kein Volk der Erde sollte sich wehrbereit zeigen. Das klingt zwar aufrührerisch, wäre aber mein Vorschlag, die kostspieligste Grausamkeit nicht zu pflegen. Für den Gegenwert eines Panzers könnte man mehrere Arbeiterhäuser bauen, ein Kampfflugzeug verschlingt die Finanzen eines Krankenhauses!

Den Kriegsbeginn erlebte ich zwei Monate nach meinem vierzehnten Geburtstag. Mein erstes Arbeitsjahr hatte am 1. April 1939 begonnen und wir waren in Pommern weit weg von den Kriegsschauplätzen. Dies blieb auch noch so, bis ich meinen Gesellenbrief hatte. Zwei Wochen später befand ich mich mit vielen gleichaltrigen Pommern beim Reichsarbeitsdienst (RAD). Die drei Monate Pflichtdienstzeit gingen schnell vorbei. Danach verlief alles so, wie ich es in meiner Niederschrift beschrieben habe.

Meine Zeit bei einer kämpfenden Truppe beschränkte sich wesentlich auf das letzte Kriegsjahr. In Italien und Österreich erlebte ich mit gestandenen Soldaten den Krieg pur, nämlich die Pflicht, getreu dem Eid das Leben für das Vaterland einzusetzen. Diese Pflicht wurde auf beiden Seiten der Front treu und ehrgeizig erfüllt. Soldatenehre und Soldateneitelkeit sind Begriffe, die in Genf noch einmal begutachtet werden müssten. Die Sieger nannten sich Befreier und die Besiegten wurden Mörder genannt. Mit welcher Logik?

Unvergessliche Ereignisse habe ich niedergeschrieben, die vielfältigen Erfahrungen sind bedacht. Immer noch zufrieden, zu den Überlebenden zu gehören, steht man in der Pflicht, den Opfern der sogenannten „Geschichtsunfälle" zu gedenken. Wenn Menschenleben schmerzhaft geopfert wird, ist es Pflicht und höchste Ehre zugleich, die Schreie der Opfer nicht zu vergessen! Wer die Wege für die Zukunft verbessern will, darf die Wege der Vergangenheit nicht vergessen. So lautet ein Spruch von Konfuzius, der einzige von ihm, den ich kenne.

In den Parlamenten ist positives Denken und Handeln erforderlich! Auch ein guter Rat von Stammtischen sollte geschätzt werden. Der Einfluss von Konzernmanagern und Bankern auf Gesetzesentwürfe führen zu den Zuständen, die fast ausschließlich das gemeine Volk belasten.

Deshalb habe ich das Nachwort des Probedrucks neu verfasst. Von Probeleserinnen und -lesern ermutigt, habe ich Wesentliches aus meiner Gefangenschaft von 37 ½ Monaten berichtet. Dies sind Erkenntnisse und Erfahrungen einer internationalen Notgemeinschaft.

Drei Nachkriegswinter in Stalingrad waren schwer und hart. Aber ich als einer der Kapitulationsgefangenen, die ich Angehörige der „zweiten Etappe" nenne, hatte günstigere Voraussetzungen, als jene 90.000 gefangengenommene Soldaten nach der Schlacht, die ich die „erste Etappe" nenne. Von ihnen haben nur 6.000 Männer überlebt. Von je 100 Offizieren gab es 50 Überlebende und von je 100 Mannschaftsdienstgraden überlebte ein Soldat! Zu Ehren der Erstgefangenen muss hervorgehoben werden, dass sich die Gefangenen der „zweiten Etappe" in einer, was zumindest ihre Überlebenschancen angeht, besseren Situation befanden.

Das Lager 7362/3 und alle weiteren Teillager entließen die Wiedergutmachungsarbeiter bis Ende 1949. Unter den Alliierten war damals vereinbart worden, dass dies bis Ende 1948 geschehen sein sollte. Das Lager mit den Einsitzenden ohne Kriegsgefangenenstatus, in meinem Sprachgebrauch die Gefangenen der „dritten Etappe", wurde unter der Nummernbezeichnung 362/3 weitergeführt. Im Jahr 1956 wurden die letzten Zwangsarbeiter entlassen. Ihre Todesurteile waren in 25 Jahre Zwangsarbeit umgewandelt worden. Näheres dazu berichtet ein Stalingrader Spätheimkehrer mit prägnanten Erfahrungen der „zweiten" und „dritten Etappe" der Stalingrader Wiedergutmacher!

Hein Mayer, den mir lange vertrauten Sprecher der Stalingrader Spätheimkehrer, bat ich um einen Beitrag für diese Niederschrift. Er stellte mir den sehr interessanten und informativen Beitrag „An Stelle eines Vorworts" zur Verfügung und verfasste weiterhin für diese Niederschrift die Artikel „Menetekel Stalingrad – Hoffnung Stalingrad" sowie „Die Stalingrader Spätheimkehrer". Hierfür, lieber Hein, gebührt Dir Dank und Anerkennung! Mit Deinen 96 Jahren und den Leistungen, die Du täglich noch erbringst, bist Du ein Vorbild! Ich wünsche Dir für die Zukunft Gesundheit, Schaffenskraft und Lebensfreude.

Mein Enkel Daniel, ein Vertreter der jüngsten Generation, schreibt bzw. hat für seinen Opa geschrieben! Opa hat mit Bleistift vorgeschrieben und durch Kopieren das Geschriebene radierfest gemacht. Die moderne Technik beherrscht der Opa nicht. Auch hier nicht namentlich erwähnte Verwandte halfen mit Rat und Tat!

Mögen Einsichten und Erkenntnisse den Leser erreichen!

Immer gut anstatt ungut! Immer Frieden anstatt Unfrieden!

II. An Stelle eines Vorworts

Autor und Freund Hein Mayer

Über den Krieg und besonders über Stalingrad ist schon viel geschrieben und berichtet worden. Der Kreis der Überlebenden wird von Jahr zu Jahr kleiner und dennoch ist das grausame Trauma bis heute unter den Menschen. Das gilt für meinen Freund Ernst Kagels, der sich die schlimmen Erlebnisse seines jungen Lebens einfach „von der Seele" geschrieben hat und das gilt auch für mich, der ich um ein Vorwort gebeten wurde. Ein Vorwort zum Drama einer ganzen Generation zu schreiben ist mir nicht möglich. Denn wer es nicht am eigenen Leib erspüren musste, kann auch über ein Vorwort nicht hinreichend eingestimmt werden – und wer nicht dabei war, der weiß es heute oft besser oder dem jungen Leser ist der Stoff des Buches nicht über ein Vorwort zu vermitteln.
Deshalb soll die Einstimmung über „An Stelle eines Vorworts" die Verbindung zum damaligen Geschehens-Erlebnis bilden.

Die Stalingrader Spätheimkehrer, deren Sprecher ich seit über 50 Jahren bin, sind keineswegs alle Stalingradkämpfer, nein, die große Mehrzahl sind Gefangene, die erst nach dem Krieg von den hehren Siegern zu Gefangenen gemacht wurden, die noch bis zur totalen Kapitulationsforderung stets feierlich erklärt hatten, dass alle Kriegsgefangenen in ihre Heimat entlassen würden. So sah es auch die Genfer Charta vor, die außer den Sowjets alle unterschrieben hatten.

Doch keine der Siegermächte hielt sich daran und so blieben im westlichen Gewahrsam unzählige Kriegsgefangene, Nachkriegsgefangene und auch unzählige Zivilisten bis Ende 1948 in Lagerhaft. Die Sowjets überzogen auch diese gemeinsam vereinbarte Frist bis 1949 und behielten danach noch 37.000 zurück, die einfach in 5-Minuten-Verfahren zu Kriegsverbrechern erklärt wurden, um vor der Welt behaupten zu können, man hätte keine Kriegsgefangenen mehr.
Urteile und Verfahren waren hanebüchen. Es traf 16-jährige wie 80-jährige, Männer wie Frauen, ehemalige Soldaten wie Zivilisten, ja sogar befreite KZ-Häftlinge, weil sie als Schuhmacher oder Haarschneider im KZ gearbeitet und so den HITLER-Faschismus unterstützt hatten.

Ein anderer, weil er als Kraftfahrer einen faschistischen General über russischen Boden transportiert hätte – auch wenn dieser General, Luitpold STEIDLE, bereits Minister in der damaligen DDR geworden war. Zwei russische Juden unter uns hatten als Uhrmacher in einem deutschen Lager gearbeitet und damit angeblich den HITLER-Faschismus unterstützt. Alle 37.000 erhielten die Todesstrafe (was wohl mehr Arbeit als „Katyn" gewesen wäre), die kurz nach der Verkündung durch einen lapidaren Verwaltungsakt gnädig auf 25 Jahre Zwangsarbeit abgewandelt wurde. Damit war der ohnehin falsche Status Kriegsgefangener zum Status Verbrecher gewandelt worden, der ein extrem verschärftes Regime zur Folge hatte.

Die seelische und körperliche Verzweiflung, die alle unschuldig Verurteilten befallen musste nach so vielen Jahren des Krieges und der Gefangenschaft – und die Verzweiflung der Angehörigen, die davon bruchstückweise erfuhren, ist kaum zu beschreiben. Doch ein Kuriosum muss hier erwähnt werden. Die Massenverurteilungen wurden durch einen STALIN-Befehl in Gang gesetzt. STALIN hatte die Zahl 27.500 vorgegeben. Der Normerfüllungseifer der Militärstaatsanwälte und Untersuchungsrichter ging aber so weit, dass nicht 27.500 sondern 37.000 – mir nichts, dir nichts – verurteilt wurden. Als das offensichtlich wurde – damit konnte man STALIN doch nicht unter die Augen treten – wurden innerhalb kürzester Zeit in 1950 genau 9.500 entlassen, vermutlich nach der Methode „Eene meene Muh – und raus bist Du". Jedenfalls konnten die Zurückbleibenden mit völlig gleichen Anklagen und gleichen Urteilen bis heute keinen Zusammenhang ermitteln.

Ich selbst war auch so ein Verbrecher, der unzählige Bürger des Kaukasus mittels eines Gaswagens vernichtet haben soll. Der Beweis war eindeutig, denn ich war bei meiner ersten – vorübergehenden – Gefangennahme (Lungensteckschuss) im Besitz eines Fahrlehrerscheins, der auch für Holzgas betriebene Fahrzeuge galt. Dieser tauchte Jahre später bei einer Vernehmung auf und ergab dann den – sicherlich absichtlichen – Übersetzungsfehler: „Vergasungsauto!" Das wäre noch nicht so schlimm gewesen, wenn – wie in allen westlichen Ländern – nach römischem Recht verhandelt worden wäre, aber nein, in der damaligen Sowjetunion galt nicht römisches, sondern sozialistisches Recht und das ist ein diametraler Unterschied, denn hier hatte nicht der Kläger die Schuld, sondern der Angeklagte seine Unschuld zu beweisen. Und das schaffen rechtlose Kriegsgefangene so wenig wie russische freie Bürger.

So lernte ich bei strenger Diät mit vielen anderen die Staatsgefängnisse in Gorki und Moskau (Butjerka- und Forlowo-Gefängnis) und die Lager von Nishny Kolomsk am nördlichen Eismeer (bei 52 Grad minus) und Kamani Palatki in Sibirien kennen. Doch die meiste Zeit verbrachte ich in Stalingrad, dem alten Zaryzin. Hier begann auch der zweite Teil der Tragödie und Odyssee der Gefangenen und Zwangsarbeiter.

STALINs Jahrhundertwerk – schon lange von den Zaren vorgedacht – sollte endlich im Glanze des praktizierten Sozialismus vollendet werden. Das riesige Projekt des Wolga – Don – Kanals mit unzähligen russischen Zwangsarbeitern begonnen, drohte zum vorgesehenen Termin nicht fertig zu werden. Also wurden alle deutschen Kriegsgefangenen, wie auch die letzten Gefangenen anderer Völkerscharen aus der ganzen Sowjetunion von Workuta bis Tiflis zusammengekarrt und in alten wie neuen Lagern und Zeltlagern entlang des Kanals notdürftig untergebracht.

Typisch wieder die Arbeitseinteilung nach dem Motto: Du bist Deutscher, also kannst Du das. So kamen alle zu Berufen, die man gar nicht kannte. Es wurde einfach abgezählt; 10 Mann wurden zu Zimmerleuten, 20 zu Maurern, 30 zu Betonierern, zu Steinmetzen oder sonst was eingeteilt. Das und die gewaltige Arbeit – dieses Babylon – mit den gewaltigen Menschenmassen zu schildern, bedürfte vieler Stunden. Der Unfallschutz war Null und so gab es auf vielen Baustellen und auf schwankenden Gerüsten auch noch Tote, die bislang noch nicht an Entkräftung und Seuchen oder unter Willkür verstorben waren.

Ein weiteres Phänomen ist in der seltsamen Wiederkehr der Zahl 27.500 zu erkennen. Ein Geheimbefehl STALINs, der bis heute im Westen nicht wahrgenommen wurde und den ich mit einem russischen Wissenschaftler im Stalingrader Archiv entdeckt und 1996 in einem meiner Bücher veröffentlicht habe. Darin heißt es:
Befehl NR 001196: Es sind 27.500 Deutsche aus Deutschland, die sich in Gefängnissen und Speziallagern des MWD befinden, im Austausch mit der gleichen Zahl kranker und arbeitsunfähiger Kriegsgefangener und Internierter deutscher Nationalität zuzuführen. ...im Einzelnen befehle ich... Männer und Frauen die <u>untertagearbeitsfähig</u> nicht älter als 35 Jahre alt sein dürfen ... usw.
Gez. SEROW, Minister für Innere Angelegenheiten

Nun, der Kanal wurde dank der babylonischen Menschenmassen termingerecht fertig und im Sommer 1952 geflutet. Die gewaltigen Todesraten waren von 1948 mit jedem Jahr kontinuierlich zurückgegangen nachdem der Hass der Einsicht wich, dass billige Arbeitskräfte wichtiger sind. Dennoch gab es bis zum Ende der Gefangenschaft im Februar 1956 noch unzählige Tote, sei es durch Arbeitsunfälle oder Willkür. Wie die Erschießung von fünf Kameraden wegen angeblicher Arbeitssabotage mittels Genickschuss im Keller des „Turm Adin" oder das willkürliche Hineinschießen in eine Arbeitskolonne während des Marsches von der Baustelle zum Lager.

Der immer wiederkehrende Gedanke an die Kameraden, denen das Glück des Überlebens nicht vergönnt war, lässt mich niemals los und auch sehr bescheiden werden, bei der großen Gnade des Überlebens mit 96 noch gesund zu sein. Erstaunlich ist auch das Fühlen und Denken meiner überlebenden Kameraden, die doch allen Grund hätten, die verlorenen Jahre zu beklagen und die Russen bis zum Lebensende zu hassen ob der puren Willkür und der vielen gestohlenen Jahre. Doch das Gegenteil ist der Fall. Viele meiner Kameraden sind schon wiederholt dort gewesen und ich selbst fahre bald wieder hin (eigentlich schon das 8. Mal, doch da meine erste Einreise ohne Visum geschah, zähle ich diese nicht mit). Und was treffen wir dort? Veteranen von der anderen Seite. Veteranen, die aufeinander feuern mussten und die heute Freunde sind, das heißt: deren Friedenswillen stärker ist als der von säbelrasselnden Kriegern oder schöngeistigen Politikern.

Von den Soldaten, die den Krieg erleiden müssen, würde niemals ein Krieg ausgehen, den machen immer nur die, die selbst nicht ins Feuer gehen.

Frieden unter den Völkern, das ist auch die Botschaft meiner schriftstellerischen Tätigkeit seitdem ich Rentner geworden bin. Unmittelbar nach der ADENAUER-Mission zur Befreiung der letzten Gefangenen gewann auch ich nach fast elf Jahren meine Freiheit wieder. So dankbar ich dafür bin, werde ich im Bewusstsein des tatsächlichen Geschehens nicht vergessen, dass die jahrelangen Mühen um die Befreiung der Gefangenen auf humanitärem Gebiet durch viele Organisationen – nicht die entsprechende Unterstützung der hohen Politik fanden. Noch 1952 beschied man ADENAUER nach einer Anhörung in Washington, „die Kriegsgefangenenfrage als nicht opportun!" Damit hinderte man den damaligen Präsidenten des Deutschen Roten Kreuzes, WEITZ. an Gesprächen „auf humanitärer Basis die Kriegsgefangenenfrage zu lösen". So nämlich lautete das Angebot des Kosmopoliten von Moskau – Jahre vor der denkwürdigen ADENAUER-Mission – das auch der höchste christliche Würdenträger der damaligen SU nicht ohne Zustimmung des Obersten Sowjets anbieten konnte.

Eine kleine Episode von meiner letzten Wolgogradreise soll diesen Beitrag beschließen. Mit Freunden und Kameraden inmitten der russischen Veteranen der Stalingrader Schlacht musste ich – der ehemalige Kriegsverbrecher – als Ehrengast neben dem Sprecher der Gruppe, einem General, sitzen und hören, wie dieser in seiner Ansprache die Fairness der deutschen Soldaten lobte und im nachfolgenden Gespräch nicht glauben wollte, dass in unserer Heimat die ehemalige Wehrmacht von bestimmten Historikern und auch von politischen Sonntagsrednern oft verleumdet wird. Schließlich musste ich danken und auch einige Worte sprechen. Dabei verwies ich auf die gewonnene Nähe untereinander und die Nähe unseres Auftrags um den Frieden. Und weiter: dass die Nähe unter unseren Völkern schon lange gegeben sei, dass schon eine deutsche Prinzessin zur großen Katharina (Beifall) wurde und dass wir uns in anderer Hinsicht auch nahe wären, denn zwischen der russischen und meiner Heimat trennt uns keint Ozean! (Dem folgte tosender Beifall. Denn was ich geologisch beschrieben hatte, ‚das wurde politisch verstanden.

Frieden sollte auch keine geographischen Grenzen kennen. Des einfachen Volkes Wille heißt schon immer Frieden, mögen die Nachfolgenden das auch immer praktizieren!   Hein Mayer, Sprecher der Stalingrader Spätheimkehrer

III. Erinnerungen an schwierige Zeiten – Gefangenschaft und Heimkehr

Das Leben bekam seine Fortsetzung, sechsunddreißig Stunden nachdem wir von tschechischen Freischärlern gefangengenommen wurden. Kurz darauf waren ein russischer Offizier sowie zwei seiner Soldaten zur Stelle. Der Offizier machte den Tschechen klar, dass wir Gefangene der Russen wären, mit der Pflicht zum Leben für die Wiedergutmachung. Die Rache, welche durch die Tschechen vor Ort anberaumt wurde, wurde ihnen mit dieser russischen Forderung untersagt.

Aufhängen oder Erschießen gehört ja auch nicht zum Frieden! Wir waren alle erstaunt und ich nehme es gerne vorweg und halte es hiermit schriftlich fest, die Russen zeigten sich auch später besser als ihr Ruf war! Der erste Tagesmarsch ohne Bewacher endete, als wir die letzte Begegnung mit Russen auf einem Hügel vor Patzau hatten. Am Ortsrand war ein russisches Geschütz auf eine große Ansammlung deutscher Kriegsgefangenen ausgerichtet worden. Von Tschechen mit deutschen Waffen wurden auch wir nun bewacht. Kein Posten sagte jetzt noch, weil Hitler kaputt, geht's jetzt nach Haus. Vielmehr musste man es jetzt so sehen, weil wir Hitler gedient hatten, mussten wir jetzt bleiben. Zu Hause waren wir nun in einem Feldquartier.

Der kleine Bach zwischen einem Sägewerk und unserem Lagerplatz führte genügend trinkbares Wasser für die erschöpften und hungrigen Gestalten. Die Nacht verbrachten wir unter dem Sternenhimmel. Es waren vereinzelte Schüsse am unteren Bachverlauf zu hören; vermutlich war man damit befasst, Fluchtversuche zu verhindern.

Der nächste Tag hatte schönes Wetter für uns. Das tat gut und half, Energie zu sparen. Bei den Gedanken über unsere Zukunft konnte kein Frohsinn aufkommen. Nach zwei weiteren Tagen der Nutzung des Baches als Nahrungs- und Reinigungsmittel wurde das Wasser knapp. Die Gründe dafür waren wohl im Niederschlagsmangel und in der ständig wachsenden Anzahl der Gefangenen, das heißt der Konsumenten des Wassers, zu sehen. An Niederschlägen mangelte es schon seit Wochen und so wurde uns erlaubt, Wasser von einer Pumpe zu holen. Die Pumpe gehörte zu einem kleinen Bauernhof, der am Stadtrand lag und von russischen Soldaten bewacht wurde.

Ein deutscher General stand vor dem Haus. Er war wohl zum Luftschnappen ins Freie gegangen. Ein oft gebräuchlicher Militärspruch besagt, dass das Menschsein erst ab Leutnant aufwärts beginnt. Dieser militärische Unterschied zwischen Mensch und Mensch war jetzt schon wieder erkennbar. Die höher gebildete Schicht gab nun Wissen preis, das den Mannschaften im Kompanieunterricht nicht vermittelt worden war.

Es kursierte ein Gerücht des Inhalts, dass Kapitulationsgefangene nach einem Vierteljahr zu entlassen seien. So jedenfalls soll es in der Genfer Konvention nachzulesen sein. Aber was uns wirklich blühte, habe ich seit der Entwaffnung nicht vergessen können: Wir mussten für die Wiedergutmachung lebendig bleiben!

Jetzt schauten wir dabei zu, wie Lautsprecher aufgestellt wurden. Mit Musik wurde unsere Aufmerksamkeit entfacht. Dann gab es eine Ansprache. Sie beinhaltete Klartext über die Vergangenheit und die gegenwärtige Situation aus der Sicht des Siegers. Uns wurde gesagt, was uns für unsere Zukunft unvermeidbar bevorstand, nämlich drei bis fünf Jahre Kriegsgefangenschaft. Die Genfer Konvention, so wurde uns mitgeteilt, könne für uns nicht gelten, weil wir Europa überfallen hätten und für seine Zerstörung verantwortlich seien. Wir, die Deutschen, könnten kein Recht beanspruchen, das wir selber in vielen Punkten gebrochen hätten. Neben anderen Rednern erklärte uns die Stimme von Erich Weinert die derzeitige Situation und die Gründe für unsere aktuellen Erlebnisse.

Dabei wurde nicht mit Empfehlungen, wie in der Zukunft derartige „Geschichtsunfälle" zu vermeiden sind, gespart.

Nun erfolgte noch die Ansage, dass ab dem nächsten Morgen mit der Entlausung begonnen werde. Eine russische Sanitätseinheit werde dafür zuständig sein. Außerdem werde am nächsten Tag eine Feldküche mit ehemaligen Feldköchen in Betrieb genommen. Etwas Pferdefleisch werde man den Köchen überlassen; Brennnessel und wilde Melde sei als Gemüseersatz geeignet, deshalb zu sammeln und den Köchen gewaschen zu übergeben.

Etwas Warmes für die Eingeweide, dachte ich mir. Aber wie soll ich es ohne Hilfsmittel in Empfang nehmen? Alles, was ich am Koppel getragen habe, war futsch, wurde mir bei der Gefangennahme abgenommen. Und solche Gegenstände hatte keiner doppelt. Ich suchte wie ein Geologe bis zum Beginn der Dunkelheit nach einem geeigneten Ersatz für das Kochgeschirr. Zu guter Letzt fand ich eine flache Sardinendose, rostig und für den vorgesehenen Zweck eigentlich zu klein. Am nächsten Tag beim gründlichen Säubern entdeckte ich das ins Blech eingeprägte Herstellungsdatum und empfand es als kleines Wunder, dass die Dose noch brauchbar war.

Eingeteilt in Zügen standen wir an der Feldküche an, um einen halben Liter Suppe in Empfang zu nehmen. Als ich meine kleine Dose gefüllt bekam, fragte ich, ob ich wegen des Minibehälters einen Nachschlag haben könne und mich noch einmal anstellen dürfe. Ja, hieß es. Nachdem ich mein Kochgeschirr-Ersatz schnell geleert hatte, stellte ich mich wieder an und bekam den vorher zugesicherten zweiten Teil. Das war mit einer schnoddrigen Ansage verbunden, nicht noch ein weiteres Mal zu kommen. Der Barras war also noch nicht vorbei. Warum, so drängte sich mir die Frage auf, ist man da eigentlich freiwillig hingegangen?! Das Sanitäts- und Hygieneprogramm – Entlausen, Glatze schneiden und Dusche – war wohltuend. Deutsche Sanis und Friseure arbeiteten mit russischen Sanis gut zusammen.

Als dann der notwendige Regen kam, wurde dies zunächst als angenehm empfunden. Der anhaltende Regen wurde aber auch schnell zu viel, weil es keinen Regenschutz gab. Weder ein Dach noch eine Zeltplane waren vorhanden. Es gab keine Möglichkeit, wieder trocken zu werden. Dann kam die Erlaubnis (besser gesagt: der Befehl), aus dem Sägewerk Material für Schutzdächer zu holen und diese zu errichten. Mit einem Trupp, bestehend aus acht Mann, errichteten wir einen Unterschlupf, primitiv, aber nützlich. Dabei hatten wir das Glück, dass wir uns so nahe am Sägewerk befanden und direkt auf das Baumaterial zugreifen konnten. Die meisten der Gefangenen, ihre Anzahl war inzwischen auf etwa 30.000 angewachsen, blieben ohne Regenschutz.

Die Ortschaft Pazow hatte mehr Kriegsgefangene als Einwohner. So nahe, wie wir der Bevölkerung waren, konnte es wohl als Zumutung für die Zivilisten verstanden werden. Deshalb wurde das Lager auf die Felder verlegt. Auf beiden Seiten der Straße, die westwärts aus der Kleinstadt Pazow herausführte, waren zwei Felder eingezäunt. Ein Eingangstor war etwa 100 Meter vom Ortsrand entfernt quer über die Straße gebaut worden. Ein zweites Tor befand sich jenseits eines Baches etwa 100 Meter vor einem Wald.

Diese Einrichtung war für die Bevölkerung ungünstig; es war praktisch eine Straßensperre auf dem Weg nach Krumnow (Krumnau). Wir durften das Hüttenholz wieder verwenden und unser Arbeitstrupp von acht Mann blieb zusammen.

Nun wurde die große Schar der Gefangenen geordnet und strukturiert. Es wurden Hundertschaften formiert. Der Leiter unserer Hundertschaft war ein Oberleutnant der Flak. An jede Hundertschaft wurde ein großvolumiges (200 Liter) Diesel- bzw. Benzinfass ausgegeben. Sie wurden unter Einsatz von Hammer und Meißel zerteilt, damit sie als Kochbehältnisse Verwendung finden konnten. Töpfe für die Herstellung warmer Mahlzeiten gab es nicht. Trotz gründlicher Reinigung, bei der Wasser in verschwenderischer Weise eingesetzt wurde, war der Geschmack von Benzin oder Diesel noch lange Begleiter unserer Mahlzeiten. Nach einer Wiederholung der Entlausung herrschte Läusefreiheit. Später gab es eine Zeit, in der zahlreiche Krätzefälle auftraten. Dagegen gab es aber eine wirksame Medizin.

Erneut wurde eine Registrierung durchgeführt; die erste war wohl unzulänglich oder einfach verloren gegangen. Da traute ich mich, meine Zeit bei der Fallschirmtruppe nicht mehr anzugeben. Das angenähte Fallschirmschützenabzeichen und auch das EK-Knopflochband hatte ich auf Anraten eines Unteroffiziers von meiner Jacke entfernt. Das hat mir nicht geschadet. Sogar belobigt wurde ich und vor meiner Heimkehr von dem letzten Bauleiter in Stalingrad als „Prachtkerl" bezeichnet. Später habe ich die 25 Monate Dienstzeit immer korrekt angegeben. Nach drei Monaten Arbeitsdienst folgte die Einberufung zur Luftwaffe. Hier diente ich sieben Monate und meldete mich dann freiwillig zu den Fallschirmjägern, wo ich 15 Monate bis zu meiner Gefangennahme blieb.

Meine eigenen Erfahrungen habe ich machen wollen und auf gut gemeinte Ratschläge habe ich nicht gehört. Nun wurde uns die Quittung präsentiert. Nach der zweiten Registrierung waren wir Namenlose. Wir mussten uns eine Nummer auf unsere Jacken sticken. Es war die erste Kriegsgefangenen - Kennzeichnung, die ich miterlebte. Erst in Stalingrad wurde diese Kennzeichnung dahingehend abgeändert, dass wir ein „WP" auf dem linken Ärmel tragen mussten. Die anfängliche Ruhezeit mit viel Langeweile, die aber auch Kalorien sparende Zeit war, ging nun zu Ende. Ab sofort hieß es: arbeiten!

Jede Hundertschaft hatte wöchentlich im nahen Wald 38 Kiefern zu fällen, auszuästen und ins Lager zu bringen. Die Norm war erfüllt, wenn je 4 Baumstämme vormittags und nachmittags ins Lager gebracht wurden. Der Weg, den wir mit der Last zurücklegen mussten, war etwa 1,5 Kilometer lang. Die Hälfte davon ging den Hügel abwärts und nach der Überquerung des Baches ging es bergauf bis ins Lager. Im Lager A und B, sie befanden sich beidseits der Straße, wurde gleichzeitig mit dem Bau spezieller Baracken begonnen. Die Baugrube wurde einen Meter tief in den Boden geschachtet. Dann wurde das Balkenwerk im Abstand von zwei Metern aufgestellt. Eine Etage kam darüber und so war der Liegeplatz für acht Gefangene hergestellt. Die russischen Pioniere hatten kompetente Unterstützung durch Fachleute unter den Gefangenen.

Bei dieser Arbeit machte uns die Verpflegung nicht mehr satt. Die Produkte (so wurden die Nahrungsmittel genannt) erlaubten manchmal die Ausgabe von Salz oder auch Pellkartoffeln anstatt des Eintopfs. Man war damals auch schon bemüht, die Brotration bei 470 Gramm täglich zu halten. Aber es gab ein Problem mit den Bäckereien. Sie konnten die erforderliche Menge offenbar nicht liefern. Also hatte der Bau einer Bäckerei höchste Priorität. Es wurde schnell ein massives Haus gebaut; verständlicherweise am Bach, weil das Wasser desselben gebraucht wurde. In den Bereichen A und B wurde immer die gleiche Anzahl von Baracken fertiggestellt und bezogen. Allerdings wurden die Leute, die in den aus dem Sägewerksholz gebauten Unterständen logierten, noch nicht berücksichtigt. Uns war das recht, denn zu Beginn des Sommers ist ein Feldquartier noch erträglich.

Wir hatten uns ja schon aneinander gewöhnt und die Hälfte der Namen meiner Mitbewohner ist mir heute noch in Erinnerung. In dieser Situation hatten die Dienstgrade keine Bedeutung mehr. Wir sprachen uns mit Vornamen an, aber trotzdem nenne ich die beiden ehemaligen Unteroffiziere zuerst: Karl GROSSKEMP und Kurt MINDERGARN; der eine in Düsseldorf beheimatet und der andere in Duisburg. Beide waren im Zivilleben Fleischermeister und agierten bei der Truppe als Küchenchefs. Dann war da der erste Paul, der Obergefreite Paul LIEBEZEIT. Er war Fernfahrer in Spremberg. Die Namen sind an sich schon unvergesslich. Trotzdem weiß ich vom zweiten Paul nichts mehr, außer dass er ein guter Kamerad und Obergefreiter war.

Die Unterhaltung mit dem Kameraden Artur wird mir schon nur wegen seines wienerischen Dialekts immer in Erinnerung bleiben. Sein Vater war Arzt in Wien. „Oh, ein Doktor!" sagte ich. Und da wir gerade zu zweit in der Pause waren, fügte ich hinzu: „Bist Du auch auf dem beruflichen Weg Deines Vaters? Dann müsstest Du doch weiter gekommen sein als nur Obergefreiter." „Ich bin sehr spät Soldat geworden!" entgegnete Artur. „Ich war Leiter des Wiener Arbeitsamtes und den Doktortitel habe ich auch, aber nicht in Medizin." „Da bin ich Dir bei unseren Gesprächen bis jetzt den Doktortitel schuldig geblieben", sagte ich. „Nein, das macht hier keinen Sinn. Wir sind alle gleich. Ich bin der Artur und Du bist der Ernst!" sagte Dr. Artur HÖTZEL aus Wien zu mir.

Ein weiterer Obergefreiter war der Zweitälteste in Club. Er war ein feiner Kerl, aber an seinen Namen erinnere ich mich nicht mehr. Der Älteste unter uns Uniformträgern war ein 60 Jahre alter Ingenieur für Maschinenbau. Er war beim Volkssturm in diese Gefangenschaft geraten. Mit meinen noch nicht einmal 20 Jahren war ich der Jüngste.

Die Offiziere unter den Gefangenen bekamen täglich drei Zigaretten. Unser Hundertschaftsleiter, der Oberleutnant, war Nichtraucher. Er pflegte den Brauch, den Geburtstagskindern unter seinen Schäfchen zu gratulieren und sie mit der Schenkung von drei Zigaretten, also der ihm zustehenden Tagesration, zu beglücken. Kurz vor meinem 20. Geburtstag sprach mich unser Zweitältester an und signalisierte mir Interesse an den Zigaretten, die ich als Geschenk zu erwarten hätte. Da ich immer Nichtraucher war (und bin), fiel es mir nicht schwer, in den vorgeschlagenen Handel einzuwilligen.

Er bekam die Zigaretten von mir und ich eine Armeestrickjacke von ihm. Dass es solche Teile in der Wehrmacht gab, war mir bisher nicht bekannt.

Für die Nacht nutzte ich die Weste, um etwas weicher zu liegen. Schnell stellte ich fest, dass das gute Stück nicht durch die Entlausung gekommen war. Ich legte die Weste sicher weg, beschwerte mich am nächsten Morgen beim Spender wegen der Läuse und gab meiner Enttäuschung Ausdruck. Wir waren nach zwei Entlausungen alle froh über die Läusefreiheit und nun dieses! „Entschuldigung! Das mit den Läusen habe ich nicht gewusst. Ich bin auch läusefrei und ich behandele das Teil so, dass Du es bedenkenlos nutzen kannst!" war die Antwort. Das geschah durch mehrfaches Abkochen im Kochgeschirr. Nun war alles, wie es sein musste und ich bedankte mich für seine außergewöhnliche Mühe.

Die Lagerbäckerei war schon in Betrieb genommen worden. Sie hatte aber keine Be- und Entwässerung. Das benötigte Wasser wurde aus dem Bach geschöpft. Personal dafür gab es genug, aber nicht das Wasser. Wegen des Mangels an Regen herrschte Wasserknappheit. Es erfolgte ein Verbot des Waschens und man erlaubte die Entnahme von Wasser nur zum Kochen und Trinken. Von den Gefangenen aufgestellte Wachen hatten die Einhaltung dieser Anweisung zu kontrollieren.

An Sonntagen war arbeitsfrei; es gab auch keine Putz- und Flickstunden. Für die verschiedenen deutschen Länder (Provinzen) wurden landsmannschaftliche Begegnungen organisiert. Zum Treffen der Pommern bin ich auch hingegangen. Mit einem Namensschild versehen, das mich als Bürger Grimmens auswies, stand ich am Treffpunkt. Die Anzahl der Pommern im Lager war klein; sie betrug etwa die Hälfte der Anzahl der Berliner.

Bei einer dieser Begegnungen traf ich den damals 40jährigen Loitzer mit dem Familiennamen FRITZ. Er ist mir in Erinnerung geblieben. Er wohnte in Loitz an der Peene und hatte Frau und Tochter. Grimmen war als die kleinste Kreisstadt Pommerns bekannt. Dort, so erklärte der Landsmann FRITZ, wohne ein Bruder von ihm. Dieser Bruder war mir als ein kleiner Gewerbetreibender bekannt, der schräg gegenüber vom Kreisgericht wohnte.

Hier im Lager hatte der Kamerad FRITZ seine Unterkunft in einer Baracke jenseits der Straße. Dort konnte man wenigstens aufrecht gehen und stehen und auf der Liegestätte sitzen. In diesen Baracken habe ich mit FRITZ einmal eine kleine Kunstausstellung angesehen. Es war erstaunlich, was von talentierten Amateuren unter primitiven Verhältnissen geschaffen worden war.

Die russische Lagerleitung hatte auch kulturelle Vorstellungen erlaubt. Manches vom Dargebotenem war kabarettistisch, manches besinnlich und lustig begann es. Ein Soldat trug auf der rechten Schulterklappe sechs kleine Zwiebeln. Auf seiner linken Schulterklappe befanden sich eine große Zwiebel und ein Fragezeichen. Dann fragt jemand auf Sächsisch: „No, warum löfste so albern rum?" – „Das ist doch leicht zu verstehen!" lautete dann die Antwort. „Sechs Jahre wurden wir gezwiebelt und nun stellt sich die Frage, wie lange werden wir noch gezwiebelt?" Dann bemühten sich rheinische Frohnaturen um musikalische Beiträge. Unter anderen Beiträgen wurde mit Tenorstimme auf die Melodie von „Über die Prärie zieht das Wild durch die Nacht" auch dieses Lied vorgetragen:

„Övver de Rhing schwamm ne janz nackte Mann. He frooch de Marie, doch die lat em nit ran."
Anschließend folgte ein Chor mit Liedern von Willi Ostermann. Dessen letztes Lebenswerk wurde der rührende und unvergessene Abschluss, ein Lied, mit dessen Refrain wir uns zumindest teilweise identifizieren konnten:
„In Kölle am Rhing ben ich jeboore, ich han, und dat litt mir im Senn,
ming Muttersprooch noch nit verloore, dat ist jet, wo ich stolz drop bin.
Wenn ich su an ming Hemat denke, un sinn d'r Dom so vür mer stonn,
mööch ich tiereck op Hem ahn schwenke ich mööch zo Fooß noh Kölle jonn!"
Dank dem Künstler, der uns Mut machte. Und dann ging es zurück in die Behausung, die Gedanken bei der Familie in der Hoffnung, irgendwann nach Hause zurückzukehren.

Die Arbeiten im Wald wurden überraschend eingestellt. Die unfertigen Baracken waren noch fertig zu stellen, aber dann war das Arbeiten zur Seltenheit geworden. Eine längere Verschnaufpause begann und Unterhaltungen wurden zum Zeitvertreib. Dr. Artur HÖTZEL berichtete, wie der Anschluss Österreichs an das Großdeutsche Reich vollzogen wurde. Demnach gab es in Wien wohl so etwas wie ein Widerstandsnest, welches unter Beschuss eines schweren Einzelgeschützes stand. Im Radio sei aber erklärt worden, es herrsche Ruhe im Land. Als Bestätigung sei dann vom Eisenbahngeschütz wieder ein Schuss abgefeuert worden. Die Ostmärker, wie sie jetzt genannt wurden, mussten wohl noch überzeugt werden!

Die Fleischermeister Karl und Kurt aus dem Rheinland erzählten übereinstimmend, dass in einer Fleischerei kaum Abfall entsteht. Der Kurt war auch eine Zeitlang in Genua (Italien). Die Armeen waren, wenn man es entspannt sieht, ja auch Reisebüros. Der Paul aus Spremberg rollte das „R" wie ein Italiener. Sein langjähriger Kamerad Paul machte ihm Sorgen. Früher war er immer lustig und gut aufgelegt; nun war er stumm. Nun, da wir schmerzfrei leben konnten, hatten wir einen Grund zum Hoffen.

Eines Tages sorgte ein Brot-Diebstahl für Abwechslung im täglichen Einerlei. Der Täter wurde gefasst und nach Faustrecht bestraft. Als ich in der Nähe Schreie hörte, sah ich mich veranlasst, über die Schultern der Zuschauer hinweg die Ausführung der Strafe anzuschauen. Der Täter wurde mit einer Koppel auf den entblößten Rücken und Hintern geschlagen. Ein Unteroffizier tat sich durch besondere Brutalität hervor. Angewidert ging ich weg.

Einen derartigen Vorfall gab es innerhalb einer Woche noch einmal. Nach den ersten Schreien sah ich aus Neugier beim Strafvollzug zu. Da staunte ich nicht schlecht, denn der Täter war jener Unteroffizier, der sich bei der ersten Bestrafung als brutaler Schläger hervorgetan hatte. Auch hier habe ich mich schnell entfernt. Eine besondere Schadenfreude empfand ich nicht. Auch die Strafe an sich fand ich nicht angemessen. Wir ehemaligen Krieger sollten so etwas verabscheuen, denn Schreie gehören zu den schlechtesten Erinnerungen, über die wir alle verfügten. Unser Oberleutnant war bei diesen Vorfällen nicht in der Nähe; er suchte mitunter auch die Gesellschaft anderer Offiziere. Ich bin mir sicher, diese Strafe hätte er untersagt.

Bei den Verlierern waren wir zwar angekommen, aber ein Rest Soldatenehre sollte uns allen geblieben sein. Vor versammelter Hundertschaft dem Unteroffizier vom niedrigsten Dienstgrad die Schulterklappen, die er noch trug, abreißen zu lassen und ihn dann noch im Strafzug die Donnerbalken-Hygiene betreiben zu lassen, hätte schmerzärmer gewirkt. Überdies hätte es nicht zum Diebstahl kommen können, wenn jeder seine Brotration nach der Verteilung verzehrt gehabt hätte.

Die Selbstjustiz wiederholte sich nicht; jedenfalls wurde nichts mehr davon gesehen oder gehört. Zweimal noch wurden Brotdiebe gefasst. Sie mussten 24 Stunden in einem ein Quadratmeter großen Käfig, der an einem gut sichtbaren Platz aufgestellt war, ausharren. Eine solche Strafe ist vertretbar. Sie wirkt durch die Peinlichkeit und nicht durch sadistische Brutalität.

Zum Zeitvertreib gehörte es, im Lager umher zu laufen oder durch den Stacheldraht auf die von Nord nach Süd verlaufende Straße zu blicken. Von der im Norden gelegenen Ortschaft Tabor kamen mit Fahnen geschmückte LKWs, die ehemalige Ostarbeiter transportierten. Was diese Leute hinter sich haben, so dachte ich mir, steht uns noch bevor. Jedenfalls erschien mir dies bei der Beurteilung unserer Situation als einzige logische Konsequenz.

Die Kameraden Karl und Kurt kamen von der Lagerpirsch zurück und hatten eine Botschaft für uns. Demnach war morgens am zur Ortschaft ausgerichteten Lagertor ein LKW angekommen. Ein Feldwebel und ein Wachposten suchten sich im Lager Leute für ein Arbeitskommando aus. Etwa 30 Leute fanden auf dem LKW Platz und kamen nach ungefähr einer halbe Stunde Fahrt in ein mir namentlich nicht bekanntes Dorf. Dort hatten sie Kartoffeln zu entkeimen und zu sortieren. Während der Arbeitszeit wurden zur Verpflegung des Arbeitskommandos Kartoffeln gekocht. Allerdings hätten wir gern Salz dazu gehabt, Dies war offenbar nicht vorhanden und so wären Pellkartoffeln wahrscheinlich schmackhafter gewesen.

Bevor wir wieder abrückten, steckten wir uns einzelne Kartoffeln in die Taschen. Der Posten und der Fahrer erkannten dies, gingen aber tolerant damit um. Fußtritte und Gewehrkolbenstöße verteilten erst die Wachposten am Lagereingang. Doch das schöne Erlebnis dieses Tages gehört hier auch erzählt: Als der Feldwebel zur Rückfahrt wieder kam, verteilte er Brot. Dieses Brot sah nicht so aus, wie wir es im Lager gewöhnt waren. Es war der Verdienst eines kameradschaftlichen Russen, der in einer Zeit nationaler Lebensmittelknappheit Brot für deutsche Kriegsgefangene bei den Tschechen erworben hatte.

Nach der Ankunft nahmen wir in Dreierreihe zur Zählung und Kontrolle durch die Torwache Aufstellung. Von der Wachbude aus gesehen, befand ich mich in der Mitte der ersten Reihe. Die unten geschlossene Tarnhose zeigte Beulen und meine Taschen auch. Aber es ging nicht darum, jedem die Konterbande abzunehmen. Drei Posten zählten jeder eine Reihe durch, bevor die Kartoffeln gefilzt wurden. Allerdings nahmen sie nur denen das Schmuggelgut ab, die hinten standen. Leider gab es aber auch einen Fußtritt oder Kolbenstoß dazu. Der Großteil der Mannschaft hatte aber einen erfolgreichen Tag und die Wache hatte Rohstoffe für zusätzliche Bratkartoffeln.

Nun kam ich mit Neuigkeiten und mit drei bis vier Kartoffeln für jeden Bewohner in unseren Unterschlupf zurück. Beim Verzehr der zubereiteten Pellkartoffeln berichtete ich den Tagesablauf. Nach ein paar Tagen hatten meine Kameraden Karl und Kurt den gleichen Arbeitseinsatz. Genauso erfolgreich kehrten sie ins Lager zurück. Beide ließen mich an ihrem Schmuggelgut teilhaben, so wie sie auch von mir etwas abbekommen hatten. Die eingeschränkte Kameradschaft gegenüber den fünf weiteren Unterschlupf-Bewohnern hatte begonnen.

Zweimal wurden wir zum Stapeln von Papier- oder Grubenholz eingesetzt. Der Weg zum Einsatzort verlief durch den südlichen Lagerausgang. Der Weg dorthin betrug etwa 3 Kilometer. An seinem Rand befanden sich zwei Gräber; hier waren 2 Volkssturm-Angehörige, die wegen eines Fluchtversuchs erschossen worden waren, bestattet. Weiter führte der Weg durch das Flusstal der Ihlawa in Fließrichtung westlich nach Krumnau. Das saubere, schnell fließende Wasser bot einen schönen Anblick.

Ein französischer Zwei-Mann-Panzer, der am Wegesrand abgestellt war, erinnerte mich an meinen ersten Tag an der Front, den ich 10 Kilometer nördlich von Monte Cassino erlebte (Sengerriegel 22. bis 25. Mai 1944). Diesen Panzertyp hatte man zum Kampf eingesetzt, jenen Minipanzer damals zum Transportieren eines schwer verwundeten Panzersoldaten. Auch dachte ich an den Panzer IV, den wir damals kurze Zeit später sahen. Ein Toter lag auf seiner Kette und ein weiterer toter Panzersoldat wenige Meter neben dem Gefährt. Fünf Minuten später begrüßte uns die Artillerie des Gegners in unserer ersten Stellung. Davor hatten wir jetzt Ruhe, aber nicht so, wie es bei Kriegsbeginn erwartet worden war.

Nach dem zweiten Nutzholz-Einsatz wurde im Lager ein Befehl heraus gegeben. Es wurde uns erlaubt, die auf die Bekleidung gestickte Nummer wieder zu entfernen. Wir Fritzen wurden wieder zu namhaften Personen. Kurz nach dieser Anordnung wurden in den Hundertschaften Namen verlesen. Von uns acht Höhlenbewohnern wurden fünf Mann - ich war dabei - aufgerufen. Dr. Artur HÖTZEL und die beiden ältesten Kameraden blieben noch Hüttenbewohner.
Die beiden Pauls, Karl, Kurt und ich mussten am nächsten Tag zum Abmarsch antreten. Es waren 40 Hundertschaften, die ostwärts durch Pazow zogen. Nach zwei Kilometern wurde ein Halt eingelegt; auf einer Wiese begannen unsere Bewacher, alle Gefangenen zu filzen. Jetzt werde ich mein kleines Taschenmesser und das Portemonnaie los, so dachte ich. Aber diese jungen Kerle, die mit dem Filzen befasst waren, winkten ab, als ich ihnen den Tascheninhalt zeigen wollte. Den meisten der 4000 Leute ist es so wie mir ergangen.

Mein Taschenmesser, nahm man mir am ersten Tag im Waggon weg, nämlich am 19.September 1945. Diese oberflächliche Filzung ging schnell vorbei und wir nahmen den Marsch gen Osten wieder auf. Dabei sah ich den bereits erwähnten schnauzbärtigen Panjewagen-Kutscher wieder. Er fuhr in Gegenrichtung; unter der Zeltplane seines Wagens hatte er wahrscheinlich das Wenige, das bei der Filzung eingesammelt worden war, verwahrt.

Wir marschierten in ruhigem Schritt und alle zwei Stunden gab es eine Pause.

Dabei wurde bewusst an Feld und Bach angehalten, so dass man Wasser trinken und Körner knabbern konnte. Auf den Feldern standen Weizenhocken und fast jeder Kamerad knabberte nicht zum ersten Mal Weizenkörner. Auf der Straße sah man nur selten Fahrzeuge, auch auf den Feldern gab es keine Maschinen. Die Arbeit wurde von Frauen und Männern gemacht, die die einstige Herrenrasse war, angetan mit weißen Armbinden.

Zum Ende des Tages kam die Kolonne durch Iglau. Auf einer erhöhten Terrasse stand eine große Menschenmenge, Uniformierte und Zivilisten. Nach den Erfahrungen anderer Kolonnen konnte man nun Gejohle und Steinwürfe erwarten. Aber das war nicht so. Es wurde zwar zufrieden gegrinst, aber auch Mitgefühl für die unangenehme Situation gezeigt. Ein paar Meter vor mir warf eine russische Ärztin eine Schachtel Zigaretten in die Kolonne hinein.

Hinter der Stadt wurden wir auf eine Grünfläche geführt. Einige Gebäude umschlossen dieses Gelände und am Rand der Wiese befand sich ein Hausgarten. Die russischen Wachmänner waren durch tschechische Zivilisten abgelöst worden. Einer stand dort mit einer deutschen MPi38 vor der Brust und sah einem Gefangenen beim Naschen über den Gartenzaum zu. Ich dachte mir, wenn das geduldet wird, mache ich mit und naschte auch Schusterbeeren. Der erste Kumpel entfernte sich, als der Tscheche durch einen Landsmann abgelöst wurde. Dabei wurde die Waffe an die Ablösung übergeben. Kurze Zeit später entdeckte mich der Neue und schimpfte. Ich hörte den Verschluss der Waffe, als sie schussbereit gemacht wurde. Zeit zu gehen, dachte ich und ging. Dabei erweckte ich den Eindruck, als hätte ich keinen Wachmann gesehen. Dieses Verhalten hielt ich in diesem Moment für das Richtige. Jedenfalls konnte ich mich ungehindert entfernen.

Als es dunkelte, setzte Nieselregen ein und ich versuchte, wie viele andere auch, Schutz zu finden. In einer offenen Baracke bin ich bis hinten durch gegangen, ohne einen freien Platz zu finden. Dann schlich ich wieder ins Freie. Ich konnte nicht zählen, wie oft ich mich wegen der Ruhestörung entschuldigt habe. Am nächsten Morgen war der Nieselregen vorbei und wir marschierten unter ähnlichen Bedingungen wie am Tag zuvor. Deutsch-Brod, unser Ziel, erreichten wir am Abend. Am Stadtrand stand eine Me109 auf einem ehemaligen Feldflugplatz deutscher Jagdflieger. Auf einer großen Feldscheune wehte noch der zweifarbige Windsack, der den Piloten die Windrichtung anzeigte.

Jahrzehnte später erfuhr ich, dass die Scheune mit Gefangenen gefüllt war. Sie sind aber nicht nach Russland gebracht worden, sondern kamen in den Uranabbau der Wismut AG nach Sachsen. Man weiß heute, dass diese Leute mit unzumutbaren Nachteilen für ihre Gesundheit fertig werden mussten. Aus meiner späteren Nachbarschaft ist mir ein bedauernswerter Fall eines ehemaligen Unteroffiziers bekannt. Am Grab dieses Vaters standen zwei behinderte Kinder ohne Mutter.

In reichlich Abstand von dieser Scheune verbrachten wir eine trockene Nacht. Nach Tagesbeginn waren nur zwei bis drei Kilometer zu gehen bis wir ein Sanatorium, nämlich das Sanatorium der BATIA-Werke erreichten. Dieses Sanatorium diente während des Krieges als Lazarett für die Waffen-SS und nun als Gefangenenlager.

Dort kamen wir, begleitet mit unbekannter Marschmusik, hinein. Diese Musik war als Spott gedacht und wurde auch als solcher empfunden. Später gab es etliche Wiederholungen. Die Unterkunft für die vorherigen Höhlenbewohner war nun der ehemalige Kantinenraum. Damit wir nicht auf dem gefliesten Fußboden liegen mussten, waren zerlegte Militärspinde ausgelegt. Platz nehmen und schlafen war das erste, was die Mannschaft konnte. Die zu Mittag angebotene warme Mahlzeit beinhaltete wohl Produkte, die für uns die vergangenen zwei Tage entschädigen sollten, und war dadurch Sanatoriums – würdig. Besser war die Verpflegung in meinen 37 ½ Monaten Kriegsgefangenschaft niemals wieder.

Als ich meine bis an den Rand gefüllte Konservendose geleert und gesäubert hatte, borgte sich einer der beiden ehemaligen Feldköche mein Essgefäß bis zum Abend. Von den Rheinländern war ich enttäuscht, als ich den Zweck dieser Maßnahme erkannte. Sie brauchten noch Gefäße, um übrige Reste der Mahlzeit für sich zu horten. Die Verleiher blieben dabei unberücksichtigt. Auf solche Einfälle können nur Küchenbullen kommen. Die Solidarität schwindet in der Not; oder so ähnlich. Die einstigen Vorgesetzten waren keine guten Vorbilder. Später, nach der Heimkehr aus der Gefangenschaft in der Familienlandwirtschaft versorgt und beschäftigt, gab es jeden zweiten Tag auch Eintopf. Da war ich eine Zeitlang der Einzige, der seinen Teller dreimal leerte. Aber vorher ergaben sich auch die entsprechenden Gründe für einen dermaßen ausgeprägten Appetit.

Dieses Lager im Sanatorium war außergewöhnlich bequem, aber es konnte auch langweilig genannt werden. Stuben- und Revierdienst war die einzige Beschäftigung. Und so habe ich mich gemeldet, als ein Arbeitskommando gebraucht wurde. Der Spremberger Paul sagte zu mir: „Ernst, wenn Du draußen Himbeer-, Brombeer- oder Erdbeerpflanzen siehst, bring ein paar Blätter mit." „Willst Du Tee kochen?", fragte ich. „Nein, trocknen und rauchen", war die Antwort. Arme Raucher, dachte ich mir, und fasste den Entschluss, dem Wunsch Pauls zu entsprechen, wenn sich dies ermöglichen lassen sollte. Es wurde möglich. Am Ende eines Abstellgleises waren Lager- und Werkräume zu entrümpeln und zu säubern. In den Pausen konnten wir Beeren naschen und Blätter ernten. Der Ablauf des folgenden Tages verlief ähnlich, auch bei schönem Wetter.

Manchmal war man nicht müde genug, um auf dem harten Lager einschlafen zu können. Da bin ich dann mit den Händen auf dem Rücken unter dem schönen Sternenhimmel auf den Parkwegen umher gegangen. Bei solcher Gelegenheit konnte man den Gedanken Freiheit geben. Man beschäftigte sich mit der Jugendzeit oder dachte an das Zuhause. Wem geht es auch so wie mir? Wer hat auch überlebt? Das alles erfuhr ich aber erst Anfang Juni 1946; im Großen und Ganzen positiv.

Am 19.September 1945 war ich der erste unter meinen Gefährten, der für die Reise gen Osten ausgesucht wurde. Wir hatten für die letzte Nacht im Sanatorium zwei Schlafdecken zur Verfügung, welche am Tag ausgegeben wurden. Diese stammten aus ehemaligen Wehrmachtsbeständen und waren an jeden von uns, die wir nach Osten verfrachtet werden sollten, für die bevorstehende Fahrt ausgegeben worden.

Am Morgen dieses Tages hieß es „Raustreten!" und noch einmal filzen. Schere, Messer, Gabel und Spiegel sollten nicht in unserem Besitz bleiben. Aber das Filzen verlief wie vor dem zweiten Tagesmarsch: schnell und oberflächlich. Mein kleines Taschenmesser blieb in der Hosentasche. Dann erfolgten Namensaufruf und Bildung von Waggon-Mannschaften. Nun begann der Marsch. Zunächst durch das Sanatoriums – Portal gleich auf die Straße, dann die Böschung abwärts und weiter auf das Grünland. Links und rechts unseres Weges standen die Wachposten im Abstand von zehn Metern von Mann zu Mann Spalier, natürlich mit schussbereiter Maschinenpistole. Jeder Zweite hielt ein Gewehr mit aufgepflanztem Bajonett in den Händen.

Der Zug für unsere Fahrt nach Osten stand auf einem Abstellgleis, etwa 600 Meter vom Lager entfernt. In die Güterwagen hatte man auf halber Höhe eine zweite Liegefläche hinein eingebaut. Zur Verrichtung der Notdurft war nahe der Schiebetür ein großer Blechtrichter installiert, dessen Endrohr durch den Fußboden führte. Diese Arbeiten hat man wohl dort am Ende der Gleisanlage vorgenommen, wo wir vorher unseren zweitägigen Arbeitseinsatz hatten.

Schnell waren wir in die Waggons eingestiegen und richteten uns mit den zwei Schlafdecken Liegeplätze ein. Als die Schiebetüren geschlossen wurden, stellten wir erstaunt eine totale Finsternis fest. Die in geschlossenen Waggons sonst üblichen in Kopfhöhe eingebauten Luken (35 X 50 Zentimeter) gab es in diesem Wagen nicht. Vielleicht auch nicht im ganzen Zug? Meinungen wurden ärgerlich geäußert; es änderte aber nichts daran, dass es nicht einmal Dämmerlicht gab und auch der Luftaustausch nur ungenügend war. Eine pessimistische Stimmung machte sich unter den Gefährten breit und ich dachte mir auch, dass wir es nun wohl mit nicht mehr so kameradschaftlich eingestellten Russen zu tun haben würden, als wir es bisher gewohnt waren. Was unsere Behandlung anbelangte, so war ein drastischer Unterschied nach dem Verlassen des Sanatoriums eingetreten.

Plötzlich wurde die Tür aufgerissen und es gab eine große Aufregung. Es stellte sich heraus, dass ein patrouillierender Wachposten frische Holzspäne unter unserem Waggon entdeckt hatte. Sein Vorgesetzter, ein Feldwebel, stieg in den Wagen und erkannte im Bereich des Trichters eine Schnittstelle. Dem Täter, der nach Meinung der Russen womöglich fliehen wollte, wurde das Messer abgenommen. Es ergab sich ein großes Durcheinander. Der Feldwebel fragte auf Russisch und bekam eine Antwort auf Deutsch. Einer verstand den anderen nicht und der Berliner Gefährte, er hieß KÜNECKE, wurde für seinen vermeintlichen Fluchtversuch, der sofort als untauglich zu erkennen war, verprügelt.

Welchen Grund KÜNECKE für das Schnippeln mit dem Taschenmesser hatte, haben wir gewusst, nachdem er dem Russen Antwort gegeben hatte. Aber der hatte es nicht verstanden oder nicht geglaubt. Das zeigte sich dann bei seinem zweiten Auftritt mit Unterstützung eines Dolmetschers. Der Feldwebel stieg noch einmal in den Waggon. Dabei wurde er vom Posten darauf hingewiesen, seine Pistole, eine 08, draußen zu lassen. Der Berliner wurde nun noch einmal misshandelt; dies dermaßen, dass ihm nach der Prozedur zwei Zähne fehlten.

Dann musste er sich ausziehen, wurde gefilzt und musste dann die Fragen des Feldwebels, vom Dolmetscher übersetzt, beantworten. Der Berliner KÜNECKE, ein späterer Malerkollege von mir, tat uns allen leid. Er wollte keinen Fluchtversuch unternehmen, was jedem in seiner Nachbarschaft klar war. Er brauchte aber an seinem Platz neben der Latrine frische Luft und die wollte er sich sichern.

Das brauchte aber kein Russe zu glauben. Unser Bewacher tat es auch nicht. Alle anderen Insassen des Waggons mussten sich auf einer Waggonseite versammeln, sich entkleiden und dann einzeln zur Kontrolle vortreten. Etwa ein Dutzend Taschenmesser wurden zum Schluss dieser Aktion aus dem Waggon gereicht, meins war auch dabei. Noch bei geöffneter Tür konnten wir uns wieder anziehen und Platz nehmen. Nachdem die Tür geschlossen worden war, dauerte es nur kurze Zeit, und der Zug setzte sich in Bewegung. Es begann eine Fahrt ins Ungewisse, von der man annahm, dass sie in Russland enden würde. Aber konkrete Vorstellungen davon, was uns am Ziel erwartete, hatte keiner.

Den ersten Halt gab es nach meiner Erinnerung am nächsten Morgen, also nach etwa 24 Stunden. Als Verpflegung gab es Suppe, Brot und Wasser. Wir durften unseren Waggon verlassen und in einen leeren „einziehen", der den Vorteil aufwies, mit Luftklappen an der Oberseite ausgerüstet zu sein. Für uns aus dem „Karzerwagen" (welchen Zweck sollte der Waggon auch sonst gehabt haben?) erwies sich das als Gefangenentransport Erster Klasse. Der KÜNECKE könnte noch im Besitz aller Zähne sein, wenn man auf diese Fehlbelegung verzichtet hätte. Der Dolmetscher war zu uns in den Wagen verlegt worden. Vielleicht wollte man uns beobachten oder uns ein solches Gefühl vermitteln.

Einer aus der Mannschaft meinte, wir befänden uns im Raum Pressburg, ehemals Ungarn, heute slowakisch und die nächste Großstadt würde die ungarische Hauptstadt Budapest sein. Auch als hungernde Gefangene befanden wir uns auf Weltreise und sahen bei der Donauüberfahrt ungarische Trümmerfrauen, Steine auf dem Kopf tragend und von sowjetischen Soldaten bewacht. Bei diesem Anblick kamen trübe Gedanken über die Zukunft auf. Wird so die Zukunft der Besiegten aussehen? Trotz der Kriegsschäden war noch die Schönheit dieser Hauptstadt erkennbar. In der Pussta gab es Ziehbrunnen zu sehen, bevor es dunkel wurde.

Die rumänische Grenze wurde bald erreicht und passiert. Der Dolmetscher aus unserem Wagen sah und hörte mehr als alle anderen Mitfahrenden. Er fuhr zeitweilig, vermutlich weil er dort gebraucht wurde, auch im Wagen der Russen mit. Nun überlegte ich mir, dass seine guten Kontakte vielleicht die Beschaffung von Brot möglich machen konnten. Deshalb suchte ich das Gespräch mit ihm und ich erklärte, dass ich noch 262,- Reichsmark besäße. Bevor das Geld wertlos oder zu Altpapier würde, könnte ich es für Brot ausgeben. Es dauerte nicht lange, bis es zweimal ein halbes Brot für uns beide gab. Beide Male zahlte ich 100,- Reichsmark im Voraus.

Beim ersten Anblick des Brotes stellte ich fest, dass es genauso aussieht wie jenes, das bei der Verpflegung ausgegeben wird. „Ist es aber nicht", wurde ich belehrt. „Hier wird überall die gleiche Brotform gebacken."

Aber ich glaube heute immer noch an einen Brotdiebstahl zu Dritt. Der erste Teilnehmer ein Russe, der zweite der Dolmetscher und der dritte ich. Die zwei Brote à zwei Kilogramm hatten schon einen stolzen Preis, wenn man bedenkt, dass für das Roggenbrot daheim (3 Pfund) 0,50 Reichsmark zu bezahlen war.

Die nächste Pause wurde am Stadtrand von Bukarest eingelegt und es war wieder einmal Zeit für eine warme Suppe. Nach der Weiterfahrt gab es einen Halt bei einem Dorf, dessen Namen ich nicht mehr weiß. Unser Waggon stand auf einer Straße, zwischen herunter gelassenen Schranken. Die Tür war auf einer Seite geöffnet worden. Es erschien eine Zigeunerin an der Schranke. Sie trug einen Korb voller Weintrauben. Ein Kamerad fragte sie, ob sie „Schigan" sei. Nach bejahender Antwort ergab sich ein kurzes Gespräch und es wurden ein paar Worte gewechselt. Ein Kamerad zeigte mit der einen Hand auf die Trauben und mit der anderen in das Innere des Waggons. Seine Aufforderung „Gibb emol e poor rübber, sei doch nich so!", wurde verstanden. Die Gute ließ sich nur einmal bitten, bückte sich unter die Schranke durch und kippte die Trauben auf den Boden unseres Wagens. Jeder von uns, der es mitbekommen hatte, dankte für die gute und mutige Tat. Die Posten hatten nichts gesehen oder nichts sehen wollen. Nachdem die Trauben aufgeteilt waren, hatte jeder von uns eine gute Handvoll. Dies ist eine schöne Erinnerung aus schwerer Zeit. Die Zigeunerin ging zurück, vermutlich, um ihren Korb wieder zu füllen.

Nach dem Schließen der Türen wurde die Fahrt fortgesetzt. Den nächsten Halt gab es in Ploesti, dem Zentrum der rumänischen Erdölgewinnung. Viele hölzerne Bohrtürme und einige Feldhaubitzen standen verlassen herum. Die Erdölförderung schien zu ruhen. Ein geschlossener Güterzug stand auf einem Wartegleis. Am ersten Tag in Ploesti gab es noch eine warme Suppe und Brot dazu. Danach drei Tage lang bis zur Ankunft in Fokcani nichts, weder warmes noch kaltes Essen. Durch den Dolmetscher erfuhren wir später den Grund für unsere Wartezeit in Ploesti. Der Zug auf dem Standgleis war mit Beutegut beladen und stand deshalb unter Bewachung. Die Bewacher hatten Frauen aus Deutschland an Bord, illegal natürlich. Einsamkeit macht keinen Unterschied zwischen Siegern und Besiegten. Und so nahmen auch unsere Bewacher die Gelegenheit wahr, Gäste in jenem illegalen Nachtclub zu sein. Man mag sich nicht vorstellen, wie es den Frauen in diesem speziellen Fall erging. Insgesamt gesehen, mussten sie ohnehin eine besonders schwere Zeit ertragen.

Danach erreichten wir Focsani an der rumänischen – russischen Grenze. Wir mussten die Waggons verlassen und standen wartend in einer Kolonne aufgestellt. Ein verwundeter Gefangener wurde vorbei getragen. Als die Trage die Wartenden passierte, ging ein Raunen durch die Menge; die Ursache der Verwundung wurde von Mund zu Mund getragen. Es hieß, ein Offizier habe einen Gefangenen antreiben wollen und ihn mit der in seiner Hand befindlichen Pistole an die Brust gestoßen. Dabei habe sich aus Versehen ein Schuss gelöst; über andere Gründe sollte man besser nicht spekulieren. Die hölzernen Baracken unseres Lagers waren mit Doppelstockbetten ausgerüstet. Wir waren hier für 3 Tage einquartiert. In dieser Zeit funktionierte auch die Verpflegung.

Mit einem Stamminsassen des Lagers konnte ich sprechen. Er sagte, dass man früher als Waldarbeiter in der Gegend unterwegs war und nun das Lager für die vielen Durchreisenden auf der russischen Breitspur in Stand zu halten habe.

Eine russische Ärztin stufte uns unter medizinischen Aspekten erstmals in Leistungsgruppen für die bevorstehende Arbeit ein. Die Einstufung 1 bis 3 war üblich; Stufe 3 bedeutet wohl ein Schonplatz, dachte ich für mich, als ich diese Einstufung für mich mitgeteilt bekam. Meine niedrigste Einstufung in Stalingrad war einmal die 2; dies nach einem Lazarettaufenthalt im Jahr 1947. Bei der Vorstellung stand ein stämmiger Kamerad mit Tätowierung vor mir. Er mit Globus und Adler auf der Vorderseite durfte zweimal seine Tätowierung zeigen. Der Mann bekam Stufe 2. Wir wurden sehr oft niedrig eingestuft, aber es hat keinen vor der Schwerstarbeit bewahrt.

Am folgenden Tag – wir schrieben wohl schon Anfang Oktober – mussten wir morgens zur Weiterfahrt ausrücken. Jetzt war die Bewachung nicht so stark wie in Deutsch – Brod. Gruppiert wie vorher ging es zu den Gleisen. Ein Oberschlesier kam zu mir und sagte: „Ernst, eben habe ich Gespräche der Posten verstanden. Wir kommen nach Stalingrad!" Sehr weit, dachte ich, war mir aber sogleich über 8000 Kilometer Landesweite im Klaren. Da war es ja mit 2500 bis 3000 Kilometer der Heimat nahe. Jetzt dachte ich an meinen Vater und an die 5 ½ Jahre, die er, durch den ersten Weltkrieg bedingt, in Sibirien verbrachte.

Die Waggons standen bereit und wir warteten neben dem Gleis. Dort lag ein großer Haufen Kochsalz. Einige Kameraden bückten sich und nahmen etwas davon mit, was in Klumpen lag. Da habe ich auch einen Klumpen Salz in meinen fast leeren Brotbeutel gesteckt. Im Waggon nahmen alle ihre Plätze wie gewohnt ein. Die obere Etage bot einen Ausblick durch die Luken. Nach Beginn der Fahrt dauerte es nicht lange, dass vom Ausguck gerufen wurde, man fahre gerade durch die Karpaten – Ukraine. Da musste ich meine Ansichten über die Entfernung von der Heimat korrigieren. Da mir die Länge der Ukraine in West – Ost – Richtung mit 2000 Kilometern bekannt war, musste ich nun bei der Gesamtentfernung von 4000 Kilometern ausgehen. Das machte aber nichts, denn im Ostseebereich Kötlar – Järve hat man genauso gehungert und gefroren wie an der Wolga. Die Fahrt bis dahin verlief in der ersten Etappe gleichmäßig. Zwei Tage vor Fahrtende war unsere Verpflegung verbraucht.

Aber einige Begebenheiten vor dem Erreichen des Endziels möchte ich noch berichten. Der Berliner KÜNECKE fühlte sich wieder besser und lag freiwillig wieder auf dem ersten Platz neben dem Aborttrichter. Walter BONDENBROICH, ein Schneidermeister aus Bochum, hatte sein Schneiderhandwerkszeug durch alle Filzungen gerettet. Er nutzte die Fläche zwischen den beiden Schiebetüren, um einen Mantel zuzuschneiden. Dazu verarbeitete er eine seiner beiden Decken und war durch diese Maßnahme der einzige, der seine zweite Decke nach dem ersten Duschen in Stalingrad noch besaß. Nadeln und Schere hatte Walter, aber keinen Zwirn. Deshalb verwertete er die Fäden von Papiersäcken.

Die Waggons der russischen Bahn hatten die äußeren Stabilisatoren aus Holz gefertigt anstatt aus Eisen.

Das dadurch während er Fahrt auftretende anhaltende Knarren war uns zur Musik geworden. In den Haltepausen haben wir uns Wasser zum Verzehr an den für Lokomotiven vorgesehenen Rohren geholt. Kein Bahner oder Wächter hatte etwas dagegen; eine große Toleranz im größten Land der Erde.

Schneidermeister Walter hatte fleißig gewerkelt und sagte zu mir: „Du hast etwa meine Statur. Lass' Dir das Ding mal umhängen und über die Arme ziehen." An meinem vorletzten Arbeitstag in der Kriegsgefangenschaft war es Walter, der mir als Erster sagte, dass ich heimkehren würde. Aber dazu mussten erst drei harte Winter und was sonst noch kam ertragen werden. Zwei Tage waren wir ohne Verpflegung, aber dafür konnten wir die russische Weite sehen. Am nächsten Morgen bei Nebel, der eine Sichtweite von 50 bis 100 Meter erlaubte, fuhr der Zug langsam ins Katastrophenfeld hinein. Ich erlebte dies wie eine stumme Belehrung. Gehalten hat der Zug dann westlich der Barrikade an einer Geschützfabrik. Es war die mittlere der drei großen Fabriken im Norden von Stalingrad, der einst modernsten Stadt der Sowjetunion.

Am Ziel stiegen wir aus und standen um die Waggons herum gruppiert. Es stand eine Behausung in der Nähe. Ein Mann und eine Frau waren interessiert herausgekommen. Das Alter der Frau schätzte ich auf Mitte dreißig. Die Frau brachte einen Becher mit Wasser, als ein Gefangener sie darum bat. Als der Durstige noch trank, schlug ein Unterleutnant den Becher zu Boden. Auf die Frage, wer das Wasser gegeben habe, meldete sich die Frau. Sie bekam von dem Offizier sofort einen Faustschlag ins Gesicht und fiel rückwärts zu Boden. Der Mann half seiner Frau, die aus der Nase blutete, auf die Beine und ging mit ihr in die Unterkunft. Ein Offizier hatte uns schweigsam und nachdenklich gemacht.

Bis zum Lager hatten wir einen Fußweg von etwa zwei Kilometern zurückzulegen. Am Lagertor wurde kurz angehalten und dann ging es mit Marschmusik weiter. Nicht zum ersten Mal erlebten wir diese Erniedrigung. Nun mussten wir erleben, dass alles anders kam, als man früher erwartet hatte. Nichts entsprach unseren anfänglichen Vorstellungen bei Kriegsbeginn. Bei früheren Gesprächen in Ausbildungspausen äußerte ich einmal humorvoll oder satirisch, dass ich meine Erkennungsmarke selbst durch das Brandenburger Tor tragen würde. Nachdem vorher jemand gesagt hatte, dass unsere Erkennungsmarken im ungünstigsten Fall mit dem Möbelwagen durch dieses Tor gefahren werden würden. Jetzt, auf dem Boden traurigster Tatsachen, waren aber doch alle froh, die lebend durch Tore hinein- und hinausgehen konnten. Anbei befindet sich eine Skizze des Gefangenenlagers 362/3. Sie wurde aus dem Buch „Die Tragödie der deutschen Kriegsgefangenen in Stalingrad in der Zeit von 1942 bis 1956" entnommen.

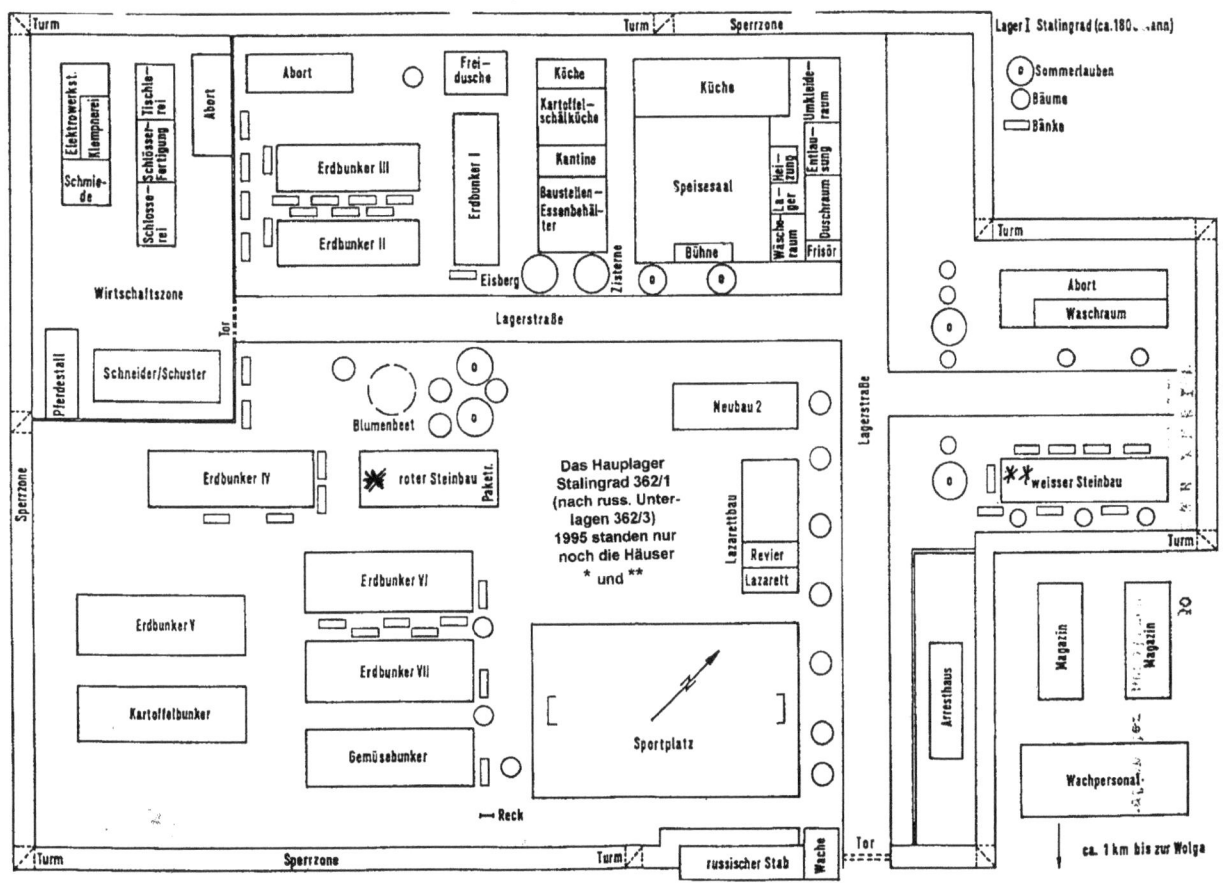

Seine Autoren sind der sowjetische Jurist A.E. EPIFANOW und der deutsche Publizist Hein MAYER, der selbst von 1945 bis 1955 Gefangener in diesem Lager war. Erschienen ist das Buch im Dezember 1995 im „Biblio - Verlag" Osnabrück. Mit Erlaubnis des Verlages versuche ich, auch auf Ereignisse hinzuweisen, die ich nicht erlebt oder erlitten habe, die aber in dem Buch nachzulesen sind und den später Geborenen erklärt werden sollten; beispielsweise im Geschichtsunterricht.

Unsere Bewacher – Konvois gingen nach der Musik als Erste durch das Tor zum Essen. Sie wurden aber noch einmal zurückgerufen, weil sie ihre Waffen in der Wache lassen mussten. Vom Lagereingang aus wurden wir zu den Erdbaracken geführt. Mein Platz in der Baracke V war, vom Niedergang aus gesehen, auf der westlichen Seite, am Seitenfenster der Außenwand die untere Liegefläche. Zu viert lag man in der Mitte zwischen den Stützbalken in zwei Etagen. Zu Mittag gab es dünne, aber heiße Suppe und abends wieder Suppe und Brot. Zum Tagesprogramm gehörten auch die Entlausung und die Banja.
Russische Krankenschwestern achteten darauf, dass Haupt- und Schamhaare geschoren wurden. Nebenbei fragten sie auch mal, ob jemand einen Lippenstift oder gar Seidenstrümpfe hätte. Offenbar hatten Fronturlauber so etwas gelegentlich mitgebracht.

Nach beendeter Entlausung bekamen wir nur eine Decke zurück. Zu Begründung wurde uns gesagt, dass eine Decke ausreiche und andere Kameraden auch eine Decke benötigen würden. Im Nachhinein ist das in Ordnung gewesen, denn in den Unterkünften haben wir kaum gefroren. Aber die erste Nacht an der Außenwand war für mich eine Tortur. Von Wanzen gepiesackt, kriegte ich kein Auge zu. So etwas kann man doch nicht jahrelang ertragen! Zum ersten Mal in meinem Leben dachte ich an Selbstmord. Den Kameraden über mir hätte es schlimmer treffen können. Aber das Hauptziel der Wanzen in dieser Nacht war ich. Ein Glück, dass Wanzen nicht – wie Läuse es zu tun pflegen – am Körper bleiben. So viel über die ersten Eindrücke an der Wolga.

Die zweite Nacht war auch schon nicht mehr so schlimm wie die erste. Die Wanzen hatten ihren größten Hunger gestillt, seit die Italiener diese Unterkunft verlassen hatten und nicht mehr angezapft werden konnten. Die Italiener hatten die Gunst, ein Vierteljahr nach Kriegsende entlassen zu werden. Wir Neuankömmlinge sollten eigentlich noch zwei Wochen in Quarantäne bleiben. Das wäre bis zum 3. November gewesen. Aber der 25. Oktober war der erste Arbeitstag für uns, die wir als Arbeitskräfte lang erwartet waren. Östlich der großen Halle 1 in der Barrikade mussten wir den Schrott von Dachkonstruktionen wegräumen. Schwere Arbeit in frischer Luft und den Appetit anregend; so möchte ich es als vorsichtige Umschreibung für den großen Hunger bezeichnen. Das Thema „Essen" möglichst vermeiden war eine Tugend, die nur in unserer Lage geschätzt wurde.

Bei der Arbeit erkannten wir die Wirkung der eingesetzten schweren Waffen. Was durch die Flieger zerstört worden war, konnte man dem Angreifer zurechnen. Aber die Verteidiger müssen mit schwerster Artillerie von der anderen Wolgaseite aus den Sieg errungen haben. An den noch zur Hälfte stehen gebliebenen Fabrikschornsteinen konnten wir es erkennen. Die kleinen Einschusslöcher befanden sich an der Ostseite und die wesentlich größeren Durchschusslöcher an der Westseite. Die sogenannte einstige „Moderne" der Stadt erkannten wir an den Asphaltstraßen zwischen den Trümmerfeldern. Der Gipfel des Mamai Kurgan (Westhügel), der während der Schlacht heiß umkämpft war, lag weniger als einen Kilometer vom Lager 3 entfernt. Im Jahre 2011 berichtete Hein MAYER, Sprecher der Stalingrader Spätheimkehrer aus den Jahren 1945 bis 1956, dass man das Lager im Bereichm der „Zorok Domici" („Vierzig Häuser") errichtet hat, unter Einbeziehung drei dieser roten Steinhäuser.

Anfang 1946 verlief unser Weg zum Schrotteinsammeln hinter dem östlichen Werkzaun. Dort lagen Rohlinge für 7,5 cm – Kanonen, mit denen der T34 – Panzer ausgerüstet war. Diese Rohlinge wurden von uns zum Wiedereinschmelzen geborgen und auf einen flachen Waggon verladen. Es lag schon Schnee und die kurzen, aber schweren Teile waren nicht so leicht von einer wegen des Gewichts notwendigen größeren Anzahl an Trägern zu packen. Unsere Plagerei wurde von einem Rentnerpaar aus einer Notbehausung beobachtet. Die Rentner boten uns einen stabilen Lastenschlitten zur Arbeitserleichterung an.
Bis zur Beendigung dieser Arbeit bekam ein Gefangener morgens den Schuppenschlüssel, um den Schlitten zu holen.

Nach erledigter Arbeit erfolgte die Rückgabe mit einem herzlichen „Spassivo" für die unvergessliche Nachbarschaftshilfe.

Zum Jahresende befand ich mich in einer Maler-Brigade, in der auch der Berliner Kamerad KÜNECKE arbeitete. Seine Narben waren verheilt; mit Ausnahme der fehlenden Schneidezähne war nichts mehr von den Folgen der Schläge, die er im Waggon hinnehmen musste, zu sehen.

In einem Teil der Halle 14 standen 4 schwere Geschütze zur Endfertigung. Diese hatten wir mit der Farbe „russisch grün" zu streichen. Das dritte Geschütz war Sylvester zum Feierabend fertig geworden. Als wir gingen, waren vier Frauen noch damit beschäftigt, das vierte Geschütz zu säubern. Das Kanonenrohr war innen noch nicht rostfrei. Das war schwere Arbeit, die eigentlich von stämmigen Kanonieren geleistet werden sollte. Was von den Frauen abverlangt wurde, wunderte uns nicht mehr. Aber dass es für die Rüstung am Ende des Jahres 1945 noch dermaßen drängende Termine gab, war schon verwunderlich.

Wir Maler wurden vor dem Lagertor wieder heraus gerufen und per LKW in das Werk gebracht, um am vierten Geschütz weiter zu arbeiten. Ein Trost für uns war, dass unsere warme Mahlzeit mit Nachschlag vor Arbeitsbeginn gegessen werden durfte. Die bedauernswerten Frauen leisteten am verlängerten Arbeitstag immer noch Kanonierarbeit am 21cm – Geschütz. Wir begannen unsere Arbeit an den Rädern und der Lafette. Nachdem die Frauen endlich ein „Karascho" (gut) gehört hatten, konnten wir unsere Arbeit auch noch vor dem 1.Januar.1946 beenden. Der Fahrer brachte uns wieder zum Lagertor und den leeren Essenskübel zur Küche. Ein Bewacher-Konvoi war bei diesem Einsatz nicht dabei.

Im Januar 1946 musste die Maler-Brigade eingeflößtes Holz bergen, das in der Wolga festgefroren war. Wir waren an vorderster Stelle dabei. Nördlich der Barrikade befanden sich ein Sägewerk und eine Transportvorrichtung für Holz. In diesem Bereich befand sich das Floßholz im Eis der Wolga. Die Stämme waren mit alten Stahlseilen zusammen gebunden. Brechstangen und Kreuzhacken waren unsere wichtigsten Werkzeuge. Zum Lösen der Seilverbindungen war spezielles Werkzeug nicht vorhanden. Da gab es auch mal blutige Finger, weil die Stoff-Fausthandschuhe ausgezogen werden mussten. Aber die Arbeit musste getan werden und in dieser Situation der Nachkriegszeit auch unter diesen zeitgemäßen Umständen. Offenbar war die Wiederaufnahme des Betriebs geplant, das Förderband war der Beweis dafür. Eine Hafenanlage war am Ufer nicht zu sehen.

Wir legten Stämme übereinander, bis sich das Eis bog. Eine größere Brigade schaffte das Holz an das höher gelegene Ufer. In der Nähe des Förderbandes wurde es einmal laut. Als wir hinsahen, stellten wir fest, dass ein Kamerad Prügel bekam. Der Konvoi stand unbeeindruckt dabei, als ein „Natschalnik" einen Anfall hatte. Da hatten wir doch mal gehört, der Posten sei nicht nur der Aufpasser, sondern auch der Beschützer. Diesmal schien es Schutz für den Meister gewesen zu sein.

Da hatte der vollbärtige Schriftmaler aus Hannover unromantisch in den frischen Schnee geschrieben: Hier hab' ich gestanden und gedacht, warum hat mich der Teufel nach Stalingrad gebracht?

Natürlich in akkurater Frakturschrift; mit Hilfe des geschnitzten Stocks, den er aus dem Wald bei Pazow mitgebracht hatte.

Nach diesem Einsatz auf der vereisten Wolga war wieder Malerarbeit angesagt. Die Büroräume in Halle 1 in der Etage unter dem vordersten Schrägdach zur Straße hin mussten gestrichen werden. Der Meister war als Dienstverpflichteter aus Minsk gekommen. Von Dienstverpflichtungen aus allen Himmelsrichtungen hörten wir öfters. Etwas Nationalstolz zeigte mancher Arbeiter, wenn er als „Ruski" angesprochen wurde. „Jar ni Ruski, Jar Sibiriak" oder „Jar ni Ruski, Jar Ukrainska". Es klang irgendwie lustig und zufrieden. Warum auch nicht? Wir hatten doch alle einen Grund, unserer Heimat zu gedenken.

Die Arbeitsmethoden der Russen waren – bedingt durch Werkzeuge und Materialien – anders als gewohnt. Aber man lernt ja bekanntlich das ganze Leben lang. Ölfarbflecken an den Händen durften nicht mit Verdünnung entfernt werden. Man musste sie mit Firnis wegreiben und den Firnis mit Sägespänen abrubbeln. Decken und Wände wurden mit Weißkalk einfarbig gestrichen. Auf die Sockelwände im langen Korridor kam russisch grün. Was sonst? Gut eine Woche dauerte die Arbeit und wurde eine Stunde vor dem Abmarsch beendet. Da stand der Meister aus Minsk bei uns und gab sich familiär. Er fragte, woher wir kämen und was für Soldaten wir seien. Wie üblich antworteten die älteren zuerst. Die Jüngsten, ein kleiner Bessarabien-Deutscher – später Stuttgarter – und ich antworteten zuletzt.

Bei mir war der Meister der Ansicht, dass ich ein Angehöriger der Waffen-SS gewesen sei. Mein Nein ließ er nicht gelten und fragte nach der Mindestgröße für den Eintritt in die Waffen-SS. Bei einer Mindestgröße von 170 cm hätten nach Meinung des Meisters meine 171 cm doch gereicht. Mit meiner Blutgruppe AB hätte ich ihn sicher leichter überzeugen können. Aber damals wusste ich noch nicht, dass es eine Truppe gab, die einheitlich die Blutgruppe 0 hatte. Dass ich Maler für Flugzeuge war, hat er dann mit den Worten „Faschistak sdjelit" akzeptiert. Mit „Faschistak sdjelit" konnte ich nun auf Russisch sagen, dass ich faschistische Zeichen auf deutsche Flugzeuge gemalt habe und ab ging es ins Lager.

Diesem Meister sind wir später noch einmal zugeteilt worden, nämlich im Sommer 1946 bei Arbeiten an einem Betriebskindergarten. Dort habe ich meistens zusammen mit einem Oldenburger Meistersohn Fenster und Türen gestrichen. Der ehemals als fleißiger Schwabe aus dem deutsch besiedelten Teil Rumäniens stammende Heinrich KIRNBAUER ist mir als interessanter Erzähler in Erinnerung geblieben. Wir haben unser Los erleichtert, indem wir uns gegenseitig Geschichten aus unserem Leben vor dem Krieg erzählt haben.

„Wir haben in Rumänien ganz gut gelebt!" sagte er. Und als er mir erzählte, dass seine Familie 100 Walnussbäume besitzt, die im Herbst je 100 Lei Ertrag bringen würden, habe ich ihm geglaubt. Da konnte ich als Angehöriger einer kinderreichen Familie nicht mithalten. Aber Kleintiere, einen Hausgarten und fünf Haselnuss-Sträucher zwischen Garten und Wiese gab es bei uns auch. Der Heinrich hatte meine Anschrift und 1949 erhielt ich von ihm aus Stuttgart Post. Ein Foto, das ihn im Kreis seiner Freunde zeigt, habe ich noch.

Unser Schriftverkehr, der damals begann, ist aber irgendwann (wahrscheinlich wegen noch mehr Arbeit) eingeschlafen.

H. KIRNBAUER, Mitte unten

Im Lager gab es einen Kulturraum mit Bühne. Es hatte sich ein kleines Orchester gebildet, das von einem ungarischen Geiger TAMACHAKI, einem namhaften Zigeuner, geleitet wurde. Vor Beginn eines Programms pflegte ein kleiner Chor zu singen. Es erklang die russische Nationalhymne in deutscher Sprache. Die einprägsame Melodie klang schön, wie Hymnen auf der ganzen Welt eben klingen. Der Text ist heute anders, doch die Melodie kann man immer noch hören. In der Zeit, in der ich das Programm erlebt habe, ist der Chor mit der Hymne dreimal aufgetreten. Aber auf unbekannte Anordnung hin unterließ man dies kurze Zeit später. Es war die Zeit der Tenöre und Kabarettisten und bei den Vorstellungen saßen Russen in der ersten Zuschauerreihe. Einige Musikinstrumente waren aus dem Bestand eines ehemaligen Luftwaffenorchesters gerettet worden.

Dabei fällt mir ein, dass ich im Lager 7362/3 einen Orchesterangehörigen aus Dresden traf. Er erzählte mir, dass ein ganzes Orchester für ein halbes Jahr auf Konzertreise war und in vielen russischen Städten Auftritte hatte. „Dabei hatten wir ein gutes Leben", erklärte der Kamerad, was ihn aber nicht davor bewahrte, später die Not mit uns zu teilen.

Der Kabarettist Ernst JENTSCH aus Breslau sorgte stets für gehobene Stimmung bevor der ungarische Stehgeiger mit dem Orchester, das bei der letzten Wäsche eingelaufen war, den Frohsinn bei uns weckte und mit „Rumba Rumbato" auftrat. Vorher gab es natürlich einen besinnlichen Teil. Der Tenor Karl SIMONIS sang unter anderem „Hör' mein Lied Violetta". Damals gab es nur Beifall, aber kein Erhören durch Violetta. Ernst JENTSCH sang alles, was von Otto REUTER an Volkstümlichem geschrieben worden war. Ein Beispiel soll hier zitiert werden: „Die Statistik zeigt dem Kenner, es gibt mehr Frauen als es Männer. Darum rat' ich allen Frauen, sich beizeiten umzuschauen." JENTSCH hat uns aufgemuntert, obwohl sein Los das unsrige war. Der deutsch sprechende TAMACHAKI sang einen verjuxten deutsch/italienisch klingenden Refrain zu „Rumba Rumbato": „Casa Bambini Tomato! Legemianarschico finito!"

Dieser traditionelle Schlussvortrag hat ein vielfaches Schmunzeln ausgelöst. Auch die Russen zollten Beifall und fanden keinen Anstoß. Unsere Bewacher hatten viel deftigere Sprüche im Repertoire. Bei den lustigen Auftritten der Kulturgruppen in den Lagern 1 bis 6 wurden die Künstler auch gewechselt. In den großen Lagern gab es auch Fußballmannschaften. So beispielsweise lebte im Lager 3 ein ungarischer Nationalspieler.

Vom Lager 5 (Traktorenwerk) musste ich eines Sonntags am Vormittag mithelfen, eiserne Stockbettgestelle zu tragen. Kurz nach meiner Heimkehr kam der ehemalige Mitschüler Erich WIENKE aus dem Lager 5 zurück. Die Dystrophie konnte jeder medizinische Laie bei ihm erkennen. Der Mangel an Nährmitteln war überall gegenwärtig. Einen Greifswalder Kameraden aus Lager 3, der auf den „Mamai Kurgan" zeigte, hörte ich sagen, dass er dort oben die Schlacht erlebt habe, während im Tal der Kessel gekocht hätte. Er war einer der 6000 Überlebenden der Schlacht; die Zahl der durch Kampf und Kälte umgekommenen deutschen Soldaten wurde in einem im September 2012 in der BILD-Zeitung erschienenen Artikel auf 70.000 beziffert. Bei der Kapitulation am 02. Februar 1943 gingen 90.000 Soldaten in die russische Gefangenschaft. Von je 100 Offizieren gab es 50 Überlebende und von je 100 Mannschaftsdienstgraden gab es einen Überlebenden. Ursprünglich bestand die 6. Armee aus 310.000 Mann. Beim Zuhören der Erzählung des Kameraden ging mir meine Feuertaufe in der „Sengerlinie" von Monte Cassino durch den Kopf. Eine Hölle, wie in diesem Fall, ist immer mit unsinnigem Aufwand von Menschenleben gemacht; ohne Anspruch auf Menschlichkeit.

Diesen Greifswalder Kameraden habe ich einmal wieder gesehen, aber zu spät erkannt. Als LKW-Fahrer erschien er mit Baumaterial auf der Ladefläche an meiner Arbeitsstelle. „Wenn's stürmt und schneit, wärst Du doch sicher lieber zu Hause geblieben?", fragte ihn einer meiner Kollegen. Der Fahrer zeigt auf seine wollene Unterkleidung und sagte: „Wer Stalingrad überlebt hat, überlebt hier jeden Winter!" Erst, als er weggefahren war, konnte ich die Zusammenhänge einordnen und seine damalige Äußerung fiel mir wieder ein. Dann erzählte ich meinen Transportarbeiter-Kollegen von drei Wintern in Stalingrad. Für gelegentliche Schilderungen war ich bekannt und bin dabei selten getadelt worden. Die Schreie nach Granateinschlägen sollen und dürfen nicht ignoriert werden!

Nun erfolgte wieder ein Arbeitseinsatz in frischer Wolgaluft. Mit dem Holz, das wir aus der Wolga gezogen hatten, musste nun das Sägegatter gefüttert werden. Das Eis auf den Baumstämmen war weggetaut. Aber das Holz war nicht trocken und deshalb für ausgemergelte Arbeiter sehr schwer, obwohl die durchschnittliche Stärke der Stämme nur wenig über 20 cm betrug. Eine Absauganlage für Sägespäne gab es nicht und so wurde die Beseitigung der Sägespäne auch schwer wie Bergmannsarbeit. Nach dem Sägewerkeinsatz wurden wir dann wieder zum Arbeiten in Halle 1 geschickt. Als Helfer für die Glaser musste ich auf dem Dach über den Büros den Baukran entladen. Das Drahtglas war aus Deutschland geliefert worden; es trug noch den Verdunklungsanstrich. Das große Russland hatte kein neues Glas und das geschlagene Deutschland hatte Glas, das bei den Luftangriffen nicht kaputt gegangen war.

Als Verpackung für dieses Glas dienten Bretter aus zerlegten Baracken. Auf dem Schrägdach habe ich allein die zugeschnittenen Scheiben entladen und auf das große Hallendach gebracht. Bei immer noch kaltem Winterwetter wurden die Oberlichter in der Dachmitte verglast. Nach Beendigung der Glaserarbeiten wurden alle Helfer zum Abschaben der Farbe von den Scheiben kommandiert. Später wiederholte sich dieser Glasereinsatz an den 45-Grad-Dachabschlüssen der Hallenseiten.

Im Lager waren Wandtafeln angebracht. Sie enthielten zahlreiche Informationen, Ge- und Verbote, aber auch Aufrufe zu verschiedenen Wettbewerben. Wo gibt es das nicht? Auch hier musste es Disziplin und Ordnung geben. Der Lagerkommandant, Hauptmann DERETEW (die Russen nannten ihn „Kapitan"), und ein deutscher Major bildeten ein lobenswertes Gespann. Dem deutschen Lagerleiter gilt dieses Lob, weil er über gute Russischkenntnisse verfügte und ein guter Vermittler war. Der „Kapitan" war während des Krieges mit einer Kopfverletzung in deutsche Kriegsgefangenschaft geraten. Er wurde dort medizinisch versorgt und hat wohl auch sonst gute Erfahrungen im Umgang mit Deutschen gemacht, so dass er sich entgegen der staatlichen Propaganda ein eigenes Urteil über die Deutschen bilden konnte. Der Gute hat nicht leichtfertig Strafen verhängt. Aber an eine kuriose Disziplinierung von zwei Gefangenen erinnere ich mich. Sie hatten einen Hund gestohlen und gegessen. Der Lagerkommandant verhängte zehn Tage Karzer und drei Monate Strafzug. Die Einlassung des „Kapitans" damals war: „Ich hätte niemals gedacht, dass Deutsche einen Hund schlachten und essen." Meine Meinung dazu ist einfach: Damals hätte ich auch davon gegessen!

Der erste harte Winter ging zu Ende. Mit dem Brechen des Eises der Wolga, stieg auch der Wasserspiegel des größten der europäischen Flüsse in die Höhe. Die zu verrichtenden Arbeiten waren unterschiedlich. Wir arbeiteten in Gebäuden und im Freien, denn Eisenschrott und Bauschutt gab es überall zuhauf und zu viel. Einmal haben wir Karbidfässer aus Deutschland von den Waggons zum Lagerplatz gerollt. Dabei konnten von uns Hungerleidern von in der Nähe wachsenden Akazien die Blüten gegessen werden. Auch zum Verzehr geeignete Maulbeeren fand man gelegentlich.

Bei einer solchen Gelegenheit habe ich von einem Mitgefangenen, der seinen Aufenthalt schon länger im Lager 3 hatte, Erstaunliches gehört. Er sagte, dass er bis zu unserer Ankunft mit seinem Vater im Lager zusammen gewesen sei. Der Vater sei entlassen und schon zu Haus; er berichte dort über die Zustände hier. Meine Bemerkung über den landesweiten ständigen Hunger begegnete er Mut machend. Nur im Winter sei dies so. Im Sommer würden Fischer aus dem Lager mit ihren Booten zum Fischen auf die Wolga hinaus fahren. Dann gebe es genug Fisch; sogar geräucherten!

Nach dieser Schilderung habe ich geglaubt, dass man sich im Sommer vom Winter erholen könne. Doch drei Monate später war immer nur der eine Wolgafischer zu sehen, der auf der Insel wohnte. Mittels dieses Kameraden hat man wohl Gerüchte verbreitet.

Das erste Jahr der Gefangenschaft war vorbei und am 6. Juni 1946, an einem Sonntag, wurde die erste Post aus Deutschland verteilt. Von den Rot-Kreuz-Postkarten, die man uns zu Ostern schreiben ließ, kamen die ersten Rückantworten. Zu den ersten Gefangenen, die Informationen von den Angehörigen erhielten, gehörte auch ich. Die Nachricht, die ich bekam, machte den Sonntag zum Festtag ohne Braten und Wein! Mein Vater und zwei Brüder (Jahrgang 1922 und 1926) waren schon kurz nach der Kapitulation wieder zu Haus. Da war sicher, dass es meine Mutter mit den jüngeren Geschwistern nicht so schwer hat. Meine Stimmung verbesserte sich trotz der unglücklichen Lage, in der ich mich als Einziger meiner Familie befand. Nicht alle Kameraden hatten schon eine Rückantwort erhalten.
Nachdem ich meinen Brief gelesen hatte, schaute ich die Fotos an und versetzte mich in Gedanken in die Heimat. Diesmal hatte ich dabei Zuschauer, die irgendwie auch Trost und Freude empfanden.

Nach einigen Monaten erging eine Anordnung der Zensoren, auf den Postkarten nicht mehr als 25 Worte zu schreiben. Der Zensuraufwand war wohl zu groß; es wurde damit gedroht, dass ein Versand längerer Sendungen verweigert werde. Die Rückantworten waren sicher auch zensiert, aber die Anzahl der Worte nicht begrenzt. Durch Grüße und Berichte erfuhr ich, dass ich durch Heirat des älteren Bruders Schwager und später auch Onkel geworden war durch die Geburt meiner Nichte am 1.Januar 1946. Die Vergabe der Doppelpostkarten (Rotes Kreuz sowie Halbmond) wurde auch mal ausgesetzt. Man sagte, das sei wegen der Nichterfüllung der Arbeitsnorm, auch wenn dies in Wirklichkeit an der schlechten Organisation oder am Materialmangel lag.

Im ersten Halbjahr 1948 hätten wir Briefe auf eigene Kosten schreiben können. Aber meines Wissens nach hat niemand einen Brief nach Hause geschickt. Denn erstens hätte der Brief geöffnet zur Zensur gemusst, zweitens hatte der Hunger noch keine Ende für Gefangene und Bevölkerung und drittens gab es nicht immer Geld und für Dystrophie-Kranke schon gar nicht.

Die Schwere dieser Zeit hatte in den Wintern ihren Höhepunkt. Da gab es nicht nur Fluchtgedanken, sondern auch Fluchtversuche. Diese Versuche wurden nur von einzelnen Personen in vermeintlich günstigen Momenten in der geeigneten Jahreszeit durchgeführt. Später im Teillager 1 gab es einen gleichaltrigen Kameraden, der die russische Sprache beherrschte, im selben Zug. Er hatte während seiner Zeit im Lager 3 zwei Fluchtversuche unternommen. Von seinem ersten Versuch kam er unbeschädigt zurück und wurde von „Kapitan" DERETEW mit zehn Tagen Karzer und anschließendem Strafzug für drei Monate bestraft. Nach dem normalen Arbeitseinsatz hatte er noch im Lager für Hygiene (oder so ähnlich) Leistungen zu erbringen. Die Doppelpostkarte wurde in solchem Fall auch nicht vergeben.

Dem zweiten Fluchtversuch dieses Kameraden war auch kein Erfolg beschieden. Gab es bei dem ersten Fluchtversuch noch anerkennendes Schulterklopfen für die erreichte Entfernung, so erging das Klopfen bei der zweiten Festnahme gegen den Kopf. Der Lagerkommandant verhängte gnädigerweise noch einmal die Strafe, die dem Kameraden schon bekannt war. Für eine höhere Strafe hätte ohnehin das Kriegsgericht bemüht werden müssen. Das wären mindestens zehn Jahre Straflager in Sibirien oder in dem höchst berüchtigten Workuta geworden. Diese Lager waren durch ihre internationale Belegung bekannt und durch Härte und Ungerechtigkeiten verrufen. Da hätte der Fluchtversucher landen können, wenn er auf der Flucht etwas gestohlen oder beschädigt hätte. Workutas Exportschlager war die billigste Kohle der Welt aus dem Gulag. Fluchtgedanken hatte auch ich in den ersten zwei Wintern. Aber eine Flucht im Sommer, in einem geklauten Boot auf der Wolga an Astrachan oder Baku vorbei und über das Kaspische Meer mit Zielrichtung Teheran war garantiert der dümmste Tagtraum, den ich je hatte.

Das Jahr 1947 war arbeitsmäßig sehr schwierig. Die Tage schwersten Einsatzes haben mich dermaßen beeindruckt, dass ich sie nicht vergessen kann. Ein mit Zement beladenes Flussfrachtschiff hatte am Wolgaufer festgemacht und war von mindestens 100 Gefangenen zu entladen. Es war ein neues großes Schiff; ein größeres Flussschiff hatte ich zu jener Zeit noch nicht gesehen. Da es keine Hafenanlagen gab, hatte man eine breite Holzbrücke errichtet, die vom obersten Schiffsdeck bis zur Lagerhalle auf dem Steilufer reichte. Als tägliche zu erbringende Leistungsnorm war für jeden von uns der Transport von 60 Säcken à 50 Kilogramm festgelegt worden. Nur ein Einziger schaffte die Norm. Er war im Vergleich zu den meisten Gefangenen gut genährt und es sah verdächtig nach einem Gastspiel für uns aus; vermutlich war es ein „Stachanow" (Aktivist aus einem Nachbarlager).

Selbst befand ich mich in körperlich schlechter Verfassung und war dermaßen geschwächt, dass ich nur ein Drittel der festgelegten Norm erfüllen konnte. Am ersten Tag waren es 9 Säcke, am zweiten Tag 18 Säcke und am dritten Tag 32 Säcke. Das waren 59 Säcke in drei Tagen; ein Sack weniger als die geforderte Norm für einen Tag, also ein schwaches Drittel Normerfüllung von mir als 22jährigen Schlappschwanz! Es war sehr schwer, die Körperkraft zu steigern und somit auch die Arbeitsleistung. Denn Ehrgeiz alleine ohne entsprechendes „Kraftfutter" reichte nun mal nicht aus. Wegen der häufigen Normunterschreitung musste im Sommer 1947 an den meisten Sonntagen gearbeitet werden. Damit ergab sich auch ein wesentlich geringerer Verdienst. Für das Lagerleben waren pro Mann 456 Rubel monatlich nötig. Die kamen mitunter nicht zusammen. Wahrscheinlich mussten die Arbeitenden auch für alle im Lager Beschäftigten und Arbeitsunfähigen mitverdienen.

Die Tage schwerer Arbeit endeten für gewöhnlich mit dem Staubabspülen am Wolgaufer, nördlich der Barrikade. Da wurde die Bekleidung ausgeschüttelt, mit den Händen Wasser geschöpft und der Staub abgespült. Es war wohltuend, sich in der Hitze zu kühlen. Das Gefälle auf dem Grund des Flusses war nach zwei Metern so tief, dass man schwimmen konnte. Dazu bekam ich Lust und sprach mit meinem Kameraden darüber. „Frag doch den Posten", sagte dieser und wies auf den in unserer Nähe stehenden Russen. Als einer der zahlreichen Nackten baute ich mich vor dem Posten auf und fragte „Moschna?"(Erlaubnis), dabei die Schwimmbewegung machend und einen Bogen über das Wasser zeigend.

Der Mann nickte freundlich, erteilte mir „Moschna" und ich schwamm etwa 12 Meter weit; damals eine schwache sportliche Leistung, heute eine romantische Erinnerung.

Eine romantische Erinnerung hat auch mein Vater erzählt. Seine Kriegsgefangenschaft in Sibirien dauerte von 1914 bis 1919. Er berichtete von der pazifischen Küste bei Wladiwostok. Den Baikalsee und die Städte Irkutsk, Omsk und Tomsk habe er unter anderen gesehen. Von der Berglandschaft am Baikalsee mit 20 Meter langen Eiszapfen sei er dermaßen beeindruckt gewesen, dass er das Lied „Wen Gott will rechte Gunst erweisen, den schickt er in die weite Welt" angestimmt habe. So erzählte der Vater uns Kindern. Erst viel später, als ich schon selbst eine Familie hatte, erfuhren wir, dass es in Sibirien einen Halbbruder gibt. Das soll nun aber das Ende der romantischen Erinnerung sein.

Zurück zur harten Wirklichkeit der Leistungsnorm. Sie betrug bei der Zemententladung 60 mal 50 Kilogramm; das waren drei Tonnen, die von jedem Kameraden aus den Laderäumen treppauf und dann etwa 30 Meter auf der zur Lagerhalle hin ansteigenden Holzbrücke getragen werden mussten. Diese Arbeit wurde nicht nur von mir als „Kulidienst" verschimpft.

Im Verlauf meines späteren Arbeitslebens zu DDR-Zeiten habe ich im Handwerk und anderen Beschäftigungen auch nach Normen arbeiten müssen. Das 16 Monate währende Gastspiel als Transportarbeiter lehrte mich Normen von 54 mal 50 Kilogramm für einen Stundenlohn von 1,60 Mark. Bei der Beladung von Fahrzeugen, die neben den geschlossenen Waggons standen, hat jeder Einzelne einer vierköpfigen Arbeitsgruppe 100 Säcke in der Stunde aufgenommen, getragen und abgelegt. Dafür gab es einen Stundenlohn von 3,20 Mark. Es kam einmal vor, dass 6 Waggons vormittags um 11.00 Uhr am Ladegleis standen und zu Feierabend entladen sein sollten. Standgeld und Überstunden mussten vermieden werden.

Workuta, ein international besetzte, nördlich des Polarkreises gelegener Gulag war wohl die Spitze des Unmöglichen. Ein Mitgefangener, von Beruf Student, sagte einmal zu mir, dass die USA ein Land der unbegrenzten Möglichkeiten seien. Wir aber befanden uns im Land der begrenzten Unmöglichkeiten. Russische Soldaten, die aus deutscher Kriegsgefangenschaft heimkehrten, kamen vor das Kriegsgericht. Unter den russischen Soldaten galt es als Verrat, sich in Gefangenschaft zu begeben; dafür konnte die Todesstrafe verhängt werden. Wer weiter leben durfte, wurde zur Arbeit ins Speziallager geschickt. Die Kohle, die dort gefördert wurde, war – wie schon an anderer Stelle erwähnt – die billigste weltweit. Die heutige Erkenntnis macht mir diese Erläuterung möglich.

Meine Jugendzeit war Kriegszeit. Ab 1. April 1939 begann mein Arbeitsleben. Bei Kriegsbeginn war ich 14 Jahre alt. Am 1. April 1940 begann ich eine Malerlehre. In diesem Zusammenhang lernte ich im Juli desselben Jahres einen polnischen Kriegsgefangenen kennen, den unser Meisterbetrieb zugeteilt bekam. Der Pole stammte aus Jarotschin im Raum Posen. Eine Uniform trug er nicht mehr. Bevor er zu uns kam, arbeitete er in der Landwirtschaft auf einem Gut nahe Stralsund. Dort hatten Kriegsgefangene die Möglichkeit bekommen, in ihrem Lehrberuf zu arbeiten. Vorher konnten ihnen die Angehörigen Zivilkleidung schicken.

Adalbert, so hieß der unserem Betrieb zugewiesene Pole, hatte die Verpflichtung, eine Kennzeichnung – ein P in blau-gelber Farbe – zu tragen. Er wäre gern ohne diese Dekoration geblieben, aber dem Meister hatte man für diesen Fall Strafe angedroht und der Aufsicht konnte er sich nicht entziehen.

Der 33jährige ledige Adalbert hatte Kost und Logis bei der Meisterfamilie bekommen. Es ging dem „Halbgefangenen" besser als seiner Mutter in Jarotschin. In meiner Situation als Kriegsgefangener habe ich oft an Adalbert und unser kollegiales Verhältnis gedacht und darüber gesprochen. Unsere gemeinsamen Fahrten mit dem Fahrrad über Land zu Bauern- und Gutshöfen, wo wir unsere Arbeit zu verrichten hatten, habe ich in guter Erinnerung. Vom Krieg war bei uns ja noch nicht viel zu merken und auf dem Land war die Verpflegung eh gut. Im Herbst 1942, nach dem wir in Abtshagen Feierabend gemacht hatten, befanden wir uns auf der Rückfahrt nach Grimmen. Die Herbstsonne, die den Wald in seiner natürlichen Pracht zeigte, beleuchtet die vielen Haselnusssträucher am Waldrand. Da haben wir uns einige Male an der guten Ernte bedient; Adalbert für seinen Familienanschluss und ich für Mutter und die große Geschwisterschar.

Zur gleichen Zeit begann an der Ostfront die Katastrophe von Stalingrad. Die zu jener Zeit halb eroberte Stadt, die nun unter den Kriegsgefangenen nach Wiedergutmachung schrie. Nach diesem Rückblick in meine Jugendzeit will ich meine Pflicht als Angehöriger der Armee der Wiedergutmachung nicht vergessen. Nicht vergessen ist auch die schwere Arbeit. Der Hunger und das Heimweh, das an jedem von uns zehrte. Da half auch das schon in Einzelheiten beschriebene Kulturprogramm, das oftmals auf der kleinen Bühne im Kulturraum dargeboten wurde, nicht darüber hinweg.

Die Hundertschaft, in der ich mich befand, hatte wieder einmal Glaserarbeiten zu leisten. „Pirevie Zech", so hörte sich die russische Bezeichnung für Halle 1 für mich an. Ein Detmolder Kamerad namens Ernst HOLZHAUER war nun mein Kollege bei der Oberlichtverglasung. Die von den Außenwänden im Winkel von 45 Grad schräg ansteigenden Flächen waren von uns zu verkitten. Zuvor waren in die Winkelschienen Drahtglasscheiben eingelegt worden. Die mit Blechstreifen geklammerten Scheiben wurden nun von uns verkittet. Einer vom Duo sicherte den auf der Hängeleiter arbeitenden Kollegen mittels Leine am Gurt. Die Norm für diese Tätigkeit betrug 24 Meter Kittfalz pro Mann und Tag. Das ging bei den beiden Oberschlesiern, unseren Kollegen des zweiten Duos, auch wie geplant; sie wechselten sich beim Sichern und Arbeiten ab.

Bei meinem Wechsel zur Sicherung erkannte ich, dass es mit dem Kollegen keine Normerfüllung geben würde. Das notwendige handwerkliche Talent gab es bei meinem Namensvetter nicht. Ratschläge von mir erwiesen sich als nutzlos und ich übernahm freiwillig wieder den gefährlicheren Teil unserer gemeinsamen Arbeit. Im Gurt an der Leine hörte ich meinem Kollegen wieder zu. Er erzählte von seiner Bürotätigkeit in einem Bielefelder Betrieb. Von Detmold sei er täglich den Weg nach Bielefeld hin und her gefahren. Ähnliches widerfuhr mir erst viel später; nämlich ab dem 5.Oktober 1949, als ich, in Grimmen wohnhaft, eine Arbeitsstelle in Stralsund antrat.

Bei der Arbeit unterhielten wir uns und haben uns dabei an die besseren Zeiten vor dem Krieg erinnert. Mein Kollege war Westfale. In Westfalen war ich auch geboren, übersiedelte mit der Familie nach Holland und später nach Vorpommern. Der Ernst aus Detmold stand schon früher als ich im Arbeitsleben und sprach vom erwarteten Aufstieg zum Prokuristen in seiner Firma. Aber jetzt hatte er oben an der Hängeleiter einen Schonplatz. Nach acht bis zehn Tagen war er trotz der Schonung krank geworden, da wurde ich den beiden Oberschlesiern zugeteilt. Das war keine glückliche Fügung, denn es gab nur ein Arbeitsergebnis für ein Leiterduo. Meine wechselnde Mitarbeit hat mir nichts anderes gebracht als eine Bedrohung durch Kollegen.

Für die Zuteilung von 100 Gramm Zusatzbrot musste die Normerfüllung bei 10 % über 101 % liegen. Die höchstmögliche Zusatzbrotmenge lag bei 300 Gramm; dafür mussten 131 % Normerfüllung erbracht werden. Das Duo, mit dem ich arbeitete, bekam Zusatzbrot. Ich hingegen nicht und deshalb machte ich dies zum Thema, als wir zum Feierabend das Dach verließen. Das gefiel den Kollegen überhaupt nicht und man drohte mir, mich vom Dach zu werfen. Dies gab mir einen Grund zu schweigen und zum Denken: Die besiegten Helden kämpften gegen Ihresgleichen. Sozialisten ohne Solidarität!

Meine Situation verbesserte sich durch die Einsicht unseres Zugführers; er setzte mich als Helfer bei den Maurern ein. Die Maurer hatten die Hallenwände von den Spuren der Artillerietreffer zu befreien, die die Mauern nicht durchschlagen hatten. Da war ich Helfer eines gelernten Maurers, der die Mauerflächen ausbesserte und glättete. Dieser Maurer fiel nach zwei bis drei Wochen gemeinsamer Arbeit wegen Krankheit aus. Einen Ersatzmann gab es nicht und ich wurde nun der Maurer, allerdings ohne Helfer.

Ich bearbeitete die Wände bis zum Tor, wo die Bahnschienen quer durch die Halle verliefen. Die beschädigten Schienen wurden von einem Trupp russischer Arbeiter halbiert und weggeräumt. Dabei schafften die Russen einen erstaunlichen Arbeitsvorgang, den ich angezweifelt hätte, wenn ich da nicht Zeuge gewesen wäre. Nach dem Lösen der Schwellen wurde eine Schiene kreuzweise über die andere gelegt. Dann wurde ein mit Draht gehaltener Meißel ein bis zwei Zentimeter hinter dem Auflagepunkt angesetzt. Ein kräftiger Arbeiter schlug mit dem großen Vorschlaghammer etwa drei Schläge auf den Meißel, sodann brach der obere Teil der Schiene wie Glas. In etwa einer Minute eine Eisenbahnschiene zu teilen, ist kein Märchen, sondern eine reale Möglichkeit, die hier genutzt wurde.

An der Toröffnung habe ich einem losen Scharnierhaken wieder festen Halt gemauert. Danach wurden wir bei Wohnungsbauten eingesetzt. Da sollten wir Decken und Wände verputzen. Für die meisten von uns ergab sich das Problem, dass uns kein Deckenputz gelang. Wir hatten uns nur als Helfer für die Ausbesserung der Wände qualifiziert und waren im Lager wohl als Stuckateure geführt worden. Stuckateure einerseits und Maurer und Putzer andererseits sind hierzulande zwei verschiedene Berufe. Der Maurer daheim war auch Putzer; das war hier bekannt. Aber dass wir keine Decken verputzen konnten, wurde von den „Natschalniks" erst spät bemerkt.

Man warf uns vor, dass wir nicht in dieser Firma arbeiten wollten, weil uns die vorherige Arbeit lieber gewesen sei. Aber irgendwie kam es dennoch so, wie es sein sollte. Wer Decken verputzen konnte, blieb und für die anderen Bauwerker hatte das „Siebente Kontor", so wurde der Bautrust genannt, andere nützliche Arbeit.
Wir stellten aus Ziegelbauschutt Blöcke her, die wieder in Ziegelhäusern verbaut wurden. Der Steinbrecher brach den klobigen Schutt. Dann kam der Mischmaschinengang mit Kalk, Sand und Wasser. Danach gaben wir dieses Material in Holzformen. Das Format war eine Ziegelsteinbreite und zwei Steine hoch und vier Steine lang. Der so entstandene Block war beim Bau Ersatz für acht Ziegelsteine, die an der Außenwand mit Backstein verblendet wurden.

Bei vielen Bauarbeiten wurde unsere Vielseitigkeit entwickelt und genutzt. Oftmals war man darauf angewiesen. Beim Wohnungsbau waren wir wieder einmal in Lehrberufen tätig. Die Werkzeuge waren oft von minderer Qualität; jedenfalls nicht so, wie wir es aus der Lehrzeit gewohnt waren. Installateure für Wasser und Heizungsanlagen haben oft im Schrott nach brauchbaren Teilen gesucht.

Bei Handwerksarbeiten gab es manchmal auch etwas Geld ausgezahlt. In der Zeit, als ich in Stalingrad war, gab es diese Situation aber nicht öfter als zwölfmal. Es wurden einige Male 49 Rubel ausgezahlt, der 50. Rubel ging in den Kulturfonds. Das war üblich bei Entlohnungen: einer von 50 Rubeln wurde für kulturelle Zwecke aufgebracht. Bevor im Lager selbst eine Einkaufsmöglichkeit eingerichtet wurde, konnten wir bei den Zivilisten am Arbeitsplatz Milch oder gekochte Eier kaufen. Das boten die Kinder der Arbeiter an; es handelte sich nicht um Überschüsse bei den Arbeitern. Im Herbst 1947 habe ich an einen russischen Arbeiter die 200-Gramm-Brotration, die zum Mittagessen gehörte, verkauft. Nicht gegen Rauchware, wie die Raucher es gewöhnlich taten, sondern gegen sechs Rubel für je 200 Gramm. Für die zwölf Rubel, die ich jetzt hatte, bekam ich im Lager nacheinander drei Portionen à 200 Gramm. Der Handel am Arbeitsplatz war nicht unbeobachtet geblieben. Denn eine Krankenschwester aus dem Lager hat uns zweimal zu Mittag diesbezüglich belehrt. Dann war der Brothandel vorbei.

Ein russischer Arbeiter mit guten Deutschkenntnissen war auch ein guter Erzähler. So fragte er einmal, ob schon der Farbfilm mit Marika RÖKK im Lager gezeigt worden sei. Dieser Film war zu dieser Zeit in der Stadt zu sehen, allerdings nicht synchronisiert und ohne russische Untertitel. Was ich zu diesem Zeitpunkt verneinen musste, wurde in den Gefangenenlagern ein Jahr später möglich und nun wussten wir genauer als die Russen, warum „das Mensch" in der Nacht nicht gern alleine ist. Über diese Feststellung, die ein kollegialer Russe damals traf, kann ich heute noch schmunzeln.

Im Sommer 1947 war uns der Auftrag erteilt worden, auf dem Rückweg ins Lager pro Mann vier Ziegelsteine mitzubringen. Das konnten wir auf dem letzten halben Kilometer vor dem Lager erledigen. Die Ziegel wurden im Feierabendeinsatz für Verbesserungen in verschiedenen Bereichen verbaut. Am Rande des Sportplatzes gab es auch eine Verbesserung, die es ermöglichte, gelegentliche Filmvorführungen durchzuführen. Einen Propagandafilm über eine Sportparade verstand man ohne Erläuterung. Aber beim Unterhaltungsfilm war es schwieriger.

Da wurde uns in den Pausen, wenn die Spulen gewechselt wurden, der Inhalt vom Dolmetscher übersetzt. Der Dolmetscher hieß Hans HASE, mit gleichem Vornamen wie sein Vater. Da die Russen das „H" wie „G" aussprachen, gab es bei der „Proverka" (Zählung) durch Namensverlesen immer eine Belustigung weil wir immer nur „GASE, Gans, Gans" verstanden. Und so hatte es sich eingebürgert, dass man den lagerbekannten „Dolmatsch" häufig mit dem Ruf „GASE, Gans Gans" begrüßte.

Den Vorträgen des deutschen „Lagerpolitikbeauftragten" Karl BEST mussten wir gelegentlich zuhören. Als organisierter Sozialist oder Kommunist (?) ins Konzentrationslager gekommen, hatte er die Möglichkeit genutzt, sich als geläutert zum Kriegsdienst anzubieten. Ob BEST ein Kapitulationsgefangener war oder vorher in aussichtsloser Lage einzeln oder in einer Gruppe in die Kriegsgefangenschaft gegangen war, wusste niemand. Ich will ihm jetzt und hier nicht unterstellen, ein Überläufer gewesen zu sein. Schließlich war ich außerhalb des Reichsgebiets nicht einen einzigen Tag an der Ostfront im Einsatz und kann daher eine situative Beurteilung seines Verhaltens nicht treffen. Als seinerzeit mein Bahntransport zu Ostfront am Ziel war, wurde die bedingungslose Kapitulation Deutschlands bekannt. Unter den Kameraden bestand allgemein eine Furcht vor der Ungewissheit der bevorstehenden Gefangenschaft. Deshalb erging der letzte Befehl: Rette sich wer kann!

Die einstigen Gegner, das hatte man erfahren, konnten auch gnadenlos sein, besonders wenn es sich um SS-Leute oder Fallschirmjäger handelte. Das Deutsche Kreuz an der Uniform war oftmals ein Grund, seinem Träger ein Bajonett ins Herz zu stoßen. Das wurde mir nach der Wende, Mitte 1995, glaubwürdig geschildert. Jedenfalls habe ich, wie schon an anderer Stelle beschrieben, meine 15 Monate bei der Fallschirmtruppe bei der zweiten Registrierung in der Gefangenschaft verschwiegen. Und es ist bis zur Heimkehr gut gegangen mit der einzigen Notlüge in meinem Leben. Hein Mayer erläuterte bereits in seinen Büchern das Spitzelsystem der Russen. Unter anderem gab es die Anordnung von Minister Serow, das in jedem Lager mindestens zehn Prozent des Lagerbestandes als „Informanten" zu werben (zu bestimmen) waren.

Der Agitator Karl BEST hat einige Male sonntags bei schönem Wetter vor versammelten Hundertschaften gesprochen. Seine Reden befassten sich mit der deutschen Politik vor und während des Krieges und deren Auswirkungen. Er sagte, dass wir mit unserer Arbeit gar nicht wiedergutmachen könnten, was unter militärisch-rassistischer Herrschaft angerichtet worden sei. Es wurden Namen von Konzentrationslagern verlesen, die wir zu ersten Mal hörten. BEST sagte, dies alles sei nur möglich gewesen durch den Kadavergehorsam, den man uns abverlangt habe. Wir hätten die Sanitärräume mit der Zahnbürste geschrubbt oder das Feuerlöschfass auf dem Kasernenboden mit dem Trinkbecher gefüllt, wenn man uns dies befohlen hätte. Für Einiges, von dem was er sagte, hatte ich Verständnis, aber Politik ist vielfältig und in dem Vaterland mit der deutschen Muttersprache hatten Schüler und Lehrlinge der Obrigkeit zu glauben und ihr zu gehorchen.

Auch uniformierte „Politniks" (Ein Politnik ist eine über-arbeitsame Person, die sich politisch betätigt, *grammatisches Wörterbuch*) machten – mit Hilfe des Dolmetschers Gase, Gans, Gans) – Agitationsversammlungen. Meistens waren dies Diskussionen mit vorhersehbaren, erwarteten Antworten, wie nachfolgend beispielhaft beschrieben.
Frage: Warum seid Ihr hier?
Antwort: Weil Krieg war.
Frage: Wer ist schuld am Krieg?
Antwort: Die Kapitalisten.
Frage: Sind auch Kapitalisten hier?
Antwort: Nein, die sind zu Haus und suchen den nächsten Reibach. Es darf auch Krieg sein.
In diesem Stil ging es weiter und wenn den „Politniks" nichts mehr einfiel, fingen sie von vorne an.

Eine lustige Erinnerung habe ich in diesem Zusammenhang: Ein russischer Oberleutnant machte eine Versammlung an einem warmen Sonntagvormittag, natürlich mit Unterstützung von „Dolmatsch GASE, Gans, Gans". Alle Lagerinsassen hatten sich in U-Form vor ihm aufgestellt. Die Diskussion lief wie üblich und beschrieben, als plötzlich ein hartes Knistern und sprühenden Funken hinter uns bemerkbar war. Die meisten von uns fühlten sich an entferntes Maschinenpistolenfeuer erinnert und rannten zum Lagertor. Auch der Oberleutnant war erschrocken und lief erst einmal zurück. Dann drehte er sich um und fing an, laut zu lachen. Alle blieben stehen und es ergab sich ein Gelächter, als man den Übeltäter und Auslöser der „Panik" erkannte. Ein stromführender Leitungsdraht hing bis zum Erdboden herunter und es war zu einem Kurzschluss gekommen. Der Schrecken war zu Ende; der Vortrag ebenfalls, denn jetzt wurden Elektromonteure beschäftigt.

Aber nun weiter mit der Wiedergutmachung in Stalingrad. Der nördliche und mittlere Stadtbereich lag nach meiner Schätzung noch zu 80 % in Trümmern. Der Sommer 1946 hatte Arbeit für uns im erlernten Beruf, aber es kam auch vor, dass beispielsweise eine Malerbrigade flache Hallendächer mit Dachpappe bekleben musste. So erging es uns, als wir vom Hallendach zwischen den Trümmern einen reichlichen Wuchs an wilder Melde erspähten. Die Melde pflücken und kochen wurde schnell organisiert. Die Feuerstelle in einer nach oben offenen Kellerruine wurde von 1 bis 2 Mann bedient. Durch diese Mühe gab es zweimal täglich Melde, frisch gekocht. Leider ohne eine Prise Salz; mein Salz aus Rumänien war zusammen mit meinen verbliebenen 62 Mark geklaut worden. Die Melde war so schlecht nicht; im Vergleich zu den Suppen, die dreimal täglich an jeden Einzelnen ausgegeben wurden, konnte man diese Mahlzeit mit den Fingern essen. Diese Sonderrationen haben wir eine Zeitlang ohne Wissen der Aufseher, Wachposten oder Wachgefangenen verzehren können. Der Wachgefangene hatte das Zeichen „BK" auf dem Ärmel. Das „K" stand für „Konvoi" (Geleit); bei uns Deutschen waren es Ungarn und Rumänen. Wir hatten gewisse Freiheiten, die die Strafgefangenen nicht hatten. Allerdings wurden sie nur noch kurze Zeit genutzt.

Ein Brigademitglied bekam eines Tages Schwellungen im Gesicht. Bis zum Rückmarsch ins Lager waren dem Kameraden Heinz SCHEDDIN aus Berlin die Augen zugeschwollen. Die Diagnose der Mediziner hieß: Lebensmittelvergiftung. Nach einem Tag im Lazarett konnte STETTIN – das war sein Spitzname – wieder sehen. Das Melde-Menü am Arbeitsplatz fand nun nicht mehr statt. Einer der wechselnden Köche hatte auch einmal einen Sperling geschnappt und für sich zubereitet.

Nun waren wir wieder alle auf dem Dach im Einsatz. Halle 14 erhielt eine Dacheindeckung aus Dachpappe. Nachdem sie aufgeklebt war, wurden die Innenwände der Halle repariert. Anschließend folgte das Weißkalken der Wände. Hierzu hatten wir eine deutsche Spritzapparatur mit Handpumpe. Die Arbeitsgänge, Kalk vorbereiten, pumpen und spritzen wurden von jedem im Wechsel durchgeführt. Aber die gefährlichen Höhen besteigen war nichts für Jedermann. So ergab es sich, dass ich die Spritze bis zum Abschluss dieser Arbeit in den Händen hatte. Das ergab für mich vom Kalk verätzte Hände, aber auch die Normerfüllung über 131 % für die Kolonne. Zur Wassersuppe am Abend war die höchstmögliche Zusatzration an Brot, nämlich 300 Gramm, gesichert. Im ungünstigen Fall, nämlich der Normuntererfüllung, konnte die Brotration auch um 300 Gramm reduziert werden. Ein solcher Abzug, von 470 Gramm um 300 Gramm auf 170 Gramm, war hart und eine schmerzliche Erziehung zum Fleiß.

Nachdem wir die Wände gekalkt hatten, wurden wir Maler zum Streichen der Dachkonstruktion und der Unterseiten der Wellbleche eingesetzt. Die hierzu notwendigen Gerüstbauten – zum Teil handelte es sich um Hängegerüste – wurden von zu uns gehörenden Gerüstbauern übernommen. Die russisch grüne Farbe wurde nur einmal verstrichen, aber alle Eisen hatten noch nicht die Farbe, als der große Farbbehälter bereits leer war. Für das Dach kam keine Farbe mehr nach. Aber für einen Hallenkran, der noch zu streichen war, wurde noch Material und Werkzeug geliefert.

Ähnliche Arbeit wie bei dieser Dachkonstruktion hatten wir mit einem Trupp von 12 bis 14 Malern in der Halle 32 zu leisten. Dies geschah aber erst im folgenden Sommer. Die Arbeit in der größten Halle des Werkes erwähne ich mal gleich im Anhang an die Halle 14. Wegen Mangel an Werkzeugen wurden die Maler, für die kein Werkzeug vorhanden war, im Wechsel als Gerüstbauer eingesetzt. Von dieser Baustelle sind wir nicht mit der erforderlichen Leistungsabrechnung ins Lager zurückgekommen. Einmal wurde von uns erwartet, dass wir vor Arbeitsbeginn Ringpinsel selber anfertigen mussten. Ein Pferd musste dazu seine Schwanz- und Mähnenhaare opfern. Bindfaden, Metallringe und Holzstiele waren zur Verfügung gestellt worden. Einen Ringpinsel nach seiner Abnutzung ein- bis dreimal zurückbinden und aus seiner Mitte den Kork entfernen, das war in der Handwerkslehre üblich. Aber einen Pinsel herstellen, das hatten wir nicht gelernt. Und so blieben die Leistungsergebnisse ungenügend.

Wir saßen am Sportplatz, als ein Uniformierter der russischen Verwaltung mit Hilfe des Dolmetschers die Fragen stellte.

Wir saßen am Sportplatz, als ein Uniformierter der russischen Verwaltung mit Hilfe des Dolmetschers die Fragen stellte Ergebnisse unserer Arbeit heraus. Wie wir uns eine Verbesserung unserer Leistung vorstellen könnten, war die zentrale Frage. Als Zweiter oder Dritter antwortete ich mit der Darstellung der Pinselanfertigung unter Umständen, die für mich und meine Kameraden nicht haltbar waren. Es habe immer wieder Mühe bereitet, jene Pinsel für eine schlechte Leistung brauchbar zu machen. Nachdem „Gase, Gans, Gans" übersetzt hatte, bekam ich eine Antwort: „Es gibt auch Gefangene, die ihre Werkzeuge zerstören, um nicht arbeiten zu müssen."

Prompte Entgegnung von mir: „Es tut mir Leid, etwas gesagt zu haben." Danach habe ich die Schnauze gehalten und gedacht: „Weiß der denn nicht, wie sehr wir das Zusatzbrot brauchen, das wir durch unsere Leistung anstreben?" Kurze Zeit nach dieser „Produktionsberatung" kam es dazu, dass wir eine andere Arbeit zugewiesen bekamen. Ob die Lagerleitung oder die Bauleitung dies bewirkt hatte, war uns egal. Es wurde üblich, dass die Hundertschaftsführer und ähnliche Funktionäre für jeden vergangenen Arbeitstag eine Abrechnung und für den nächsten Tag einen Auftrag vorlegen mussten.

Im Herbst 1946 wurden wir, was nicht üblich war, mit dem LKW zur Arbeit gebracht. Da mussten wir am „Roten Platz" ein Gebäude entrümpeln, das einmal als Stabsquartier der 6. Armee gedient hatte. Das Gebäude war im weiträumigen Treppenhaus bis unter das Dach begehbar. Am eisernen Treppengeländer war einmal für drei Tage ein zahmer junger Braunbär angekettet. Wahrscheinlich eine Spende irgendeines Zoos für die Heldenstadt. Im Vorbeigehen wurde das Tier oft gestreichelt. Die hungrigen Zweibeiner bedauerten den hungrigen Vierbeiner.

Von unserer Arbeitsgruppe am „Roten Platz" wurden ein paar Zimmerer in der Nachbarschaft gebraucht. Ob der erste Kamerad, der sich meldete, ein Fachmann war, wussten wir nicht. Bei dem Minitrupp bestand, wie ich, die Mehrheit nicht aus Fachleuten. Es war üblich geworden, sich zu Arbeiten in Fremdberufen einteilen zu lassen. Lernen heißt manchmal Stehlen mit den Augen. An diesen Spruch meines Lehrmeisters fühlte ich mich oft erinnert; er war 1940 bereits 63 Jahre alt und vor meiner Gesellenprüfung bereits im Rentenalter. Sein Arbeitsleben endete mit seinem Tod im 84. Lebensjahr.

Die von uns zu verrichtende Arbeit war dermaßen einfach, dass unser „Hochstapeln" nicht bemerkt wurde. In dem hölzernen Pferdestall hatten die Pferde Holz angefressen, das ersetzt werden musste. Wir hatten einige Tage dort zu tun. Hier waren wieder einige Vierbeiner zu bedauern, nachdem wir dabei geholfen hatten, die kraftlosen Tiere per Flaschenzug aufzurichten.

Die amerikanischen Zehn-Tonnen-LKW, mit denen wir gefahren wurden, hatten gleich nebenan in der Nachbarschaft ihren Stützpunkt. Die LKW transportierten unsere Kolonne, die auf zwei Hundertschaften verstärkt worden war, zu einer freien Fläche, etwa zwei Kilometer südlich vom „Roten Platz". Diese Fläche befand sich etwa 300 Meter nahe der Wolga und 1000 Meter östlich des Flugplatzes, auf dem noch eine dort geparkte „JU 52" zu erkennen war. Der südliche Teil der Stadt mit von weitem erkennbaren Hochhäusern war in fünf bis sechs Kilometern gut sichtbar.

Unser neuer Arbeitsplatz befand sich auf einem Altfriedhof. Dort wurden mit den Tiefbauarbeiten für ein Barackenlager begonnen. Bagger arbeiteten sich einen Meter tief ins Erdreich vor und wir Gefangenen mussten die Ecken schaufeln. Särge und Skelette kamen zum Vorschein und wir staunten damals über die guten Zähne in den Kieferknochen. Es war für uns alle eine ungewohnte Tätigkeit. Junge Leute kamen mitunter zum Bau und zeigten auf freigelegte Schädel, die sie mitnehmen wollten. Da haben wir sie dann mit der Schaufel ausgeliefert. Mit einem freundlichen „Spassivo" nahmen die Oberschüler oder Studenten die Schädel in die Hände.

Ein fleißiger Kamerad, Fleischer im Zivilberuf, wandte sich immer einer anderen Arbeit zu, sobald er beim Schaufeln auf einen Sarg stieß. An diesem Mann aus Bad Säckingen erinnere ich auch wegen seiner interessanten Erzählungen. Vom Trompeter von Säckingen oder der überdachten Holzbrücke über den Rhein war oft die Rede. Auch über heimische Gerichte und Spezialitäten wurde gesprochen. Der Kohldampf trieb uns zu diesem Thema. Über das Holz der Särge haben wir gestaunt. Es war nach mehreren Jahrzehnten im Boden immer noch nicht zur Gänze verfault. Die stabilen Teile konnten noch verbrannt werden. Es gab ja schon kühle Herbsttage und sich mal aufwärmen war erlaubt. Unsere Mittagssuppe wurde uns mit dem Feldküchenwagen an den Arbeitsplatz gebracht. Es war meistens lange, nachdem wir bei Windstille die Mittagssirene des Traktorenwerks gehört hatten. Die Entfernung zum Traktorsawod soll 16 Kilometer betragen haben.

Einmal war ich, meine Konservendose mit der Suppe in der Hand haltend, nach vorne an den Motorbereich des LKW gegangen. An das Fahrzeug gelehnt habe ich die Suppe mit dem Löffel umgerührt und dann die Konservendose auf einen Zug leer getrunken. Als ich die Dose absetzte, hörte ich Gelächter aus dem Fahrerhaus. Das warme Getränk war die Mittagsmahlzeit, den anfangs üblichen „Kascha" gab es nicht mehr. Die Ausgabe war zu mühevoll und das am Mittag Ersparte sollte zur Verbesserung der anderen Mahlzeiten dienen. Aber das begann sehr spät durch 17 Gramm Zucker am Abend und auch erst im letzten Jahr meiner 37 ½ Monate währenden Gefangenschaft. Da gab es auch einen gestrichenen Löffel Machorka, eine Tauschware für die Nichtraucher.

Nun ist aber erst einmal der Bericht über die Vorarbeit für die „Plodniker" (Zimmerer) an der Reihe. In der ersten Grube waren kurze und lange Rundhölzer abgeladen worden. Die kurzen Hölzer lagen quer unter den Langbäumen. Nun wurden einige scharfe Beile verteilt und es erfolgte die Erklärung, was damit anzustellen sei. Die wenigen vorhandenen Beile hatte man an ausgesuchte Leute ausgegeben. Diesmal war ich ohne „Hier!" zu rufen bei den Zimmerleuten. Die Rundung der Stämme sollte an beiden Seiten zum Auflegen geglättet werden. Eine kurze Einweisung gab es und dann wurde in Ruhe gearbeitet.

Eines Abends kamen die drei Fahrzeuge, die zum Rücktransport vorgesehen waren, nicht. Die Posten befahlen Fußmarsch zum Fuhrpark, der sich, wie beschrieben, nahe am „Roten Platz" befand. Als wir die Nord-Süd-Straße erreicht hatten, rief ein Posten: „Ein Lied!"

Es wurde angestimmt „Unter Erlen steht ne Mühle, leise rauscht der Wasserfall". Danach hörte man begeisterte Posten, die zum Weitersingen aufforderten. Es folgte das Lied „Ein Heller und ein Batzen" und das war dem Posten auch recht. Es wurde von vorne bis hinten gut durchgesungen; an diesem Abend sieben oder acht Lieder. Auch am „Roten Platz" waren wir schon zu hören. Niemand hatte heute einen Stein auf die deutschen Gefangenen geworfen, was schon einige Male passiert war, als sie auf den LKW saßen.

Das Edelweißlied gab es auch zu Gehör, und den Hörern und wohl auch den meisten Sängern war es nicht bekannt, dass es sich um ein Lieblingslied HITLERs handelte. Das Oberschlesienlied klang andächtig und ergreifend, und das im Herbst 1946. Unwissend der Ereignisse in Ostpreußen, Pommern, Schlesien und Oberschlesien wurde gesungen. Das sehnsüchtige Wiederkehren in diese Heimat wurde schmerzhaft unmöglich gemacht.

Als wir den Fuhrpark erreichten, wurden wir schon erwartet. Unser bevorstehendes Ankommen war ja schon länger zu hören. An diesem Tag mit der kleinen organisatorischen Panne haben wir unser Ansehen verbessern können.
Die Baracken wurden nicht von uns fertiggestellt; wir bekamen wieder Arbeit im Geschützwerk und seiner Umgebung. Das Lager auf dem alten Friedhof wurde 1947 mit deutschen Frauen belegt. Im Jahr 1992, vielleicht auch 93, erfuhr ich durch eine Radioreportage, dass eine Stralsunderin eine Zeitlang in diesem Lager gelebt hat.

In der Zeit danach hatten wir mit Hilfsarbeiten auf dem Bau und mit Transportarbeiten zu tun. Es wurden auch mal wieder 49 Rubel Lohn ausgezahlt. Da waren wir immer auf die Gnade der Zivilisten angewiesen. Die Bevölkerung lebte keineswegs im Überfluss und für einen kleinen Vorteil handelte man mit uns. Brot habe ich aber nie bekommen; es soll 32 Rubel pro Kilogramm auf dem Schwarzmarkt gekostet haben. Die Raucher hatten da eher etwas zum Rauchen, als die Nichtraucher zum Essen. Der günstigste Einkauf war gekochtes Ei, aber mal ein Glas Sonnenblumen- oder Kürbiskerne waren auch etwas Reelles.

Die deutsche Seite strebte eine zusätzliche Versorgung an und die russische Leitung unterstütze die Einrichtung eines Kiosks im Lager. Ein Fahrzeug sollte zum Ankauf eines Schlachtrinds zur Verfügung gestellt werden. Von den Lagerinsassen aus drei Nationen wurde das Startkapital als Vorkasse erbeten. Da in meinem Umfeld keine Vorauszahlungen getätigt wurden, zweifelte ich an dem Erfolg des Vorhabens. Aber manchmal geschehen, wie es so schön heißt, auch Wunder. Die Aufkäufer hatten den gewünschten Erfolg. Es gab danach Fleischklopse und Brühe; im strengen Winter 1946 – 47 eine Wohltat für einen kleinen Teil der über 3000 Gefangenen. Die Arbeitsnormen wurden nicht immer so hoch erfüllt, dass es für eine Lohnzahlung reichte. Auch bei Arbeitsausfall durch Krankheit stand man nicht auf der Auszahlungsliste.

Besagten Kiosk betrieb ein ehemaliger Hauptfeldwebel, nämlich der frühere Berliner Likörfabrikant Willi RICHTER (Firmenlogo „Liwiri"). Jetzt fungierte er als Hundertschaftsführer. Ein Monatslohn von 49,- Rubel reichte für sechs Klopse; da ging der Lohn schnell zu Neige. Deshalb wurde auch von mir der halbe Liter Brühe bevorzugt, den gab es für einen Rubel. Es gab kein ständiges Angebot im Winter.

Im Frühjahr und im Sommer wurde es hingegen erweitert. Da gab es auch dicke Milch mit einem Gemüseblatt darauf. Das war schmackhaft und bekömmlich und ein Mittel im Kampf gegen die Raumleere.

Aus diesem strengen Winter ist mir die schärfste Kälte mit 39 Grad minus in Erinnerung. Wenn es noch kälter wurde als minus 30 Grad, wurde nicht im Freien gearbeitet. Bei Temperaturen zwischen 20 und 30 Grad minus durften wir in regelmäßigen Abständen 20 Minuten lang eine Wärmepause machen und uns am Feuer aufhalten. Eisenschrott von zerlegten Panzern und Waggons war zum Einschmelzen zu verladen, eine Tätigkeit zum Warmarbeiten. Gegen die eisigen Ostwinde machten wir leere Zementtüten zur Unterbekleidung. Der untere Teil der Tüte hing jetzt – mit Löchern für Arme und Kopf versehen – über den Schultern. Die Not machte erfinderisch. Die „Walinkis", jene Fußbekleidung ohne Sohle, waren auch an uns verteilt worden. Diese Filzstiefel mussten zur Trocknung für die Nacht in einen Trockenraum gebracht werden. Dies erledigten die sogenannten „OK-Leute" die sie auch morgens nach dem Wecksignal wieder bereitstellten. OK steht für „ohne Kraft". Die so bezeichneten Kameraden wurden nur für leichte Arbeiten, wie beispielsweise Lagertätigkeiten, eingesetzt. Die Dystrophiker brauchten nicht zu arbeiten, wurden aber auch nicht gleich nach Hause geschickt.

Ein ehemaliger Feldwebel namens SCHULZ – er kam aus Sachsen – war beim Schrott verladen wieder unser Brigadier. Mit ihm haben wir uns bei schwerster Arbeit im härtesten Winter Spitzenplätze im ständigen Wettbewerb erarbeitet. Die Leistungsergebnisse des Vortages waren am nächsten Tag auf der Wettbewerbstafel am Lagereingang nachzulesen.

Unsere Position wechselte zwischen Schnellzug oder der Eintragung der Normerfüllung hinter dem Flugzeug. Die Tagesration an Brot (770 Gramm) war uns immer sicher. Kleine Zuwendungen gab es für die Bestarbeiter in der Form von Wollsocken. Das waren gestrickte Schäfte ohne Ferse und Spitze. Trotzdem war es ein willkommener Ersatz für die Fußlappen aus zerschnittenen Mänteln. Weitere kleinere Prämien waren eine Schachtel Streichhölzer oder ein Stück Seife, doppelt so groß wie das Stück zum Duschen. Die höchste Prämie war die Ausgabe von fabrikneuen Jacken des deutschen Reichsarbeitsdienstes. So hatten wir die Ehre, gute Soldaten der Wiedergutmachung zu sein.

„Bestarbeiter" ist auch eine Bezeichnung, die anrüchig dargestellt wurde. Bestarbeiter zu sein, so oder so ähnlich hieß es damals manchmal, bedeute auch, Schwächere zu übervorteilen. Einen Höhepunkt der Bestarbeiterauszeichnungen verzeichnete man im Sommer 1947 im Lager 7362/3. Die Brigade SCHULZ bekam einen zweiwöchigen Urlaub in einer Unterkunft mit weiß bezogenem Bettzeug bei doppelten Verpflegungsrationen zugesprochen. Gegen Langeweile gab es einen Plattenspieler. Ein Gemeinschaftsfoto wurde aufgenommen und durfte per Brief in die Heimat geschickt werden. Das hatte wohl einen guten Eindruck bei den Angehörigen machen sollen. Bei meinen Angehörigen funktionierte das nicht, denn ich hatte – zusammen mit einem weiteren Kameraden – an diesem Urlaub nicht teilgenommen. Wir mussten verzichten, weil an unserer Stelle zwei andere Gefangene, die als dringend erholungsbedürftig deklariert worden waren, begünstigt wurden. Wir, die Zurückgebliebenen, mussten in einer anderen Gruppe arbeiten und wurden dort wie Aussätzige behandelt. Es gab später noch einen zweiten Erholungsaufenthalt, aber der fand auch ohne die Aussätzigen statt.

Über diese Zurücksetzung dachte ich intensiv nach und fand auch eine Erklärung dafür: Als gemeldeter „Guter Jungarbeiter" hatte ich den Vorzug, an einem Lehrgang über die sowjetische Verfassung teilnehmen zu dürfen. Aber nach der vierten oder fünften Lesung erschien es mir unnütz, eine Lehre über eine Theorie zu machen, die zu oft von der Realität abweicht. Da hatte ich mir wohl einen Minuspunkt erworben, der eine Benachteiligung wert war. Es gab also kein Foto, welches ich mit Lobgesang nach Hause schicken konnte.

Für den Versand der Rückantwortkarte gab es schon lange die Richtlinie: 25 Worte außer der Anschrift. Für die Rückantwort gab es keine Beschränkung. Meine 25-Wort-Nachrichten bestanden aus Sätzen, die vielsagend konstruiert waren. Auf dem Weg zur Poststelle gab mir einmal ein Kamerad aus Essen seine Karte mit. Beim Zusammenlegen unserer Karten erkannte ich: Der Kumpel schreibt ja nicht an seine Frau! Neugierig erlaubte ich mir die Frage nach den Gründen. „Das geht zur Arbeitsstelle meiner Frau", sagte er, „und die ist im Hause KRUPP in Essen." Wer Hunger hat, der muss nach Essen und wer Durst hat, nach Giessen, ist man schmutzig, nach Baden und wer am schmutzigsten ist, nach Baden-Baden. Das fiel mir da ein.

Die Schwerstarbeit ging noch eine kurze Zeit wie gewöhnt weiter. Dem Brigadier war wohl aufgefallen, dass ich zum Einzelgänger bei der Arbeit wurde. Mit 4 Mann zusammen ein schweres Teil (zum Beispiel mit einem Waggonpuffer) zum Waggon zu tragen, habe ich vermieden. Stattdessen habe ich mit Teilen, die ich ohne Hilfe einseitig anheben konnte, den Weg zum Waggon allein gemacht. Nachdem ich viereckig geschnittene Panzerplatten angehoben hatte, ließ ich sie in der vertikalen Haltung im Links- und Rechtsgang zum Waggon wandern. Beim Aufladen half, wer gerade in der Nähe war. Auch der Brigadier packte da mit an. Mit dieser Einstellung zur Arbeit, die ich nun einmal von meinem Vater anerzogen bekommen hatte, ging es dann zum nächsten Brocken. Die letzte Anstrengung des Tages war der Heimweg. Ja, das Lager war uns wirklich zum Heim geworden, aber ich wurde der Langsamste, wenn wir durch das Tor gegangen waren.

Am Arbeitsplatz hatte mich der Brigadier zum Stapeln auf den Waggon eingesetzt. Das war etwas leichter als die Alleingänge auf dem Boden, denn es gab kleine Pausen zwischen den Anreichungen. Der „Natschalnik", der die Tagesabrechnungen zu erstellen und die Aufträge des nächsten Tages zu überbringen hatte, kam eines Tages zu mir und fing schon in einiger Entfernung an zu schimpfen. Dass ich der Grund für seinen Groll war, musste ich mir vorstellen, nachdem er zeternd zu mir auf den Waggon gestiegen war. Zur Begrüßung gab es einen Faustschlag auf den Rücken. Einem weiteren bin ich durch einen beherzten Sprung nach unten entgangen, kassierte aber auf dem Weg noch einen Arschtritt. Die Tonnage wurde vor dem Versand immer vom Natschalnik" geschätzt. Da waren meine Verpackungen wohl „Hochstapelei" im doppelten Sinn und stimmten mit seinen Schätzungen wohl nicht überein.

Für die Hochstapelei wurde ich noch einmal auf die gleiche Art gestraft und dann endete meine Arbeit auf den Waggons. Messingspäne waren noch vom Erdboden auf einen Flachwagen zu laden, damit sie zum Einschmelzen transportiert werden konnten. Das war meine nächste Aufgabe.

Der heiße Sommer 1947 hatte die Wanzen in unseren Unterkünften dermaßen aktiviert, dass wir zum Schlafen ins Freie gezogen sind. Die Lagerleitung war dagegen, ließ sich aber davon überzeugen, dass ohne ausreichenden Schlaf Gesundheit und Arbeitsleistung leiden würden. Die neue Order lautete also: Geordnet auf dem Gras neben dem Sportplatz liegen und nächtigen. Das hatte neben der Abwehr von Wanzen weitere Vorteile. Die Filmvorführungen konnten wir von der Liegewiese aus genießen. Selbst bei leichtem Regen in der Nacht sind nur wenige der Freiluftcamper in die Baracke gegangen. Der in diesem Jahr europaweit anzutreffende zu heiße und trockene Sommer hat bei uns sehnsüchtige Blicke erzeugt, wenn im Westen dunkle Wolken aufzogen. Viel später habe ich erfahren, dass in dieser Zeit Rinder wegen Futtermangels nach Mecklenburg-Vorpommern umgesiedelt wurden. Es war eine Notwendigkeit, um diese Tiere zu retten. Ein Rind im Stall meines Bruders wurde „Thüringer" genannt.

„Ernst, Du hast schon Beriberi", sagte mal ein Malerkollege zu mir. Der ehemalige SS-Angehörige aus Prag erklärte auf meine Frage, ob Beriberi etwas zum Essen sei, dass es sich um eine Knochenkrankheit handelt. „So, wie Du eben vorbeigegangen bist und Deine Knie nach hinten begradigt hast, könnte ein Symptom vorhanden sein." Soweit war es also mit mir, der vorsorglich seine Knochen trainiert hatte, gekommen. Durch erzählte Erlebnisse von Rekruten, die vor mir eingezogen worden waren, über Schikane beim Drill gab es für mich eine Erkenntnis: Japanische Ehrenbezeugungen, Klimmzüge und Kniebeugen muss ich weltmeisterlich trainieren! Das Höchstmaß an Kniebeugen von 1000 Stück an einem Abend erwähne ich abschließend.

Weiter schreibe ich über die Kriegsgefangenschaft mit einem geringen Neidgefühl gegenüber Strafgefangenen, die in der Regel schon am ersten Tag ihres Gefängnisaufenthalts wissen, wann der letzte sein wird. Der letzte Tag war für uns Kriegsgefangene imaginär. An dieser Unwissenheit sind etliche Kameraden verzweifelt.

Mein nächster Arbeitseinsatz erfolgte beim Wohnungsbau zwischen Wolgaufer und Geschützfabrik. Meine Kenntnisse im Malerhandwerk waren wieder gefragt. In dieser Brigade befand sich ein Künstler aus Wien, der sich KUNST nannte. Nach den Arbeiten in den Innenräumen ging es für mich auf dem Blechdach weiter. Die Leiter zum Aufstieg stand am Nordgiebel des Hauses. Die Leistungsnorm betrug 80 Quadratmeter für 100 %. Meine Normerfüllung blieb nicht unter 150 %, die Kollegen blieben etwas darunter. Das war aber in Ordnung, weil für mich die Bedingung für das Höchst-Zusatzbrot erreicht war. Nach drei Tagen Arbeit war ich so weit voraus, dass ich am vierten Tag allein bei den Restarbeiten auf dem Dach eingesetzt wurde.

Nun erfolgte ein erholsamer Arbeitseinsatz bei immer noch schönem Sommerwetter. An der Böschung eines Bahngleises hatte man eine Waggonladung Ziegelsteine abgeladen. Diese Steine hatte ich mittels Pferd und einem Panjewagen zur Baustelle zu bringen. Den hungrigen Vierbeiner konnte man nur schwach belasten. Auf einer stabilen Bohle, etwa drei Meter lang von der vorderen bis zur hinteren Auflage, stellte ich die Steine hochkant quer ab. Mit diesen Arbeiten war ich zum zweiten Mal bei der Firma „Siebentes Kontor" tätig. Als ich früher dort arbeitete, gab es ein Problem mit dem Deckenputz.

Jetzt verstand man sich schon besser darauf, mit uns Kriegsgefangenen umzugehen. Ein Klempner, der mit Zivilisten zusammen Dächer deckte, war von seinen Kollegen für eine Prämie vorgeschlagen worden. Hierzu musste er nach Arbeitsende in einer Versammlung erscheinen, wo er Anerkennung, Lob und 50,- Rubel bekam. Unser Heimweg begann verspätet an diesem Tag. Wir hatten so lange an einem schattigen Platz im Gras gelegen. Das Gras gehörte zu einem ehemaligen Park, der, bedingt durch etliche Betonflächen, nicht mehr zu bepflanzen war. Man hatte in Bombentrichtern Leichen bestattet. Der Boden, der über die Leichen ausgebreitet worden war, bildete aber keinen ausreichenden Geruchsverschluss, so dass man sich gezwungen sah, mit Beton Versiegelungen vorzunehmen. Auf einigen an den Parkwegen angebrachten Gedenktafeln war zu erkennen, dass an dieser Stelle bis zum letzten Atemzug gekämpft wurde. Namen und Lebensdauer von Einzelkämpfern und MG-Schützen waren den Gedenktafeln zu entnehmen. Ihre Opfer waren auch sinnlos.

Sinnlose Opfer sind immer dann zu erwarten, wenn sich Politiker verbal bedrohen und Wettrüsten veranlassen, anstatt sich friedenssichernd zu verständigen. In den üblichen mit Hilfe von Dolmetschern geführten politischen Diskussionen sagte einer der sogenannten „Blaumützen" (GPU-Nachfolger), wenn Deutsche und Russen derartig verbissen zusammen gekämpft hätten, wie sie es gegeneinander getan haben, dann wäre man jetzt in Spanien. Bei dieser Gelegenheit bestätigt der Mann sogar, dass die „Deutsche Wehrmacht" zur Zeit des Angriffs auf die Sowjet-Union die stärkste Armee der Welt war. Aber das sei mit Napoleon Bonaparte am Anfang und am Ende genauso gewesen.

Das in Mitteleuropa gelegene Deutschland sei mit den besten Straßen zu Lande und zu Wasser sowie mit dem dichtesten Eisenbahnnetz gesegnet gewesen. Argumente einiger Gefangener lauteten, dass wir wegen dieser Strukturen von Deutschland aus mehr zur Wiedergutmachung leisten könnten. Aber die Antworten, die dann folgten, will ich nicht aufschreiben. Wesentliche Aussage war: Wer mit HITLER Europa überfällt, muss auch die Konsequenzen aushalten.

In diesem Sommer erlebte ich meinen 22. Geburtstag, er fiel auf einen Sonntag. Da gingen wir auch zu Mittag in den Speisesaal, der sich neben der Küche befand. Beim Empfang meiner Wassersuppe erklärte ich, dass ich heute Geburtstag hätte und fragte, ob ich zur Feier des Tages einen Nachschlag bekommen könnte. Ich bekam einen Nachschlag und einen solchen auch beim Abendessen. Am Ausgabeschalter stand Brigadier SCHULZ, bei dem ich wohl am häufigsten im Arbeitskommando war.

Bei keinem anderen hätte ich mich getraut, nach einem Nachschlag zu fragen. Aber nachdem ich mir am Abend die zweite Portion abgeholt hatte, hörte ich den Satz: „Nun ist aber Schluss!" Diesen Satz hatte ich noch seit der ersten Suppe als Gefangener in Erinnerung.

Nach den Arbeiten bei der Wiedererrichtung eines Kulturhauses und Kindergartens wurden wir zu Arbeiten an individuellen Häuschen eingesetzt. Eine Besonderheit, die sich bei den Arbeiten am Kindergarten ergab, möchte ich aber noch berichten: Der Meister war mir seit der Arbeit in den Büros der Halle 1 bekannt. Mit einem gleichaltrigen Kollegen war ich zum Anstrich der Fenster eingeteilt worden. Während ein Trupp älterer Kollegen in den Innenräumen und im Treppenhaus die Sockel mit Ölfarbe streichen und marmorieren musste. Ein Schelm unter den Marmorierern mogelte mit einer der drei Farben Hakenkreuze in die bearbeiteten Flächen hinein. Diese Hakenkreuze sah man, wenn man darauf hingewiesen wurde. Der Meister aus Minsk hat „Faschistak!" geschimpft, als er dahinter kam. „Alles erneuern!" war seine Order. Von einer Strafe für den Urheber wurde nichts bekannt.

Mit einem Meistersohn aus Oldenburg wurde ich zum Anstrich von Außentüren eingesetzt. Diese vier Mehrerfüllungstüren wurden – oh Wunder! – nicht russisch grün gestrichen. Ohne Erklärung warum, bekamen sie einen hellbraunen Ton. Dieser war als Untergrund für eine Lasur gedacht; das wurde mir am nächsten Tag verständlich. Zu den Arbeiten bei den „Indiwidualni Domiki" wurde eine neue Malerbrigade zusammengestellt. Einem etwa 20 Jahre älteren Maler hörte ich zu, als er sich humorvoll vorstellte: „Gerhard STÜCKEN, Großdeutschland, Clausthal-Zellerfeld im Harz!" Nicht so überschwänglich erfuhr Gerhard meine Daten: „Als Bergmannssohn in Dortmund geboren, überwiegend in Vorpommern aufgewachsen und dorthin habe ich genau so viel Sehnsucht wie jetzt Hunger!"

Die Doppelfenster, die schon mit Vorstrich versehen und verglast waren, mussten aber noch verkittet werden. Hierfür gab es keinen Kitt aus Firnis und Kreide. Dass Maler in Westfalen auch die Glaserarbeit machen, war mir bekannt. Doch die meisten von uns waren keine Westfalen. Vor dem zweiten Fensteranstrich hatten wir die Scheiben einzukitten. Den Kitt stellten die Maler aus Zement und Dachpappenteer her. Diese Kitt – Produktion war einmalig. Die russischen Maler waren Umschülerinnen. Ihre Aufgabe bestand darin, Decken innen und Wände innen und außen zu streichen. Ebenfalls gehörte der Anstrich des Blechdachs dazu. Somit wurden die weißen Häuschen zu „Grünkäppchen" der Steppe.

Nördlich des „Mamai Kurgan" zwischen den Schluchten wurde die Stadt breiter. Es gab dort schon bewohnte Häuser in der Arbeiter-Stadtrand-Siedlung und es wurden bereits Hausgärten angelegt. Es kommt oft im Ausbaugewerbe vor, dass gegen Ende der Termindruck so hoch wird, dass Überstunden gefordert werden. So war es auch hier. Es betraf alle Maler aus dem Lager, nicht die Umschülerinnen. Lobend will ich erwähnen, dass für die Überstunden ein Schlag Suppe aus der Zivilversorgung ausgegeben wurde. Nach Rückkehr ins Lager gab es noch einmal Suppe zusätzlich.

Zwei Maler haben, wie zu Hause üblich, auch mal zusammen gesungen oder gepfiffen. Für Humor à la „SCHWEJK" stand der Gerhard und fürs Singen und Pfeifen war ich der Anstifter.

Nach gut zwei Wochen etwa waren die weiß-grünen Pilze fertig und die Bewohner konnten einziehen. Die Malergruppe blieb so nicht zusammen und es verschlug mich in eine Brigade mit einem etwa gleichaltrigen Brigadier. Dieser Typ war einer von den erfolgreichen Kursanten der „Sowjetischen Verfassung" und das hatte ihm wohl diesen Posten eingebracht. Fast jeder von uns fühlte sich bei ihm an Rekrutenschinder aus der Zeit der Grundausbildung erinnert. Bei den oft wechselnden Arbeiten half er nicht mit. Ratschläge bei der Arbeit hätten wir von dem Scheißkerl nicht nötig gehabt. Nach dem ersten vollen Monat wurden wir sogar zum Lohnempfang aufgerufen. Aber es war für alle Brigademitglieder eine unvergessliche Enttäuschung. Der Brigadier erhielt 90,- Rubel und alle anderen „Plenis" ein Zehntel davon. Mit neun Rubel konnte man außerhalb des Lagers ein gekochtes Ei kaufen, oder im Lager neunmal einen halben Liter Rinderbrühe beim Kioskbetreiber. Der Kioskbetreiber wurde einen Monat später unser Hundertschafts-„Komandirod", denn der gute Geschäftsmann war zu reich geworden. Der Lagerkommandant, dessen Monatsgehalt 2000 Rubel betragen hatte, war gnädig zum Liwiri. Likörfabrikant Willi RICHTER hatte 70.000 Rubel für sich erwirtschaftet. Er wurde nicht zum üblichen Karzer und drei Monate Strafzug verdonnert, sondern erhielt eher eine Belobigung. Der kleine Kiosk blieb für die Zukunft geschlossen.

Dem miserabelsten Brigadier haben wir die Meinung gegeigt und ihn danach nicht mehr beachtet. Noch vor Monatsende wurde ein ehemaliger Leutnant der Nachfolger dieser Pfeife von einem Muttersöhnchen. Der Leutnant, ein Rotschopf, war wieder einmal ein verständnisvoller Mitmensch. Er war in seiner aktiven Zeit Mitarbeiter in einem Stab bei der Infanterie. Bei Gesprächen mit den einzelnen Kriegsgefangenen interessierten ihn nur unser Beruf und unsere Heimatorte. Kochrezepte, die in mancher Unterhaltung erklärt wurden, fanden kein Interesse. Sie vergrößerten nur den Hunger. Als er von mir den Heimatort in Vorpommern erfuhr, folgte die Frage nach dem Beruf. „Maler, aha, Intelligenz unter den Bauarbeitern!" sagte er. „Unvollkommen und begrenzt!" entgegnete ich. Ich war erstaunt, einen Satz zu hören, den ich aus dem Lehrbuch für das Malerhandwerk kannte. Da war erklärt, dass das Malerhandwerk nach dem Schlosserhandwerk zu den vielseitigsten Handwerksberufen zählt und dass den Malern auf Baustellen das Singen und Pfeifen nicht durch Verbote unterbunden werden konnte. Naja, die Wirkung von Erfolgserlebnissen ist eben immer positiv.

Im Lager war die Hundertschaft des Liwiri in eine Unterkunft der Massivgebäude verlegt worden. Das hatte den Vorteil, dass es keine Wanzenplage mehr gab. Zu arbeiten hatten wir im Sägewerk, auf Baustellen und bei Waggonentladungen. Im Sommer war alles etwas leichter als im Winter. An einem Entladegleis sahen wir einmal eine Drehbank aus Deutschland liegen. Dieselbe war mangels Technik und geeignetem Fahrzeug mit Brechstangen vom Waggon gewuchtet worden. Offenbar war dies eine Reparationslieferung, die wir dort lange liegen sahen.

Die Bauhilfe leisteten wir in der Barrikade nahe der Halle 1. Zu dieser Zeit trug ich auch eine russische „Gymnasorca" (Soldatenoberbekleidung) mit dem speziellen Zeichen für Kriegsgefangene (BP „Woina Pleni"). Aber eine gute Außenwirkung hat das nicht gehabt; zumindest nicht auf einen russischen Posten. Denn er verpasste mir einen Fußtritt in den Rücken. Als mich in der Mittagspause eine Zementkiste zum Anlehnen reizte, war ich der letzte in der Reihe, die auf dem Boden Platz nahm. Meine linke Rückenhälfte war nur angelehnt. Als die Pause durch Sirenengeheul beendet wurde, bekam ich den Fußtritt mit den Worten: „Dawai Rabotti!" Danach stand ich vor dem Posten, sah ihn von oben bis unten an und dachte: "Das hätte ich an Deiner Stelle nicht gemacht." Es war aber ein Einzelfall, denn die Posten kamen gewöhnlich erst kurz vor Feierabend. Einen Asiaten unter den Posten habe ich mal genauer betrachtet und bin nun sicher, dass ich für ihn auch ein Exot war. Die schmalen Augen kriegt man wohl von der Sonne, wenn man sich in der Steppe ohne Sonnenbrille bewegt; so war mein Gedanke.

In der Unterkunft wurde es einmal laut und ich hörte das Klatschen einer Ohrfeige. Als ich in die Richtung schaute, sah ich den ehemaligen Feldwebel HEIDENREICH, wie er beide Hände um den Hals des Liwiri hielt und fragte: „Warum hast Du mich geschlagen?!" Liwiri rief um Hilfe: „So helft mir doch, der bringt mich um!" Das hatte der ehemalige Hundertschaftler HEIDENREICH aber nicht vor gehabt. Der Politfunktionär Karl BEST war bei einem seiner alleinigen Freigänge bei unerlaubtem Zivilkontakt ertappt worden. Es kostete ihn diese Freiheit, die eigentlich nur gewährt worden war, um zu den Arbeitskommandos zu gehen.

Im Spätsommer gab es eine unverhoffte Veränderung. Am Lagertor wurde des Abends die Ansage gemacht: „Alle einfachen Arbeiter melden!" Dabei war ich dann auch und per LKW wurden wir zum Lager 7362/6, dem Traktorenwerk, gebracht. Jetzt befand sich das Lager am Steilufer der Wolga, nahe dem Giganten unter den Großwerken. „Traktor-Sawod" (Traktoren-Werk) hatte in Friedenszeiten 20.000 Beschäftigte. Dort wurde eine „Natiraupe", eine amerikanische an die Sowjet-Union verkaufte Entwicklung, produziert. Die Ursprungskapazität lag bei 100 Stück pro Tag; aktuell wurden 30 Traktoren täglich hergestellt. Dies lag auch am Mangel geeigneter Werker.

Als Einzelner war ich zur Kernformerei eingeteilt worden und hatte eine Einarbeitungszeit von zwei Wochen zugestanden bekommen. Danach sollten 32 x zwei Innenteile, die zum Aussparen des Hohlraumes beim Gießen des Getriebegehäuses gebraucht wurden, als Schichtleistung bereit stehen. Diese Norm habe ich nicht immer erfüllt und es sind mitunter auch Teile missglückt und in den Ausschuss gekommen. Von der oberen Leitung waren deshalb drei Leute zum Überprüfen meiner Arbeitsweise gekommen und standen um mich herum. Es gab Ratschläge und ich machte weiter mit Klebesand und Metallstäbchen.

Kurze Zeit später wurde ich in der Kernformerei durch einen Zivilisten abgelöst. Für verschiedene andere Arbeiten blieb ich aber in der Abteilung, die eine ehemalige Partisanin leitete. Wenn ich heute im Jahr 2012 erwähne, dass ich in der Gefangenschaft zweimal eine besondere Wertschätzung durch russische Personen erlebte, so war es hier das erste Mal. Die ehemalige Partisanin hatte ihren Frieden mit dem ehemaligen Gegner gemacht!

Bei den Leistungsnachweisen für Einzelarbeiter in unsere Brigade stand ich mit einer Normerfüllung um 350 % oft an der Spitze. Da ergab es sich dann auch, dass für September im Oktober 1947 147 Rubel ausgezahlt wurden. Einen kurzen, aber für mich damals sehr schweren Einsatz hatte ich in der Gießerei; „Schigunideri" klang das auf Russisch. Am Ende des Fließbandes befand sich mein heißer Arbeitsplatz. Am Schüttelrost war ich als Zweiter Mann mit einem Rumänen zusammen. Der muss aus dem Lager 5 gewesen sein, denn im Lager 6 lebten nur Deutsche. Die Gussformen wurden bei uns mit einem Eisenhaken in der rechten Hand vom Band auf den Rost gezogen. Dabei hielt ich die Einschaltleine, die über meinem Stand hing, in der anderen Hand und der Rumäne hatte die Ausschaltleine auf seiner Seite. Hier war nur ein Russe an der Gießvorrichtung eingesetzt, die anderen Arbeitsplätze wurden von Gefangenen eingenommen.

Bei diesen Schichtarbeiten gab es 20 Minuten Pause zum Essen, wenn das Verpflegungsfahrzeug vom Lager kam. Wenn das Band mal kurz stoppte, trank ich gierig kaltes Wasser, das nahe bei uns stand. Mit dem Rumänen war eine Verständigung nicht möglich; Lärm und Hitze durch den teils glühenden Sand schlossen das aus. Der Mann aus dem Lager 5 war älter als ich und gut genährt. Er trank nicht, wie ich, wegen des Hungers.

Für den erhaltenen Lohn konnten wir in einem Kiosk kaufen, was die Verbindung zu einer Kolchose am Stadtrand hergab. Das Angebot bestand auch aus rohem Kürbis und gekochten Zuckerrüben. Alles wurde durch den Hunger schmackhaft. Aber Rinderbrühe und die bekannte Dickmilch waren nicht im Angebot. Machorka brauchte ich nicht und Piroggen waren teurer als Brot, das für den Zusatzeinkauf selten zur Verfügung stand. Im Oktober 1947 habe ich eine Monatslöhnung in vier Tagen verbraucht.

Es war ein besonderes Glück, dass ich diesen Lohn bekommen hatte. Durch ein plötzliches Auftreten der Enteritis kam ich in die „Scheißerstation". Die Krankheit war mich dermaßen hart angegangen, dass ich am ersten Tag nicht mehr an eine Genesung glaubte. Vom deutschen Arzt wurde ich am Nachmittag der russischen Ärztin vorgestellt. Danach kam sie noch einmal zurück, zog eine gläserne Tablettenröhre aus der Kitteltasche und legte mir eine Tablette auf die Zunge. Die Krankenschwester reichte mir dazu ein Glas Wasser. Dieselbe Prozedur vollzog sich auch bei einem anderen Kranken in der Station, die mit 80 Mann belegt war.
Nach dieser Medizin gab es für 24 Stunden innere Ruhe und guten Schlaf. Von einer amerikanischen Medizin hörte ich damals und fühlte mich am nächsten Morgen so, dass ich den deutschen Arzt am Morgen bei der Visite um Entlassung bat. Dadurch wollte ich meinen Monatslohn retten. Der Doktor hatte mich am Vortag mit seinem Stethoskop abgehorcht und äußerte seinen Verdacht auf Malaria. Da sollte ich gefälligst geduldig sein und das war ich dann auch. Er sagte, dass er die russische Ärztin informieren werde, auch hinsichtlich meiner Bedenken wegen des drohenden Lohnausfalls - für den nicht beendeten Monat Oktober 1947.

Meine Delegation zum Treffen ausgewählter Jungarbeiter, einmalig, am Sonntag, im Lager 3 fiel aus. Der Essener Kamerad, dessen Ehefrau im Haushalt der Familie KRUPP tätig war, hatte mich als Delegierten vorgeschlagen.
Zur Entlassung aus dem Lazarett wurde ich in die Leistungsgruppe 2 eingestuft. Das genügte auch für Sägewerksarbeit, die aber in der Realität der Bergwerksarbeit nur wenig nachstand. Eine Besonderheit gab es für mich, denn ich erhielt trotz meiner 6-tägigen Krankheit („Enteritis" = Darmentzündung) 147,- Rubel Lohn für den Monat Oktober. Eine unerwartete Ausnahme und war wohl nur möglich durch die Normerfüllung (350%).

Am 15. November 1947 hatte die UdSSR überraschend die Währungsreform vollzogen. Der Kurs zehn zu eins war auch für Lagerinsassen gültig, aber mein Lohn war nach vier Tagen verbraucht. Von einem Kameraden, der in eine russische Verkaufsstätte hineinsehen durfte, hörten wir, dass Süßwaren von „Sarotti" im Angebot waren. Aber der Wohlstand war deswegen auch bei den Siegern nicht ausgebrochen. Engpässe blieben noch; die geduldigen Russen standen oft nach Brot an.

Die russischen und deutschen Lagerleiter hatten für Weihnachten eine Veranstaltung der leichten Muse angekündigt. „Maske in Blau" wurde von Laien geprobt und aufgeführt. Um an diesen Tagen zum Weihnachtsfest – übrigens ohne Festfrei vom Sägewerk – die Verpflegung zu verbessern, wurde mit Zustimmung der „Plenis" den Dezember über etwas von den Mahlzeiten eingespart. Das Einsparen war täglich zu spüren; nicht aber an den Weihnachtstagen so, wie es gedacht war. „Maske in Blau" wurde mehrfach aufgeführt und gilt für mich auch als unvergessliches Erlebnis.

Bei der Arbeit im Sägewerk hatte ich mehrmals an einer Hobelmaschine für Fußbodenbretter zu tun. Die neue Maschine aus Deutschland funktionierte gut, war aber nicht an eine Absaugvorrichtung für die Hobelspäne angeschlossen. Das war nicht vorteilhaft und bedurfte eines zusätzlichen Arbeiters beim Hobelvorgang. Dies war jetzt meine Arbeit. Mit einer fünf Zentimeter breiten Holzleiste schabte ich die Späne unter der Maschine hervor. Auf den Bericht von Einzelheiten dieser primitiven Arbeit werde ich verzichten. Aber etwas Besonderes an diesem Arbeitseinsatz gab es trotzdem, nämlich der Einsatz eines ehemaligen SS-Offiziers, der für drei Arbeitstage angekündigt war. Oberleutnant, nenne ich ihn mal, weil mir die SS-Dienstgrade nicht geläufig waren.

Der Mann war kaum größer als ich, war gut genährt und leistete an der Maschine gute Arbeit. Es war nicht gesagt worden, warum er immer für drei Tage angekündigt wurde. Auf meine Frage, ob es nach drei Tagen weitere Arbeit für ihn gebe und er woandershin müsse, war sein „Ja" und kein weiteres Wort die Antwort. Außergewöhnliches sahen wir eines Mittags auf dem Weg zur Essensausgabe. Vorbei an einem Schmelzofen gingen wir auf einem Werkgleis ohne Bewachung eine Abkürzung. Dort wurden von russischen Strafgefangenen Gleisarbeiten durchgeführt. Nach der Bewachung dieser Leute zu urteilen, waren es ganz „schwere Jungs". Diese Situation erinnerte mich an den ersten Weg zum Transport von Deutsch-Brod nach Fokcani (Rumänien).

Schätzungsweise immer drei Gefangene wurden von einem Posten mit der Waffe in Hüfthaltung bewacht. Die müssen uns Kriegsgefangene um eine gewisse Lockerheit beneidet haben.

Im beginnenden Jahr 1948 hatte ich noch einen anderen Arbeitsplatz im Traktorenwerk. Es wechselte zwischen dem Einsatz beim Befüllen des Steinbrechers und dem Entsorgen von Abfall der Stahlschmelze am Wolgaufer. So überraschend wie wir einst gekommen waren, sind wir auch wieder gegangen und befanden uns eines Tages wieder im Lager 7362/3. Die üblichen schweren Aufgaben gab es ja noch allerorts zu bewältigen. Für den handwerklichen Einsatz wurde während dieser Zeit keiner gebraucht.

Mein Malerkollege Gerhard STÜCKEN war im Lager 3 geblieben und die Begegnung mit ihm zeigte nicht nur ein vergrämtes Gesicht, wie wir es alle schon hatten. Der Gerhard hatte das Zeichen BK auf dem Ärmel und sagte: „Ich bin jetzt Konvoi bei den Ungarn." Es war üblich, dass wir Deutsche von Ungarn oder Rumänen begleitet wurden. Die Konvois mussten am Arbeitsplatz den ganzen Tag lang stehen und stützten sich dabei auf einen Knüppel. Der Gerhard war, wie alle BKs, etwas besser genährt und hatte seinen Posten als Folge eines Lehrgangs erhalten.

Im Sommer vor dem Wechsel zum Traktorwerk sah ich einmal einen Trupp singend durchs Lager marschieren. Als ich den Text hörte, sagte ich mir, die haben immer noch nicht die Schnauze voll. „Spaniens Himmel breitet seine Sterne über unsere Schützengräben aus." Es war das erste, aber auch das einzige Mal, dass ich dieses Lied im Lager hörte. Bei näherem Hinsehen erkannte ich auch Gerhard STÜCKEN. Es war mir irgendwie verständlich, dass er sich als Antifaschist zeigte.
Wer damals doppelt so alt war wie ich, hatte auch eine größere Lebenserfahrung, sagte ich mir. Mein Vater war in seinen zehn Jahren Bergmannszeit auch Rotfront-Kämpfer, wurde aber von allen führenden Politikern zu DDR – Zeiten enttäuscht.

Ein unverhofftes Wiedersehen gab es für mich mit einem Kameraden der 6. Kp. 3. F.J.Rgt. Es war der MG-Schütze des MG34 in der gleichen Gruppe, der auch ich angehörte. Er war vor kurzem aus Saratow (etwa 330 km nördlich zu lokalisieren) nach Stalingrad gekommen und hatte mich vorher schon einmal gesehen und gehört und mich an der Stimme erkannt. Etwas mehr als drei Jahre waren vergangen seit unserer Aufteilung. Die 6.3 wurde Stamm des 1.Btl. 29. Rgt. Und wir erkannten uns eher an der Stimme als am Aussehen. Dieses vergrämte Gesicht verjüngte sich ein halbes Jahr nach der Entlassung. Hunger und Heimweh hatten ihre Spuren hinterlassen. Der Kamerad hat so eifrig erzählt, dass ich nicht zu Wort gekommen bin. Aus seinen Worten schien ein wenig Stolz zu erklingen, in die Stadt gekommen zu sein.

Es war ja dunkel in der ersten Januarhälfte 1948 und wir gingen jeder erst mal in die Unterkunft. Dies in der Erwartung der nächsten Begegnung, die wir leider nicht vereinbart hatten. Bei der nächsten Begegnung hätte ich auch Antworten und Fragen gehabt. Aber den Kameraden, dessen Familienname mit „Z" anfing (ich nenne ihn hier ZEPPER, denn das gab's auch mal), konnte ich nicht noch einmal wiedersehen

.Bei einer Verlegung von 100 Mann ins Lager 1 hatte es auch mich getroffen. Das kleinste von 6 Lagern für die 3 großen Werke hatte nur eine lange über der Erde liegende Baracke. Die eine Hälfte davon war eine Station für Lungenkranke und in der anderen Hälfte waren Speisesaal und Versorgung für das erste Lager untergebracht. Die Unterkünfte befanden sich in reparierten Altbauten, ohne Wanzen! Der Brigadier SCHULZ war auch umgesetzt worden und leitete unseren Trupp (Liwiri aus Berlin). Willi TEICHMANN, der Hamburger Fahrradhändler und Bruno TATERA aus Stettin waren auch zur Verstärkung ins Lager 1 gekommen.

Bei anhaltender Kälte von um die 20 Grad minus wurde auch hier erst Schrott und Schutt beseitigt. Von vier Hochöfen waren zwei wieder in Betrieb. Wenn die DEMAG-Magnetkräne ausfielen, war unsere Handarbeit gefragt. An einer Walzstraße wurden wir im Schichtbetrieb eingesetzt. Es war 10 mal 10 Zentimeter Walzstahl, der in zwei Meter Länge seitwärts vom Förderband abrutschte, zu bewegen. Mit Zangen, wie zum Schienen verlegen, wurde der Stahl krangerecht gestapelt. Die Kälte draußen merkte man dabei nicht und die Arbeit brachte auch mal wieder ein paar Rubel ein. Aber den Höchstlohn von 147 Rubel gab es nach der Währungsreform nicht.

In unserem Kollektiv an der Walzstraße wurde ich auch wieder mal Träger einer neuen Arbeitsdienstjacke. Da man gelegentlich auch russische Arbeiter mit solchen Jacken sah, kam die Idee auf, mit den Russen Tauschgeschäfte zu betreiben. Ein Kamerad, der besser als ich die russische Sprache verstand, lotete die bestehenden Möglichkeiten aus.

An der Walzstraße hatte es einen Schaden gegeben, der durch eine Generalreparatur behoben werden musste. Deshalb wurden wir zu Hilfsarbeiten in der Halle eingesetzt und außerhalb der Halle mussten auch Erdarbeiten verrichtet werden. Bei diesen Arbeiten ging es weniger hart zu als an der Walzstraße. Da bot sich die Möglichkeit, meine Bestarbeiterjacke zu verhökern. Hierzu entfernte sich der Kumpel vom Arbeitsplatz. Als er kurze Zeit später zurückkam, brachte er die Information mit, ein Interessent würde die gewünschten 100 Rubel zahlen. Bedenken wurden nicht erwähnt und so wurde der Handel zwei Tage später vollzogen.

Der Kumpel war mit meiner Jacke unterwegs und blieb schon den halben Vormittag weg. Jetzt kamen mir aber doch Bedenken, einen folgenschweren Fehler gemacht zu haben. Von den 100 Rubeln wollte er mit 20 Rubeln als Provision zufrieden sein und für neun Rubel würde im Lager ein Ersatz zu beschaffen sein. So war meine Hoffnung, die jetzt berechtigt schwankte. In einer Art Kantine sollte das Treffen sein und auch deswegen kam ein ungutes Gefühl in mir auf. Meine Menschenkenntnis war immer noch nicht vollkommen. Der Kumpel kam jetzt endlich ohne Jacke zurück und übergab mir 60,- Rubel. Mehr habe der Käufer nicht gegeben, war sein erster Satz. Ich sagte ihm, dass ich dies nicht glauben könne. Er sei zu lange bei den Russen geblieben, obwohl der Handel mit 40 % Verlust ausgegangen sei. Die Vorkasse von neun Rubel reichten einem Betrüger für drei Kilogramm Brot, welches aber immer noch schwer zu bekommen war.

In diesem kleinen Lager ohne eigene Musiker- und Kulturgruppe waren eines Tages die Hobbykünstler aus Lager 2 mit ihrem Programm zu Gast. Dass ein Arzt über den Hunger seine satirischen Ansichten kundtat, ist mir noch im Gedächtnis. Über den Bauch streichelnd erklärte er die Beseitigung der Raumlehre durch magische Kräfte. Als dann noch mitgeteilt wurde, dass sich die Leute außerhalb des Lagers alle hinter Stacheldraht befinden, hörte man das Lachen der Eingesperrten.

In den freien Sonntagsstunden habe ich manchmal mit Kameraden, die selbst keine Fotos dabei hatten, meine Familienfotos angeschaut. Die 6x9cm Fotos zeigten meine Familienangehörigen im Stadtrandsiedlungshaus und dazu plauderte ich über mein bisheriges Leben in einer kinderreichen Familie. Da haben die Zuschauer auch aus ihren Erinnerungen erzählt. Das waren erleichternde Momente, ohne den Austausch von Kochrezepten.

Der Frühling begann in diesem Jahr etwas früher. Am nördlichen Haupteingang des Walzwerkes „Roter Oktober" wurden die Ziersträucher und Blumenrabatten schon gepflegt. Die Arbeit wechselte vom Hochofen füttern zum Bombentrichter auffüllen. Bei diesen Arbeiten lernte ich den Bielefelder Bahn-beamten Hans RÜTERS kennen und er mich, den Ex-Dortmunder desgleichen. Der Hans war etwa doppelt so alt wie ich und hatte keine Beziehung zu körperlicher Arbeit. Wir schaufelten oft zusammen und tauschten dabei Lebenserfahrungen aus. Einmal zeigte er auf die Schaufel und sagte: „Mit dem Werkzeug ist noch niemand reich geworden." Einen Bismarck-Spruch sagte er auch dazu: „Bezahlt eure Beamten gut, dann habt ihr billige Arbeiter."

Bauern, Bergleute, Bäcker und viele andere nützliche Berufe sind aber auch ausreichend zu entlohnen. Ob gelernt oder ungelernt, das Tageswerk muss das Überleben sichern. Das ist meine Meinung als Arbeitersohn aus einer Familie mit elf Kindern. Welchen Dienstrang der Hans hatte, weiß ich nicht. Es spielte auch keine Rolle.

Einmal waren sechs kleine Waggons mit Erde, die zur Einebnung von Bombentrichtern gebraucht wurde, zu entladen. Sechs Einzelarbeiter hatten je einen Waggon zu entladen. Einer, der ersten Zwei, die ihren Waggon geleert hatten, war ich. Wir machten eine Pause und stellten fest, dass Hans seinen Waggon bis zum Feierabend nicht schaffen würde. „Du hältst ja mit dem zusammen. Also nun hilf Deinem Kumpel!", wurde ich aufgefordert. „Da ist noch mehr als die Hälfte drauf, da müssen alle helfen, sonst gibt es keinen pünktlichen Feierabend!", hielt ich entgegen. Mit kollektiver Leistung wurde der letzte Waggon auch abgeräumt.

Zur Osterzeit wurde bei einer „Prowerka" (Zählung) mitgeteilt, dass es Kriegsgefangenen gestattet sei, sich wieder einen militärischen Haarschnitt wachsen zu lassen. Die Alliierten hatten die Entlassung der Kriegsgefangenen bis Ende 1948 vereinbart. Diese Vereinbarung hat man bei dieser Gelegenheit aber nicht bekanntgegeben und es sind Tausende von Gefangenen aus Sibirien und Stalingrad erst 1955/56 entlassen worden.

Hierzu werde ich abschließend einiges aus dem Buch „Die Tragödie der deutschen Kriegsgefangenen in Stalingrad" berichten, das von dem russischen Juristen A.E. EPIFANOW und dem deutschen Kriegsgefangenen Hein MAYER (am 13. Okt. 1955 aus russischer Gefangenschaft entlassen) geschrieben wurde, berichten. Die ersten Rehabilitationen von unrecht Verurteilten erfolgten am 18. Okt. 1991. Über 95 % aller Urteile der russischen Kriegsgerichte nicht haltbar. Hein MAYER ist für seine jahrelangen Verdienste um seine unschuldig verurteilten Kameraden mit dem Bundesverdienstkreuz ausgezeichnet worden.

Die Postverbindung zur Heimat sollte sich um die Osterzeit auch verbessern. Es war jetzt auch erlaubt, Briefe zu schreiben. Briefpapier musste gekauft, Porto bezahlt werden. Aber ich kenne niemand, der davon Gebrauch gemacht hat. Der Hunger verursachte immer noch das größte Verlangen.

Eines Morgens, vor dem Ausmarsch zur Arbeit, wurden wir gefilzt. Alle Fotos wurden eingezogen. Meine Fotos waren mir geblieben; vorsichtshalber hatte ich sie unter dem Sägespäne-Kopfkeil deponiert. Vor dem Lagertor wurde nicht mehr gefilzt, doch Tage später in der Unterkunft. Der erste Kamerad, der die Unterkunft betrat, stellte fest: „Hier wurde heute gefilzt!" Als ich meinen Schlafplatz inspizierte und meine Fotos nicht vorfand, habe ich die in solchen Fällen üblichen Tiernamen verliehen. Ordinäres möchte ich jetzt nach mehr als einem halben Jahrhundert nicht wiedergeben. Mit Rücksicht auf die zukünftig notwendige Versöhnung und Verständigung endete mein Anfall.

Ein Kamerad rief plötzlich: „Bei mir liegen Fotos, die mir nicht gehören. Da war ich schnell bei dem Kumpel und erkannte erleichtert meine Bilder. Es waren zwar nur die Bilder aus dem Zivilleben, aber das waren auch die wichtigsten. Da hatte jemand von den „Blauen" ein gutes Herz gezeigt und ein Fliegerfoto von mir mit dem niedrigsten Dienstgrad nicht mitgenommen. Nun war ich etwas getröstet, aber diejenigen, denen man am Lagertor alle Erinnerungen genommen hatte, bedaure ich noch heute. Man hätte die Fotos an einem freien Sonntag im Beisein beider Lagerleitungen sortieren können; dafür hätte ich Verständnis gehabt. Aber es sollte wohl eine antimilitärische Aktion sein. Schlagartig wird aber selten etwas geändert, was eine so lange Wachstumszeit hatte wie der Militarismus.

Bis zum 1. Mai 1948 waren wir noch im Walzwerk tätig. Sogar am hohen Feiertag der Arbeit gab es für uns einen Sondereinsatz. Am Lagerausgang wurden wir registriert und unsere Namen mit einer Liste verglichen. Den Bielefelder wollte man nicht mitnehmen. So, wie wir ihn kannten, wird es ihn gefreut haben. Bei unserem Einsatz ging es darum, die großen Stahlgießpfannen, in denen der flüssige Stahl gelagert wird, mit Schamotteziegeln auszumauern. Wir mussten die Schamotteziegel vom Waggon zu den Pfannen bringen. Das waren drei anstrengende Tage ohne Sondervergütung für den Feiertag. Die unangenehmste Arbeit an diesen Tagen war wohl, die alten Ziegel aus den heißen Pfannen zu räumen. Zum Glück waren wir Gefangene an diesen Tagen nur die Transportarbeiter.

Im Walzwerk sind wir danach nicht mehr eingesetzt worden. Zwischen dem „Roten Oktober" und der Barrikade ebneten wir jetzt den Boden.
Wir waren hierzu als Brigade wieder mal umgruppiert worden weil ein Bahngleis verlegt werden sollte.

Hans RÜTERS war nicht mehr bei uns, dafür aber ein anderer Westfale aus Bochum. Der Schneidermeister Walter BONDENBROICH und Liwiri, der ehemalige Kioskbetreiber, waren jetzt bei den Gleisbauern. Die Gleisverlegung endete hinter einem Bretterzaun. Diese Umzäunung nahe am Wolgaufer war die Baustelle „Dom Technik" (Haus der Technik). Unsere ersten Arbeiten waren breite und tiefe Ausschachtungen für das Fundament. Die über einen Meter breiten und über zwei Meter tiefen Fundamente ließen einen Riesenbau vermuten. Auf dem Gleis wurde der erste oben offene 50-Tonnen-Waggon zur Entladung bereitgestellt. Der Bauleiter kam zu uns, während wir das Felsgestein in unterschiedlichen Größen entluden. Er erklärte, dass dieses Material aus dem Kaukasus, also aus 300 Kilometer Entfernung, komme. Das Gebiet Stalingrad wurde "Kaukasus Nord" genannt. Stalingrad soll die modernste Stadt der Sowjet-Union gewesen sein. Der Diktator hatte 1957, drei Jahre nach seinem Tod, sein Ansehen im Volk eingebüßt. Über vergossene Tränen darf geschmunzelt werden. Die Diktatur trieb aber noch weitere Blüten.

Bei dem Ausschachten kleinerer Fundamente war ich nicht eingesetzt. Ein Kumpel (seinen Namen habe ich vergessen, nenne ihn Student wegen seiner Hochschulbildung) war mit mir für Nacharbeiten in der tiefsten Ausschachtung geblieben. 10 bis 30 Zentimeter tief unter der jetzigen Sohle lagen einzelne Felsstücke. Die Oberseiten der Hinterlassenschaften des Urstromtales sollten wir sichtbar machen. Nach uns sollte kein lockeres Erdreich mehr im Schacht sein.

Dort, wo das Gros der Brigade die kleineren Fundamente vorbereitete, wurden zwei verschüttete deutsche Soldaten gefunden. An einer Marineuniform war ein EK 1 zu sehen. Dieser Orden wurde zum Gaudi der Russen genutzt und befand sich wahrscheinlich im Besitz des Bauleiters. Der Student und ich arbeiteten unter der Aufsicht des Bauleiters, der unsere Leistung gütig und humorvoll mit dem Eisernen Kreuz honorieren wollte. „Gjilesesnes Christ budit" hörte es sich für uns an und sollte bedeuten, dass es ein Eisernes Kreuz für uns geben würde. Uns war bekannt, dass der Mann während des ersten Weltkrieges Zeit als deutscher Kriegsgefangener in Kassel verbracht hat und es wunderte mich schon, dass er nichts auf Deutsch erklärte. Zudem wurde in russischen Schulen Deutsch als erste Fremdsprache gelehrt.

Abends im Lager war wieder mal die „Fleischbeschau" angesetzt; es wurde eine neue Arbeitsgruppen-Bestimmung vorgenommen. Als ich vor der Ärztin stand und den Gesäßmuskeltest absolviert hatte, ergab sich folgender Dialog:
„Wod karascho Soldat pirwi Gruppa." (Guter Soldat, erste Gruppe.)
„Sta Notsch na Kuchnar rabotti?" (Arbeitest du nachts in der Küche?)
„Niet. Nikuritschik." (Nein. Nichtraucher.)
Meine Antwort kam etwas stolz, aber dieser Disput hatte positive Folgen.

Von einem deutschen Lagerbeschäftigten wurde ich an einigen der folgenden Abende zu Brennholz zerkleinern herangezogen. Dabei kam ich wieder mit dem Hamburger Willi TEICHMANN zusammen. Er gehörte jetzt zur OK-Arbeitsgruppe und freute sich über diese Tätigkeit für die Küche. Ein Cousin vom Willi war Koch.

Am Ende einer Feierabendarbeit von 5 Tagen gab es einen Eimer voll der bekannten Suppe. Drei Helfer löffelten gleichzeitig aus dem Gefäß. Die beiden ständigen Küchenhelfer gingen kurz nacheinander, als mehr als die Hälfte geleert war. Allein löffelte ich weiter, bis ich Milzstechen verspürte. Milzstechen kannte ich bei sportlichen Anstrengungen, aber beim Essen war es mir neu. Den Eimer mit dem restlichen Drittel stellte ich in die Küche zurück und hatte erst am nächsten Morgen wieder Appetit. Der Brigadier SCHULZ machte einen Vorschlag hinsichtlich möglicher Verdienste; auf Anregung russischer Lagerökonomen sollten die besten Arbeiter, die auch einen Monat durchhalten, bestmöglich bewertet werden. Der Vorschlag lief darauf hinaus, zwei Drittel der Arbeiter zu Empfängern der begehrten 147 Rubel zu machen. Dieses Geld sollte dann an alle verteilt werden, auch an jene, die nicht auf der Lohnliste standen. Der ehemalige Feldwebel bekam die Zustimmung von allen.

Jetzt kamen auch Kies und Zement per Bahntransport. Eine deutsche JÄGER-Mischmaschine und Schubkarren waren schon vorhanden. Im Zwei-Schicht-Betrieb wurden die Fundamente betoniert. Wir haben mit den Schubkarren das Material von der Mischmaschine über Holzstege in die Ausschachtung gebracht und dort verteilt. Die Aufseher der beiden Schichten waren zwei etwa 30jährige Russen, die sich in den Schichten abwechselten. Dadurch, dass wir nur zur ersten Schicht kamen, lernten wir beide kennen. Einer konnte schon mit Kriegsgefangenen umgehen und legte am Vormittag und am Nachmittag eine Rauchpause ein („dezit Minut Kurit" – „Zehn Minuten rauchen"). Der andere Aufseher gönnte uns diese Pausen nicht, zum eigenen Nachteil. Denn auf einer Wettbewerbstafel, die es auf dieser wachsenden Baustelle ja auch schon gab, hatte er immer das zweitbeste Ergebnis (Dank der Undankbarkeit).

An der Mischmaschine kamen wir Gefangene auch im Wechsel zum Einsatz. Als ich an der Mischmaschine zur Pausenzeit auf einer Karre saß, kam der Bauleiter in Begleitung eines russischen Lagerfunktionärs und eines Gefangenenfunktionärs. Er legte mir eine Hand auf die schon sonnengebräunte Schulter und sagte einen russischen Satz, den ich nur teilweise verstand. Trotzdem staunte ich, denn es hörte sich für mich so an: Der ist brav. Da kannst du mal sehen, wie ein Berliner wird, wenn er an die Wolga kommt. Als die drei Männer weitergingen, wurden wir wieder werktätig. Bei der Arbeit dachte ich mir, wenn der Boss nicht weiß, wo der Deutsche zu Haus ist, kann er mich schon mal Berliner nennen. Das Wort „Molodäz" habe ich damals als „brav" ausgelegt und bis Mitte 1995 war ich von der Richtigkeit überzeugt. Dann erfuhr ich durch einen Orthopädie-Arzt, der in der Sowjet-Union studiert hatte, dass „Molodäz" das russische Wort für „Prachtkerl" ist. Nun urteile ich nachträglich mit fast 64 Jahren Verspätung: Danke dito, Prachtkerl.

Den Mann habe ich seit der Kenntnis des Films über Ilja MUROMEZ auch mal I.M. genannt. Ilja MUROMEZ war nur 1,67 Meter groß, sagte mir eine Sibirierin aus Rostock im Jahr 2012. Wenn das stimmt, dann ist bewiesen, dass auch kleine Personen Volkshelden sein können.

Bei lang anhaltendem Schönwetter erschien eines Tages der oberste Chef des Walzwerks mit einigem Gefolge zur Pausenzeit. Der russische Brigadier gab das Zeichen zur Weiterarbeit und machte die Gesten Dickbauch und krumme Nase. Auch das Wort „Jewrei" (Jude) war zu verstehen. Und als er gar „Kapitalist" sagte, dachte ich, das könnte ihm Gulag einbringen. Dazu möchte ich an dieser Stelle berichten, dass ich auf dieser Baustelle ein Stück Brot bekommen habe. Der Vertreter des Bauleiters übergab mir im Vorbeigehen ein Stück Brot von etwa 170 Gramm, in Pergamentpapier eingewickelt. Mit den Worten „Kamerad, iss auf!" geschah diese einmalige nicht erwartete Wohltat durch einen russischen Halbjuden. Eine Geste, die vielsagend ist und unvergesslich bleibt. Man sollte die guten Taten immer zuerst bedenken. Nun war ich mir sicher, ein gutes Ansehen bei den Russen zu haben.

Unsere Baubrigade hatte im Lager wieder einmal einen Spitzenplatz auf der Wettbewerbstafel erreicht und am Sonntag sollte ein sportlicher Wettkampf stattfinden. Die Organisatoren des Wettkampfs teilten mich für den ersten Start des 100-Meter-Laufs ein. An dem sonnigen Sonntagmorgen weckte uns ein Akkordeonspieler mit dem „Marsch der Enthusiasten"; „Das Lied der Jugend" wurde dieses Musikstück auch genannt, manchmal auch „Marsch der Komsomolzen". Aber es war ein schönes Wecken, insbesondere wenn ich an die Musik denke, mit der man anfangs unsere Lagerwechsel begleitet hat. Eine positive Entwicklung also, die freundlichen Respekt für den einstigen Gegner bezeugt.

Als man damit begann, die ausgemergelten untrainierten Gestalten zu gruppieren, war ich bei den ersten fünf Startern. Etwa 20 Mann folgten noch. Über Zeitmessen ist mir nichts bekannt, aber nach dem Trillerpfeifensignal war ich Erster auf dem ersten Viertel der Strecke. Dann verspürte ich starkes Milzstechen und wurde langsamer. Zwei Mann haben mich nur überholt, obwohl ich mich schon mit dem letzten Platz abgefunden hatte. Ein Startbeobachter sagte, dass mein Start aus Sprüngen bestanden hätte und beide Beine gleichzeitig über dem Erdboden gewesen wären.

Der Rest des Tages wurde mit Verschnaufen und Erzählen verbracht; das Heimweh verringern, sagte man dazu. Dabei musste auf das Thema „Essen" verzichtet werden. Den Hunger konnte man mit Worten nicht bezwingen. Ein Kamerad erzählte von einer entfernten, am südlichen Stadtrand gelegenen Baustelle. Er beschrieb riesige Fundamente, von denen er keine Vorstellung habe, was sie einst tragen sollten. Anfang 1952 wurde der Wolga – Don – Kanal geflutet. An dem Bau dieses Kanals haben Tausende von Kriegsgefangenen und Strafgefangenen entscheidend mitgewirkt. So auch Hein Mayer, welcher selber bei der Flutung am 27.07.1952 dabei war.

Bei der abendlichen Verpflegungsausgabe war es schon seit längerer Zeit üblich geworden, dass auch Mannschaftsgrade einen gestrichenen Esslöffel voll Machorka erhielten. Auch so ein Punkt, an dem Arbeiter- und Bauernstaat zu zweifeln. Nun hatten die starken Raucher die Möglichkeit, von den Nichtrauchern die Rauchware zu ersteigern. Da bot mir ein ehemaliger Stettiner Eisenbahner einen Tausch an.

„Für Deinen Tabak biete ich Dir die Abendsuppe und den Zucker im täglichen Wechsel an." „Das geht klar", sagte ich zu diesem Angebot und überließ dem Bruno TATERA meinen Machorka.

Die nächste Lohnzahlung erfolgte Anfang Juni 1948. Wie vorher vereinbart, wurden die von jedem empfangenen 147,- Rubel zusammengelegt und aufgeteilt. Nach dem gerechten Teilen hatte jedes Brigademitglied 92.- Rubel. Das war im Sinne der Kameradschaft gut gehandelt, Doch nun hatten wir das Problem, etwas Essbares zusätzlich zu erhalten. Dieses kleinste Lager hatte keinen Kiosk, wo man es hätte kaufen können. Ein erster Gedanke wurde realisiert. Der russische Konvoi, der angesprochen wurde, uns einen Brotkauf zu ermöglichen, unterstützte uns. Der Posten geleitete zwei Gefangene zum „Magazin" (Verkaufsstelle), diesmal nur für Brot. Mit dem Brot in einer Zeltplane kamen die Jungs später zurück. Die meisten von uns hatten sich mit einem Kilo Brot begnügt und es bis zum Feierabend verzehrt. Dem Posten wurde zum Dank auch eine Portion überreicht. Denen ging es nur ein wenig besser als uns; die Not der Nachkriegszeit war noch gegenwärtig.

Der zweite Versuch, auf dieselbe Art an Zusatzbrot zu gelangen, wurde ohne Begründung abgelehnt. Man dachte an Wachvergehen, denn schließlich hatte man den Wachbereich verlassen. Aber der Fall lag wohl anders, wie ich bemerken sollte, als ich mich später allein zum Brotkauf an dieselbe Stelle begab. Zwei- bis dreihundert Meter vom Bauplatz entfernt stand die kleine Holzhütte, in der für die Werktätigen Brot abgewogen und verkauft wurde. Das russisch gesprochen „Guten Tag" wurde dem Deutschen nicht erwidert. Hoffnungsvoll stellte ich mich an die Menschentraube an, die sich vor dem Verkaufsbüfett gebildet hatte. Eine Verkäuferin bediente Kunden, die in der Mitte vor ihr standen. Ich rückte nur langsam bis zur Mitte vor. Mein WP-Gefangenenabzeichen (in kyrillischen Buchstaben) war auf dem linken oberen Ärmel zu sehen. Aber von der rechten Seite sah mich auch kein Russe als seinesgleichen an. Als in der Mitte vor mir der letzte Russe bedient war, drängelten mehrere Leute von den Seiten vor. Nun meldete sich eine hinter mir stehende Frau zu Wort und machte ihre Mitbürger auf den Gefangenen aufmerksam, der Probleme bekomme, wenn er nicht rechtzeitig zurück erscheine. Nach drei weiteren Dränglern wurde ich auch bedient. Ein „Spassivo" und „Dosvidanie" gab es zum Schluss von mir, aber keinen Gedanken an eine Wiederholung dieses Vorgangs.

Auf der Baustelle waren schon Ziegelsteine für den Mauerbau auf den kleinen Fundamenten angeliefert worden. Die ersten Steine verbauten die Maurer, die sich unter den Fundamentbauern befanden. Da wirkte ich als Helfer mit. In der Sommerwärme mussten die Steine vor dem Verarbeiten gewässert werden. Da arbeiteten wir alle mit nacktem Oberkörper. Am folgenden Tag kam eine Lehrlingsbrigade auf die Großbaustelle. Es waren schätzungsweise 16 bis 17jährige Lehrlinge, alle in einheitlicher Arbeitskluft. Sie machten einen guten Eindruck und ich traute mich, ein ehrliches Gesicht unter den Jungen wegen möglicher Brotbeschaffung anzusprechen. Der Junge hörte nicht nur geduldig, sondern auch verständig zu, als ich ihm zu verstehen gab, dass wir keine Möglichkeit hätten, für erhaltenen Lohn Brot zu kaufen.

Als ich ihn fragte, ob er eine Einkaufsmöglichkeit für mich nutzen könne, sagte er zu und ich übergab ihm das Geld für 1000 Gramm mit freundlichem Dank für sein Verständnis. Am nächsten Tag wurde mir von dem hilfsbereiten Lehrling das Brot überreicht. Aufrichtig dankte ich ihm und strebte später die Wiederholung unseres Wortwechsels an. Aber jetzt wurden dem Lehrling von einem seiner Kollegen Vorhaltungen gemacht. Die Worte, die ich als „Faschist" anhören musste, habe ich nicht alle verstanden. Aber der Junge zeigte mir eine an seinem Unterarm eintätowierte Nummer und ich verstand, der hatte auch schon einen Lageraufenthalt hinter sich und verständliche Gründe für sein Verhalten. Nun war ich ohne Hoffnung auf eine Möglichkeit zum Broterwerb. Wegen der Bezeichnung „Faschist", von so einem jungen Russen, wurde ich nachdenklich, zumal ich schon von einigen seiner verständigen Landsleute Lob erfahren hatte.

Abends nach der Mahlzeit war wieder Zählappell. Da musste, nachdem der Name aufgerufen war, mit „Hier!" geantwortet werden. Wer das an diesem Tag für mich gemacht hat, weiß ich immer noch nicht. Denn ich war an diesem Tag schlecht gelaunt der „Proverka" fern geblieben und habe stattdessen eine kalte Dusche genommen. Unter den angebohrten Leitungsrohren war ich schnell den Schweiß des Tages los. Mit dem kleinen Leinentuch über den Schultern ging ich zur Unterkunft zurück. Auf dem Weg kam mir Walter BONDENBROICH entgegen und sagte, dass ich mit nach Hause fahren dürfe. „Vielleicht noch als Bestarbeiter?", fragte ich ironisch, weil einer von uns beiden schon seit einem Monat wusste, dass er zur vorfristigen Heimreise vorgeschlagen war. Wir gingen beide unserer Wege. Meine nächste Begegnung war Brigadier SCHULZ: „Du wirst gesucht. Du sollst mit nach Hause als Bestarbeiter. Die anderen sind schon alle drin beim NKWD!"

Dann ging es schnell und wir saßen bei einem „Blauen" am Tisch. Es waren etwa acht Mann, die wie Brüder zusammensaßen. Die erste Frage des „Blauen" war nach meinem Reiseziel, wenn ich morgen entlassen würde. Meine Erklärung, dass ich nach Grimmen in Pommern und auf Nachfrage genauer, 24 Kilometer südlich von Stralsund fahren würde, nahm er wohlwollend zur Kenntnis. „Pommerano", sagte er und schien zufrieden, dass ich im Osten zu bleiben beabsichtigte. Die zweite Frage des „Blauen" bezog sich auf die Zeit im Lager, resp. wie ich darüber zu berichten gedachte. Dass sich die Russen uns gegenüber besser verhalten hätten, als dies unsere ehemalige Führung propagiert hatte, antwortete ich. Im Hinterkopf gingen mir die Bezeichnungen „slawische Untermenschen" und „bolschewistische Horden" herum, mit deren Andeutung die Situation sicherlich fatal geworden wäre. Außerdem behielt ich für mich, dass sich alle Kriegsgegner hetzend gegenüber standen.

An diesem Abend hörte ich noch zwei Kuriositäten von Kameraden. Es mutet unglaublich an, ist aber Wahrheit, wie ich sie für meine gesamte Niederschrift beanspruche. Bei einer Begegnung sagte mir Willi TEICHMANN, der Hamburger Fahrradhändler, dass er als OK-Mann (Ohne Kraft) nach Hause fahren könne. Von diesem Angebot werde er aber keinen Gebrauch machen, weil er seinen Cousin, der in der Küche arbeite, nicht allein lassen wolle.

Er habe gehört, dass in nächster Zeit ohnehin alle entlassen würden; dann wolle man zusammen fahren. Meinen Rat, seine Entlassung unverzüglich wahrzunehmen, befolgte er nicht.

Die nächste Kuriosität lieferte der Berliner Likörfabrikant Willi RICHTER (Liwiri). Er bot mir 30.000,- Reichsmark an, wenn ich zu seinen Gunsten auf meine Entlassung verzichten würde. Er war der Meinung, dass ich als junger Mann die Zustände im Lager besser ertragen könne, als er mit seinen weit über 40 Jahren. „In Deinem höheren Alter hast Du auch schon mehr vom Leben gehabt", entgegnete ich ihm. „Meine Schulentlassung war Ostern 1939. Vierzehn Jahre alt wurde ich Ende Juni. Wenn es klappt, komme ich zu meinem 23. Geburtstag zu Hause an. Mit Deinen 30.000 kannst Du mir keinen einzigen Tag meiner Freiheit abkaufen!"

Am nächsten Morgen gingen die zwei Heimreise-Kandidaten ein letztes Mal zum entstehenden „Dom Technik". In Erwartung, dass neidische Kameraden unangebrachte Diskussionen führen könnten, war ich besonders ruhig. Was ich heutzutage aber schon bedauert habe. Später werde ich hierzu noch eine Begründung, Einsicht oder eine Erkenntnis aufschreiben.

Nun erfolgte der Rückweg ins Lager und die letzte Mahlzeit nach dem letzten Arbeitstag in der Kriegsgefangenschaft. Bevor wir im Lager ankamen, sagte Bruno TATERA mehr feststellend als fragend zu mir: „Die Suppe für den Machorka willst Du doch heute Abend sicher nicht!?" - „Den Machorka hast Du heute, beim letzten Mal, gratis. Ich bin ja bald zu Hause, wo ich noch nie gehungert habe."

Etwa eine Stunde nach der letzten Mahlzeit im Lager 7362/1 versammelten sich die OK oder Dystrophiker vor dem Lagertor. Da standen nun 68 Mann, unter ihnen zwei Bestarbeiter und ein junger Propagandist. Der Propagandist teilte auf der Heimfahrt mit den Bestarbeitern denselben Waggon. Brigadier SCHULZ ging mit seinen beiden Bestarbeitern zum Tor. Er sagte zu mir, dass er schon länger über meine bevorstehende Heimreise informiert gewesen sei. Eine uniformierte Frau las die Namen derjenigen vor, die die Wache passieren konnten. Die Aufgerufenen gingen mit geöffnetem Brotbeutel an der Wache vorbei. Bei uns Habenichtsen gab es kaum Beanstandungen. Der Agitator wurde vor uns beiden Bestarbeitern durchgerufen; er hatte sein Gepäckstück geöffnet und durfte passieren. Mein Brigadekumpel wurde vor mir aufgerufen. Sein Gepäckteil bereit zur Kontrolle, wurde er mit der Bezeichnung „Lucerabotschik" (Bestarbeiter) ohne Kontrolle durchgelassen. Ebenso erging es mir, als ich das „Lucerabotschik" hörte.

Die 600 Meter Fußweg zum Lager 2 waren schnell geschafft. Dort kamen auch die Entlassenen der anderen Lager zusammen. Wir übernachteten noch dreimal in Erdbaracken und für uns zwei Bestarbeiter gab es eine Freude am nächsten Tag: Wir konnten am Kiosk Brot kaufen. Den größten Teil der 92 Rubel konnten und mussten wir ja noch ausgeben. Am Kiosk sprach mich ein Kamerad aus Lager 2 an. Er hatte noch 30,- Reichsmark, die ich für drei Rubel kaufen sollte und auch gekauft habe. Das deutsche Geld habe immer noch seinen Wert und ich könne mir drei Kilo Brot dafür kaufen, so sagte er.

Von den 68 Lagerinsassen des Lagers 1 wurden acht Mann von der Heimfahrt ausgeschlossen. Von dem kleinen Lager sollen anteilig zu viele Leute bei der Gruppe gewesen sein. Da gab es acht Männer, denen die Enttäuschung anzusehen war. Hoffentlich würden sie beim nächsten Transport wieder dabei sein.

Lager 2 hatte etwa die gleiche Größe wie das Hauptlager 3. Neben den deutschen Kriegsgefangenen waren auch Rumänen dort. Bekannten, von wo auch immer, bin ich bei dieser Ansammlung nicht mehr begegnet. Trotz einer gewissen Spannung, die in der Luft lag, war es leider langweilig. Als einen besonderen Vorgang will ich das letzte Duschen bezeichnen. Nach der Entkleidung ging es in einen Raum, wo Ärzte (?) in Weißkitteln und Stiefeln eine Untersuchung durchführten. Mit dem Stethoskop um den Hals sah es nach bisher nie da gewesener Gründlichkeit aus. Dieses Gerät war aber nur zum Schein dabei. Denn diese Untersuchung hätte jeder Unteroffizier vom Dienst machen können. Mund öffnen, Arme in die Höhe und kehrt, dann die Fingerspitzen auf die Zehenspitzen. Das war der Abschluss der Drei-Punkte-Kontrolle. Mundhöhle, Achselhöhle und ein Blick in die Arschkerbe. Welch' ein Erbe!

Nun durchliefen wir die Dusche und staunten danach darüber, dass nur noch die persönlichen Dinge vorhanden waren. Die gesamte Bekleidung wurde neu verteilt. Unter den erhaltenen Kleidungsstücken waren sogar Neuteile. Ich erwähne nur das kurioseste Teil, das waren die Schuhe. Neueste Mode schien es zu sein und ein Beweis dafür, dass Not erfinderisch machen kann. Die Sohle der aus grauem Segeltuch gefertigten Schnürschuhe war aus einem alten Autoreifen geschnitten. Daran habe ich mich gewöhnen müssen und sage gleich dazu, die ersten Wege daheim legte ich noch mit der einmaligen Mode zurück. Die Bekleidung, die nach der Einberufung nach Haus geschickt wurde, war in der Familie verbraucht worden. Das war ja auch nicht anders zu erwarten. Auch nicht, dass die Nachkriegsnot um die Anfangssieger einen Bogen machen würde.

Das Geld war in unseren persönlichen Behältnissen geblieben. Um die 50 Rubel waren noch zu verausgaben. Da habe ich aus dem Angebot für Männer etwas mit nach Hause bringen wollen. Dass mein Vater mit seiner im ersten Weltkrieg erlangten fünfeinhalb Jahre Russlanderfahrung sich darüber freuen würde, dachte ich damals. Nach dem Kauf von 20 Päckchen à 1 Rubel kaufte ich noch an die 10 Kilo Brot für die Heimfahrt. Beim Einkauf am Kiosk sah ein OK-Mann aus Lager 2 zu, wie ich die Ware verstauen wollte. Er gab mir wichtige Hinweise, zudem brauchte ich noch zwei Stoffbeutel, was noch einmal einen umfänglichen Tausch nötig machte, an dessen Ende der erfahrene Insasse des Entlassungslagers zwei Kilo Brot von mir erhielt. Mit der Brotreserve konnte der Mann sich wohlhabend fühlen.

Wir sollten mit LKW zum Güterzug gebracht werden und nahmen zu Abfahrt Aufstellung. Die dann erfolgte letzte Filzung überstand ich ohne Verluste. Ein kleiner älterer Kamerad stand vor mir und klagte sein Leid: „Mein ganzes Werk von drei Jahren ist futsch! Alles ist futsch!" Und nun erfuhr man auch, welches Werk futsch war. „Auf Zementtüten-Papier habe ich die Noten meiner Kompositionen geschrieben. Und nun ist alles weg. Mit einem Schlag alles umsonst gewesen!" Es war eine Drei-Jahres-Schöpfung, die offenbar verloren war

Hoffentlich hat er, wie ich, Vieles im Kopf behalten! Jahrzehnte später brachte Lutz JAHODA auf einer Bühne den Satz vom „Club der Internationalen Notendiebe": „Wer weiß, wo die Gründung war?"

Die kurze LKW-Fahrt verlief vorbei an Rumänen, die neben der Straße Leitungsgräben ausschachteten. In den Waggons fanden wir die übliche Ausstattung. Wieder üblich war jetzt das Offenlassen der Waggontüren. Eine Ehre für die entlassenen Soldaten der Armee der Wiedergutmachung nenne ich es heute, 64 Jahre danach.

Nach dem man in dem Waggon mit den zwei Etagen seinen Platz gefunden hatte, begann die Rückfahrt am frühen Nachmittag des 14. Juni 1948. Bei sonnigem Wetter fuhr der Zug erst südwärts, dann später westlich. Am unteren Bereich des Westhügels („Mamai Kurgan", heute ein großes Denkmal) sah man einen Panzer T34, den man auf einen Betonsockel gestellt hatte. Das erste Denkmal über die schwerste Zeit einer Stadt und ihrer Umgebung.

Nachdem von Stalingrad nichts mehr zu sehen war, kamen wir durch spärliche Getreidefelder. Ein Versuch, die Steppe urbar zu machen, so schien es jedenfalls. Ein Frühjahr, arm an Niederschlag, war für die Feldfrüchte ungünstig. Es dauerte lange, bis eine Station kam und die Versorgung funktionierte nur bei längeren Stopps. Im Laufe des Tages kamen wir noch aus der Steppe heraus und fuhren westwärts. Bei Beginn der Nacht schliefen wir alle einen entspannenden Schlaf. Am nächsten Morgen erwachten wir, als der Zug durch einen dichten Laubwald fuhr. Wald und die damit verbundene frische Waldluft war uns zuletzt vor drei Jahren begegnet.

Der Zug fuhr jetzt schneller als vorher und die Richtung war den ganzen Tag über mehr Nordost als Nordwest. Das kann ein ehemaliger Soldat auch ohne Kompass feststellen. Da kamen Bedenken auf, ob es mit uns auch wirklich in die Heimat geht. Während der Waldfahrt gab es keine Nahrung; weder feste noch flüssige. Wir hatten Hunger wie schon lange nicht mehr und wir beiden mit der Brotreserve griffen zum Brot. Von den vier ganzen Broten, die ich dabei hatte, waren nach dem ersten Anschnitt nur noch etwas mehr als drei Brote übrig. In dem unteren Liegebereich, wo wir mit dem Brot unsere Plätze hatten, habe ich je eine Scheibe an die Kameraden gereicht und als Letzter eine normale Portion gegessen.
Als der Wald durchfahren war, änderte sich die Fahrtrichtung nach Westen. Nun endlich gab es einen Halt, bei dem Suppe und Brot ausgeteilt wurden. Für die Suppe waren die Aluschüsseln aus dem Lager (Eigenproduktion) ausgegeben worden. Einen eigenen Löffel hatten die meisten „Ex-plenis" nicht mehr. Statt eines Löffels aus Metall bekamen wir einen Holzlöffel. Nach der Mahlzeit wurden die kleinen Schüsseln zum Säubern wieder eingesammelt. Die maulreißenden Holzlöffel blieben am Mann.

Der nächste Halt wurde in der Nähe von Kiew eingelegt, so die Ansage eines Mitfahrenden. Zu beiden Seiten des Gleises befanden sich hohe Böschungen, so dass eine Sicht auf die Stadt nicht möglich war. Es kamen einige Mädchen auf die Böschung und fragten nach Lippenstiften und anderen Dingen. Solche Wünsche waren uns noch von der Ankunft in Stalingrad bekannt.

Diese sonntäglich gekleideten Mädchen hatten doch ihre jugendliche Schönheit und hätten eine sogenannte „Kriegsbemalung" nicht nötig gehabt.

Der nächste Haltepunkt war auch der letzte in Russland; wir waren in der Nähe von Brest-Litowsk. An dieser polnisch-russischen Grenzstation mussten wir den Waggon wechseln. Nun verließen wir die russische Breitspur und wurden zu dem nächsten Bahnsteig geführt. Auf dem Bahnsteig hörten wir Musik aus Lautsprechern; man wollte wohl unsere Aufmerksamkeit wecken.

Bevor wir den Zug für die Weiterfahrt belegten, gab es eine Ansprache. Wir wurden noch einmal daran erinnert, dass wir unberechtigt in fremde Länder eingedrungen waren. Die Leistungen in der Gefangenschaft seien ein kleiner Teil der Wiedergutmachung gewesen und man gab uns den Rat, nicht noch einmal in Soldatenstiefeln zu kommen. Denn dann würde es keine Heimreise wie diese für uns geben. Aber als Besucher seien wir in späterer Zeit willkommen.

Man zählte die inzwischen weltbekannten Grausamkeiten auf und stellte heraus, dass wir angesichts dieses Unrechts milde behandelt wurden. Dann wurde eine Dankschrift verlesen, in der besonders der Sowjet-Regierung, aber auch Ärzten und Schwestern für die gute Betreuung und Pflege unserer Gesundheit gedankt wurde. Anschließend gab es noch einmal Musik aus den Lautsprechern und dann wurden die Waggons für die zweite Strecke bezogen.

Auf Kommando mussten wir noch einmal vor die Waggons treten. Nachdem wir in Reihen Aufstellung bezogen hatten, kam das nächste Kommando: Oberkörper freimachen. Das waren keine Gesundheitskontrollen, sondern uniformierte „Blaumützen" suchten nach SS-Leuten. Die Angehörigen der Waffen-SS hatten die Blutgruppe „0" unter einem Oberarm eintätowiert und danach wurde jetzt unter den erhobenen Armen gesucht. In unserer Nähe war keiner mit der Null. Erst als wir wieder im Wagen saßen, wurde gemunkelt, dass zwei Männer nicht nach Hause durften. Da besann ich mich auf die Worte eines Feldwebels bei der Gefangennahme „SS i Paracadotist" und an seine Geste mit der Handbewegung um den Hals nach oben. Von 22 Monaten, die ich Soldat war, bin ich 15 Monate bei den Fallschirmjägern gewesen. Fallschirmjäger werden von den Italienern „paracadutista" genannt. Bei der ersten Registrierung habe ich meine Zugehörigkeit wahrheitsgemäß angegeben. Meine Papiere waren ja schon bei denen, die uns festgesetzt hatten. Aber als noch einmal registriert wurde, habe ich nur die drei Einheiten der ersten sieben Monate genannt. Danach war ich Flugzeugmaler bei der 1. technischen KP der Kriegsschule 3 in Werder an der Havel. Die verschwiegene Zeit bei der Fallschirmtruppe kannte aber jeder Kamerad, der länger mit mir zusammen gearbeitet hat.

Jetzt dachte ich an den Maler aus Prag, mit dem ich mal zusammen gearbeitet hatte; ebenso an einen aus Budapest. Beide hatten ihre Zugehörigkeit zur SS angegeben und keine Probleme gehabt. Sollte sich das an der Staatsgrenze der Sowjet-Union so ändern? Das war schon schockierend und wir hatten Mitgefühl mit den zwei Landsleuten, die jetzt nicht nach Hause durften.

Inzwischen gab es wieder mal Suppe und Brot. Als ich noch in Russland mein letztes Brot zu teilen begann, sagte einer von der anderen Waggonseite, dass er mich beobachtet habe. Er fände es gut, dass ich teile, aber nicht gut, dass immer dieselben Leute etwas in die Hand bekämen. „Nun ist das Letzte dran und da halte ich auch mal die Hand auf", sagte er. Peinlich berührt gab ich ihm die erste Schnitte. Nachdem ich das Brot verteilt und den Dank der Kameraden aus der Nähe gehört hatte, verzehrte ich den letzten Kanten Brot jener Portionen, die ich für 92 Rubel, meinen Lohn für den Monat Mai 1948, gekauft hatte.

Wir waren schon mit allen Maßnahmen durch, die auf diesem Bahnhof vorgesehen waren. Aber die Weiterfahrt verzögerte sich durch die vielen Güterzüge von und nach Deutschland, die durch diesen Bahnhof rollten. Ein Kamerad aus dem Waggon erzählte von einem Gefangenen, der keinen Hunger leiden musste, weil er als Verladearbeiter auf der Grenzstation Brest-Litowsk arbeitete.

Die unterschiedlichen Eisenbahnspuren waren für alle Transportverzögerungen der Grund. Die Fahrt durch Polen war entfernungsmäßig bedeutend kürzer als die Fahrt von Stalingrad nach Brest-Litowsk, hat aber genau so lange gedauert. Erst am folgenden Tag stand der Zug südlich von Warschau auf einem Abstellgleis. Es war eine Vorort-Haltestelle mit wartenden Fahrgästen auf einem Bahnsteig. Eine Frau und ein Mann sahen interessiert zu uns herüber. Als der Mann auf Deutsch zu wissen wünschte, wo wir denn her kämen, erfolgte die Antwort aus dem Waggon hinter uns. „Aus Stalingrad!", rief die Stimme, die auch gleich wissen wollte, ob man jetzt in Polen so lebt, wie man es sich dort vorgestellt hatte. „Nein!", war die Antwort, und „Ihr werdet es sehen, wenn Ihr zu Haus seid. So wie dort ist es bei uns auch!"

Dann erfuhren wir von dem Mann – sein Alter mag bei Mitte 30 gelegen haben – dass er Gefangener in Deutschland war und dort als Melker auf einem Gutshof gearbeitet hat. Der einfahrende Nahverkehrszug beendete diesen Gedankenaustausch und ich dachte an meinen Lehrbetrieb und den Polen, der dort von Juni 1940 bis Ende 1944 beschäftigt war. Ein polnischer Kriegsgefangener aus Jarotschin war dem Meisterbetrieb zugeteilt und hatte dort Kost und Logis. Er sprach Deutsch mit Akzent. Ein Gleiches kann ich über einen Polen beim Obermeister berichten. Der sprach Deutsch, als wäre es seine Muttersprache. Weil er in Schneidemühl/ Hinterpommern in der dortigen Fußballmannschaft mitgespielt hatte, verweigerte er die Kennzeichnung „P" in blau-gelb auf seiner Zivilkleidung. Offenbar war er gut in seinem Sport, denn dem ehemaligen Marineangehörigen hat man das durchgehen lassen. Ihn ließ man in Ruhe.

Die meisten Güterzüge, die uns begegneten, bestanden aus geschlossenen Waggons. Aber offene Waggons zeigten, dass sogar unfertige deutsche Panzer einen Wert hatten. Bis Brest-Litowsk hegte ich die stille Erwartung, zu meinem 23. Geburtstag zu Hause zu sein. Aber an diesem Tag fuhren wir nach Sonnenaufgang über die Oderbrücke. Es gratulierten nicht nur die Kameraden, die etwas vom Brot abbekommen hatten. Die Freude, wieder auf deutschem Boden zu sein, zeigte sich bei allen.

Einen Tag vor der Ankunft in Frankfurt/ Oder gab es zum letzten Mal Brot und Suppe. Die Aluschüsseln durften mit nach Haus genommen werden. Zusammen mit dem Holzlöffel und blauer Schleife würde ich sie an gut sichtbarer Stelle in meine Wohnung hängen. Und meine Frau sollte mit dem Finger darauf zeigen, wenn ich an dem dargebotenen Essen einmal etwas zu bemängeln hätte. So sprach ein Romantiker unmittelbar nach seiner Heimkehr aus Stalingrad.

Der Dolmetscher war übrigens nach der Letzten Mahlzeit noch einmal unterwegs. Er machte die Mitteilung „Es gibt anschließend noch Woddy Kippetok" und gab gleich die Erklärung dazu, dass es sich nicht um Schokolade, sondern um abgekochtes Wasser handele. Das war die letzte Belehrung des Tages.

Nach dem Verlassen gingen wir in Dreier-Reihen; die gewohnten Fünfer-Reihen („Dawaii pa piät") waren aus der Mode. Nach etwa zwei Kilometern kamen wir für etwa zwei bis drei Stunden – wohl zur Abmeldung aus der Sowjet-Union – in ein bescheidenes Lager. Hier wurden wohl die Entlassungsscheine (siehe Anhang) ausgestellt. Eine neue Garnitur Leinenwäsche bekamen wir noch und einen Salzhering zur Brotration. Ein durstig machendes Frühstück, das zum Trinken verleitete. Die Faltenglättung (mit Ausnahme der Gramfalten) konnte beginnen. Danach ging es zum Lager Gronenfelde, das unter deutscher Betreuung stand. Hier bekamen wir auch den auf den 26. Juni 1948 ausgestellten Entlassungsschein, der auch als Fahrschein für die Heimfahrt galt. Duschen und Wäschewechsel stand nun an, danach gab es Belehrungen, bzw. Aufklärungen über das, was vorbei ist und wie es nun anders ist.

Die Währungsreform war erst ein paar Tage alt. Die alten Scheine blieben mit aufgeklebter neuer Wertmarke vorläufig im Umlauf. Meine 30,- Reichsmark vom Tausch für das Brot hatten nach der Abwertung zehn zu eins nur noch drei Mark Wert. Da habe ich im Laufe des 25. Juni 1948 zweimal ein Helles getrunken; anlässlich meines 23. Geburtstages und habe aber an den Wert ein Bier ist gleich ein Brötchen gedacht. Essbares hatte der Kiosk leider nicht im Angebot. Das hätte für drei Mark den Vorzug erhalten.

Am selben Tag kam noch ein Transport aus Sibirien im Lager an. Wir hätten die Männer vor mehr als drei Jahren nicht beneidet. Aber aus dem Personal, das für diese Abwicklung zuständig war, wurde die Äußerung verlautbart, dass die Stalingrader Heimkehrer am stärksten ausgemergelt waren. Ein Tag reichte nicht für die Dinge, deren Erledigung nun für notwendig erachtet wurde. Wir begannen erst am Morgen des 27. Juni mit der Heimfahrt. Werbungen, Losungen und Informationen am Schwarzen Brett waren ein Zeitvertreib. Da habe ich ein Arbeitsangebot bei einer Berliner Yachtwerft interessant gefunden und notiert. Aber es kam doch alles anders wie in den ersten Tagträumen.

Wir erhielten auch noch einen Fünfzigmarkschein mit Wertmarke, der von den meisten Kameraden nicht in dem Kiosk ausgegeben wurde. Vor der Weiterfahrt ab Stettiner Bahnhof trank ich für den letzten Zehner vom Brottausch vor 14 Tagen noch ein Helles.

Der heutige Tag hatte noch ein Aufklärungsprogramm für uns parat. Die ehemaligen Gaue wurden jetzt wieder Länder genannt; in Ost und West gleichermaßen. Mein vorpommerscher Heimatort gehörte nun zu Mecklenburg. Die Grenze an der Oder verlief noch weit ins ehemalige Vorpommern. Eine Folge des Krieges, die auch mich traurig machte. Ostpreußen, Ober- und Niederschlesien sowie das Sudetenland waren dem Volk verloren gegangen. Als fehlgeschlagener Eroberungsfeldzug musste schweren Herzens insbesondere von Vertriebenen und Flüchtlingen akzeptiert werden, was Konsequenz unbedachten Vorgehens war.

Bei der letzten großen Belehrung wurde allgemein erklärt, bei welchen Stellen wir uns mit dem Entlassungsschein melden sollten. Bei der Gemeinde wegen Lebensmittelkarten und Wohnraum, beim Roten Kreuz für noch einmal 50 Mark auf die Hand und beim Gesundheitsamt wegen der üblichen Nachuntersuchung. Ein Aufruf erging an die ehemaligen Offiziere und Angehörigen der Waffen-SS gleichermaßen. Diese Männer sollten in Ludwigslust – wahrscheinlich im Schloss – vorsprechen. Es wurde mehrfach darauf hingewiesen, dass dort nichts Arges zu befürchten sei. Dort sollten ebenfalls die 50 Mark ausgezahlt werden. Ob diese Sache wirklich harmlos war, durfte bezweifelt werden, denn das Aussortieren von Angehörigen der Waffen-SS an der sowjetisch-polnischen Grenze bildete den Grund für erhebliches Misstrauen.

Nachträglich stimmt es bedenklich, dass diese Informationen nur so aufbereitet waren, als wären aus dem größten Teil Deutschlands keine Heimkehrer dabei gewesen. Es hätte doch über die Passage der Besatzungszonen gesprochen werden müssen, denn nur ¼ Deutschlands war sowjetisch besetzt.

Zum Schluss der letzten Belehrungen wurden die Namen von Personen, die sich Verdienste in den Lagern erworben hatten, verlesen. Als einer der ersten 38 Bestarbeiter aus Stalingrad wurde auch mein Name genannt. Alle genannten Kameraden waren Gäste bei einem gemischten Programm am Abend. Aber ohne politische Agitation ging das auch nicht. Nach Erläuterungen und Anregungen zum Selbststudium wurden wir Besitzer des Buches „Geschichte der KPdSU", Ausgabe B. Das Unterhaltungsprogramm wurde von einer Reeperbahn-Kabarettistin dominiert. Darüber kann ich, trotz meiner Gramfalten noch gelegentlich lachen. Angefangen hatte sie ihren Vortrag mit einem Streitgespräch zwischen Schmalspur- und Bockbiernutte. Dann folgte die Frage an Klein Erna, was sie sich wünschen würde, wenn ihr Hans ALBERS begegnen und er ihr drei Wünsche zugestehen würde. Die Antwort erfolgte im Sprechgesang: Hans, ich habe nur einen Wunsch, aber den bitte drei Mal! Zum Schluss kam die Empfehlung, dass uns Männern das Konzert mit dem Notenschlüssel in der Note wieder einfällt.

Man kann Respekt für die Dame empfinden, die die angeblich schmachtenden Männer aufmuntern wollte. Aber nach der Hungerkur war bei mir wie bei den meisten anderen Heimkehrern eine sättigende Mahlzeit das größere Verlangen. Ein bekanntes Gesicht sah ich bei dieser Veranstaltung auch noch; es gehörte Karl BEST, der als „Lagerpolitnik" bekannt geworden war.

Am nächsten Morgen gab es die Henkersmahlzeit, dazu ein Pausenbrot und die Fahrt nach Berlin konnte beginnen. Es fuhren Personenzüge und es gab den Hinweis, dass man das Heimkehrerabteil benutzen sollte. Eine Fürsorge wie für Mutter und Kind oder Behinderte gab es jetzt sogar für ausgemergelte Heimkehrer. Die 60 Kilometer von Frankfurt/Oder bis Berlin verliefen bei der Menge, die wir darstellten, wie ein Gefangenentransport. In Berlin angekommen, verabschiedeten sich zwei Bestarbeiter vom übrigen Teil, der eine nach Sachsen und der andere nach Pommern. Dazu musste ich zum Stettiner Bahnhof mit der S-Bahn fahren, umsteigen und warten. Den letzten Zehnmarkschein gab ich für ein Helles (wie ein Brötchen bewertet) aus und es dauerte nur kurze Zeit, bis vier Heimkehrer beisammen standen, als wäre es schon immer so gewesen. Es war wie ein Wunder: Jeder wollte nach Grimmen. Zwei waren aus dem Landkreis und der älteste von uns war mit dem Sibirien-Transport gekommen und sagte: „Meine Frau ist in Grimmen gelandet. Sie schrieb mir die Anschrift Stralsunder Str.1, bei Gärtnermeister PEIN. Dem ältesten Kameraden sagte ich: „Diese Anschrift ist mir bekannt. Genau wie die der drei weiteren Gärtnereien."

Als wir dann zu viert im Heimkehrer-Abteil saßen, kam ein platzsuchendes Pärchen dazu. Überfüllte Züge waren üblich, allein schon durch die Hamsterfahrten. Der zuletzt Eingestiegene gab sich als Heimkehrer aus, obwohl er äußerlich nicht mit den anderen Vier vergleichbar war. Der Zug fuhr um 12.00 Uhr ab und hätte 7 Stunden später in Grimmen sein sollen. Aber die Bahn hatte ihre Pünktlichkeit eingebüßt. Wir kamen erst im Dunklen nach 22.00 Uhr in Grimmen an.

Nach Oranienburg wurde erst mal der Proviant vor dem Austrocknen bewahrt und verzehrt. Der Neuling hatte eine Ration, darunter auch eine kleine Konserve, die nicht aus dem Entlassungslager Frankfurt stammte. „Ich war auf einer russischen Offiziersschule für Ordnungs- und Hilfsdienste eingesetzt und hatte es etwas besser als ihr", ließ er sich erklärend herbei. Die beiden anderen Fahrgäste aßen auch ihren Proviant, bevor sie in Neustrelitz am Ziel waren. Vorher zeigten sie uns noch, wie die Deutsche Mark in Westberlin aussah und berichteten, dass es jetzt wieder Kredite für Kleidung, Möbel, etc. gibt. Sie erzählten uns auch, dass es nun unterschiedliches Ost- und Westgeld gebe.

Wir schauten meistens schweigend aus den Fenstern. In Demmin an Peene und Tollense Fluss sank die Sonne schon. „Noch 30 Kilometer und wir sind in Grimmen", sagte ich und setzte mich nicht mehr. Ich sah zur Ostseite aus dem Zug heraus und wurde zum Reporter. Es ging zwischen Düvier und Rakow an dem Bauernhof vorbei, auf dem ich das erste Arbeitsjahr nach der Schule verbracht hatte. Ab Vietlipp die letzten drei Kilometer rechts voraus zeigte sich der Kirchturm und 600 Meter ostwärts der Wasserturm. Nun schwieg ich mit verstärktem Herzklopfen. Das dreieinhalb Jahre währende Heimweh war zu Ende.

Nach dem Verlassen des Zuges gingen wir in den Vorraum; rechts waren die Schalter und links zwei Warteräume. Vor der ersten Tür sagte der zuletzt zur Heimfahrt Gekommene: „Aber wir gehen doch erst mal ein Bier trinken!"

„Es ist nicht zu glauben", sagte ich und diese Antwort musste kommen, „da haben wir uns Jahre nach diesem Augenblick gesehnt und glaubst, wir wollen lieber Bier trinken?!"

Wir wirklichen Heimkehrer gingen durch die Tür auf den Bahnhofsvorplatz. Aus einer Mädchengruppe vor den Schaltern hörte ich die Feststellung: „Das sind Heimkehrer!" Dann standen wir auf der Straße. Die zwei Männer aus dem ländlichen Bereich kannten sich aus und verabschiedeten sich. Jeder wünschte Jedem eine bessere Zukunft. Der aus Sibirien gekommene Kamerad fragte noch einmal nach dem Weg. Meine genaue Auskunft war: „In zehn bis fünfzehn Minuten kannst Du dort sein, wenn Du von hier nach links gehst, dann die Hauptstraße nach rechts durch das Mühlentor und vom Marktplatz nach links in die Sundische Straße. Die Stralsunder Straße findest Du nach dem Tor links und das erste Haus ist die Gärtnerei PEIN. Alles Gute! Bleib gesund!"

Dann ging ich. Versehen mit seinem Dank und guten Wünschen begab ich mich auf den Heimweg. Den Straßenweg zur Stadtrandsiedlung meidend ging ich am Bahngelände entlang in die Richtung, aus der der Zug gekommen war. Es war nur ein Viertel des regulären Weges. Auf dem Weg über das Bahngelände erwartete ich spätestens auf Höhe des Stellwerks am südlichen Bahnübergang den üblichen Anpfiff wegen des Benutzens eines verbotenen Weges. Aber ich wurde nicht gesehen oder geduldet, weil erkannt worden war, welcher Typ sich da auf verbotenem Terrain bewegt. Dann ging's den Weg entlang, der seit Ende Februar 1937 mein Heimweg war, diesmal nach einer langen Reise mit mehr Leid als Freud. Aber meins war ja nur eins von Millionen Schicksale in einer schwierigen Zeit.

Und dann stand ich auch schon an meinem Elternhaus und klopfte an die Fensterläden des Schlafzimmers. Die Stimme unserer Mutter konnte ich deutlich vernehmen; „Wer ist da?!" - „Ja, mach nur auf!", sagte ich damals, nicht sehr gewählt vor Aufregung. „Ernst, bist Du das?" „Ja!", sagte ich und begeistert rief unsere Mutter fast singend: „Unser Ernst ist da! Unser Ernst ist da!"

Dann ging es von innen und außen zur Haustür. Mutter öffnete die Tür und die jüngsten Brüder standen zum Empfang bereit. Es gab die erste Begrüßung mit Mutter und den Lütten, wie sie von uns älteren Geschwistern oft genannt wurden. Dann musste ich erzählen, wo ich nun her komme. Das konnte ja vorher mit der Post nicht erledigt werden. Mein Bruder Horst fragte unsere Mutter: „Ist das wirklich Ernst?" So sehr hatte ich mich für den 1939 geborenen Bruder verändert. „Ja", sagte Mutter, „das ist Ernst!" und stellte mir gleich die Frage, ob ich Hunger hätte und fügte gleich hinzu, dass sie mir Kartoffelpuffer zubereiten wolle, bevor ich zustimmen konnte. Sie hatte schnell ein paar große Kartoffeln geschält und eine Anzahl Puffer hergestellt. Der jüngste Bruder war schon wieder im Bett, aber dem Horst bot ich an, mit mir zu essen. Er lehnte ab, weil er, wie er sagte, keinen Hunger habe und nun bestätigte sich meine Vorstellung, dass im Elternhaus nicht schmerzhaft gehungert wurde, wenn es auch verschiedene Mängel gab.

Die Schwestern Magarete, Emilie, Hedwig und Anneliese schliefen im größten Raum des Hauses,.

Dieses Zimmer lag oben und so wurden sie erst am nächsten Morgen begrüßt. Sie bestaunten den Rückkehrer und ich staunte, dass sie sich schon im Arbeitsleben befanden. Dass mein Bruder Günter nach Westfalen ausgezogen war, wurde mir schon nach Stalingrad berichtet. Der älteste Bruder hatte Frau und Kind und bewohnte ein großes Zimmer mit Erker (Notwohnung), vier Kilometer entfernt.

Um Mitternacht erschien dann auch mein Vater und begrüßte erfreut und überrascht seinen heimgekehrten Sohn, den einzigen der vier Soldaten aus der Familie, der in Kriegsgefangenschaft war. Unser Günter war für die letzten vier Monate zur Flak eingezogen worden. Vater und Bernhard waren Glückspilze nach der Kapitulation. Vater fragte zu Beginn unseres Mitternachtsgesprächs, warum ich im Osten war. Die letzte Feldpost hatten die Eltern von mir aus Italien bekommen; aus Österreich nichts. Das mit der Verlegung und Neuaufstellung einer Einheit war schnell erklärt und nicht wichtig. Auch ich war ein Glückspilz und hörte meinem Vater zu, wie er berichtete, dass er mit dem Typen, der nach der Fahrt ins Glasbiergeschäft gegangen war, ins Gespräch gekommen ist.

Er warte auch auf einen Sohn aus Russland, habe Vater gesagt. Und dass ich im Sägewerk arbeite, hätte ich mal geschrieben. Der wahrscheinliche Heimkehrer habe nach meinem Namen gefragt und erklärt, dass er mich kenne, sogar mit mir zusammen gearbeitet habe. „Er kommt bald nach Hause!" sagte der Spinner auch noch. Vater hat ihm geglaubt und war deshalb erstaunt, mich gleich zu sehen; den Sohn mit der Stalinfrisur, die bald wieder Fasson sein sollte.

Meine Eltern stellten Fragen, die ich per Postkarte mit den 25 Worten nicht beantworten durfte. Sie erzählten aber auch aus der Nachbarschaft und Verwandtschaft: Wer schon zurück ist und wie es mit Problemen und Mängeln weiter geht. Wer schon zu früh und warum gestorben ist, wurde unter Bedauern auch mitgeteilt. Was der Stalin meinte, als er sagte: „Wer Wind sät, wird Sturm ernten!" Aber noch besser war sein Spruch: „Die HITLER kommen und gehen, aber das deutsche Volk und die deutsche Nation bleiben." Da sollte man doch hoffen dürfen, eine bessere Zukunft zu erleben.

Da meine Eltern durch ihre Landwirtschaft von Sonnenaufgang bis Sonnenuntergang zu arbeiten hatten, wurde es Zeit, an Schlaf zu denken. Mein Schlafplatz wurde der Chaiselongue in der Wohnstube. Am nächsten Morgen staunten auch die vier Schwestern, dass ich wieder da war. Vor dem Frühstück hatten Margarete, die von uns Mäusse genannt wurde, und Miele zusammen die Kühe gemolken und gefüttert. Zwei der Kühe gehörten meinem Bruder Bernhard, der zusammen mit Vater und Mutter einen Betrieb gemeinsam bewirtschaftete. Beide verfügten über etwa gleichgroße Neubauer – Siedlungen. Ab dem 1. Juli 1948 wirkte ich bis Jahresende auch im Familienbetrieb mit.

Mein Hauptanliegen des ersten Tages war das Anmelden bei verschiedenen Behörden. Trotzdem begleitete ich meinen Vater, als er mit dem Pferdewagen in die Trebelwiese zum Futterholen fuhr. Diese Fahrt machte ich mit, um meinen Bruder begrüßen zu können, der dort schon Futter mähte. Seiner Frau begegnete ich zum ersten Mal. Die Heirat und die Geburt der ersten Tochter wurden mir mit der ersten Post nach Stalingrad berichtet.

Es freute mich, dass ich schon Schwager und Onkel geworden war. Beim kurzen Erzählen teilte ich mit, dass ich Machorka für die beiden Raucher mitgebracht hatte. Danach musste ich mit meinem Laufzettel und Entlassungsschein meiner Wege gehen; in der Bekleidung der Anreise. Schuhe und Bekleidungsstücke hatte ich nicht in Reserve.

Das nächstliegende Amt war das DRK neben dem Rathaus. In dem Büro saßen eine Frau und ein Mann, den ich aus der Schulzeit kannte. Der Mann war etwas länger Soldat als ich. Nun stellte er Fragen für die Registrierung und zwei Unterschriften hatte ich zu leisten. Dann war es geschafft für die beiden. Da wir hier ja auch 50 Mark erwarteten, fragte ich nach, auch wegen der zwei Unterschriften. „Hier gibt es kein Geld, das gab es in Frankfurt/Oder schon!", war die Antwort. Da ging ich ohne Worte. Später erfuhr ich, dass sich der Mann in den Westen begeben hatte.

Auf dem Weg zur nächsten Anmeldung begegnete ich einem ehemaligen Mitschüler. Er hatte Zimmerer gelernt, war gerade – noch nicht gesund – aus der Lungenheilanstalt Stralsund gekommen und äußerte sich lobend über den Oberarzt, der ihn operiert hatte. Voller Hoffnung war er jetzt und machte mir auch Mut. Drei bis vier Wochen nach unserer Begegnung las ich seine Sterbeanzeige in der Zeitung.

Das nächste Amt hatte Hochkonjunktur und hier gab es eine Warteschlange. Da stand ich bei den letzten vier bis fünf Personen, als pünktlich Feierabend war. Der folgende Tag war erfolgreicher. Als Bürger der Stadt Grimmen war ich nun wieder registriert, allerdings ohne Anspruch auf eigenen Wohnraum. Wohnen im „Hotel Mama" würde man es in der heutigen Zeit nennen. Es ging für alle Familienangehörigen für etwa eineinhalb Jahre mit großen Einschränkungen zu. Aber einen Erfolg konnte ich auch berichten: Es gab Bezugsscheine für Bekleidung.

Vier Teile gab der Bezugsschein her. Ein Paar Halbschuhe aus Segeltuch; die fielen genauso auf wie die mit Autoreifensohle, wurden aber erste Wahl. Einen grauen Mantel, nur für den Oberkörper leicht gefüttert. Jetzt war zwar Sommer, aber den Mantel konnte ich Monate später gut gebrauchen. Der Schlips in dem Angebot war kurios hoch drei. Für ihn gab es keine Verwendung, höchstens zum Schuhe putzen. Das Beste an dieser Zuteilung waren drei Meter Stoff für einen Anzug.

Meine 50 Mark hätten zur Bezahlung nicht gereicht und deswegen hat mich mein Vater beim Einkauf begleitet. Die Rechnung hat Vater für mich bezahlt, als wäre ich noch minderjährig. Dennoch habe ich bis zum Sommer 1957 durch Erntehilfe und Errichtungshilfe eines Neubaues in Feldnähe meine Gegenleistung erbracht. Aber hierüber könnte ich das dickste Buch meines Lebens schreiben. Es würde sehr umfänglich sein und weit über die Schilderung der hier in Rede stehenden Zeit der Kriegsgefangenschaft hinausgehen.

Bei den ersten Besorgungen habe ich damit gerechnet, jemand von den drei mitreisenden Heimkehrern zu begegnen. Aber nur den Zweifelhaften, dem es in der Gefangenschaft besser ging als dem Gros, habe ich von weitem gesehen.

Ein Arbeiter ohne redliche Arbeit erregt bei mir Verdacht! Volkskontrolle ja oder nein ist nicht geklärt. Aber ein zukünftiger Mitarbeiter der „Stasi" war es bestimmt.

Die erste Zeit nach der Kriegsgefangenschaft waren beide Schwestern und ich Mitarbeiter in Neubauernsiedlungen. Die Landfläche meines Vaters habe ich mit 9,64 ha in Erinnerung und das Land meines Bruders war auch unter 10 ha. Es soll die vorteilhafteste Größe gewesen sein.

Es wurde 7 Tage die Woche von Sonnenaufgang bis Sonnenuntergang gearbeitet. Das war in der Gefangenschaft selten so, dafür war der Hunger bloß noch eine Erinnerung, die anspornte.

Zum Beginn des Jahres 1949 nahmen meine beiden Schwestern und ich eine Saisonarbeit in der Kartoffelabteilung der Flockenfabrik in Grimmen auf. Ende März im selben Jahr war die Arbeit in der Flockenfabrik zu Ende.

Meine beiden Schwestern wurden wieder im Familienbetrieb gebraucht und ich bewarb mich im Städtischen Betrieb zu Torfstecharbeiten. Dies war damals eine Notlösung, wegen des Kohlemangels. Der Torf wurde in den Trebelwiesen gestochen. Mein Vaters Wiese lag auch im Torfgebiet. Er bekam Ersatz. Meine Arbeitsleistung beim Torfstechen wurden von den Kollegen geschätzt, aber mein Vater und mein Bruder waren durch den verregneten Sommer auf meine Mithilfe im Familienbetrieb angewiesen und so war ich bis Ende September 1949 wieder Landarbeiter.

Ab dem 05.10.1949 begann ich wieder in meinem erlernten Beruf zu arbeiten. Mein Vorstellungsgespräch mit Gesellenbrief war sonderbar, denn der ehemalige Geschäftsführer der Hamburger Filiale der Gebrüder Seemann für Vorpommern fragte mich, woher ich komme und bei wem ich gelernt hätte. Knapp antwortete ich, dass ich aus Grimmen kommen würde und bei Willi Brettschneider gelernt hätte. Dabei zog ich meinen Gesellenbrief aus der Tasche. Er winkte ab und meinte zu mir, wer bei Brettschneider oder Suhr in Grimmen gelernt hat, wird bei mir auch ohne Vorzeigen des Gesellenbriefes eingestellt! Aber ich musste meine Handflächen von innen zeigen. Dies brachte mir ein anerkennendes – ja die sind gut ein. Nach den Einstellungsformalitäten, wurde ich als Einzelarbeiter in Kasernen der ehemaligen Kriegsmarine, die zu Wohnungen umgebaut wurden, eingesetzt. Alle Arbeiten wurden im Akkord ausgeführt und dementsprechend bezahlt. Ich habe die meisten Monate über 500,- Mark netto verdient.

Die Zeit der Familiengründung war herangekommen. Das von mir erkorene zwei Jahre jüngere Sudetenmädchen wurde nach sieben Monaten Verlobung Ende Februar 1950 meine Frau, die uns drei Töchter schenkte und in anderthalb Jahren steht die eiserne Hochzeit an. Großeltern sind wir drei Mal und auch Urgroßeltern sind wir schon zum dritten Mal geworden. Gesundheitliche altersbedingte Mängel sind vorhanden, aber durch das Überschreiten meines Wunschalters von 75 Jahren geht es optimistisch weiter.

Den Entlassungsschein aus russischer Kriegsgefangenschaft, füge ich als letztes zur Niederschrift Teil Zwei hinzu. Leserinnen und Leser des Probedrucks des ersten Teils ermutigten mich ebenfalls, über die erlebte Kriegsgefangenschaft zu berichten.

Mit einer Bildung, die zum Handwerksgesellen reichte, habe ich gewagt, das Erlebte niederzuschrieben. Meiner Einschätzung nach kann ich besser lesen als schreiben und stellte mich der Herausforderung. Doch ohne Unterstützung meiner Familie und von Verwandten sowie die meines Kameraden, Hein Mayer, hätte ich es wohl nicht geschafft und dafür danke ich allen recht herzlich.

Hein Mayer hat auf meine Bitte einen besonderen Anteil dazu geleistet. Seine Erfahrungen aus der zweiten und dritten Etappe als Kriegsgefangener sind am besten zur Mahnung geeignet.

Es gibt viele Gründe, den Frieden zu wahren und dafür Sorge zu tragen, dass er immer erhalten bleibt. Kriege zu vermeiden ist so wichtig, wie auch für das tägliche Brot zu sorgen. Völkerverständigung, besonders bei den verschiedenen Glaubensgemeinschaften, müsste in der Problembeseitigung der Menschheit oberste Priorität haben. Auch so genannte „Heilige Kriege" sind ein Teil des Wettbewerbs der Grausamkeiten.

Diesen Bericht vom Anfang bis zum Ende meiner Zeit als Deutscher in russischer Kriegsgefangenschaft (das Unvergessliche als Lehre für die Zeit danach!) habe ich ebenso wie die Erlebnisse vom Rückzug in Italien und Österreich aus der Erinnerung als Tatsachenbericht geschrieben! Dem mir seit zwanzig Jahren vertrauten Kameraden Hein Mayer danke ich für das Aufschlussreiche: „An Stelle eines Vorwortes." Diese Niederschrift wird er noch durch die folgenden Beiträge ergänzen „Menetekel Stalingrad – Hoffnung Stalingrad" sowie „Die Stalingrader Spätheimkehrer". Der Kameraden, die in Stalingrad nach der Schlacht in Gefangenschaft geraten waren, gedenken wir gemeinsam. Für die mentale und sachliche Unterstützung, lieber Hein Mayer, vielfachen Dank!

Stralsund, am 15.08.2013 Ernst Kagels

IV. Menetekel Stalingrad – Hoffnung Stalingrad

Hein Mayer, 93 Jahre jung

Um das Resümee einer denkwürdigen Reise vorwegzunehmen: Die Kriegs-Veteranen und die deutschen Zwangsarbeiter sind im Versöhnungswerk schon viel weiter als mancher nachgeborene Besserwisser. Und wie weitere vielfältige Begegnungen belegen, ist das beim einfachen Volke ebenso. So sagte z.B. ein „Held der Sowjetunion", von Beruf ein Schlosser, nach diversen Trinksprüchen, dass es eigentlich ein Weltgesetz geben müsse, wonach jeder, der Soldaten in den Krieg schickt, gefälligst vorneweg zu marschieren hätte, dann wäre sicher Frieden in der Welt. Sicher eine gute Idee, aber leider fern der Wirklichkeit, denn Herzöge, die ihrem Heer vorweg zogen, die gibt es nicht mehr. Und wenn es auch nur nach dem einfachen Soldaten ginge, der den Krieg kennt, so gäbe es auch keine Kriege mehr!

Doch zur Sache einer denkwürdigen Begegnung. Auf Einladung des Volksbundes Deutsche Kriegsgräberfürsorge fuhren ehemalige Stalingradkämpfer und Stalingrader Spätheimkehrer, die als Zwangsarbeiter bis 1956 am Aufbau Stalingrads und dem Bau des Wolga-Don-Kanals gearbeitet haben, wiederholt dorthin, diesmal zu einem Seminar mit ebensolchen Kämpfern und Zwangsarbeitern aus den verschiedenen Föderationen Russlands. Ein Seminar der Verständigung, das der ehemalige Präsident des Volksbundes, Karl-Wilhelm Lange organisiert hatte.

Gemeinsam besuchten sie, in Begleitung von deutschen und russischen Reportern, die ehemaligen Kampfstätten um den Mamajew-Hügel, die Gedenkstätten und Museen, den deutschen und den russischen Soldatenfriedhof in Rossoschka, die sich örtlich wie auch sinnbildlich gegenüber liegen und legten dort nach Gedenkansprachen des Präsidenten des Volksbundes, Karl-Wilhelm Lange, Kränze nieder. In der vom Volksbund errichteten Schule in Rossoschka wurden die deutschen Veteranen von der Lehrerin und den Kindern freudig empfangen, wobei die Kinder jedem Teilnehmer eine Rose überreichten,.

Was in dem winzigen Dorfe und der nur von Wermutkraut karg bewachsenen Steppe eine erstaunliche Leistung war. Doch dem nicht genug, im kleinen Schulsaal WAR auch noch mächtig aufgetischt und der deutschen und russischen Lieder wurden gar viele gesungen. Wohlgemerkt, bei rund vierzig Grad im Schatten!

Später im Hotel „Inturist" – an dessen Aufbau auch einer der deutschen Teilnehmer mitgewirkt hat – an der Ecke der Uliza Mira (= Straße des Friedens), gleich neben dem Univermag (= Kaufhaus), in dessen Keller General Paulus seinen letzten Befehlsstand hatte, waren die russischen Veteranen aus der Ukraine und aus Weißrussland dank der vielen Trinksprüche voll in Fahrt und verlangten von der anwesenden Gouverneurin, dass Wolgograd wieder in Stalingrad umbenannt werden müsse und ebenso müsse auf dem Sockel am Eingang des Wolga-Don-Kanals an Stelle Lenins wie früher der große Stalin stehen. Die Gouverneurin nahm es mit russischer Gelassenheit „ete njet moi djelo" (= „Das ist nicht meine Sache") und mein Tischnachbar auch, der leise meinte: „Unser Bandit aus dem Kaukasus war nicht besser als der Eure, also kein Hitler und kein Stalin, zur Gesundheit, Prost!"

Er war schon recht trinkselig und ich hatte fleißig geschummelt, stets das Glas mit Mineralwasser gekippt, welches ich immer frisch hinter der dickbauchigen Krimsektflasche bereit hielt, geschickt den Wodka entsorgend, sonst hätte ich als Abstinenzler wegen eines leichten Leberschadens durch Lamblienbefall in Stalingrad 1949 und sicher zur Freude dieser alten Haudegen bald unter dem Tisch gelegen.

Im tags darauf folgenden gemeinsamen Seminar war es für einige der russischen Teilnehmer nicht leicht, das Heldentum jener Tage dezent zu unterdrücken, doch die zwanglose Art der Begegnung gestattete durchaus auch klare Repliken. So fragte ein russischer Teilnehmer, dessen Ordensjacke bis zum unteren Saum dekoriert war – hätte er weitere bekommen, so wäre nur noch Platz auf der Hose gewesen – ob ich denn keine Orden hätte – doch, deren drei – warum ich die nicht tragen würde – weil wir den Krieg verloren haben – „Verloren?", meint er ironisch, „aber das macht doch nichts, deshalb kannst Du doch Deine Orden tragen – nein, das ist gesetzlich verboten – warum? – weil ein Hakenkreuz drauf ist – fast hätte er sich versprochen und ... gesagt („Ei der Daus!") - da müsste ich ja den Sowjetstern und Hammer und Sichel auch abfeilen. Na, das sind Sachen, ich meine Orden sind Orden, die haben mit Politik nichts zu tun. Und wenn Du wieder zu uns kommst, dann musst Du auch Dein Orden tragen, mit Hakenkreuz, bei uns darfst Du das!"

Am Ende des Abends fielen wir uns um den Hals und im Oktober wird mich der Oberst hier in Deutschland für eine Woche besuchen und ich möge ihm doch bitte noch Freunde in Luckenwalde ausfindig machen, wo er nach dem Kriege stationiert war. Nun, der Schneidermeister in L. ist gefunden und ich werde den Herrn Oberst dorthin chauffieren.

Eine besondere Freude war für uns Stalingrader Spätheimkehrer die Begegnung mit alten Bekannten, dem Historiker Prof. Dr. Epifanow, der uns vor Jahren die Archive zugänglich machte. (Epifanow/ Mayer, „Die Tragödie der deutschen Gefangenen in Stalingrad" und weitere Bücher, jm Zeller Verlag, Osn

Er wohnt in einem Haus gegenüber dem Planetarium. Haus und Planetarium haben wir 1952/53 erbaut (und beide stehen noch solide da). Die Straße heißt „Uliza Mira" (Straße des Friedens). Eingangs der Straße steht auf dem Fußweg ein großer Marmorblock auf dem geschrieben steht: „Das ist die erste Straße, deren Häuser nach der Zerstörung von deutschen Kriegsgefangenen aufgebaut wurde". Über die Begegnung der Veteranen beider Seiten und den Wiederaufbau der Stadt hat die Fernsehregisseurin Sorokoletowa einen bemerkenswerten und mehrfach prämierten Film gedreht. Sie ist heute die Direktorin des Wolga-Don-Kanal-Museums (Sorokoletowa, „Russisches Babylon", ehem. Kriegsgefangene erinnern sich an die Zwangsarbeit am Wolga-Don-Kanal).

Drei Stunden zur freien Verfügung führten uns auf eine private Exkursion auf altbekannte Pfade. Wir mieteten für zwei Stunden ein Taxi (für ganze zehn Euro!). Als wir dem Taxifahrer das erste Ziel nannten, hat er dreimal nachgefragt, weil er nicht glauben wollte, dass sich zwei gut gekleidete deutsche Touristen ins Gefängnis fahren lassen wollten, doch wir bestanden darauf und so landeten wir frontal vor der „Budka" (= Empfang, Rezeption; erstes Tor zur kleinen Hölle) des Turma No. 1 (= Pförtnerhaus des Gefängnisses Nummer 1 in Wolgograd), wo wir die Ehre hatten 1949/50 einzusitzen.

Alles war unverändert, nur die Außenmauer hatte man neu gekalkt und an Stelle des zweiflügeligen großen roten Blechtores, in das uns der „Schwarze Rabe" (= ein Gefängnistransportwagen, wie bei uns die „Grüne Minna") dereinst eingeliefert hatte, gab es jetzt ein blaues, das elektrisch betrieben werden konnte. Dann fuhren wir zum Gerichtsgebäude, wo wir gänzlich widerrechtlich zu fünfundzwanzig Jahren Zwangsarbeit (seit 1992 sind wir amtlich rehabilitiert, da nur aus politischen Gründen verurteilt) verdonnert wurden. Das war die ehemalige Feuerwehrwache aus zaristischen Zeiten, die in den neunziger Jahren abbrannte, nun aber wieder im alten Stil restauriert worden ist.

Zum Abschluss dirigierten wir den Fahrer in das alte Stadtgebiet der „40 Häuser", welches ihm völlig unbekannt war und dort besuchten wir die Reste unseres alten Lagers, des Kriegsgefangenen – Hauptlagers von Stalingrad der 50iger Jahre. Dort sprachen uns Einwohner an, die uns als Deutsche erkannten und meinten, hier lebe es sich besonders gut und besser als unten in den Mietskasernen der Stadt, diese Häuser, teils von uns gebaut, wären noch richtig stabil. Das galt auch für den roten und den weißen Steinbau, die früher inmitten unseres Lagers standen. Die Erdbaracken waren alle verschwunden, aber die Stalowaja (= Speisesaal mit kleiner Bühne, auf der wir u.a. „Die Fledermaus", Figaros Hochzeit", „Ingeborg", „Der zerbrochene Krug" und vieles mehr inszenierten) und der alte hohe Stahlschornstein neben der Banja (= Brausebad und Wäscherei), den unsere Rundfunk – Spezialisten damals zur heimlichen Weltantenne umfunktioniert hatten, standen noch.

Bei der Taxifahrt kamen wir auch am Kino „Gwardez" vorbei, die Stätte, die für fünf unserer Kameraden zum schlimmen Schicksal wurde. Wegen angeblicher Arbeitssabotage wurden mit dem General Becker vier Kameraden am 18. Februar 1953 einzeln durch Genickschuss im Keller des Gefängnisses hingerichtet.

1960 wurden die Angehörigen über das DRK verständigt, dass die Personen verstorben seien und 1994 wurden alle posthum rehabilitiert! (Details in Epifanow/Mayer, Die Tragödie... Seite 224 – 230).

Ein weiteres Erlebnis war der Besuch der Wolga-Don-Kanal-Verwaltung und der Besuch des Kanal-Museums. Einer der begleitenden deutschen Journalisten kam herausgestürzt und rief: „Kommen Sie schnell herein, im Museum hängt ihr Konterfei!" Und tatsächlich, kahlgeschoren, dürr und mit eingefallenen Wangen, aber wachem Blick schaute ich in die Kamera des Gefängnisfotografen, wahrlich auf solchen Bildern sieht ein jeder wie ein Verbrecher aus. Hier aber im Museum in der Fremde galt ich als „Zwangsarbeiter" des Kanalbaus. „Zwangsarbeiter", ein Status den mir das liebe Vaterland nicht einräumen will!

Mit einem 250-Personen-Motorschiff fuhren wir aus der Schleuse 1 in die Wolga, vorbei an Begetowka, hinauf bis zu den Anlegestellen und erinnerten uns der fiesen Arbeit des Zementausladens in der Nähe der großen Freitreppe, an deren Stufen und an den Pylonen viele von uns gearbeitet haben. Zu Fuß gingen wir dann den Prospekt hinauf bis zur Uliza Mira, an deren linken Platz das Theater und am entgegengesetzten Ende das Planetarium liegt, ein Geschenk der DDR an die Heldenstadt, an dem auch viele Kameraden von uns gearbeitet haben. Viele Straßen tragen inzwischen hohe Bäume und durch die Stadt und die Anlagen zieht sich ein Bewässerungssystem, das aus der Wolga gespeist wird. In den heißen Sommertagen wird es morgens in Betrieb gesetzt, damit alles grün bleiben möge.

Vor dem gewaltigen Bahnhofsgebäude und vor der Post fanden wir die schlimmen Gegensätze dieses, noch immer, trotz größter Ressourcen armen Landes. Hier alte Rentnerinnen, die ihre abgewetzten Schuhe verkaufen wollten und dort hochhackige, grell geschminkte Damen, die an allen Fingern teure Ringe trugen, wie Schnepfen einherstolzierten und die vom cleveren Gatten oder sonst wem mit schweren Limousinen abgeholt wurden. Ergo: großes Elend neben protzigem Reichtum und überall in den kleinen Kiosken und auf Verkaufstischen europäische, vorwiegend deutsche Genuss Artikel, von der Bounty über die Fanta zur Lord-Zigarette.

„Warum wir immer mehr Freundschaft mit den Amerikanern halten. Wir sind Euch doch kulturell und auch räumlich viel näher", meinte Kolja beim Abschied. Ich habe über diesen fast flehenden Satz und das arme Mütterchen mit den schiefen Schuhen bei der Rückreise nach Moskau in der alten Iljuschin (= russisches Flugzeug) noch lange nachgedacht und will heute noch nicht begreifen, dass ein „Sieger", Oberst und Held der Sowjetunion, mit einer Rente von umgerechnet 150,00 €, auskommen muss. Als dieser mich gefragt hat, was ich an Rente resp. Pension erhalten würde, musste ich mich schämen und musste zur Lüge greifen und so habe ich ihm nur den vierten Teil genannt, das macht mich noch heute betroffen. „Wot, Karlganz Jogannowitsch, die Politik hat hüben wie drüben schon so viel kaputt gemacht – aber die Menschen, die guten Menschen auf beiden Seiten die richten es wieder! Nie vergessen wir, dass die Deutschen es waren, die als erste uns in Tschernobyl halfen und Ihr helft immer noch.

Wäre es nicht besser nur die guten Menschen machten die Politik?" Dem konnte ich nur ein nachdenkliches Ja hinzufügen.

Schließlich besuchten wir auch noch die evangelische Kirche in Sarepta, die unter mühevoller Beteiligung der dortigen Gemeinde und wolgadeutschen Rückwanderern von zweckentfremdetem Lagerschuppen würdig wieder hergerichtet war und wo in zweijährigem Wechsel immer ein Pfarrer aus Deutschland die Gemeinde betreut. Ein freimütig gesungener Choral in der Kirche auf dem Schlachtfeld vor Stalingrad bewegte das Gemüt in beklemmender Weise.

Trotz mehrfacher Blessuren habe ich wie ein Wunder den Krieg und fast elf Jahre in russischer Gefangenschaft überlebt und ich lebe immer noch. Damals hätten wir Überlebenden nie geglaubt, aus dieser Apokalypse heil herauszukommen, geschweige denn das neue Jahrtausend noch zu überschreiten. Vielen unseren Kameraden war das nicht vergönnt. Das macht nachdenklich, dankbar und bescheiden. Doch ohne Trauma besuchte ich zum vierten Mal Stalingrad/ Wolgograd und ich bin dankbar und im Rückblick wohl auch lebensbescheidener geworden. Nicht alle Gedanken, die uns, die mich vor Ort bewegten, können hier geschildert werden.

Mein besonderer Dank gilt dem ehemaligen Präsidenten des Volksbundes, Karl-Wilhelm Lange, für die Organisation dieses völkerverbindenden Seminars, der sich uns so verbunden fühlt, der ein Nachgeborener ist, aber einer, der die geschundene und verleumdete Generation versteht, was wir Scheidenden schon kaum noch erwarten können. Danke, Karl-Wilhelm! *Hein Mayer*
(Insgesamt reisten wir nach Stalingrad in den Jahren 1994, 1998, 2002, 2004, 2006, 2008 sowie 2010 und haben inzwischen viele Freunde dort)

Quelle der zehn folgenden Bilder: A.E. Epifanow/ Hein Mayer „Die Tragödie der deutschen Kriegsgefangenen" (Biblio Verlag, Osnabrück 1996).

Ein Überlebender
(heimgekehrt am 13. Oktober 1955)

Der Co-Autor Karl-Heinz Mayer (genannt Hein Mayer)
am 26. 11. 1949 im Gefängnis Nr. 1 in Stalingrad

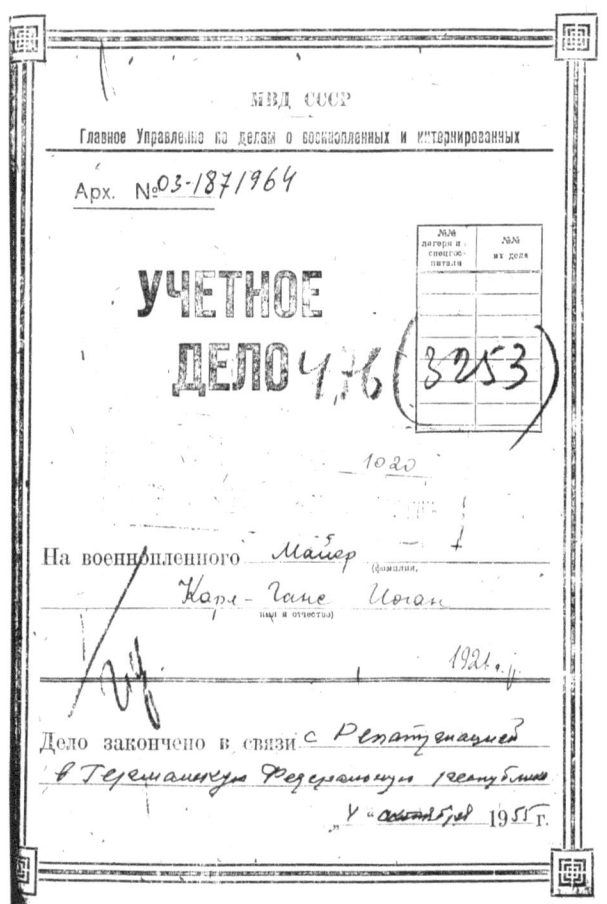

Deckel der umfangreichen Akte Hein Mayer

Ablauf einer Verurteilung
auf das Wesentliche gekürzt.

Verfügung No .... der vorbereitenden Sitzung. vom 28. Nov. 1949

Das Militärgericht der MWD-Truppen des Stalingrader Gebietes in der Zusammensetzung: Vorsitzender: Hauptmann der Justiz, WARAKIN; Mitglieder: Oberleutnant NOWIKOW und Unterleutnant POLOCHINA,
prüften die Anlage in der Sache MAYER, Karl-Hans Johann, wegen Verbrechen die vom Art. 1 des Erlasses des Präsidiums des Obersten Sowjet von 1943 zu ahnden sind. Entsprechend des Art. 236 der Prozeßordnung der RSFSR wird verfügt: Die Sache ist zur Bearbeitung zu übergeben. Die Anklageschrift ist zu bestätigen.
MAYER, Karl-Hans Johann ist dem Militärgericht nach Art. 1 des Erlasses des Präsidiums des Obersten Sowjet vom 19. April 1943 zu übergeben. **Die Sache ist in einer nicht öffentlichen Verhandlung in den Räumen des Militärgerichts zu verhandeln. Die Verhandlungen (*Plural!*) finden ohne Teilnahme eines Staasanwaltes und Rechtsanwaltes, ohne Befragung von Zeugen, nur mit Teilnahme eines Dolmetschers der deutschen Sprache statt.** Die Maßnahmen zur Bewachung Mayers bleiben erhalten.

Vorsitzender: Unterschrift   Mitglieder: Unterschrift.

<u>**GEHEIMES EXEMPLAR**</u>

URTEILSSPRUCH

im Namen der Union der Sozialistischen Sowjetrepubliken. **Am 1.Dezember 1949**

Das Militärgericht MWD, Stalingrader Gebiet der Stadt Stalingrad im Raum für Kriegsgerichte; Im Bestand: Der Vorsitzende, Kapitän der Justiz WARAKIN und die Mitglieder, Oberleutnant NOWIKOW, Unterleutnant GRJASINA, mit dem Sekretär, Oberleutnant WERSCHININ, unter Teilnahme des Dolmetscher MAIER, haben in geschlossener gerichtlicher Sitzung die Beschuldigungen vorgenommen gegen

> Unteroffizier MAYER, Karl-Hans, Johann, geb. 1921; Gebürtiger der Stadt Halle an der Saale in der Provinz Sachsen, Deutschland. Verheiratet, seine Nationalität ist deutsch mit deutscher Staatsangehörigkeit. Mitglied der NSDAP. Bildung 11 Klassen. Diente als Freiwilliger im Deutschen Heer seit 1939. In Gefangenschaft seit dem 13. Mai 1945, nicht vorbestraft. Ausgezeichnet mit E.K. 2. Klasse.

Für die verbrecherische Tätigkeit ist der Artikel 1 des Erlasses des Obersten Sowjet der UdSSR vom 19. April 1943 vorgesehen., nach der gerichtliche Voruntersuchung des Kriegsgerichts.

URTEILSSPRUCH

MAYER, Karl-Hans, Johann wird auf Grund des Artikels 1 des Erlasses des Präsidiums des Obersten Sowjet der UdSSR vom 19. April 1943 auf eine Jahresfrist von 25 Jahren Besserungs - Arbeitslager verurteilt. Die Zeit die der Verurteilte bis zum Urteilspruch abgesessen hat, wird angerechnet vom 20. November 1949. Gegen diesen Urteilspruch kann Widerspruch eingelegt werden beim Militärtribunal der Nordkaukasischen Truppen über das Militärtribunal der MWD Gebiet Stalingrad im Verlauf von 72 Stunden seit der Aushändigung einer Kopie dieses Urteilspruches. *(Das schriftliche Urteil wurde 3 Tage nach dem Urteil überreicht).*

Kassationsbeschwerde

Am 4.Dezember 1949 vom Kriegsgefangenen Mayer, Karl-Hans Johannes 1921 an das Militärgericht der MWD-Truppen gegen das Urteil vom 1. Dezember 1949.

Beschwerde: Ich bin nicht identisch mit der verurteilten Person. Die gerichtliche Untersuchung und die Anklage fand auf der Grundlage eines Pamphletes statt. Die Unterschriften wurden durch Ausspielen falscher Fakten *(Gewalt)* erzwungen. Ich war doch in der Lage Zeugen zu meiner Verteidigung zu benennen. Unterschrift Mayer

Übersetzt: Frau SASLAWSKAJA am 13. Dezember 1949

GEHEIMES EXEMPLAR NR: 3 BARAKINA

BESCHLUSS

Das Kriegstribunal-Heer des MWD des nordkaukasischen Militärkreises im Bestand:
Vorsitzender: Oberstleutnant der Justiz SCHURAWLJEW und den Mitgliedern:
Oberstleutnant der Justiz, KOROTKIN und Oberstleutnant der Justiz, POJNANSKI.

Der Widerspruch gegen den **Urteilsspruch,** vom 26.Dezember 1949 *(?)*, den der Kriegsverbrecher MAYER, Karl-Hans eingereicht hat, wurde überprüft. Mayer wurde nach Punkt 1 des Erlasses des Präsidiums des Obersten Sowjet der UdSSR vom 19. April 1943 auf 25 Jahre Zwangsarbeitslager verurteilt. In dem Widerspruch gegen den Urteilsspruch des Kriegsgerichtes bezeichnet sich Mayer als **unschuldig, gibt aber keinen Beweis den Urteilsspruch zu ändern,** es ist auch keine Ergänzung nötig. Der Bericht vom Genossen KOROTKIN wurde angehört; und die Schlußfolgerung des Stellvertreters des Militär-Staatsanwalts MWD - IKO (Nordkaukasisches Gebiet - A.E.), Major der Justiz, PESCHKOW, daß der Urteilsspruch in voller Kraft bleibt und nicht geändert wird.

In Anbetracht des Artikels 412 UPK RSFSR wird nicht für nötig befunden den Urteilsspruch zu ändern. Der Widerspruch ist unbegründet, somit bleibt der Urteilsspruch in Kraft.
Die Echtheit für die vorliegenden Unterschiften bestätigt:
Mitglied des Kriegsgerichts, Oberstleutnant der Justiz, KOROTKIN

BESCHEINIGUNG

Auf Grund des Erlasses des Präsidiums des Obersten Sowjet der UdSSR vom 28. September 1955 und 13. Oktober 1955 ist aus der Haft entlassen. Übergeben laut dem Akt dem Bevollmächtigten der Regierung der Deutschen Federalen Republik, dem 2. Sekretär MID GFR Herrn Hergit in der Stadt Herleshausen, Deutschland

MAYER, Karl-Hans, Johann

Chef der Lagerverwaltung MWD Nr. 476
Oberstleutnant SKORNJAKOW
Leiter der Rechnungsführung Lagerabteilung Nr. 476
Oberleutnant NESTERJEW
24. November 1955   Stempel Lager Nr. 476

Übersetzung

Der Generalstaatsanwalt
der Russischen Föderation
Hauptverwaltung Aufsicht
über die Ausführung der
Gesetze in den Streitkräften
26. April 1993
Nr. Suw-343-93
103160 Stadt Moskau

Bescheinigung über Rehabilitierung

Durch das vorliegende Schriftstück wird bestätigt, daß der deutsche Bürger MAYER, Karl-Hans Johann, geboren 1921 in Halle, Provinz Sachsen (Deutschland), der am 20. November 1949 verhaftet und nach dem Urteil des Militärtribunals der Truppen des Innenministeriums für das Gebiet Stalingrad vom 1. Dezember 1949 auf der Grundlage des Artikels I, Erlaß des Präsidiums des Obersten Sowjets der UdSSR vom 19. April 1943 "Strafmaßnahmen für deutsche faschistische Verbrecher, welche sich an der Ermordung und Mißhandlung der sowjetischen Zivilbevölkerung und gefangener Rot-Armisten schuldig gemacht haben, für Spione, Vaterlandsverräter aus den Reihen der sowjetischen Bürger und ihrer Helfershelfer", zu 25 Jahren Arbeitsbesserungslager verurteilt worden war, entsprechend Punkt "a", Artikel 3 und Artikel 8, Teil 2, des Gesetzes der RSFSR "Über die Rehabilitierung der Opfer politischer Repression" vom 18. Oktober 1991 rehabilitiert und wieder in die vollen Rechte eingesetzt ist.

Die Staatsanwaltschaft für das
Truppenwesen, Abteilung Rehabilitierung

    Siegel   E. Panasjugin

Oh Wanderer, der Du hier einkehrst, lass' alle Hoffnung fahren...
Das Gefängnis Nr. 1 in Stalingrad, Gebäude, Zellen für Einzel- und Dunkelhaft (s. auch Abb. Seite 334)

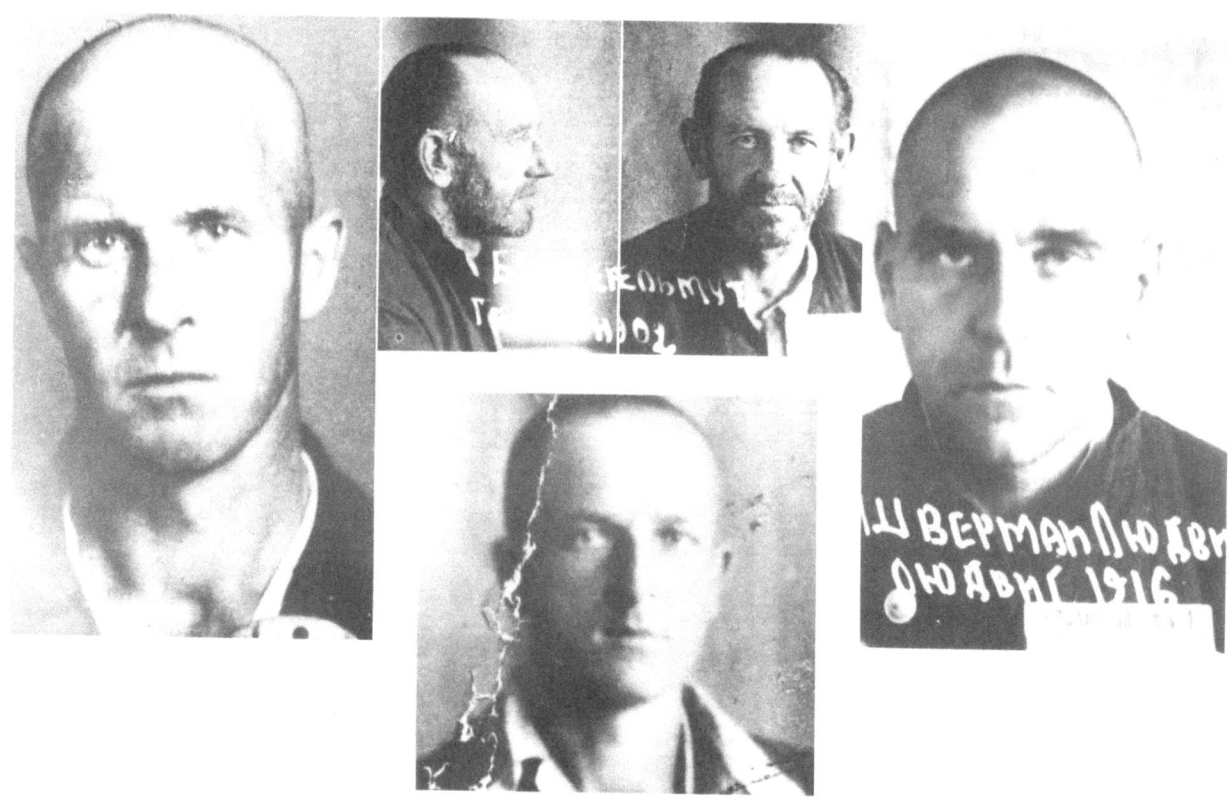

Kriegsgefangene, die noch am 28. Februar 1953 im Gefängnis Nr. 1 in Stalingrad erschossen wurden.
1995 posthum amtlich rehabilitiert

V. Die Stalingrader Spätheimkehrer,

von denen fast 3.000 erst 1955/56 wieder heimkehren konnten, waren in Mehrzahl keine Stalingradkämpfer und im wörtlichen Sinne auch keine Kriegsgefangene. Sondern Nachkriegsgefangene, die Stalin, wie weiland seine missliebigen Kinder des Sozialismus in Schauprozessen, hier aber der schnellen Normerfüllung wegen, in jeweils heimlichen „Fünf-Minuten-Prozessen" 1949/50 zum Tode, resp. in Abwandlung der Todesstrafe, allesamt zu fünfundzwanzig Jahren Zwangsarbeit verurteilen ließ. Noch 1953 wurden fünf unserer verurteilten Kameraden wegen „Arbeitssabotage" im Keller des Gefängnisses Nr. 1 einzeln durch heimlichen Genickschuss hingerichtet.[1]

Bis Ende 1948, so hatten sich die Siegermächte verpflichtet, sollten alle Kriegsgefangenen in ihre Heimatländer entlassen werden. Doch Stalin hatte anderes vor und überzog allein diesen Termin um ein ganzes Jahr, um dann schließlich zu erklären, er hätte keine Kriegsgefangenen mehr, sondern nur noch „Kriegsverbrecher". Und die hatte seine „sozialistische Justiz" nicht etwa erst 1949 plötzlich entdeckt, sondern aus den noch verbliebenen kräftigen und gesunden Gefangenen einfach zu „Kriegsverbrechern" gemacht. Man brauchte sie als Zwangsarbeiter, zog eine Vielzahl in Stalingrad zusammen um Stalins-Jahrhundertwerk, den Wolga-Don-Kanal, ein sowjetisches Babylon, noch termingerecht zu vollenden. Zudem waren sie dann auch noch als politische Handelsware gut.

Seit 1992 bis 1996 sind alle (damals) überlebenden vierhundertzwanzig „Kriegsverbrecher" der Stalingrader Spätheimkehrer – auch die o.a. Erschossenen – einzeln durch die oberste Militärstaatsanwaltschaft der Russischen Föderation amtlich mit dem Bemerken rehabilitiert: „Keine persönliche Schuld nachgewiesen, nur aus politischen Gründen zur Zwangsarbeit verurteilt." Also keine Kriegsgefangenen, sondern Zwangsarbeiter! Und dies im doppelten Sinne, denn diese Gruppe setzt sich nur aus Gefangenen zusammen, die erst nach dem Kriege in „Gewahrsam" genommen, als Zivilisten verhaftet oder als heimkehrende, waffenlose „demobilisierte" ehemalige Soldaten, wie der Autor selbst, von den Amerikanern unter erheblicher Gewalt an die Rote Armee ausgeliefert wurden.

Als „Zwangsarbeiter" werden dieser widerrechtlich Verschleppten und Verurteilten von den russischen Behörden auch zutreffender Weise bezeichnet, jedoch das liebe Vaterland verweigert den Betroffenen diesen Status, fürchtend, dass die Fürsorgepflicht für die eigenen Bürger auch Weiterungen zur Folge habe und das die fragwürdige sowjetische Nachkriegsjustiz auch zur peinlichen Frage nach dem Wert westlicher Siegerjustiz werden könnte.

Von den erfassten 1.248 verurteilten Kameraden des Hauptlagers Stalingrad lebten 1992 noch 420, die alle einzeln rehabilitiert wurden. Eine große Zahl ist auch posthum rehabilitiert worden, heute ist diese Zahl auf 280 abgesunken und von diesen sind nur noch 110 reisefähig, um zu den Jahrestreffen (bis 2004) nach Heppenheim zu kommen. Doch alle haben bis heute keinen Groll im Herzen, sondern praktizieren durch viele Aktionen vor Ort und in Gemeinschaft mit dem VBGO (Verein für die Bergung Gefallener im Osten) und dem Volksbund Deutsche Kriegsgräberfürsorge, wie mit den Veteranen der anderen Grabenseite, als hohes Ziel ihrer Gemeinschaftsarbeit, die Versöhnung unter den Völkern. Soldaten, die den Krieg kennen, würden niemals zu einem Krieg aufrufen. Das tun immer jene, die in Sicherheit bleiben.

In den vielen Begegnungen der Veteranen beider Seiten, die früher aufeinander schießen mussten, liegt mehr Friedenswillen als in eilfertigem Kriegsgeschrei anderer. Baut Brücken zueinander, sagen wir – und wer Krieg will, sollte gefälligst in der ersten Reihe vorneweg marschieren – sagte unlängst ein russischer Veteran in Wolgograd zu mir.

Hein Mayer, Sprecher der Stalingrader Spätheimkehrer, im Dezember 2013

PS. Unter den Stalingrader Spätheimkehrern befanden sich: 10 ehem. Stalingradkämpfer, 11 Minderjährige (in der DDR verhaftete Schüler), 3 Generäle, 4 Diplomaten, 8 Ungarn, 3 Rumänen, 3 Spanier und 2 Juden. Letztere wurden aus dem KZ befreit, aber von den Russen zu zwanzig Jahren Zwangsarbeit verurteilt, weil sie als Schuster im KZ den Hitlerfaschismus unterstützt hätten. (!)

[1] Siehe dazu Epifanow – Mayer „Die Tragödie der deutschen Kriegsgefangenen in Stalingrad" Biblio-Verlag; ISBN 3-7648-2461-1. Meyer „Kriegsgefangene im Kalten Krieg" Biblio-Verlag; ISBN 3-7648-2491-3 und Mayer „Die Muse im Gulag" BoD-Verlag; ISBN 3-8334-4686-2 etc.

VI. Vita Hein Mayer

Hein Mayer wurde am 16. Januar 1921 in Halle (Saale) geboren. Nach Erlangung der Mittleren Reife in Holstein begann er eine künstlerische Laufbahn als Schauspielereleve in Schlesien, bevor er als Voraussetzung eines Studiums der Dramaturgie und Regie als vorzeitig Dienender zur Deutschen Wehrmacht kam.
Als Infanterist nahm er an mehreren Feldzügen teil. Er wurde dreimal verwundet und war zuletzt nicht mehr fronteinsatzfähig. Im Jahr 1942 kam er zur Truppenbetreuung zur Kriegsmarine und später wieder freiwillig zum Heer. Als Schirrmeister (K) erlebte er die Rückzugsgefechte vom Kaukasus bis in die Tschechoslowakei. Am 13. Mai 1945 wurde er unter Gewaltanwendung von der amerikanischen Truppe an die Rote Armee ausgeliefert.

Hein Mayer erlebte die russische Gefangenschaft in Briansk, Gorki, Stalingrad und Swerdlowsk. Er arbeitete dort als Bauhelfer, Straßenbauer, Maschinist, Zimmermann und Tischler. Ab 1949 bis 1954 betätigte er sich als Stückeschreiber, Darsteller, Organisator und Kulturgruppenleiter im Hauptlager Stalingrad. Seit 1946 wurde er als ehemaliger Jugendführer verfolgt und nach vielen Vernehmungen unterschiedlicher Grade am 1. Dezember 1949 in Stalingrad in Abwandlung der Todesstrafe zu 25 Jahren Zwangsarbeit verurteilt.

Am 13. Oktober 1955 kehrte Hein Mayer heim. Er begann als kaufmännischer Volontär in einem Automobilwerk, um dort als langjährige Führungskraft in der Organisation tätig zu sein. Er übernahm etliche ehrenamtliche Tätigkeiten in nationalen und internationalen Gremien. Er wurde besonders bekannt als Verfechter der Annullierung der widersinnigen Pauschalurteile für 420 überlebende Kriegsgefangene. Er selbst wurde am 26. April 1993 durch den Generalstaatsanwalt der Russischen Föderation rehabilitiert. Er engagierte sich für die Klärung von Vermisstenschicksalen und Grablagen im Osten; dies im Verband der Heimkehrer, im Volksbund Deutsche Kriegsgräberfürsorge e.V. und anderen Gremien.

Hein Mayer ist seit über 50 Jahren Sprecher der Stalingrader Spätheimkehrer. Als Autor und Co-Autor arbeitete er an zahlreichen Veröffentlichungen. Er ist Witwer und hat eine Tochter und ist Träger des Bundesverdienstkreuzes.
Sein Lebenswerk verdient höchsten Respekt!

„Sehr geehrter Herr Kagels,

Die Zeitspanne Ihres Lebens als Soldat, an der Front und in der Gefangenschaft, haben Sie ehrlich, nüchtern und geschickt beschrieben. Es hat mich persönlich sehr beeindruckt.

Gott hat schützend seine Hand über Sie gehalten."

Das Urteil einer freundlichen Nachbarin. (B. Laaser)

„Dies sind nicht nur festgehaltene Erinnerungen.

Herr Kagels bewahrt immer den Blick für die große Bedeutung der damaligen Geschehnisse.

Teilweise sehr dramatische kleine Begebenheiten im Kriegsalltag werden immer objektiv geschildert und wirken dadurch beim Leser nach.

Als Ärztin und selbst Kind zweier „Kriegskinder" habe ich Kontakt zu vielen Menschen, die in ihrer Jugend das Unfassbare erlebt haben.

Die Ereignisse so detailliert und in doch so humanistischer Grundhaltung nieder zu schreiben, erfordert ganz sicher viel innere Kraft.

Ich bin dankbar dafür und hoffe noch auf zahlreiche Leseproben!"

Dieses Urteil verdanke ich meiner guten und hochinteressierten Hausärztin.

Gelegentliches Erzählen meinerseits über meine Erlebnisse im letzten Drittel des Krieges ergaben zahlreiche positive Resonanzen. Unter anderem sagte man mir: „Schreib es nieder, damit es für unsere Nachkommen erfahrbar bleibt". Aus nicht Vergessenem entstand diese Niederschrift. Bevor dieses Buch in seiner jetzigen Form erschien, gab es sechzehn Probedrucke mit meiner Freistilgrammatik, welche zum Probelesen in der Familie sowie weiteren Interessierten verteilt wurden. Eine Niederschrift bekam auch Frau Doktor sowie ihr Praxisteam. Der Mut zur Vorsprache bei einem Verlag fehlte mir bis dato noch. Frau Doktor gab mir den Rat bzw. machte den Vorschlag, über die erlebte Kriegsgefangenschaft im gleichen Stil zu berichten. Gern schrieb ich über die Zeit vom April 1943 bis Mai 1945. Teil Zwei der Niederschrift widmete sich dann der Gefangenschaft. Als Kapitulationsgefangener war ich erst vier Monate in der Tschechoslowakei und vom 19. Oktober 1945 bis Juni 1948 in der Armee der Wiedergutmachung, Stalingrad.

Ernst Kagels, 15.08.2015

VII. Vita Ernst Kagels

Als drittgeborener Sohn von 11 Kindern wurde Ernst Kagels am 25.06.1925 in Dortmund geboren und ist in Grimmen und Umgebung aufgewachsen. Nach Abschluss der Volksschule absolvierte er ein Landarbeitsjahr. Danach begann eine dreijährige Lehre im Malerhandwerk in Grimmen, die er mit dem Gesellenbrief beendete. Bei Erhalt des Gesellenbriefs erfolgte eine Dienstverpflichtung in der Heeresversuchsanstalt in Peenemünde, die Malerarbeiten beinhaltete. Ab 16.04. bis 08.07.1943 schloss sich der Pflichtdienst beim RAD (Reichsarbeitsdienst) in Ferdinandstein/ Hinterpommern an. Am 23.07.1943 schloss sich die Einberufung zur Luftwaffe an. Nach einem Monat Grundausbildung erfolgte ein fliegertechnischer Lehrgang in Detmold. Noch während des Lehrgangs wurde er zur Flugbereitschaft der Kriegsschule 3, Werder an der Havel abkommandiert. Dann die freiwillige Meldung zur Fallschirmtruppe. Dem Springerlehrgang vom 12.03 – 19.03.1944 bei Wittstock folgten noch 4 Wochen Infanterieausbildung bei Halberstadt.

Am 01.05.1944 Abfahrt zur Süd- Front in Italien. Am 22.05.1944 Feuertaufe nördlich von Monte Cassino im „Sengerriegel". Zwei Frontauszeichnungen, das Erdkampfabzeichen der Luftwaffe 1944 und das EK II 1945. Am 13.02.1945 ein Granatsplitter im Oberarm. Im vorletzten Kriegsmonat in Österreich erfolgte die Neuaufstellung der 10. Fallschirmjägerdivision. Von der Kapitulation erfuhren er und seine Kameraden am 08.05.1945. Es erfolgte die Wehrpassrückgabe und die Auszahlung des letzten Soldes, dies war westlich von Brünn.

Am 10.05.1945 nach Sonnenaufgang östlich von Iglau geriet er in russische Gefangenschaft.

Von insgesamt 37,5 Monaten Kriegsgefangenschaft war er vier Monate bei Patzau und Deutsch-Brod in Gefangenschaft.

Ab dem 19.10.1945 bis 14.06.1948 war er in Stalingrad und am 26.06.1948 aus der Gefangenschaft in Frankfurt/ Oder entlassen.

Nunmehr frei, kehrte er zurück in die Heimat nach Grimmen und arbeitete bis zum 05.10.1949 im Familienbetrieb, dann in seinem Lehrberuf als Maler und auch einige Jahre außerberuflich. Die verdiente Rente begann nach einundfünfzig Arbeitsjahren.

Am 25.02.1950 heiratete Ernst Kagels seine Frau Luise. Aus der Ehe gingen drei Töchter, eine Enkelin und zwei Enkel, sowie zwei Urenkelinnen und ein Urenkel hervor.

VIII. Mit einem tiefen Seufzer,

ermahnen wir alten Veteranen nach Abschluss unserer Tatsachenberichte – **Kriege** – als sogenannte Geschichtsunfälle zu vermeiden. Dass dies möglich ist, beweisen zum Beispiel in Europa die Schweden und Schweizer, die einige Jahrhunderte nicht in Kriege verwickelt waren. Dies ist vorbildlich, hat jedoch keine Nachahmer gefunden. Wenn zwielichtige Politiker als Diplomaten gerechte oder heilige Kriege vorbereiten und führen, dann ist es sicher, der Besiegte ist der Schuldige und haftbar für Schäden und Verluste bei den Siegern. Den finanziellen Aufwand für das Töten und Zerstören darf sogar noch von den Nachkommen der Besiegten eingefordert werden!

Prof. Dr. Stefan Karner

Prof. Dr. Stefan Karner, "Die sowj. Hauptverwaltung für Kriegsgefangene und Internierte"
Aus "Vierteljahreshefte für Zeitgeschichte", Heft 3/94, entnehmen wir aus dem Artikel von Prof. Karner einige allgemein interessierende Daten: am 1.1.1946 gab es 267 Kriegsgefangenenverwaltungen, davon 11 für Offz., 199 für deutsche Kgf., 49 für japanische Kgf., 48 für gemischte, 6 "Operative Objekte" (Antifa-Schulen)
r 28.4.1956 schloß der Chef der Gefängnisabt. des MWD der UdSSR, Oberst Bulanow, seinen Bericht mit der NKWD-GUPWI-Statistik der in den sowjetischen Lagern und Gefängnissen befindlichen Kriegsgefangenen der Deutschen Wehrmacht und der mit ihr verbündeten europäischen Armeen ab.

Nationalität	Gesamt	Gen.	Repatriiert	Verstorben	Sterberate	Gen.
Deutsche	2 388 443	376	2 031 743	356 687	14,90%	99
Ungarn	513 766	49	497 748	54 753	10,70%	3
Rumänen	187 367	6	132 755	54 602	29,10%	
Österreicher	156 681	12	145 790	10 891	07,00%	3
Italiener	48 957	3	21 274	27 683	56,50%	
Polen	60 277	5	57 149	3 127	05,20%	1
Tschechoslow.	69 977	2	65 954	4 023	05,70%	
Franzosen	23 136		21 811	1 325	05,70%	
Jugoslawen	21 830	2	20 354	1 468	06,20%	
Holländer	4 730		4 530	199	04,20%	
Finnen	2 377		1 974	403	17,00%	
Belgier	2 014		1 833	177	08,80%	
Luxemburger	1 653		1 560	92	05,60%	
Spanier	452		382	70	15,50%	
Dänen	456		421	35	07,70%	
' weger	101		83	18	17,80%	
Sonstige	3 989		1 062	2 927	73,40%	
Summe	3 486 206	455	3 006 423	518 480	14,90%	106

Quelle: Zusammenfassung nach OA, Zusammenstellung ohne die registrierten 530 000 Japaner. Die Statistik bezieht sich nur auf die stationären Lager, Sonderspitäler, Arbeitsbatl. und der in den Gefängnissen Registrierten. Sie kann nur als Richtwert für die Größenordnung herangezogen werden. So weichen z.B. die Angaben über Franzosen und Österreicher bis zu 30% von den bisher ermittelten und aktenmäßig nachweisbaren Kriegsgefangenen und Interniertenzahlen ab.
Nach weiterer Erhebung von Prof. Karner auf Basis einer 100%-Erhebung der österreichischen Kriegsgefangenen und Internierten bezieht sich die Sterberate auf folgende Ursachen:
Dystrophie 52,4% / TBC 6,7% / Infektionen 2,7% / Unfälle 1,4% / Auf der Flucht erschossen 0,5% / Selbstmord 0,2% / diverse Krankheiten 36,1%

Quelle: „Vierteljahreshefte für Zeitgeschichte, Heft 3/94

Feuertaufe in der 6.Kp.Fallsch.Jg.Rgt 3

Rückzug über Aquino, Roccasecca, Arce, Liri, Frosinone und Tivoli, Rieti, Terni, Gran Sasso de Italia und dem trasimenischen See, Toskana u.a. Arezzo, Levane
Einige Kampfstellungen am Arnofluss

KAMPFPAUSE bei PESARO an der ADRIA

Wiedereinsatz am Fluss Arzilla nördlich von Fano, CANDELARA und der „GRÜNEN LINIE" (Apenninen) bis vor Riccione und Rimini

Weitere Rückzugsbewegungen: Cesena, Forlì/Ronco sowie im Raum Castel San Pietro am Fluss Sillaro bis Mitte März 1945

Neuaufstellung in der 10. Fallsch.Jg.Div. in Österreich

Letzter EINSATZ auf der Reisalpe vor der deutschen Kapitulation

KRIEGSGEFANGENSCHAFT in STALINGRAD

Zusatzbeiträge vom Sprecher
der Stalingrader Spätheimkehrer
HEIN MAYER